羊たちの沈黙は、なぜ続くのか？

Warum schweigen die Lämmer?

Wie Elitendemokratie und Neoliberalismus
unsere Gesellschaft und
unsere Lebensgrundlagen zerstören

Rainer Mausfeld

ISBN 978-3-86489-225-7

目次

序章

民主政治と自由。この二つの言葉は、私たちの社会にとって、とてつもなく大きな約束を意味し、その実現のために途方もないエネルギーを解き放つ力を持つ。しかし、かつてこの二つの言葉に込められていた人々の希望は、もはや影も形も残っていない。いったい何があったのだろうか？　いまだかつて、この二つの言葉ほど、大きな希望が託されながら、社会にとって惨《むご》たらしいことに、本来の意味が骨抜きにされ、改竄され、乱用され、その本来の意味に触発されて考え行動を起こした人々を抑圧するための手段として転用されたものは、ほかにない。

「民主政治《デモクラシー》」と言いながら、現実の世界では、経済と政治のエリートたちが、選挙という形をとりながら、権力を独占している。そこでは社会の中心をなす経済が民主的なコントロール下で運営されず、また説明責任もない。その結果、我々の生活に直接関わってくる社会組織の大部分が民主政治の手の届かない場所にあるのだ。一方の「自由」は、今ではもっぱら経済的強者の自由を意味するようになった。

オーウェル（ジョージ・オーウェル（一九〇三～一九五〇）、ディストピア小説『一九八四』、『動物農場』）さながらのこの転意のおかげで、これら二つの言葉は、『歴史に残る誤用単語辞典』のなかでも特別な位置を占めることになった。この二つの言葉がもたらす毒によって、人道的な社会を築き、暴力を抑えるという私たちの文明に対する希望は混乱し、濁り、分解され、集合的記憶からほぼ完全に消し去られてしまった。これら二つの言葉に結びついていた希望が文明社会から失われてしまったために、今の私たちには現行の権力構造に取って代わるべき魅力的で人道的な代替案を政治的に明示するのが難しい。いやそれどころか、それらを考えることすら困難になってしまった。

そのような状況に立ち向かおうとするとき、私たちは根本的でありながら、いつもはほとんど意識されることのない問題に直面する。しかしそれは私たちにとって直視せざるを得ない問題なのだ。社会的現実を眺めるとき、個人の利益というレンズを通して見た場合と、私たちが生きる共同体を形作るために積極的に貢献しようと努力し、自由と平等と公徳という原則の啓蒙に重きを置く普遍的で超個人的な観点から見た場合とでは、見え方がまったく違うのである。社会的現実に関するさまざまな見方を議論するとき、私たちはこの問題を、たとえそれが究極的には解消不可能であっても、つねに意識していなければならない。本書に記した各章には、場合によっては個人の社会経験からは理解しがたい内容も含まれていると考えられるため、ここではまず、視点が異なれば社会のビジョンも大きく異なるのだという点に留意しておくことが有用であろう。

私たちが世界をどう体験するかは、各自が世界でどう位置づけられ、どのような視点から眺めるかによって決まる。私たちが社会的な関係をどう評価するかは、視点、つまり社会を眺める立ち位置――地理的な場所だけでなく、歴史的、社会的、あるいは精神的な位置も含めて――によって変わるのである。実社会に向けられる視野の広さには、ほぼ制限がないと言える。

現在の私たちは皆、少なくとも歴史的には、また多くの面では地理的にも、おおかた同じ位置に立っている。私たちが多かれ少なかれ共有する社会的現実は、大きくは次のように描写することができるだろう。文明の歴史は長い間暴力に満ちていたが、私たちは現在、文明として際立って質の高い時代に生きている、と。私たちが今世界を眺めている場所では、すでに七〇年以上にわたり、戦争も飢餓も起こっていないのだから。

そこでは、ほとんどの人が両親や祖父母の時代よりもはるかに高い生活水準を誇っている。民主的な法治国家が社会秩序を定め、言論の自由、市民権の保護、人権の尊重を保証し、人々の社会生活に安定と安全をもたらしている。そう考えた場合、普通の見方をするなら、私たちには社会の発展ならびに自分たちが成し遂げてきたことに満足する理由ならいくらでもあると言える。歴史という観点から大きく眺めた場合もそうだ。資本主義経済が人々の大部分を飢餓や貧困から解放した。過去一五〇年だけを見ても、産業革命、農業の機械化と工業化、畜産の大規模化、バイオ技術の発展、農産物および食品産業のグローバル化、医学・医薬品・医療体制の発展を通じて、かつてないほどに人々の寿命が延び、生活の質も向上した。その成果として、以前の世代の人々には夢見ることしかできなかったほどの富を手に入れ、通信、移動、栄養、健康などあらゆる生活分野で技術的な発展を享受している。また、大量消費、そして日常生活に浸透した娯楽産業のおかげで、人間本来の生き方になじまない仕事も我慢できるようになったし、社会的な動乱も収まった。

加えて、国家間の関係も好ましい方向に発展してきた。第二次世界大戦直後に、世界を平和に保つことを目的として国際連合（＝連合諸国《ユナイテッド・ネイションズ》（UN））が設立された。その理想は、武力行使の禁止条項として国連憲章に反映されていて、あらゆる国家に侵略戦争を禁じている。オランダのデン・ハーグには、国連の主要司法機関として国際司法裁判所もつくられた。平和と民主政治と人権を保護するために、国際法も整備された。私たちは文明の点でも多くを成し遂げてきた。西側諸国における文明の発展は祝福されてしかるべきものだ。これまである程度大規模かつ安定して実現したさまざまな社会形態のなかで、資本主義と民主政治の組み合わせが、問題こそあるものの、格段に成功した例だと言えるだろう。もちろん、数多くの進歩にもかかわらず、私たちはありとあらゆる分野で数えきれないほど多くの困難な問題に直面している。それでもなお、カントの言葉を借りれば、人間は歪んだ木でできているので、そこからはまっすぐなものは何一つとしてつくられることがない。そして、この世界があまりに複雑な上に多くのことを強制してくるため、完璧な答えなど期待できない。それでも私たちは技術の進歩を取り入れながら、社会の構造と貿易市場の仕組みを効率のよいものに改善していくことで、現在私たちを脅かしている問題も必ず乗り越えることができると信じている。

つまり、私たちは長い歴史的な尺度で見た場合、とりわけ幸運と言える好ましい場所と時間に生きているのである。ただし、この自己祝福の合唱に加わろうとしない者もいる。この惑星に生きる一部の、実際にはおそらくほとんどの人が、この合唱を聴こうともしないだろうし、たとえ聴いたとしても、自分は合唱を歌う「我々」のなかに含まれていないと言うだろう。「我々」という言葉は、そのように分断された視点のうえに成り立っているのであり、だからこそ、深く掘り下げてみる価値がある。

広い歴史的視点から、そしてグローバルな尺度から、私たちは現代の世界秩序における勝者、あるいは受益者とみなすことができる。そして、あらゆる社会秩序における勝者、支配者、受益者は、その秩序を歓迎するだけでなく、世界全体がその秩序で回っていると考え、敗者が敗れたのは敗者自身の責任だと考えるのだ。また、勝者は自らが受益者である社会秩序の将来を楽観視する傾向もある。しかし社会秩序の敗者と犠牲者は、そのような「我々」とはまったく違う見方で世界を観ている。異なる地理的あるいは社会的位置にいるだけで、たった数本の道路を隔てただけで、住む大陸が違うだけで、もしくは数年あるいは一世代隔てた別の時間にいるだけで、見えるものがまったく違うのである。

確かに、私たちは戦争も、テロも、抑圧も、あからさまな暴力も、飢餓も、資源の乱獲や強奪による惨状も、奴隷制も、拷問も、日常生活から遠ざけることにおおよそ成功した。しかし、自分たちの生活についてよくよく考えてみると、私たちが、それら受け入れがたい事柄を大いに利用してきたことは否めない。そうした状況をなくしたのではなく、ただ世界の別の場所に移したに過ぎない。そのため、私たちの意識に上ることはほとんどない。それらが私たちの道徳心を動揺させることがないので、責任を感じることもない。

どうやら、社会情勢の見方には、かなりの振り幅があるようだ。どの立場から社会を眺めるかで、選ぶファクト、選んだファクトの重要さ、そしてそこから導き出す結論が変わる。いずれにせよ、私たちは自分たちの置かれた状況と、自分たちにかかわる大局的な文脈を、かなり自由に評価できるという特権を享受している。そして、どちらに転んでも、「我々」が現在の経済および権力構造の勝者であり、受益者なのだ。

では、社会秩序の敗者や犠牲者には、どのような展望が残されているのだろうか？　犠牲者であるという事実がすでに恐ろしいことであり、その恐怖が視野を狭くする。飢えた者や虐げられた者、あるいは肉体と精神が脅かされている人々には、犠牲者として生きて考える余地しか残されていない。そして、「我々」に含まれないそのような犠牲者が存在するからこそ、「我々」にとっての現行の権力および経済秩序の有利さが浮き彫りになるのである。

「我々」に含まれない、あるいは含まれることを拒む人々として次のグループを挙げることができる。

全世界にいる「我々」の経済秩序の犠牲者。その数は計り知れない。二〇〇〇年から二〇〇八年まで国連で食料の権利に関する特別報告者を務めたジャン・ジグレールは、我々の経済秩序により死に追いやられた人々の数を五〇〇〇万人以上と見積もっている。しかも、毎年この数なのだ。この点で、新自由主義《ネオリベラル》経済秩序に肩を並べる社会秩序は、長い文明史のなかでも一つもなかった。

慢性的な栄養不足に苦しむ八億を超える人々。これは世界人口の一割を超える数だ。彼らのうち年間三〇〇〇万人以上、一日にほぼ一〇万人が、飢えが原因で命を落としている（WFP（国連食糧農業機関）の世界食糧報告によると、今の世界農業の規模からすれば、現在の世界人口のおよそ二倍、少なくとも一二〇億人を容易に養うことができる）。

最低生活水準ギリギリの暮らしを強いられている一〇億以上の人々。

ドイツで貧困にあえぎ、普通の社会的あるいは文化的生活に参加できずにいる一二〇〇万以上の人々。ドイツでは子供たちの五人に一人が、いわば親譲りの貧困のなかで暮らしている。ほかの先進国や法治国家でも事情に大差はない。

もはや価値のない人々。消費者として役に立たず、集団としても価値がないとみなされる何億もの人々が、懲罰として社会の片隅に追いやられている。

現代の奴隷制の犠牲者である四〇〇〇万以上の人々。

環境破壊の結果として毎年命を落としている六〇〇万以上の人々。

「我々」、つまり共通する価値観をもつ西側諸国のメンバーが「自己防衛」および「民主政治と人権の推進」のために他国に投下した爆弾の犠牲になる民間人。オバマ政権最後の年の二〇一六年だけでも、イスラム七カ国に合計二万六一七一発の爆弾が投下された（すべての爆弾の投下場所と時間はＡＦＲＬ（米空軍研究所のＴＨＯＲデータベースに記録されている）。国連創設以後にアメリカの軍事行動によって死亡した民間人の数は、参照するデータや用いる基準によって大きな開きがあるが、八〇〇万から三〇〇〇万人のあいだだと言われている。「我々」が関与した、時間と空間に制約のない「対テロ戦争」におけるこれまでの死亡犠牲者数は、イラクとアフガニスタンとパキスタンだけで一三〇万人にのぼる。

敵対的な政府に対しておもに経済制裁の形で行われる経済および金融戦争の犠牲者。

私たちの言う「我々」に含まれない、もしくは含まれることを拒む人々の列挙はほぼ無限に続けることができる。しかし彼ら犠牲者が、あるいは現行の経済および権力秩序のもたらした結果がメディアで話題になることがないため、私たちの意識に上ることはない。メディアで取り上げられることがあるとしても、極めて表面的な事実や数字だけだ。そのため私たちは、彼らが苦しんでいるのは私たちの責任ではないと考えるのである。私たちが民主的に選んだ指導者が犯した罪の責任まで私たちが負う必要などないし、それらは私たちのせいで生じた結果ですらなく、彼ら自身がもたらした結果、もしくは複雑な世界における自然な流れが、条件が、あるいは法則が生み出した結果なのだから、と。このようにして、加害者が犠牲者に、犠牲になった責任を押しつけるのである。歴史は、勝者ではなく敗者を悪者にする。

国内外の平和を保つ目的でつくられた文明制度――つまり民主政治や国際法――が想定する現実もまた、この視点にもとづいている。ここでもまた、視点を少し動かすだけで、政治的レトリックやイデオロギーにもとづく偏見の裏に潜む現実を見透かすことができる。もともとは政治的な自立や内外の平和の確保などといった大きな希望と結びついていた民主政治は、実際の社会の形成過程において単なる形式的な抜け殻になってしまった。民主政治は演出を凝らして定期的に行われる選挙戦に成り下がった。そこでは民衆が、用意された「エリートたち」のなかから一人を選ぶことが許される。本当の民主政治は、民主政治の幻想によって置き換えられた。議論の自由は言論および憤《いか》りのマネジメントによって、「成熟した市民」という理想は「政治に無関心な消費者」という新自由主義の理想によって置き換えられてしまった。「民主政治」と「自由」に結びつけられていた希望は、ただの言葉の抜け殻、権力者が発する中身のない口約束に成り果てている。そのような言葉を用いて権力者は、大多数を構成する被治者の意識を巧みに操作するのである。

国際法もまた現在では、露骨な権力政治の道具にされてしまっている。自称「西側価値共同体」は暴力の有効性に対する宗教的なまでの信頼をふたたびあからさまに表明するようになった。爆弾と破壊、ドローンによる殺戮、拷問、テロリストグループの支援、経済的締め付けやほかの形の暴力は、治癒力があり有益だとみなされている。そのような暴力への政治的な執着は全世界に影響を広げている。

かつては本来の意味の民主政治と国際法に結びつけられていた大きな希望だが、今や文明化を通じた権力と暴力の封じ込めに対する希望の歴史的な記憶だけが残った。それと並行するかのように、人々は政治的なレトリックに圧倒されるようになった。経済的あるいは軍事的強者は、自らが行う暴力的な政治活動に対して承認もしくは黙認を得るために、人民に対して民主政治や国際法という言葉を多用するのである。現実政治《レアルポリティーク》の世界では、強者の権利がずいぶん前からすでに認められている。啓蒙主義の時代から二〇〇年がたった今、私たちは政治的レトリックをあっさりと受け入れるようになった。つまり、私たちは今、過激な反啓蒙主義の時代に生きているのである。しかも同時に権力者たちは、敵とみなす人々に対する自らの優位性を強めるための道具として、必要とあらば啓蒙主義を利用する。

要するに、すべては視点の問題なのだ。私たちが見るものは、視点によって変わる。私たちが見ようとするものも、見たくないものも同じだ。見たものや経験したもの、あるいは知識から導き出す結論や、これから導き出そうとする結論も、視点によって変わる。この視点には、地理的な場所や社会的な立場だけでなく、生きている時間の違いも含まれる。私たちがどのような精神的な眼鏡を通して世界を眺めるかで、見える景色が異なるのだ。つまり、個人の直接的あるいは間接的な経験、社会との関わり、規律、偏見、不安、心配、さらには自らが属するとみなす集団の世界観や偏見、あるいは自分自身のイメージや、自分が自分自身に投影する世界における役割などに応じて、世界の見え方が違ってくるのである。

これらすべての要素が、社会状況に対するさまざまな視点を生み出す。この多様性故に共同体の政治的場面に重大な緊張を引き起こす可能性がある。そのため、落ち着いた平和な状態で政治活動ができる状況を確保するためには、この緊張をほぐすための努力が必要になる。そして多くの場面で相容れないさまざまな利害や視点を平和的な方法で調和させるための努力こそが、啓蒙主義の民主的原則だと言える。その際、社会的な利害関係が平等でないにもかかわらず、すべての人に基本的に同じ手続きが適用される。また、啓蒙主義の民主的原則には、合意を形成するための努力も含まれる。この合意は、多数決ですべてを決めるのではなく、多様性を許容したうえでの合意でなければならない。個の利害を互いに調和させるための手段として、民主政治では公の討論が行われる。そこでは誰もが自由かつ平等な立場でさまざまな個人的利害について発言できなければならない。つまり、民主的な手続きを通じた合意形成プロセスの中心には、本質的に平等の原則が横たわっているのである。

エリート民主政治はそのような平等の原則に反しており、本質的に矛盾をはらんでいる。エリート民主政治には、形式的には民主政治的な要素が含まれているが、実際上は最低限に抑えられている。それにもかかわらず、権力の経済的および政治的中枢を握っている者たちには、そのような最小限の民主政治的要素しかない体制でさえ、完全にリスクがないとは思えないのだ。自分たちの地位を守るために、権力エリートたちは民主的要求から自らを守らなければならない。すなわち、公の討論——特に定期的な選挙——こそが彼らの弱点であり、潜在的なリスクを意味しているのである。では、エリート民主政治において民主政治によるリスクをコントロールし、可能な限り抑圧するには、どうすればいいのだろうか？　もし、ごくわずかに残った民主的な要素までも排除してしまえば、革命を抑えるために好都合な民主政治を騙《かた》るレトリックさえ使えなくなる。なぜなら、公開の討論と定期的な選挙は、民主政治の幻想を保つのに不可欠だからだ。民主政治の幻想を維持するためには、権力の中枢にいる者たちは民主政治を彼らにとって「安全」なものに変え、安定させるための方法を見つけなければならない。

過去数十年、権力者たちはかなりのエネルギーを費やして、そのような安定を得るための方法を見つけ、民主政治的要素の残滓が人民の権利の強化につながるのを防いできた。その方法には、斬新な権力構造はもちろんのこと、心理学を応用した意識操作も含まれる。そのような技術的な研究と開発の発端ははるか昔に遡るが、過去数十年で急速に拡大し、制度化が進んだ。その目的のために体系的に計画され実行されてきた社会変革は、いわば「上からの革命」として社会の根っこにまで深く浸透する。経済エリートが、自らの利益を拡大・強化するために計画した革命だ。この革命による変革プロセスは基本的に二本の柱によって支えられている。

第一の柱は、権力者の組織機構を一層抽象的な形に変えることで、社会的な責任の所在を曖昧にすること。その結果、権力によって支配される者は自らの不満や憤りを政治的にどこにぶつければいいのかわからなくなってしまった。変化を求める民意が、実際に意思決定をする立場にある者に届かない。この変革プロセスで肝心なのは、権力構造を安定させ、再分配プロセスを永久に、つまりほぼ不可逆的に民衆の手から奪い取るのに適した制度や憲法を、民衆に気づかれないように密かに導入すること。そのためには、長い歴史を通じて苦労して手に入れた民主政治を完全に取り除くか、あるいは影響力がなくなるまで徹底的に骨抜きにしなければならない。加えて、国内的にも、対外的にも、経済および政治権力が法を犯すことなく自らの望む形で利益が追求できるように、法の枠組み自体を整備する必要もある。そのような法的枠組みは、経済的な力を政治権力に変えるのを阻んではならないし、目指す形の、あるいはすでに確立している再分配メカニズムに対して法による保護を与え、残存する最小限の民主政治的要素のせいで覆されることがないようにする必要もある。所有者階級による組織的な犯罪は、そのような枠組みを通じて合法化されるだけでなく、時間をかけて強化され、あらゆる民主的働きかけを跳ね返すようになる。

第二の柱は、支配される者の意識を適切な形で操作する技術を開発し、それを極めて効果的なものに発展させること。被治者は――民主的にコントロールされた権力という、メディアが伝える表の政治の裏に――権力の中枢が存在するという事実にさえ気づいてはならない。最も重要な目標は社会変化を求める民衆の声を中和し、彼らの目を政治と関係のない方向へ向けさせること。これを可能な限り強固かつ確実に実現するために、政治的見解以外の領域でも人心操作が行われる。それらは、私たちの政治的・社会的・文化的生活および個人の生活の仕方に関するありとあらゆる側面についても、彼らの思い通りに形作ることを目的にしている。目指すは、政治に無関心な消費者としてのみ社会的生活を営む「新しい人間」の創造。この意味で、それは全体主義的だ。偉大な民主政治理論家のシェルドン・ウォリンが、民衆が全体主義だと気づかない新しい形の全体主義として「逆さまの全体主義」を唱えたのは、まったく正当なことだったのである。そのような操作技術は一〇〇年ほど前から、社会を統制する方法を考案することがそもそもの使命である社会学者たちの協力を得て、熱心に開発されてきた。そのような人心操作法で最も大切なのはつまり、人民からイデオロギーと認識されることがほとんどなく、そのために個人が各自の経験に照らし合わせてもまったく疑念をもたないようにするために最適なイデオロギーを創り上げること。そのようなイデオロギーの中核は、過去数十年で新自由主義的なイデオロギーに集約され、選民的な「資本主義的エリート民主政治」のイデオロギーが生まれた。このイデオロギーでは、有能なエリートが公益のために、コミュニティの命運を可能な限り効果的に導くことが求められる。政治哲学と社会学の大部分は、明示的に、あるいは暗黙のうちに、そのようなイデオロギーの基礎となる前提を共有している。

この二つのことは、権力を、識別が不可能で目に見えないものにするのに都合が良い。その結果、私たち人間に生まれつき備わる、外的な操作に対する防御機構が働かなくなる。どちらも、現代の資本主義的エリート民主政治の特徴である。現代の権力と暴力の秩序に抵抗するために有望な戦略を立てるつもりなら、私たちはこれら新しいタイプの権力構造を十分に理解していなければならない。同じことが、私たちの心《マインド》の働きを特定の政治目的のために悪用しようとする人心操作術に対しても言える。

本書の各章で述べることは全て民主政治というテーマをめぐるものであり、民主政治の阻害、民主政治の解体、あるいは民主政治の管理など、さまざまな戦略や方法について考察している。また、それらのプロセスを人民の目から隠す方法についても言及している。そのため、複数の章で同じ内容が繰り返されることもある。逆に言えば、各章を個別に読むことができるという利点があり、共通する中心的関心をさまざまな角度や文脈から眺められるため、理解がよりいっそう深められる。

各章で言及する政治に関するテーマや疑問はどれも基本的で、そのほとんどは初歩的な内容だ。共同体の形成に興味のある者なら、誰でも理解できるだろう。ときには話が少し抽象的になることもあり、理解するのに知的な作業が求められることもあるが、専門知識は必要ない。もちろん、高度に細分化された社会では、社会の仕組みに関連するほぼすべての疑問が、専門知識なしでは解けないほど複雑ではある。しかしながら、政治的な決断や行為の根本には、必ず一般的で社会的な疑問が潜んでいる。それらについて議論し、判断を下す能力は、私たち誰もが生まれつき有している。そして、まさにその能力の上に、民主政治の原則が成り立っているのである。


すでに述べたように、私たちの個の利害によって決まる個人的な視点と、啓蒙を通じて普遍化される、社会的・経済的利害や内外の平和の確保に関する超個人的な視点の間には、心理的な緊張が生じる。この緊張状態も本書で取り上げるテーマと大いに関係してくるだろう。しかし、民主的な意見交換、あるいは民主的な合意形成に参加したいのであれば、私たちはこの緊張に耐え、そして克服しなければならない。必要な能力は生まれつき備わっている。ただし、それを意識して使わなければならない。そうすることで初めて、この緊張状態から政治的行為が生まれるのである。

新自由主義が支配する環境のもとでは、解放的で自由な政治的行為には特に困難な課題が突きつけられる。なぜなら、どうやら新自由主義には無限の柔軟性あるいは適応力が備わっているようで、外的環境が変化しても生き延びることができるからだ。その学習能力と適応力がどこから来ているかというと、新自由主義は各種のシンクタンクや大学を通じて、必要とする頭脳を買い上げるのである。その結果、これまでの新自由主義は一部地域で成功した社会闘争の戦略を迅速に弱体化させ、解放運動も分裂、解消、そして商品化してきた。つまり、解放運動のロジックをあらゆる社会領域の経済化に隷属させることに成功してきた。このようにして、対立意見を吸収し、自らの安定に利用してきたのである。

したがって、新自由主義からの解放運動は、適切な戦略を開発するためには特段の適応力と学習能力を持たなければならない、という課題に直面している。権力と暴力の全勢力と、それにともなう権力を使う側と使われる側の巨大な非対称性を前にして、私たち個人は文字通り無力であるため、この非対称性を弱め、あるいは場合によっては打ち破るには、団結するしかない。しかし、そのような連帯行動は全体としてまとまっていなければならず、一貫性と整合性が求められる。それがなければ、連帯行動は表面的になり、力関係の安定化および強化の前では、政治を動かす力にはなれない。解放のための戦略の展開に必要な第一歩は、組織的に計画された人民の脱政治化を克服すること。そのためにはまず、意図的に断片化された社会的集合記憶を取り戻さなければならない。私たちはすでに計り知れないほど多くの理論やアイデアを蓄えてきたのである。それらを用いれば、政治的経験を整理して、大小さまざまな政治的目標を定めることができる。私たちの手元には、イデオロギー批判的思考という意味でも、政治的に有効な行動戦略という点でも、歴史を通じて何度も有効性が証明されている数多くのツールがあり、それらを現代の権力機構に適した形で利用し、拡大することが課題になる。

しかしながら、過去の解放運動の伝統から切り離されたままでは、私たちは、日常の政治的経験を有意義な全体に統合したり、めまいがするほど多様な日々の出来事の裏で動いている仕組みのロジックを認識したり、自分の経験から適切な行動を導き出したりする機会すら、ほとんど得ることができない。この点に関しては、マニュアルもなければ、誰かに指示を仰ぐこともできない。本書にも、現在の社会状況をより人道的な社会に変えるための具体的な手順を示したマニュアルや戦略は含まれていない。そもそも、そのようなものをつくるのは不可能だろう。解決策としての政治行動は、連帯の結果として

「下から」生まれ、そのときどきの状況に適応されなければならない。政治行動を起こす余地は十分にある。歴史はオープンで、人の行為によって変わる。一方、人の行動は人の意思によって変わる。結局のところ、歴史とは私たちの行為の積み重ねなのである。問題は、その行為が積極的な変化の意思から生じたものなのか、あるいは忍耐や暗黙の了解からなのか、それとも一般的なまたは政治的な無関心から行われるのか、という点だ。未来の姿は、私たちの目標に、社会を形づくる意思に、決意の強さに左右される。

ここで、本書がどういった経緯で出版にいたったかを手短に説明しておこう。収録されている各章は、社会政治的なテーマを扱う講演のために書かれた。科学者としての私は知覚および認知の基礎理論を専門にしているが、本書の内容がこの分野に深入りすることはない。どの論稿も、政治に関心のある人々に、さらなる考察をする際の参考にすべき資料や読み物を推薦することを目的とした講演で用いるためにつくられたものだ。ただし、そうした講演以外の場所で読んでも理解できるように構成されている。各章の共通点は、テーマ「民主政治」に対して、急進的民主政治《ラディカル・デモクラシー》の立場からアプローチしようとする政治的視点である。その文章のなかには、幅広く豊かな急進的民主政治の伝統から生じる数多くの直接的あるいは間接的な影響を見つけることができるだろう。特に明らかなのは、ノーム・チョムスキーとインゲボルク・マウスの影響だ。認知科学の点でも政治的な分野でも、ノーム・チョムスキーが――そして彼が根を持ち体現している知的伝統が――私の思考に多大な影響を与えた。残念ながら、私がインゲボルク・マウスの仕事に出会ったのは比較的最近のことだ。マウスは啓蒙主義の急進的民主政治の手法にもとづき、「民主政治の民主化」という考えを、非常な思考の深み、厳格さ、そして一貫性をもって発展させている。マウスは国家およびあらゆる国家機関に内在する権威主義的な傾向に抵抗し、妥協せず、断固として、人間に自然に備わる自由の権利を擁護し、社会的利害の多様性や不均質性から生じる問題に対する解決策を提案している。

さまざまな機会で用いるために書かれた各章を一冊の本にまとめることは、当初から予定されていたわけではない。本書が実現したのは、ヴェステンド出版（Westend Verlag）の熱心な働きかけがあったからこそだ。すべての過程において存分に力を発揮してくれたヴェステンド出版に感謝している。私の人生のパートナーであるギーゼラ・ベルクマン＝マウスフェルトにも特に感謝したい。

第一章

羊たちの沈黙は、なぜ続くのか？

――重大な戦争犯罪と道徳的規律違反を国民の目から隠す方法

民主政治の最大の特徴は、権力者が政治的行為を行う際、国民の同意を得なければならない点にある。したがって、自らの目標を達成するためなら法規範や道徳規範を破ること——そこには、民間人の殺害や拷問などといった深刻なケースも含まれる——も厭わない権力者にとって、民主政治はとりわけ厄介な存在になる。民主政治のみが正当な統治形態であるという考えが浸透するにつれて、民主政治を所有者階級にとってリスクの少ないものに変えていく必要が生じた。そのためには民主政治を適切に管理して、人民が民主政治は幻想であると気づくのを防ぎ、民主的な説明責任が権力者に実際に課せられるのを妨げなければならない。そのような管理法には、何十年ものノウハウの蓄積で洗練された、広範囲にわたる精巧な大衆操作技術が含まれる。なかでも特に重要なのは、法的および道徳的規範に対する重大な違反や、さらには戦争犯罪を、国民の日から道徳的あるいは認知的に見えなくする技術である。

道徳規範に対する違反が道徳的に不可視になるのは、それが実際に存在することが明らかであるのに、人々の不快感や憤りを呼び覚まさないような形で文脈に組み込まれている場合である。その例として、おもにいわゆる第三世界で、しかし近年では西側先進国でも見られるようになった、新自由主義の経済秩序が引き起こす構造的暴力による社会的および人道的被害を挙げることができる。

そのような違反は、それぞれのエリート権力者によって、その都度まったく異なる基準を用いて評価されるため、互いが比較されることはない。ある国家から安全保障上のリスク因子とみなされる人物を標的にした意図的な殺害がその例だ。そのような殺害は国際法の明らかな違反であり[1]、自分たちが敵とみなす国家が行った場合には、許容されないだろう。

構造的暴力とは、個人の具体的な行為にもとづくものではなく、社会秩序の特定の構造に根ざした間接的な暴力の形態を指す。社会の不平等、教育機会の不均等、あるいは搾取や差別につながる力関係の原因になる制度や法律や規範が、そのような構造に含まれる。構造的暴力では、一般的な意味での倫理的な加害者という分類が成り立たないため、ほとんどの場合で、犠牲者もそれを暴力とは捉えず、制約や強制とみなす。ネオリベラル的なグローバル化の枠組みにおいて、構造的暴力は国際通貨基金（IMF）、世界銀行、世界貿易機関（WTO）、あるいはいわゆる自由貿易協定を通じて行使される。

事実の可視性と不可視性は基本的にマスメディアが伝えるが、その際ほとんどの場合で、事実とともに、望ましい解釈や政治的な価値観も同時に伝えられる。極めて深刻な戦争犯罪や道徳規範をいかにして人々の目から隠すかという問題は、私たちの社会生活の一部であり、私たち全員に関係する問題だ。基本的で、まさに本質的な問題である。支配エリートたちは、そのような問題について議論する権利を、自分たちにとって都合の良い「専門家」だけに与えようとするが、実際には専門知識など必要ない。シトワイヤン（市民＝仏語）、つまり啓蒙主義の精神にもとづいて自分たちの共同体を形づくろうとする市民である者全員に関わる問題については、私たちの精神には生まれつき「理性の光」と呼べる能力が備わっているのである。啓蒙主義者たちはこれを「自然の光」と名付けた。だから、私たちの抱える本質的な問題には、専門的な教育を受けていない私たちでも取り組むことができるのである。

国際法とは、国連憲章に明記された暴力の禁止にもとづいた超国家的な法制度であり、国際的な慣習法として拘束力を有し、いかなる国家にも侵略戦争を行うことを禁じている。以前、国際法は「文明国」と「途上国」の区別を前提としていた。国際法は、各国家が合意した法規範にのっとって作成され、国際法共同体に属するすべての国家の主権は平等であるという原則にもとづいている。国際法の平等理念に対する違反を認知して処罰する実行力をもつ、独立した中央強制機関が存在しないため、国際法は強者の恣意的な権利法として悪用されやすい。

私たちの精神には生まれつき、社会政治的な現象や事実を分類し、整理し、評価するために用いられる言葉や言い回しに疑いの目を向ける能力が備わっている。その好例をなすのが、新自由主義者たちが本当の言葉の意味を覆い隠すために用いる言い回しだろう。オーウェルが用いてもおかしくないそのような新しい言い回し（ニュースピーク）を集めれば、あっという間に一巻の辞書をつくることができるに違いない。構造改革、改革意思、官僚支配の撤廃、規制緩和、安定化協定、緊縮財政政策、ユーロ救済策、自由市場、スリムな国家、リベラル化、調和化、市場に準じた民主政治、代替不可、人的資本、派遣労働、賃金附随コスト、社会的ねたみ、サービスプロバイダーなどだ。こうした言葉はイデオロギーに染まった世界観を伝えるものであり、それらのもつ全体主義的な本質を明るみに出し、特定しなければならない。そのようなイデオロギー的世界観に気づかないまま屈してしまわないようにするには、社会政治的な現象を論じる際に用いる言葉に含まれる暗黙の前提、偏見、あるいはイデオロギー的要素を特定し、意識しなければならない。しかしそのためにもまた、専門知識は必要ない。この能力も、鍛えて性能を高める必要はあるが、私たちの精神に生まれつき備わっているのだ。

そういうわけでここでは、民主的な社会を支配するエリート層が、自らの権力を安定させるために用いる言葉に隠された暗黙の前提やイデオロギー的要素を明らかにしていこう。しかしその前に、事実の不可視化とは実際にはどういうことなのかを、知覚現象を用いながら説明したい。

左の図では、幾何学的な形がバラバラに散らばっているようにしか見えないだろう。個別要素間の繋がりは認識できない。言い換えれば、私たちの知覚にとって左の図は意味をなさない。ところが、右の図なら何が隠されているのかがたちどころにわかる。なぜだろうか？　知覚心理学が出した答えを簡単にまとめると、知覚システムは、孤立した要素のあいだに認知的な繋がりをどう確立すべきかという情報を与えられた場合にのみ、その意味をカテゴリー化できるからだ。そのような情報が、どの要素がどのように繋がり、どのような別の要因によってその繋がりが見えなくなっているのかを明らかにする。知覚システムは、なぜ意味をもつ繋がりが孤立した要素に断片化されたのか、その因果関係を知る必要があるのだ。右の図では、そのような因果関係がインクを紙にこぼしたときに生じるような黒い染みの形で明らかにされている。見比べれば分かるが、左の図の灰色の断片はどれも、右の図のそれと同じ形をしている。それにもかかわらず、左の図では全体像が浮かび上がらない一方で、右の図では意味のある形として「R」の文字を容易に認識することができるのだ。

　インクの染みが意味のある全体を断片化させていると認識した瞬間、私たちは覆われた部分を想像で補い、全体像を理解するのである。これはごくありふれた規則的な心の働きであり、この働きは私たちが関心をもつテーマとも関係している。事実の全体像は、断片化させることで分解および不可視化が可能なのである。そして私たちは、そのような断片化した事実を、たとえば新聞などで読んだとしても、たくさんの孤立した情報としてしか認識しない。しかし何らかの形でそれら個別の事実を互いに結びつけることができれば、断片化の理由がわかり、全体像を容易に認識できるようになるのである。

民主政治のパラドックス

道徳的規範が組織的に破られていることを不可視にしながら民主政治をどうやって運営していくかは、「民主政治のパラドックス」とも呼ばれる問題、つまり権力エリートと民衆の関係の問題と直接結びついている。この問題の体系的な研究は、はるか昔に遡る。政治討論の場では、民衆は非合理的な情動に支配されているため、コントロールされなければならない群れとみなされてきた。したがって民衆の指導者にとっては、群れの沈黙を解釈し、自らの政治行為に置き換えることが重要だった。[2] 近年になって、この問題はリチャード・ニクソン（一九一三〜一九九四）を通じてふたたび脚光を浴びるようになった。ニクソンがアメリカ大統領（一九六九〜一九七四）として、声なき大衆の沈黙をベトナム戦争に対する同意とみなしたからだ。

この問題に体系的に取り組んだ最初の人物は、ギリシャの歴史家トゥキディデス（紀元前四五四〜三九九）だろう。政府の形態に関する私たちの認識と、人間の性質に関する私たちの仮定とのあいだに密接な関係があることに最初に気づいたのもトゥキディデスだった。暗黙的か明示的かにかかわらず、どの政府形態も、私たちが人間の精神の性質をどう理解しているかということと大いに関係している。トゥキディデスは、大衆は理性を犠牲にして情動や情熱に傾きやすいと考えていた。「大衆はその考え方において不安定で移ろいやすい。自らの失敗を他人のせいにする［……］」。その一方で、政治指導者はおもに「支配欲と野心を満たすために権力を求める」ことを行動の指針にしている。トゥキディデスは、優れた社会組織は人間の性質の弱点を考慮に入れたものでなければならないと気づいていた。トゥキディデスの考えによれば、民主政治政府の形態ではそれができない。ペリクレスの政府が起こしたペロポネソス戦争について書いた本のなかで、トゥキディデスはむしろ、「民主政治の名の下での、実際には第一人者による支配」を理想的な政府の形とみなしていた。

アリストテレス（紀元前三八四～三二二）も同じように考えていた。アリストテレスは「尊敬される富豪による支配」、いわゆる財産政治《ティモクラシー》を、理想的な政府の形と考えていた。その際、民主政治的要素と寡頭政治的要素が完璧に釣り合っていて、大衆および貧民とエリートや富豪のどちらの側も優位にならないのが理想とされた。アリストテレスは民主政治を財産政治の失敗形態とみなしていた。民主政治では「多数派を構成する貧民が富裕層の富を自分たちのものにすることができる」という点を、アリストテレスは不公平と考えたのだ。(3) 同じような考え方をアメリカ憲法の起源にも見出すことができる。どの政府も、多数派の貧民から裕福な少数派を守るように組織されていなければならない、とアメリカ憲法の起草者の一人であるジェームズ・マディソン（一七五一～一八三六）が語っている。そこで、大衆とエリートの緊張を解く方法として、マディソンは間接民主政治（代議制民主政治）を提案した。これは実質的には寡頭政治の一形態であり、少数派富裕層の利益を守るのに都合がいい制度である。

ここに挙げた例だけでも、西洋における思想史全体を、民主政治に対する懐疑——それどころか敵意が貫いていることを示すのに十分だろう。

それにもかかわらず、現代の政治論や政治的レトリックでは、民主政治という概念がますます重要な役割を果たすようになってきた。もはや民主政治は統治形態の一つの可能性であるだけでなく、政治権力が自らを正当化できる唯一の政治形態になった。同時に、支配層のエリートは民主政治を「必要な幻想」と見なしながら、民主政治という言葉の裏側で自らの利益を守るのに適した寡頭政治を形づくろうと躍起になっている。その際彼らは、民主政治が、本来目指す先を「行きすぎた民主政治」と決めつけ、人民にはできるだけ気づかれないようなやり方で、民主的構造を侵食しようとしている。そして現在、そのプロセスがゾッとするほどに加速されつつある。

西側の民主政治はよく見てみると、むしろ寡頭政治の性格を色濃く持っている。つまり、民主政治という隠れ蓑の下で見事に寡頭制を敷いたのだ。この考え方はそのような非民主化を批判する者たちだけでなく、支配層のエリートたちも公言している。たとえばアメリカ合衆国だ。一九七五年に発表された『The Crisis of Democracy（民主政治の危機）』というレポートのなかで、執筆陣は「行きすぎた民主政治（excess of democracy）」が存在すると主張している。政治学者のサミュエル・ハンティントンは、国家を一握りのウォール街のバンカーで統治できたトルーマン大統領の時代は、民主政治を管理することも比較的簡単だったと言っている。それ以来、「行きすぎた民主政治」は大幅に修正されたとしたうえでハンティントンは、二〇一四年四月二一日付の『ワシントン・タイムズ』ではこう書いている。「アメリカはもはや民主政治国家ではない――建国の父たちが夢見た民主的な共和国はもう忘れよう」。二〇一五年七月二八日、元米国大統領のジミー・カーターはあるインタビューで、アメリカは「無限の政治的賄賂」に満ちた「寡頭制」の国だと語った。つまり、アメリカが寡頭制であるという事実を、エリートたちもおおっぴらに認めているのである。エリートたちのそのような発言を重視しない人も、それらが学術的な方法を用いて証明された場合には、確かにそうだと納得するかもしれない。政治学者のマーティン・ギレンスとベンジャミン・ペイジが二〇一四年に、大多数の人々の意思が政治的な意思決定にどれほどの影響力をもつか、アメリカを例に調べてみた。二人の分析によると、大衆の声の重さはほぼゼロであり、人口の七〇パーセントは政治決断にまったく影響しないことがわかった。(4)

ヨーロッパでも事情は同じだ。実際の状況をある程度正確に知りたければ、エリート御用達の情報メディアを参考にするのがいい。『ウォール・ストリート・ジャーナル』などのメディアは現実を比較的正しく反映していることが多い。金融エリートやビジネス界にとって、さほどイデオロギーで歪められていない現実を知ることが重要だからだ。そうしたメディアは、大衆向けのマスメディアとは違ってエリートに向けて情報を発信するため、粗野な政治レトリックやプロパガンダを必要としていないのである。たとえば、二〇一三年二月二八日の『ウォール・ストリート・ジャーナル』は、新自由主義政策を――多くの国々ではその是非が投票によって問われている――民主的な手段を通じて阻止するのはもはや不可能だろう、と冷静に指摘している。(5) 要するに、重要な政治決断において選挙民が大きな役割を果たすことができると考えるのは、ヨーロッパでも幻想に過ぎないのである。

この点は、特に経済政策の問題に関しては、さほど大きな驚きではないだろう。実際問題として、新自由主義と民主政治は相容れない。新自由主義の牽引者の一人であるミルトン・フリードマン(一九一二〜二〇〇六)は一九九〇年に、モンペルラン・ソサエティーのニュースレターでこう述べている。「民主的な社会が一度確立されてしまうと、自由経済が破壊される」――エリートの側からすると、そのような事態は絶対に防がなければならない。つまり、民主政治は、民主的な意思決定が経済に影響しない場合にのみ、言い換えれば、民主政治が本当の民主政治ではない場合に限り、存在が認められるのである。この意味では、世界のどこにおいても、新自由主義こそが民主政治の最大の敵だと言える。

多国籍企業の視点から見た場合、民主政治はビジネス上のリスクだ。会社組織には「経済的制約」というものがあって、資本を拡大するという目的のためには賃金や給付金が大きな障害になるという事実を人民がかたくなに受け入れようとしないのなら、支配する側のエリートは権威を用いて適切な「構造是正措置」を講じなければならない。

つまり、真に民主的な社会は、支配エリートがよしとする社会形態と一致しないのだ。政治ビジネスにおいて、民主政治が幻想として不可欠であるとみなされるなら、その民主政治は参加型の民主政治ではなく、有資格の専門家が主導する「劇場型民主政治」の形をとるべきだろう——そう一九二五年の『幻の公衆』で主張したのは、著名なジャーナリストにしてエリート民主政治の代弁者であったウォルター・リップマンだ。劇場型民主政治《スペクティター・デモクラシー》なら、民主政治の幻想を維持することができるし、政治エリートの立場を安定的に保つこともできる。

三極委員会の依頼で一九七五年に作成された『民主政治の危機』（既出）もまた、この問題を扱っていた。このエリート協議委員会は北米、欧州、日本という三つの主要経済ブロックを代表するメンバーで構成されているため、三極委員会と呼ばれている。三極委員会はほかのエリートネットワークと密接に関係していて、特にビルダーバーグ会議（1954年以来オランダのビルダーバーグで毎年1回開催されるエリートによる会議。世界経済フォーラム（ダボス会議）より上位にある「影の世界政府」とも言われる）、アトランティック・ブリュッケ（1952年に設立された、米国とドイツ連邦共和国との間の経済、財政、教育、軍事、メディアに関する協力関係）とのつながりが強い。ドイツ側のメンバーには、ヨーゼフ・アッカーマン（ドイツ銀行元CEO）、ゲルハルト・シュレーダー（元首相）、クラウス・クレーバー（ARDテレビニュース解説者）、シュテファン・コーネリウス（ズュートドイチェ・ツァイトゥング紙政治部編集委員）、ヨーゼフ・ヨッフェ（ディ・ツァイト紙元編集委員）、チェム・エツデミール（農業相）、ミヒャエル・ヒューター（経済学者）、ヴォルフガング・イッシンガー（ミュンヘン安全保障会議議長）、フリードリヒ・メルツ（CDU党首、世界最大の銀行ブラックロック元監査役員）、ヨアヒム・ガウク（前大統領）が含まれている。

『民主政治の危機』のなかでは、一定数の個人やグループが無関心や不参加を貫かない限り、「行きすぎた民主政治」が引き起こした民主政治の危機を解消し、民主政治を（エリートの望む形で）管理することはできないと主張されている（より正確には「民主的な政治システムを効果的に運用するには、一部の個人やグループの無関心および不参加が必要」と書かれている）。当然ながら、ここで言う民主政治の効果的な管理に欠かせないとされる、政治に参加しない個人やグループは、支配エリートではなく大衆を指している。つまり、支配エリートが望む劇場型民主政治を実現するには、民衆の大半が政治に関心を失い、それどころか政治的に無気力になっていなければならないのである。

そのような状態を実現するには、適切なテクニックが必要になる。特に重要なのは、無関心を広めるテクニック（家計の心配、不安、消費主義など）、ならびに　世論の管理方法とアンガーマネジメント、つまり「憤《いか》りの管理方法」だ。

民主政治とプロパガンダ

アメリカ人政治学者のハロルド・ラスウェル（一九〇二～一九七八）がエリートの間で共有されていた考えを代弁したように、様々な統治形態の長所と短所を比較した場合、民主政治が優先されるべきだろう。ただしそれには、政治の専門家たちが下した決断や政治システムに民衆を従わせつづけなければならない、という条件がついている。そのためには、巧妙なプロパガンダによって民衆を洗脳する必要がある。したがって、プロパガンダは民主政治にとって不可欠で、それがなければ民主政治は機能しないのだ。また、そのような世論操作の手法は、独裁による支配にはない利点もある。暴力や賄賂をはじめとした独裁的な支配方法よりもプロパガンダのほうが安上がりなのだ。そう考えた場合、世論操作を通じてコントロールされた民主政治は理想的な統治形態だと言える。

同じことを——当然だが現在ではありえないほど——極めてオープンな言い方で、エドワード・バーネイズ（一八九一〜一九九五）も述べている。エドワード・バーネイズはプロパガンダの伝道者として最も影響力が強く、一九二八年にはプロパガンダの基礎や手法を『プロパガンダ』という一冊の本にまとめて出版した。民衆に生まれつき備わる判断力を損なわせ（意思決定能力の剥奪）、支配エリートに都合のよい考え、信念、意見をもたせる（盲目の追従）目的で行われる組織的な試みは、すべてプロパガンダとみなすことができる。(6)

バーネイズはこう書いている。「大衆の行動と思想の意図的かつ巧みな操作は民主政治社会を構成する本質的な部分である。人目に触れず密かに活動する組織が社会のプロセスを操縦する。それらが目に見ない政府を形成し、我々の国家の真の支配者として君臨している」。ここで見落としてならないのは、バーネイズが描いた状況は未来の目標ではなく、当時の現状であったという点だ。そして、当時から現在にかけて、状況はかなり悪化した。上述の意味でのプロパガンダは、現在の西側社会の教化（インドクトリネーション）に不可欠と考えられている。そして、「我々の国家の真の支配者である目に見えない政府」を構成するのは、さまざまなエリートが織りなす、目に見えないほぼ透明なネットワークだ。エリートのネットワークが「社会のプロセスを操作」する。それが政治決断を行い、その内容を、人々の繁栄のためには避けて通れない制約として、お抱えのマスメディアのジャーナリストを使って大衆に伝えるのだ。(7)

では、エリートたちが望む「目に見えない政府」と適度に関心を失った大衆という状況は、どうすれば実現できるのだろうか？　当然ながら、そこで中心的な役割を担うのがマスメディアだ。マスメディアの役割については、最も重要なコミュニケーション論者であり、現代の経験的社会学の祖でもあるポール・ラザースフェルドの言葉が非常に的を射ている。「人民に、自分たちは情報通であるという錯覚をもたせるには、彼らを情報の洪水で溺れさせなければならない」。この「情報通であるという錯覚」のおかげで、人々は政治的に安心できる。大切なことはすべて聞いたと考え、夜も安心して眠りにつくことができるのである。(8)

この意味で、ラザースフェルドはマスメディアのことを「最も上質で効果的な社会的麻酔薬」と呼ぶ。ラザースフェルドの考えでは、朝食のときに『南ドイツ新聞』を読み、午後には『シュピーゲル・オンライン』を眺め、夜にはニュース番組『ターゲスシャウ』を観る人々は、十分に情報を得ていると自負するあまり、自分が病気に罹っていることに気づきもしない(「自らの病気に気づかないほどの中毒状態にさせられている」)のだ。

特に高い教育を受けた人々が情報通の幻想に陥りやすい。教育を受けたがゆえに、彼らはそれぞれの社会で支配的なイデオロギーに特に強く教化されている。この点はナチズムの時代も今も変わらない。逆らわずじっと黙認する彼らこそ、それぞれの社会で支配的なイデオロギーに安定をもたらす重要な要素なのである。

感情を利用してそのような麻痺状態を引き起こす方法はたくさんある。(9)

政治の世界における感情のコントロールでは、鎮静テクニックに加えて、不安を生み出す技術も重要な役割を担う。軍事作戦を正当化する試みでは二重の戦略が用いられることが多い。「人道的介入」を旗印にすれば教養ある人々も侵略戦争に賛成するし、残りの民衆には悪意のある野蛮な敵国に対する恐怖心を植え付ければいい。そのような戦略が重大な結果をもたらした例として、二〇〇三年二月五日の国連安全保障理事会における当時の米国国務長官だったコリン・パウエルを挙げることができる。パウエルの手には粉が入った容器が握られていた。その容器が、イラクの支配者サダム・フセインが大量破壊兵器を保有している確固たる証拠だというのである。この「証拠」はおもにアメリカ国民に向けられた主張であり、彼らを大きな不安で包み、計画されていたイラクへの米軍侵攻に賛成させるのが目的だった。この感情操作は功を奏し、結果として一〇万人以上のイラクの民間人が命を落とした。恐怖心を煽《あお》ることで覇権的な政治を行うことができるのだ。最近の重要な例としては、ロシアとウクライナに関するマスメディアの報道を挙げることができるだろう[10]。

一般に民衆操作には、短時間ではなく長期的に効果を持続する方法が好んで用いられる。この意味では、感情よりも意見や考えを操作するほうが重要になる。基本的に、意見のほうが感情よりも変わりにくいからだ。したがって、意見を適切に操作する方法が特に重視される。ここでは、心理学の知識がなくても理解できる単純な操作法をいくつか紹介しよう。どれもマスメディアによって日常的に利用されている方法である。

1 「事実を意見として提示する」　ハンナ・アーレントが指摘したように、事実をあたかもただの意見であるかのように扱う態度は、全体主義的思想体系の最も恐ろしい側面の一つである。

2 「実際にはひとまとまりである事実を、意味をなさなくなるまで断片化して提示する」

3 「事実を文脈から切り離してバラバラにすることで、あたかもそれらが孤立した事象であるかのように見せる」

4 「事実を文脈から切り離し、ポジティブな意味合いをもつ新たな文脈にはめ込むことで、本来の意味を失わせ、潜在的な道徳的憤りを抑える」

これら非常に単純な方法に加えて、心理学はほかにも数多くの、より繊細で、部分的には意外な意思決定および意見形成の方法を見出している。それらを利用することで極めて効果的に大衆の意見を操作することができるのである。そもそも、人間の中枢系における意思決定および意見形成のプロセスは無意識に行われ、意図的な制御がなされないため、操作されやすい。わかりやすい例を二つ紹介しよう。

一連の実験を通じて、実験者が前もって偽りであると説明していた内容でも、実験者が何度も繰り返して発信するうちに、被験者はそれを真実とみなすようになることが知られている。このプロセスは無意識のうちに自動的に進行する。つまり、防ぎようがない。そのような現象が存在することを被験者に前もって教えても、結果は同じだ。同じ意見を聞く回数が増えれば増えるほど、被験者はそれを強く真実とみなすようになる。メディアの報道でも、「改革しようとしないギリシャ人」やクリミア半島の「併合」など、その例は枚挙にいとまがない。ただずっと繰り返すだけで、人々はそれを感覚的に真実とみなすようになるのだ。(11)

ある分野で知識が少なければ少ないほど、人は中央値を真実と思い込みやすくなる。要するに、すべての意見を平等とみなし、スペクトルの極端な外側にあると思える意見は、たとえそれが正しいとしても、避けようとするのである。

言い換えれば、真っ先に「合理的」とみなされる中央値の範囲を決めるだけで、世論の形成を極めて効果的に操作することができるのである。一般の人々に意見の有効範囲と理解される境界を設定することに成功した者は、世論操作におおかた成功したと言える。当然ながら、新自由主義的な、つまり「市場に準じた」民主政治では、政治的な許容範囲の左端――責任をもって支持できる範囲――を特定することがとりわけ重要になる。たとえば、支配エリート集団は、哲学者のユルゲン・ハーバマスの思想を、私たちの自由民主政治の枠組内で、合理的に許容できる限界ギリギリの位置にあると宣言することができる。そのような、ほとんど意識化されない許容範囲の設定が行われるため、権力中枢に狙いを定めた過激な見解は有意義な議論ができる範疇の外に押し出され、大衆の目には「無責任」と映るのだ。

政治的に不利な事実を認知的・道徳的に不可視にする方法

さて、世論操作の方法に対する私たちの目が少し鋭敏になったところで、ここからは、残念なことに歴史を通じて何度も証明されてきた興味深いパラドックスに目を向けることにしよう。名付けるなら、自己評価と行動のパラドックスだ。国家と国民のレベルでも自己評価と行動は矛盾する。国民の大多数の承認と支援があれば、国家はこの上なく残虐な行為――拷問、大量虐殺、民族虐殺《ジェノサイド》など――でさえ、それが道徳的に非難されることはないと確信しながら実行することができる。この現象は、人間の本質について深い疑問を投げかける。なぜなら、基本的に人間には道徳観というものが備わっていて、正しくないことを不正と判断する力があるはずなのだ。少なくとも、他人の行為に対してそのような判断を下す感受性は持ち合わせている。それなのに、この種のパラドックスが生じるということは、人の道徳的な判断力が無難な形で損なわれるか、遮断されているに違いない。遮断するためのいちばん簡単な方法は、自らが、あるいは社会が行った残虐行為を道徳的に見えなくすることだ。

明らかな事実を不可視にするのは難しいと思われるかもしれないが、手品を見てもわかるように、人々の意識を思うように操作するのはそれほど難しいことではない。

その様子を絵画として見事に表現したのが、ヒエロニムス・ボス（一四五〇～一五一六）の『いかさま師』だ。

テーブルの前にたくさんの人が集まっていて、その服装から、彼らは上流社会の人々だと想像できる。彼らは、手品師が、もちろん自分の利益のために繰り出す、ありふれた単純なトリックに心を奪われている。彼らのうちの数人は熱心に見つめているが、残りは単なるやじ馬のようだ。特に目立っているのは修道服に身を包んだ男で、鼻の上の眼鏡から、その男性は読み書きの能力がある、つまり知識人であることがわかる。男は状況を自分のために利用した。自分の前で手品に魅了されている別の男性から財布を盗んだのだ。要するに、修道服の男は中世のスリだったのだ。この絵については、のちにまったく意外な関連で、もう一度言及することになるだろう。

ボスの絵が示すように、人々の意識を操作して簡単なことに気づかないように、明らかな事実を見えなくしたりするのは容易なことだ。同じことは政治の世界でも可能であり、それは驚くほど効果を発揮する事実を見れば明らかだ。この自己評価と行動のパラドックスを、私たちが属する国家という政治的共同体が犯している道徳規範に対する重大な違反の事実をもとに、明らかにしよう。その際、これまで一般的だった視点を逆転させてみようと思う。政府がどのような建前や本音から犯罪行為に及ぶのかを

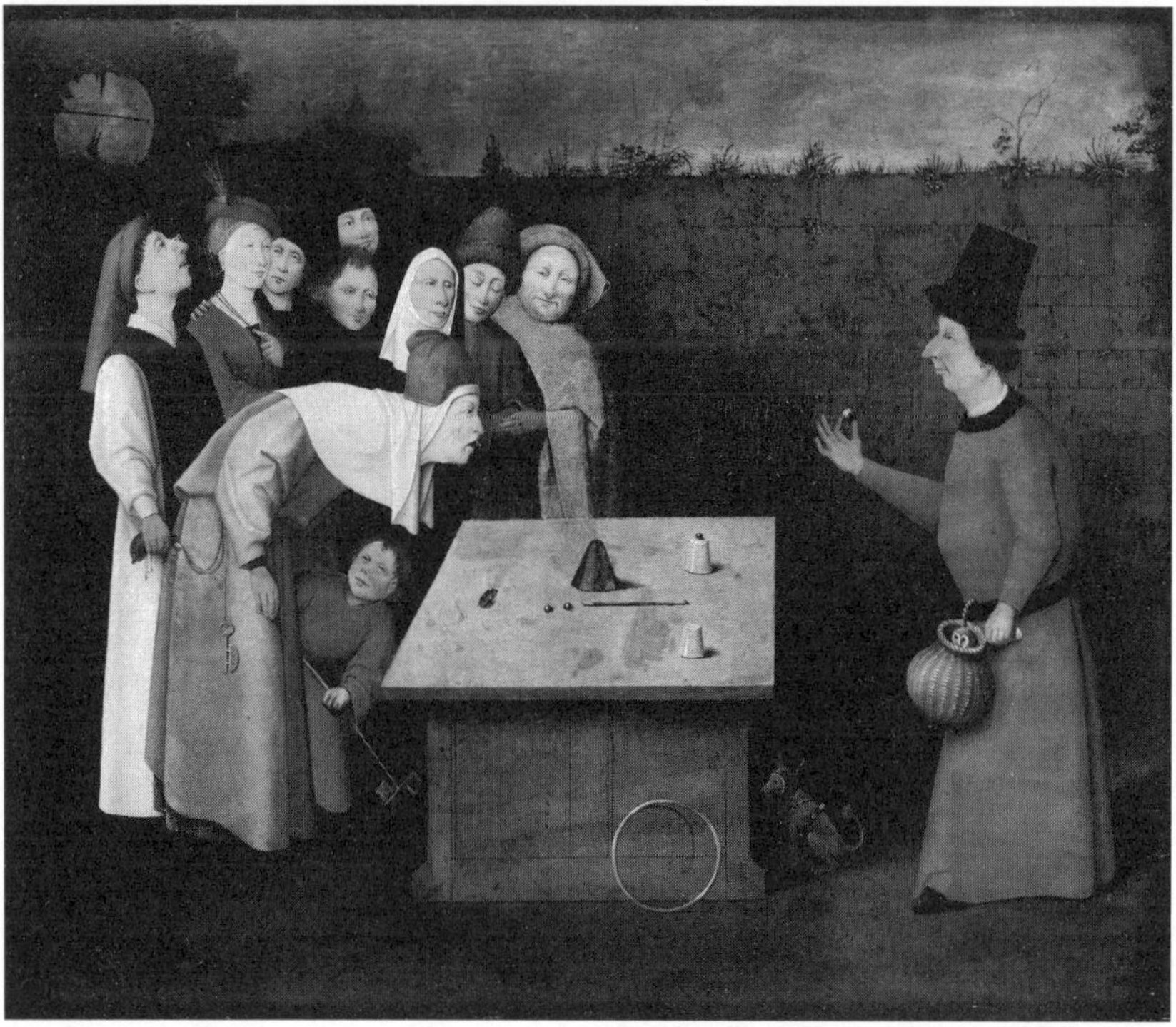

『いかさま師』、1502年、ヒエロニムス・ボス(1450〜1560)、サン=ジェルマン=アン=レー市立博物館

問うのではなく、国民のほうに、つまり自分自身に目を向けて、どうして私たちはそうした犯罪に道徳的な憤りで反応しないのか、その理由を探ってみることにしよう。

ここでの事実は、そうした疑問に答えるための基礎でしかないため、事例は少数に抑えることにする。そこで、次の三つの基準を満たすものを例として選んだ。一 「我々」、つまり私たちが属する政治的共同体が責任を負う行為に関係していること。二 道徳規範に対する明らかな違反や犯罪行為、つまり、もし私たちの敵が同じことをしたなら、私たちがためらいなく憤りや道徳的な非難をもって反応するであろうこと。三 議論の余地がなく、正確に記録されていて、マスメディアでも（たとえそれが断片を都合よく再構築しただけであったとしても）報道されていること。

「小さな」事実を見えなくする

事実の道徳的不可視化が最も簡単なのは、それが小さいため、あるいは政治的に重要でないため、もしくは極めて抽象的な事柄に関係しているため、道徳的な可視性が低い場合だ。そのように小さな事実は、文字通り目には見えるが、道徳的には見えないことがある。メディアはそれらを何のリスクもなしに報道できるのではあるが、その意義についてコメントする必要はないし、私たちの自然な道徳的判断力に触れないように捉えどころのない文脈に埋め込むこともできる。

道徳規範が抽象的な暴力によって大きく損なわれている場合も、比較的簡単に、道徳に違反する暴力とは見えなくすることができる。構造的暴力は、実際に目に見える暴力とは違って、人に自然に備わる道徳的感受性をすり抜ける。構造的暴力の例としては、たとえば民主的にコントロールすることが不可能な、グローバル金融資本の寡頭支配などを挙げることができる。人間の心《マインド》は、感覚では把握できない抽象的な原因を知覚するようにはできていない。それが暴力的な結果をもたらしたとしても、ほとんどの場合、認識できないのである。かつて食糧の権利に関する国連特派員を務めていたジャン・ジグレールが、『ユンゲ・ヴェルト』紙で二〇一二年にこう述べている。「ドイツのファシズムは五六〇〇万の人々を殺すための戦争に六年を費やした。新自由主義の経済秩序なら、同じことを一年ほどでやってのけるだろう」。私たちは、犯罪行為に遭遇したとき、その原因を名指しすることはできても、犯罪の構造が抽象的で掴みにくい場合、それに対して道徳的な憤りで反応するのは難しい。たとえば世界銀行は、実体経済における長期的な開発・発展に資金を提供することを使命としている組織だ。しかし、人権団体は長年にわたって、世界銀行が人権を侵害していると非難してきた。まれにメディアでもこの話題が採り上げられることがある。一例を挙げると、二〇一五年四月一六日付の『南ドイツ新聞』はこう書いている。「アフリカでは、世界銀行が資金提供するインフラ計画によって貧困地区が、部分的には前もって警告もないまま破壊されている。住民は強制的に移住させられるか、ホームレスになるしかない」。それに呼応するかのように、同日の『ツァイト』紙は「世界中で人権を傷つける世界銀行」という見出しの記事でこう主張した。過去一〇年だけで「九〇〇を超える世界銀行プロジェクトにより、三四〇万人が土地または生活基盤の一部を失った」。このように非常に重い事実であるにもかかわらず、リスクなしで一般向けに報道することができる。なぜなら、大衆の理解にとって不可欠な文脈——この例の場合は、世界銀行が新自由主義的な再分配プロジェクトの中心機関であるという事実——が基本的に見えないままであるため、そのような犯罪行為が大衆の関心を呼ぶことも、大衆を不安にすることもないからだ。

対して、拷問などの具体的な問題では事情がまったく異なる。拷問では加害者が存在する。犯罪の原因が抽象的でなく、具体的な加害者が特定できる場合は、私たちに自然に備わった道徳的憤りや道徳的感受性が発揮されやすい。しかしそのような場合も、断片化や適切な脱文脈化を通じて、犯罪を容易に道徳的に不可視にできる。

その代表例がウズベキスタンだ。ウズベキスタンは世界で最も悪質な独裁国家の一つで、同国の政府は大量殺人、拷問、児童労働など、深刻な人権侵害犯罪に組織的に手を染めている。ところが、ウズベキスタンにはドイツの空軍基地があり、同国はドイツにとって戦略的に重要であるため、そこでの拷問などに目をつぶることはドイツの国是なのである。(12)

道徳的に簡単に不可視化できることを示す例は、ほかにも容易に見つけることができる。

「大きな」事実を見えなくする

では、あまりに大きいため本来なら隠せないはずの事実は、どうやって見えなくすることができるのだろうか？　それには、政治的にも、マジックという意味でも、かなり大がかりなトリックが必要だ。しかし、一九八三年にマジシャンのデビッド・カッパーフィールドがやって見せたように、自由の女神像でさえ人々の目から隠すことができるのである。そのようなマジックには大がかりで洗練された装置が欠かせない。一方、世論操作という面でも、事実を隠す仕組みは、マスコミを大々的に活用するという意味で、大がかりだ。しかし、その際に用いられる心理操作テクニックはさほど洗練されていない。

例を一つだけ挙げよう。第二次世界大戦以降、アメリカの軍事介入により殺害された民間人の数だ。アメリカ合衆国はドイツにとって最も親密な同盟国であり、ドイツ連邦の外務省の考えによると、米独間の「間大西洋の関係は共通の価値観の上に成り立っている」のだから、政治的に見て、民間人の犠牲にはドイツ国民である私たちも責任を負うべきだろう。

アメリカの軍事介入による民間人犠牲者の数は、朝鮮半島とベトナムにおける戦争だけで一〇〇〇万から一五〇〇万人にのぼる。それに加えて、アメリカおよびその支援国の軍事行動（アフガニスタン、アンゴラ、コンゴ、東ティモール、グワテマラ、インドネシア、パキスタン、スーダンなど）で九〇〇万から一四〇〇万もの人々が命を落としたのである。人権団体が公式に発表する試算データによると、アメリカ合衆国は第二次世界大戦以降、他国への攻撃を通じて二〇〇〇万人から三〇〇〇万人の命を奪った。そのような犯罪行為に対して、西側の政治家や物わかりのいいジャーナリストや知識人たちは賛辞の合唱を贈る。彼らにとって、そのような行為はかつて米国大統領だったビル・クリントンが一九九六年四月二八日に言ったように「平和と自由、民主政治と安全と繁栄のための世界最大の力」による善意に満ちた努力の表れに過ぎないのである。

過去一五年だけで、「我々」、つまりいわゆる「西側価値共同体」は、世界からテロリズムをなくすという目的のために四〇〇万人ものイスラム教徒を殺してきた。この点こそが、「西側価値共同体」の歴史的連続性なのだ。「途上国の文明化」を旗印にした欧州諸国による植民地支配にはじまり、西側が誤った社会形態とみなした共産主義から解放するために一〇〇万から二〇〇万人を殺害したベトナム戦争、さらには現在進行している「人道的介入」や「民主政治と人権を守る文明国としての使命」にいたるまで、その流れは今も続いている。

そうした数々の犯罪行為を「民主政治と人権のための戦い」として報道し、その規模の大きさや歴史的連続性を人々の目に見えないようにするには、大がかりな断片化と根本的な再文脈化が必要になる。その結果として、これらの犯罪はとても詳細に記録されているにもかかわらず、人々の意識に上ること

アメリカによる成功した(＋)または試みられた(－)「体制転換」

中国・1949 ～ 1960年代初頭(－)	キューバ・1959 ～現在(－)	リビア・1980年代(－)
アルバニア・1949 ～ 53(－)	ボリビア・1964(＋)	ニカラグア・1981 ～ 90(＋)
(旧)東ドイツ・1950年代(－)	インドネシア・1965(＋)	パナマ・1989(＋)
イラン・1953(＋)	ガーナ・1966(＋)	ブルガリア・1990(＋)
グアテマラ・1954(＋)	チリ・1964 ～ 73(＋)	アルバニア・1991(＋)
コスタリカ・1950年代半ば(－)	ギリシャ・1967(＋)	イラク・1991(－)
シリア・1956 ～ 57(－)	コスタリカ・1970 ～ 71(－)	アフガニスタン・1980年代(＋)
エジプト・1957(－)	ボリビア・1971(＋)	ソマリア・1993(－)
インドネシア・1957 ～ 58(－)	豪州・1973 ～ 75(＋)	ユーゴ・1999 ～ 2000(＋)
イギリス領ギアナ・1953～64(＋)	アンゴラ・1975、1980年代(－)	エクアドル・2000(＋)
イラク・1963(＋)	ザイール・1975(－)	アフガニスタン・2001(＋)
北ベトナム・1945 ～ 73	ポルトガル・1974 ～ 76(＋)	ベネズエラ・2002(＋)
カンボジア・1955 ～ 70(＋)	ジャマイカ・1976 ～ 80(＋)	イラク・2003(＋)
ラオス・1958(＋)、1959(＋)、1960(＋)	セイシェル・1979 ～ 81(－)	ハイチ・2004(＋)
エクアドル・1960 ～ 63(＋)	チャド・1981 ～ 82(＋)	ソマリア・2007 ～現在(－)
コンゴ・1960(＋)	グレナダ・1983(＋)	ホンジュラス・2009(＋)
フランス・1965(－)	南イエメン・1982 ～ 84(－)	リビア・2011(＋)
ブラジル・1962 ～ 64(＋)	スリナム・1982 ～ 84(－)	シリア・2012(－)
ドミニカ共和国・1963(＋)	フィジー・1987(＋)	ウクライナ・2014(＋)

「もし、この世界に筆舌に尽くし難い残虐行為を行った国があるとすれば、それはアメリカ合衆国だ。彼らは人間のことを何とも思っていない」
——ネルソン・マンデラ、二〇〇三年、ヨハネスブルグ

はほとんどないのである。

二〇〇五年、ノーベル文学賞の授賞式でイギリスの劇作家ハロルド・ピンターは「いったい何人殺せば、人は大量殺戮者や戦争犯罪者と呼ばれるのか?」と問いかけたうえで、「私たちは嘘でできた巨大なタペストリーを糧としている」と指摘した。支配エリートの権力を「維持する」ために、「人々は真実を、しかも自分自身の生活に関する真実さえも知らないという事実も、知ってはならない」とピンターは言う。そしてこの嘘のタペストリーには、上述した犯罪が人々の意識には不可視でなければならないという原則が含まれる。そうした犯罪は起こらなかったことにされるのだ。

「それらは起こらなかった。起こった出来事など何もない。それらが起こったその瞬間にも、何も起こらなかった。それらに意味はなく、誰の関心も呼ばない」。それでは、どのようにすれば、人をこれほどまで徹底的に道徳的に無関心にできるのだろうか? 「私たちの道徳的感受性はどうしてしまったのだろうか? そもそも、私たちは道徳的感受性をもっていたのだろうか? この言葉は何を意味しているのだろう?」。その答えを見つけるには、ふたたびマジックに目を向けなければならない。なぜなら、そのような道徳的無関心は「華麗で、知的で、極めて巧みな催眠術」によって引き起こされるから

だ。

当然ながら、そのような集団催眠で最も重宝される手段は言葉だ。言語を支配する者は、私たちが社会政治的な現象についての考察や議論で用いる概念やカテゴリーを支配し、結果として民衆も支配する。「言葉の力を借りて、思考を抑える」のである。(13)

つまり、次の図が示すように、単純な心理テクニックを用いれば、大きな事実でさえ目に見えなくすることが可能だ。これらのテクニックは、ごく普通のマスメディアの手法として深く浸透しているため、もはやマスメディアの特性と呼べるほどだ。そのため、ほぼ無意識のうちに用いられている。したがって、政治の中枢などがそのテクニックを使うよう仕向ける必要もない。主人に気に入られようと尻尾を振る犬のように、マスメディアが自発的に使うのだから。

アメリカ合衆国は「現在、世界最大の暴力推進国家だ」
——マーティン・ルーサー・キング、一九六七年四月、ニューヨーク

世論の管理

↓

→選択、注意の誘導、関心の管理
→事実を意見として宣言
→事実の脱文脈化と断片化
→事実の再文脈化

マスメディアの「通常の役割」

↓

憤りの管理

自国と友好国の政府に対する憤り反応
→抑止
「反乱鎮圧」

望ましくない政府に対する憤りに反応
→扇動
「反乱の組織化」

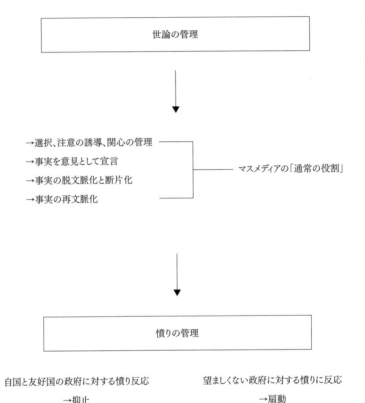

憤りの管理の必要性

それでも支配エリート層にとって、体制の安定を脅かし、危険な連鎖反応を引き起こしかねない状況が発生することもある。ほとんどの場合、そのような状況は、民衆の道徳感情に激しく影響し、彼らの憤りを呼びさます出来事によって引き起こされる。そんなときは、迅速かつ効果的に緊張を解かねばならない。多くの場合、世論の長期的な操作に有益なテクニックはそのような状況では不十分なため、民衆の中に広がる憤りを抑え、操作するための特別なテクニックが必要になる。「不幸なミス」によって民衆の道徳感情を激しく揺さぶり、彼らの憤りを呼んだ典型的な出来事として、イラクのアブグレイブ刑務所でアメリカが拷問を行っていたことを証明する写真が公表された出来事を挙げることができる。

この例は、そのような状況におけるマスメディアの役割を知るうえでもとても有益だ。アムネスティ・インターナショナルが二〇〇三年六月二三日付と二〇〇四年三月一八日付のレポートで、アメリカが捕虜に対して、電気ショック、睡眠の剥奪、性器の殴打や拘束などの拷問を行っていると報告したが、ドイツの主要メディアはこの犯罪について報道しないことに、つまり民衆の目から隠すことに決めた。公共放送局のARDとZDFはウェブサイト上ではこの問題について報じたものの、『ターゲスシャウ』、『ターゲステーメン』、あるいは『ホイテ』などのテレビニュース番組では沈黙を貫いた。しかし、四月二八日に拷問の様子を映した写真が初めて公開されたことをきっかけに、メディアもそれ以上だんまりを決め込むことができなくなった。二〇〇四年四月三〇日、『フランクフルター・アルゲマイネ』紙が「写真のない場所にはスキャンダルもない」という見出しの記事で、この拷問犯罪がドイツの

「……それらは起こらなかった。起こった出来事など何もない。それらが起こったその瞬間にも、何も起こらなかった。それらに意味はなく、誰の関心も呼ばない」

――ハロルド・ピンター、ノーベル賞受賞のスピーチ、二〇〇五年十二月七日

メディアでは組織的に無視されてきたと指摘したうえで、主要メディアは二〇〇四年四月二八日まで報道しなかった理由を次のように述べていると報じた。「『シュピーゲル』誌は、アムネスティ・インターナショナルの詳細なレポートにもかかわらず証拠不足を根拠として挙げ、『南ドイツ新聞』はアムネスティ・インターナショナルのレポートは具体性に欠けていると評価し、『シュテルン』誌は米国当局が否定したためアムネスティ・インターナショナルのレポートの内容を無価値とみなした」。しかし今になって写真が出回ったため、事実を否定することができなくなってしまった。だから今度は大衆のほうに歩み寄って、報道しなかったのは不幸な例外だったと主張したのである。『フランクフルター・アルゲマイネ』紙は「集団的機能不全の歴史」と論じ、一見したところ例外に見えても、実質的には、それがマスメディアの通常の姿だと説明した。

エリートたちにしてみれば、拷問や集団的監視などに対して自国の民衆が憤りで反応し、自分たち支配層の安定した立場を脅かそうとしている場合、その憤りを即座に静めるか、ほかのターゲットに向けさせる必要がある。

加えて、友好国の人民の憤りもまた、安定――ここで言う安定とは基本的に自らの覇権的利益の維持

を意味している――に危険をもたらすことがあるため、適切に対処しなければならない。憤りが集団的・組織的に発揮された場合は特にそうだ。その場合は反乱鎮圧のテクニックが必要になる。一方、「我々」が体制を転換させようと試みている反西側諸国の人民が憤りで反応している場合は、鎮圧するのではなく、操作テクニックを用いて憤りをさらに強めさせ、それを特定のターゲットに向けさせなければならない。これがいわゆる「カラー革命」であり、この革命を適切に用いることで、「民主政治と人権を押し広める」方向に向かわせるのである。

反乱の鎮圧

反乱鎮圧活動は、戦争未満の軍事行動（いわゆる「低強度戦争」）として、現代において最も重要かつ包括的な軍事介入の方法であり、その重要性は従来の意味での戦争を大きく上回る。その活動には、「テロリズム」の公式な定義――恐怖を生み出すことで政治あるいはイデオロギー上の目標を達成するために行われる非合法な暴力――と照らし合わせた場合、テロ行為だとみなせる行動さえも含まれる[14]。しかし、反乱鎮圧のために用いられた場合は、そのようなテロ行為は反テロリズムやテロ対策などと呼ばれるのである。要するに、テロリズムと反テロリズムの違いは暴力の向く方向でしかない。私たち西側価値共同体から発した場合は反テロリズムで、敵側からの暴力はテロリズムなのだ。テロリズムという概念は、イデオロギーと極めて密接に結びついている。同じことが、反乱鎮圧にも言える。この言葉にも暗黙の前提がある。「反乱」という言葉は、例外なく支配者側の視点から用いられる。「我々」が望む秩序の安定を脅かす人々が反乱者だ。一方、「我々」が望まない秩序を乱す者は「自由の闘士」などと呼ばれる。

反乱鎮圧にはさまざまな手法が用いられるが、その多くは大学での研究を通じて改善の試みが続けられている。「情報活動」と呼ばれる世論の操作法はもちろんのこと、そのほかにも国民を操作および統制するための数多くの抑圧法が研究されている。

それに対して、ＣＩＡや米国統合特殊作戦コマンドなどといった特殊なエリート組織は、より過激な反乱鎮圧法を研究している。二〇一五年六月七日、『ニューヨーク・タイムズ』が「静かな殺害《クワイエット・キリング》とぼやけた線《ブラード・ライン》の隠された歴史」という記事のなかで反乱鎮圧部隊について詳細にレポートし、その際、同部隊を「グローバルな人狩りマシン」と名付けた。そうした部隊についてわかっているわずかな事実だけを見ても、すでに「キリング・フェスト」すなわち民間人の「畜殺祝い」が長い間行われてきたことは明らかだ。『ブラックウォーター――世界最強の傭兵企業』の著者ジェレミー・スケイヒルによると、そうした部隊に費やされる予算は年間八〇億ドルを超える。

『ニューヨーク・タイムズ』の記事は、しばらくのあいだは反響を呼び、人々は憤りを示したが、それも長くは続かなかった。なぜなら、人々は「私たちの民主政治」では結局のところすべてが明るみに出る、とここでも証明されたのだから、真剣に心配する理由などない、と考えたからだ。加えてこの記事も、これらの犯罪をいつものように不幸な例外という文脈に埋め込んだため、歴史が断片化され、そのような部隊が長く存在するという事実が隠されてしまった。

血なまぐさい反乱鎮圧活動は、たとえば米軍特殊部隊のタイガー・フォースなどを通じて、おもにベトナム戦争でその有効性が証明された。それなのに、そのような方法が存在しつづけてきたという事実は、人々の意識から実質的に消え去っていた。

たとえば、ＣＩＡがベトナムで実行したフェニックス作戦より一九六五年から一九七二年にかけて四万を超える民間人が殺された。そのほとんどは女性と子供で、この事実は、たとえば二〇〇四年四月一六日付の『シュテルン』誌など、ドイツの主要メディアでも報道された。ベルント・グライナーは著書『Krieg ohne Fronten. Die USA in Vietnam（前線のない戦争――ベトナムのなかのアメリカ）』でこう書いている。「七カ月をかけて、タイガー・フォースはクァンティンとソンヴェ谷を血の海にした。彼らは理由もなく畑の農民を撃ち、偶然通りかかっただけの人々を殺し、捕虜を拷問し、彼らを一人ずつあるいは集団で処刑し、夜遅くにも早朝にも村を襲い、食事をする農民、眠る人々、戸外で遊ぶ子供たち、散歩する老人など、手当たり次第に機関銃で撃ち殺した。〔……〕彼らは盗み、略奪し、殴り殺し、意識を失うまで強姦した。ばらまかれたばかりのビラを手にもち、避難の要請に応じようとしている住民を撃ち殺し、運悪くたまたまそこにいただけの人を標的に見立てて射撃競争を行った。負傷者も病人も容赦せず、遠くからはM16で、近くからは拳銃で射殺した」。自分たちの理想に従おうとしない民衆との戦いには、犠牲がつきものなのである。そのような部隊の誰一人として、犯した罪に関して法的に責任を問われることはなかった。当時の「反乱鎮圧活動」が今のそれへと途切れることなく続いているという事実は、『ニューヨーク・タイムズ』の記事が示すように、マスメディアによって断片化され、歴史の文脈から切り離されるため、人々の目に触れることはない。

反乱の扇動

一方、西側価値共同体から敵視されている政府に対する反乱には、まったく異なる戦略が用いられる。望ましい体制転換をもたらすであろう反乱の場合、それらは自由を望む国民の意思を反映しているため、「民主体制の普及」のために支援されなければならないとみなされる。

アメリカにとって、軍事力を必要としないうえ、国民から自発的に生じたように見える体制の転換は、CIAが実行し、扇動してきた何十件もの軍事クーデターや政変に比べて、数多くの利点がある。密かに誘導された体制転換は費用面で安上がりであるだけでなく、西側の大衆や国際的な諸国間関係から、クーデターよりもはるかに受け入れられやすい。表向きには非暴力と民意を前面に打ち出して支配権を勝ち取った政府は、それだけですでに民主政治として正当であるとみなされる。

裏から操られた体制転換を支援する目的で作られた、民間あるいは公共の組織によるネットワークが存在する。西側価値共同体に対してまだ十分に門戸を開いていない国々で民主政治と人権を促進するためのネットワークだ。そうした組織のなかでも最も影響力が強い例として、NED（米国民主政治基金）とNEDから資金援助を受けている民間NGOのフリーダム・ハウス、そしてジョージ・ソロスが設立したオープン・ソサエティ財団を挙げることができる。幸いなことに、かつてNEDの理事長だったアレン・ワインスタインが一九九一年に、そうした組織の活動とCIAが扇動するクーデターが歴史的につながっていることを明らかにした。「我々が今やっていることは、CIAが二五年前に密かに行ったことの続きだ」。実際にNEDは、おもに中南米で暴力を用いずに確立された、権威主義的ではあるがアメリカには有効な政府を数多く名指しすることができる。そして今、「民主政治の普及」の重点は東欧に置かれている。

また、覇権の拡大を目的とした活動のすべてに、自らのことを「PRエージェンシー」と呼ぶプロパガンダに高度に特化した国際的な企業が関与している。過去数十年のアメリカによる介入のすべてにおいて、そのような会社が活動に加わり、プロパガンダを準備した。それらはマスメディアに多大な影響を与えるにもかかわらず、人々の目にはほとんど映らない。たとえば、ヒル・アンド・ノウルトン・ストラテジーズ。一九九〇年に、保育器に入っていたクウェート人幼児をイラク兵が虐殺したという嘘を広めて有名になった。ほかにも、バーソン・マーステラやレンドン・グループがPRエージェンシーの代表例だ。PRエージェンシーは、戦争はもちろんのこと、政治的に望まれた現実さえも売ることができることを、全世界で見事に証明して見せた。

だが、指摘したような数十年に及ぶ政治的な連続性は民衆にはほとんど見えない。マスメディアが連続性を個々の事象に切り刻んで断片にするからだ。そのため、個別のケースでは、軍事介入があたかも民主政治と人権の普及をおもな目的としているかのように見えるのである。あるいは、東欧やイスラム諸国における反乱の場合では、西側が望む形の体制転換を実現するために声を上げたのは、国民だけだったかのように映るのだ。

騙しのテクニック

世論はもちろんのこと、国民の潜在的な憤りもまた極めて有益であるため、彼らの手に委ねたり、偶然に任せたりしていてはもったいない。しかし、人には生まれつき道徳的感受性が備わっているため、国民に潜在する道徳的憤りをコントロールするには、彼らをある程度政治に無関心にしておく必要がある。加えて、無関心化の妨げになりそうなあらゆる事実を道徳的に不可視にするためのテクニックも欠かせない。たとえば、組織的かつ大々的な人権侵害などは、人々が生来持っている道徳的感受性を刺激しやすい。

現実政治とは、民主政治や人権、あるいは道徳規範への言及を、総じて形骸化させたレトリックとみなすことができる。そのようなレトリックを用いて民心を効率的に操るのであるが、そうするためには人々に、政治レトリックと現実とを隔てる距離を見誤らせるための技術が求められる。そうやって国民の目を欺いてはじめて、政治秩序の安定が保証されるのだ。そのような騙し行為は、人の心の規則性を考慮している場合、より効果的に働く。

ここ数十年、心理学は人間の心の働きを深く洞察し、数多くの新しい法則を見つけてきた。そこで得た知見の多くは、プロパガンダと欺きの技術――いわゆるソフトパワー・テクニックを用いた権力の行使――に応用できる。

その際、一部の心理学者が自ら進んでそのような試みに関与し、特定の関係者からとても重宝されているという事実は、歴史的な経験からしても驚きではないだろう。例を一つだけ挙げよう。心理学者の学会組織としては世界最大の米国心理学会（ＡＰＡ）が二〇〇三年、ＣＩＡと協力して「サイエンス・オブ・ディセプション（騙しの科学）」と銘打ったワークショップを開催した。心理学における最新の成果について議論し、「国家安全保障のために」国民を最も効率よく欺く手段として実用化する方法を探すのがワークショップの趣旨だった。ＡＰＡのメンバーはグアンタナモ収容キャンプ（キューバにある米軍基地内に設置されている米南方軍グアンタナモ共同機動部隊運営の収容キャンプ）で実際に用いられた拷問方法の開発と実用化に関与していたし、それら拷問方法の正当性をおおっぴらに主張した。ＡＰＡとＣＩＡの協力関係には長い伝統がある。

ＣＩＡ以外の情報機関も心理学の成果に強く関心を示す。それらを用いれば欺きと世論操作の技術をさらに洗練させることができるからだ。米国情報機関の内部告発者として知られるエドワード・スノーデンが公開した文書を通じて、イギリスの情報機関である政府通信本部（ＧＣＨＱ）作成のハンドブックの存在が明らかになった（『インターセプト』、二〇一四年二月二五日付）。人の心に関して今わかっていることに基づいて国民を騙し、事実を見えなくする方法をまとめたマニュアルだ。その本のタイトルは『The Art of Deception（騙しのテクニック）』で、その表紙を飾っているのは、すでに紹介したヒエロニムス・ボスの絵画『いかさま師』だ。

このハンドブックでは、注意操作、判断形成、文脈生成、あるいは感情操作など、民衆を欺く目的で利用できる人間の心理分野の特性が極めて詳細に描写されている。

私たちの考えや信念や意見が手順よく操作されるのを防ぐ方法はあるのか？

ここまで述べてきたような人心操作方法の開発に際して、操作に対して心理的な弱点となる心の仕組みや機能について研究されてきた。その際最も重要なことは、そのような目的で使われる心の機能は、私たちの心の設計の原理的理由から、意識的にアクセスすることができないという点である。人間の心というものは原則として自分では制御できないようにできている。そのため、操作のターゲットになってしまうと、私たちはほぼ自動的に、意図せず、無意識にそのような操作に屈してしまうのだ。操作に屈しているという事実に気づきもしない。効果的な操作技術が存在し、それらが私たちの心の特性を利用していると頭でわかっていても、どうしようもない。操作を通じて作動し始めたプロセスは無意識のうちに進行し、私たちのコントロールを逃れる。始まってしまえば、抵抗する術はないのである。

そのような意味で、このプロセスは原則的に知覚などの基礎をなす心理プロセスと同じだと言える。基本的に、私たちは知覚上の錯覚を自ら修正することはできない。たとえば、駅で止まっている電車に乗っているときに隣の電車が発車すると、あたかも自分の電車が動いているかのような錯覚に陥る。そのようなプロセスは無意識かつ自動的に始まり、錯覚だと知っていても消えることはない。そのため、錯覚が起こる状況を避けるしか、対処法はないのである。

同じことが人心操作で悪用される心の働きの特徴にも当てはまる。判断形成や意思決定、文脈形成における言語（特にメタファー）の作用、記憶および判断形成における、不安、否認、抑圧などの感情の動きの役割をはじめとした、数多くの特徴がそこに含まれる。それらに関係する働きも、一度何かのきっかけで動き出してしまえば、ほぼ無意識のうちに進行し、意図的に制御することができない。したがって、心理作用を悪用しようとする人心操作術に立ち向かうには、そのようなプロセスのきっかけになる状況を可能な限り避けることが重要なのだ。自分が操作されようとしていることを認識したうえで、目的の操作を伝えるメディアを積極的に避けてようやく、私たちはそのような状況においてもある程度の自律性を保つことができるようになる。

しかし、私たちのほうから自発的に操作の流れに身を任せ、さらには民間や公共のマスメディアの報道から真実と偽の情報をほぼ確実に見分けることができると自負するなら、私たちは人心操作の成功に必要な条件をほぼ完璧に満たしてしまっていると言える。

人間の心は操作されやすくできている。そのため、権力者の都合のよいように利用されやすい。この点は確かだ。しかしその一方で、私たちには、操作される状況を認識し、それを避けるのに役立つ能力も数多く備わっている。操作に対抗する免疫力を生まれつき有している。ただ、大切なのは、その能力を使おうと決心することだ。

啓蒙主義のモットーは「サペレ・アウデー（sapere aude）」であった。「知る、あるいは気づく勇気を持て」、という意味だ。カントは「自らの理性を用いる勇気を持て」と言った。自らの理性を使うことを心に決め、仕組まれた道徳的無関心を克服し、情報通であるという幻想、民主政治の幻想、そして自由の幻想で満足するのをやめた場合にのみ、私たちは人心操作術を逃れる可能性を手に入れるのである。簡単なことではないが、ほかに選択肢はない。決断するのは、私たち自身なのだ。

原注——

（1）Paech（2013）、Paust（2015）などを参照。

（2）Zumbrunnen（2008）などを参照。

（3）政治的な論説ではアテネの民主政治が模範とされることが多い。しかし、古代アテネにおける民主政治はおおよそ人民による支配だった。そのため、この種の民主政治は現代のエリートたちにとって手本にはならない。「アテネのデモクラティア（直接民主政治）〟では、民衆こそが立法権、統治権、統制権、および司法権を有していた。したがって、アテネの民主政治は、すべての市民の包括的な参加にもとづく、貧富の分け隔てのない、人民支配による直接的な統治であった。……そのため、アテネのデーモスにはほかに類を見ないほど権力が集まっていた。人民が立法、司法、行政の権力を握り、決して手放さなかった。統治者と被治者は同一であった。アリストテレスの言葉を借りれば、両者は両方向の関係にあった」。Vorländer（2004, p. 10-11）。Tarkiainen（1966）、Ober（2009）も参照。

　啓蒙運動を通じて得られた近代的な民主政治の考え方とは異なり、古代における民主政治の概念は、立法、行政、司法の厳格な分割をまだ知らなかった。啓蒙主義におけるラディカル・デモクラシー的で同時に法治国家的な考え方では、国民に立法の主権は委ねられるが、法の運用の主権は与えられない。加えて、あらゆる国家機関は、民主的に制定された法を実行する権限しかもたない（Maus, 2011 も参照）。

（4）Martin Gilens & Benjamin Page（2014）は次のように主張する。「平均的なアメリカ人が望むことは、公共政策に、ごくわずかな、ほぼ皆無の、統計的に意味のない影響しか及ぼさないようだ」。国民の過半数が経済エリートや利害団体に反対したとしても、負けるのは国民のほうなのである。たとえアメリカ国民の大多数が政策の変更を望んだとしても、基本的に何も変わらない。著者は自らの調査結果を次のように締めくくっている。「本来の意味での民主政治の教義を信じることは……もはや不可能である」

（5）『ウォール・ストリート・ジャーナル』二〇一三年二月二八日付。「これが現在のユーロ圏における民主政治だ。フランス人、スペイン人、アイルランド人、オランダ人、ポルトガル人、ギリシャ人、スロベニア人、スロバキア人、キプロス人は、三年前に危機が始まってからずっと、程度の差こそあれ、通貨圏という経済モデルに反対票を投じてきた。しかし、選挙では次々と敗北しているにもかかわらず、経済政策はほとんど変わらなかった」

（6）そのようなプロパガンダ技術の効果のほどは、バーネイズ自らが、経済および政治分野における数多くのキャンペーンを通じて証明してきた。たとえば、一九五四年にはCIA自らがCIAに協力して、グアテマラの最初の民主政治政府を転覆に追い込んだ（グアテマラは農業改革と広範囲にわたる社会計画を推進したため、中米の「安定」に対する「脅威」とみなされるようになった。その転覆作戦において、二五万を超える民間人が命を落とした）。

バーネイズの『プロパガンダ』は、今でも政治ビジネスとマーケティング分野で古典とみなされている。ナチスのゲッベルスも高く評価したため、バーネイズは第二次大戦終了後、「プロパガンダ」という言葉を穢されたとみなし、代わりに「パブリック・リレーションズ（PR）」を用いるようになった。

（7）この「我々の国家の真の支配者」を暴き出そうとする試みは、政治プロパガンダとして最も効果的でCIAが花開かせることに成功した「陰謀論」という手法によって誹謗中傷に会う。陰謀論という用語を広め、陰謀論を信じることを嘲笑と敵意の対象にするというCIAのキャンペーンは、残念ながら、歴史上最もうまくいったプロパガンダ工作に数えられる」（deHaven-Smith、2014, p. 25）。効果を発揮するには、プロパガンダはプロパガンダとして認識されてはならない、という点も重要で、バーネイズやゲッベルス、あるいはアイゼンハワー大統領などが何度も指摘してきた。そして、アレックス・ケアリーが『Taking the Risk out of Democracy（民主政治からリスクをなくす）』（1997）で述べているように、今ではほぼ完璧に達成されている。「[……]私たちがプロパガンダのない社会に生きているというのは、二〇世紀において最も成功したプロパガンダの一つだ」

（8）「このような情報の洪水にさらされることは、平均的な読者に活力を与えるよりもむしろ麻薬のような役割を果たすかもしれない……。彼の社会的良心は一点の染みもなくきれいなままだ。彼は心配している。情報通だ。そして、彼には何をすべきか、たくさんのアイデアがある。しかし、夕食が終わり、お気に入りのラジオ番組を聴いて、その日の夕刊を読めば、もうベッドに入る時間なのだ」。Lazarsfeld & Merton（1948）。

（9）鎮静効果の例。ロイターが二〇一五年六月八日に「今日の一枚」に選び、『南ドイツ新聞』の一面など、ドイツのマスメディアでも大きく取り上げられた写真には、G7サミットが開催されたエルマウ城を囲むロマンチックな山並みを背景にして、アンゲラ・メルケルとオバマ大統領が映っている。二人とも、とってつけたようにリラックスした様子だ。オバマはカメラに背を向け、アルプスののどかな山並みを眺めている。アンゲラ・メルケルは大きなジェスチャーで、すべては順調であると言いたいかのようだ。この写真に政治的な情報は皆無だ。しかし、感情をこの上なく落ち着かせる効果を発揮している。私たちを安心させ、こう思い込ませることが、この写真の役割だ。すべてが順調、「さあ、安心してベッドに入ろう」

(10) マスメディアが組織的に恐怖心を煽ることは、ジャーナリズムとしての逸脱行為でもなければ、発行部数を増やすための手段でもなく、支配エリートによる民衆の感情操作に欠かせない要素なのである。ラスウェルは一九二七年の著書『Propaganda Technique in the World War（宣伝技術と欧州大戦）』のなかで、こう指摘する。「国民が憎しみを向ける相手は曖昧であってはならない」。簡単に憎しみを煽ることができない場合は、残虐行為を強調するのが有益だ。効果的に憎しみを生むには、人物をターゲットと宣言するのがいい。その際、ヒトラーとの比較が使い勝手がよくて人気の手段だ。対照的に、抽象的な対象、たとえば共産主義やイスラム主義などに国民の憎しみを向けさせるには、より高度で継続的なプロパガンダが必要になる。そのため、教育組織や養成機関の関与が欠かせない。ただし利点もあって、そのようなやり方で達成された恐怖は、長きにわたって消えることがないのである。

(11) 人の判断力にそのような特性があることは、科学的な調査を待たずとも、日常的な経験から明らかである。例えば、ナチ党で報道、映画、放送、「国民教育」を管轄していた宣伝大臣ヨーゼフ・ゲッベルスは、どんな嘘も繰り返すことで真実にすることができる、と指摘した。

(12) 二〇一五年一月一五日付の『ターゲスシュピーゲル』紙が報じたように、ウズベキスタンは「世界最悪の独裁国家の一つ」とされている。拷問がウズベキスタンの法制度の一部である事実は、毎年のように人権団体によって確認されている。また、綿花の収穫のために国家として大規模に強制労働や児童労働を推進している（ウズベキスタンは世界最大級の綿花輸出国）。二〇〇五年、カリモフ政権は抗議する市民を虐殺した。二〇一五年六月、アムネスティ・インターナショナルはこう報告している。「一〇年前、ウズベキスタンの都市アンディジャンにおいて同国の権威主義的な政府に対して自発的な抗議活動が発生した。軍は、そのほとんどが武装していないデモ参加者、つまり普通の子供、女性、男性に向けて発砲した。現在まで、この虐殺に関する独立機関による調査は行われていない」。この事件は、本来なら経済制裁に値する。実際、欧州連合は二〇〇五年一〇月にウズベキスタンに対して制裁を発動し、さらに当時の内務大臣で、アンディジャンにおける虐殺行為の責任者であるソキール・アルマトフにＥＵへの渡航を禁止した。もちろん、ドイツへの入国も禁止された。それにもかかわらず、ドイツはハノーファーで医療を受けようとするアルマトフを、何の抵抗もなく受け入れたのである。ドイツにとって、ウズベキスタンは軍事的に重要なのだ。ウズベキスタンには、ドイツ連邦軍によるアフガニスタンへの軍事介入に欠かせない空軍拠点がある。そのため、ドイツはＥＵに制裁を解除するよう働きかけた。当時の外務大臣フランク＝ヴァルター・シュタインマイヤー（現大統領）は、虐殺事件後に西側諸国の外務大臣として最初にウズベキスタンの独裁者を訪問することで、彼が、少なくともこの件においては、制裁など意に介さない態度を示した。制裁はそれ自体が目的ではなく「タシケントをいらだたせるだけだ」（『ディ・ツァイト』紙二〇一五年五月一三日付）。シュタインマイヤーはここでも、それが人権侵害か否かは――正しい側がその行為を行った場合には――道徳的な柔軟さをもって決断する、という現実政治家に欠かせない素質が備わっていることを示したのである。この出来事そのものはドイツのメディアで盛んに報じられたにもかかわらず、その事実内容は認知的にも道徳的にも不可視であった。認知的に不可視だったのは、重大な人権侵害を理由に制裁が絶対に欠かせないほかの事例との関連が明確に示されなかったからである。そして道徳的には、民間人に対する組織的な拷問や虐殺が政治的には特に重要でないかのように、さらには私たちの責任ではないかのように報道されたため、目に見えなかった。要するに、ウズベキスタンはドイツにとって戦略的に重要であるため、そこでの拷問などには目をつぶることがドイツの国是なのである。

（13）どうやら、ピンターのノーベル賞受賞の言葉を世間の目から見えなくすることも、難しいことではなかったようだ。当然のように、マスメディアはスピーチの内容についてはほとんど報じなかったし、報道したとしても、ネガティブに扱った。たとえば、『フランクフルター・アルゲマイネ』紙（二〇〇五年一二月八日付）はピンターを「あまりに一方的だ」と批判した。人間を虐待し殺すことのほうがよほど一方的であるはずなのに、マスメディアやメディアに協力的な知識人たちにしてみれば、そのような罪を犯すことではなく、罪の存在を指摘することのほうが一方的な行為なのである。

（14）たとえば、二〇〇一年の米軍野戦マニュアルにはこう記されている。「非合法な暴力もしくは非合法な暴力の脅威を計算したうえで行使して、恐怖を植え付ける。政治的、宗教的、またはイデオロギー的な目標を［達成するために」……政府や社会を威圧または脅迫することを目的としている」

第二章

大衆を恐れる権力エリート

——民主政治の管理のためのソフトパワー・テクニック

「羊たちの沈黙は、なぜ続くのか？」という問いは、それ自体は明らかに無意味であるのに、どうしたことかこの問いは、私たちを魅了するようだ。羊は、どう無理強いしようと、言葉を話せるわけがないではないか。ということは、この問いは羊と羊飼いというメタファーそのものが魅力的なのだと考えざるをえない。どうやら、このメタファーは私たちのなかに、現在の政治的あるいは社会的状況に通じる想像や情動を呼び覚ますようだ。そこで、ここではこのメタファーに少し注目してみよう。それが使われてきた歴史をひもとくだけでも、興味深い洞察が得られるはずだ。

民衆と為政者の関係を示すためにこのメタファーを最初に使ったのはホメーロスだった。「羊飼い」という言葉は思いやりや優しさを連想させる。では、なぜ民衆は羊飼いを必要とする羊の群れとみなされるようになったのだろうか？ どういう経緯で、羊飼いは羊を飼い慣らす役割を手にしたのだろう？そして、羊飼いはなぜ、羊の群れをコントロールするために牧羊犬の力を借りるのだろうか？

このように、この比喩は初めからかなり強くイデオロギーと結びついているのである。プラトンにいたって初めて、羊飼いが緑の草原で羊の世話をするとき、羊のためを思っているのか、それとも肉の味を想像しているのか、あるいは売ったときの儲けのことを考えているのか、という疑問が示される。しかし、本当は隠したいはずのその答えは、メタファーそのものによって明かされていると言える。羊飼いは、もちろん群れる羊のためではなく、群れの所有者のために働いているのだ。当然ながら、この所有者はメタファーには登場しない。では、西洋の政治哲学に深く浸透しているこのメタファーにはどのような役割が期待されているのだろうか？

政治哲学の思想史を眺めると、この羊飼いの比喩の目的は権力エリートの立場を正当化することにあるとわかる。民衆はこのメタファーを通じて、自分たちは群れだと思い込まされる。それは、未熟な民衆の中にイデオロギー的構造を作り上げると同時に、自らを指導者とみなす者が手に入れる利益が隠蔽される。このメタファーこそが、支配的な概念として民主政治の根底に横たわる「民衆」と「支配エリート」の区別の基礎をなすのである。まさにこの「民衆」と「エリート」というイデオロギー的対立が、現代の「民主政治」の基盤なのだ。この章では、この点について論じていこう。

民主政治の何が魅力なのか？

過去一五〇年ほどに限られるとはいえ、民主政治という考えはなぜこれほどまでに人々を魅了し、人気を集めたのだろうか？

民主政治の促進に純粋に尽力しているＮＧＯ団体のフリーダム・ハウスによると、世界一九五カ国のうち一二五カ国が、少なくとも選挙による民主政治という形で、民主政治を統治形態に選んでいる。したがって、民主政治には何らかの大きなメリットがあると考えざるをえない。西側世界では、民主政治のみが正当な統治形態とみなされている。いったい、民主政治の何がそれほどまでに魅力的なのだろうか？

その答えは、社会におけるどのような視点からこの問いにアプローチするかによって違ってくる。民衆の視点、つまり「下」から見た場合、人間は生まれつき「強制」だけでなく「自由」という概念も持ち合わせているので、民主政治は魅力的に映る。私たちは他人の意思に振り回されるのではなく、自分の意思で行動したいと願う。

すでに一五四九年に、フランス人法律家のエティエンヌ・ド・ラ・ボエシ（一五三〇〜一五六三）が著書

『自発的隷従論』において、この点について論じ、「我々は自由を得るだけでなく、自由を守る意欲も生まれつき持ち合わせている」と強調した。アメリカ人言語学者ノーム・チョムスキーは、現代の認知科学の見地から、私たち人間には生まれつき「自由への本能」が備わっていると確信している。私たちにとって、まさにこの点が民主政治の魅力なのである。(1)

しかし、権力者にとって、自らの権力が制限され、あるいは脅かされることになる民主政治の何が魅力なのだろうか？　答えは簡単だ。魅力など一つもない！　なぜなら、民主政治は権力者や富裕層の権力欲を制限する制度だからだ。そんなことに彼らが興味をもつはずがない。つまり、自分の地位を安定させたいと願う支配者の欲求と、社会的に自立し、自分で状況をコントロールしたいとする民衆の欲求のあいだに緊張関係が生じる。歴史において、この根本的な緊張関係は何度も革命につながってきた。支配者側から見た場合、血なまぐさい革命を避けるには、この緊張を和らげる必要がある。どうすればそれが可能だろうか？

民衆の自由への欲求を自由の代替品で満たせばいいのである。民主政治の幻想という幻覚剤で彼らを満足させるのだ。そのような幻想を生むために、民衆が未熟であり、指導者の存在を必要としているという理屈、つまり羊と羊飼いというメタファーを正当化するイデオロギーが必要になる。加えて、民衆が魅了されている民主政治という考えを、選挙で投票する権利のみを意味するところまで空洞化しなければならない。そして、民主政治を継続的に管理して、選挙の際に選ばれるべき対象を民衆が実際に選ぶように仕向けなければならない。

以下において、これらの問題について論じていくことにする。その際、権力エリート（政治家、行政・司法官僚など）と機能エリートがこの問題についてどう話し合っているかに、特に注目する。なぜなら、エリートは民衆を相手にした場合よりも、エリート同士での会話のほうがオープンにものを言うことが多いからだ。

手始めに、かつて米国国務長官の首席補佐官だった人物に、民主政治の――より正確には、民主政治というレトリックの――外交上の利点について教えてもらおう。ハワード・J・ウィーアルダは一九八三年から一九八四年にかけて、ヘンリー・A・キッシンジャー（リチャード・ニクソンおよびジェラルド・フォード政権下の国務長官、戦争犯罪人にしてノーベル平和賞受賞者）が率いる「中米に関する国家超党派委員会」の主席顧問を務めていた。そのウィーアルダが一九九〇年に、著書『The Democratic Revolution in Latin America（ラテンアメリカにおける民主革命）』で次のように書いている。民主政治のレトリックは「我々の基本的な地政学的および戦略的利益と、安全保障上の関心を道徳的な言葉で包む必要性とのあいだのギャップを埋めるのに役立つ。要するに民主政治のアジェンダとは、我々の根本的な戦略目標を正当化するための、一種の隠れ蓑なのである」。[2]

民主政治のレトリックがもつ内政的なメリットについても、同じような主張を見つけることができる。しかし、民主政治が権力エリートの私欲を隠すための方法でしかないのなら、その事実はいつの日にか主権者に、つまり国民に露見するはずであろう。民主政治の根本は国民主権、[3]つまり国民が自ら法をつくる主権を完全に有している点にある。[4]では、人々はこの基本理念がどれほど実現されていると感じているのだろうか。二〇一五年のギャラップ調査によると、西ヨーロッパでは国民の大半が、この民主政治の基本理念が実現されているとは考えていないようだ。「あなたの国は国民の意思によって統治されていると思うか？」という問いに対して、西ヨーロッパ人の五六パーセントが「そう思わない」あるいは「どちらかと言えばそう思わない」と回答した。

しかし、このような低評価も取り立てて問題視されることがないのは、国民の過半数が自国の政治的リーダーシップにそこそこ満足しているからだ。[5]

二〇一六年一〇月に実施されたＡＲＤのアンケートを通じて、いわゆる主要政党の支持者の五五パーセントから六〇パーセントが政府に満足していることが明らかになった。二〇一六年にヴァーレン（選挙の意）という調査グループが行った世論調査では、民衆の六八パーセントが主要政党であるキリスト教民主同盟（CDU）／キリスト教社会同盟（CSU）連合、社会民主党（SPD）、あるいは緑の党に投票すると答えた。要するに、ドイツ国民の大半は今の羊飼いに任せておけば、自分たちの生活は安泰だと考えているのである。

　国民の六八パーセントが、今の政治的状況をつくりあげてきた政党を再び選ぶと答えたのは、驚きに値する。なぜなら、社会福祉国家を崩壊に追い込み、銀行の救済に二三六〇億ユーロをつぎ込み、監視国家・治安国家を作り上げ、EUの軍拡とNATOの東方拡大を推し進めたのは、メタファーを続けるなら、羊の群れではなく、そうした政党に属する羊飼いたちなのである。悲惨な事例は、まだいくらでも挙げることができる。

　ところが興味深いことに、これらの何一つとして、人々の関心を呼ぶことはほとんどないようだ。世論調査を見る限り、羊飼いは基本的に民衆のために働き、民衆は羊飼いたちに満足していると言える。

　ところが、不満をもつグループが一つ存在する。エリートたちだ。不満を表明した者の数は多く、当時連邦大統領だったヨアヒム・ガウクもその一人だ。二〇一六年の七月、ガウクはこう言った。「エリートたちが問題なのではない。民衆こそ、現在の問題だ」。誤解のないよう付け加えておくが、連邦大統領は権力エリートではない。権力エリートの従僕だ。権力エリート御用達の雑誌も、同様の嘆き節であふれている。二〇一六年六月二八日、アメリカの外交政策分野についての主要な世論形成の場となっている『フォーリン・ポリシー』誌はこう書いた。「無知な大衆に対抗してエリートが立ち上がるときが来た」。エリートたちが民衆に抵抗する反乱を呼びかけたのである。このことは、少なくとも四〇年前から「上からの」階級闘争という形でエリート対大衆の争いが繰り広げられ、年々その激しさが増しているという事実を考えるとき、ことさら奇妙に思える。どうやら、これまでは羊の群れをある程度は思い通りに操ることに成功してきたエリートたちは、国民が、選挙で選ぶべき対象を選ばないことがあるという事実に、不安を募らせつつあるようだ。

おかしなことに、国民の大半は、数多くの人惨事を引き起こしてきた羊飼いたちに対して今なお信頼を失っていないのに、エリートのほうが未熟で無知な国民に不満をもち、それどころか彼らに対する反乱を呼びかけているのである。

そのような状況をもっとクリアに見渡すためには、時間を遡って、何をきっかけにそれが始まったのかを知る必要があるだろう。

肉体的・心理的圧力

古代文明の初期を除いて、歴史上存在したすべての社会において、「少数の支配者」対「多数の被支配者」の構図が成り立つ。そして、支配者側は例外なく支配の安定を目指す。その目標へは、人間の性質に由来する二つの道がつながっている。肉体に狙いを定めた生々しい権力の行使と、精神をターゲットにした繊細な力の行使だ。

心理的圧力の目的は、いわば人々の頭を鎖に繋《つな》ぐことにある。そのための手段が、適切なイデオロギーの創造と思考および感情の操作だ。一方の肉体的圧力は、実に単純なロジックにもとづいている。「強い者は思い通りのことをやり、弱い者は強いられたことに苦しむ」というロジックだ。この一節は、

支配階級

目標：地位の維持と権力の拡大

支配のテクニック

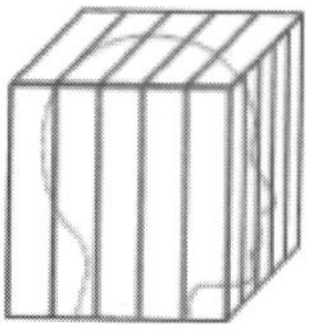

心理的権力行使
イデオロギー構築
意見と感情の操作

肉体的権力行使：
「強いものはできることをやり、
弱いものは強いられることに苦しむ」

ギリシャの歴史家トゥキディデスがアテネとスパルタの対立の歴史を描いた『ペロポネソス戦争』のなかに出てくる。当時のアテネは権力の絶頂にあり、文化的にもかなり進んでいた。国内の政治では参加型の民主政治を考案し、実践していた。[5]外交面では攻撃的な覇権政策を推し進め、周辺の都市国家にアメリカにとってのNATOのような役割を担う組織への加入を強制した。アテネは近隣に中立国の存在を認めなかった。この点はトルーマン・ドクトリンに似ていて、近隣の都市国家に服従か破滅かの選択を強いた。それにもかかわらず、エーゲ海に浮かぶ小さな島国ミロスは、アテネとスパルタの紛争においても中立を主張した。ミロス島はそれまでの七〇〇年も中立を貫いてきたのだ。ミロス人には、彼らの中立がアテネにとっても不利にならないと主張できる理由があった。アテネの人々にその理由を受け入れさせられると思っていた。しかしアテネはいかなる主張も無意味だと突っぱね、権利は同等の力をもつ当事者間でのみ有効であり、力に差がある場合には、強い者は思い通りのことをやり、弱い者は強いられたことに苦しむ、と答えた。その後、アテネがミロスの中心地を包囲し、ミロス側は食糧が尽きて降伏した。男性の島民はすべて殺害され、女性と子供は例外なく奴隷にされた。ミロス島対話と呼ばれるこの会話は現実政治の基本的なパターンの例だと言える。すなわち、覇権国のみが強者の権利を享受し、道徳的あるいは法的な問題に煩わされないのである。

つまり、根本的な問題はすでに古代に存在していて、それが現在まで残っているのだ。同じことは、心理的な圧力と肉体的な圧力という二種類のテクニックにも当てはまる。この二つは社会における文化の発展によって洗練され、今では「ソフトパワー」と「ハードパワー」と呼ばれることもある。「ハードパワー」には軍事力の行使に加えて、経済的圧力や社会経済的困窮なども含まれることがあるので、「ソフトパワー」との境界線は流動的だと言える。

支配者側の視点から見た場合、「ハードパワー」の行使には不利な点がある。人は生まれつきの性質として道徳的感受性が備わっているため、ハードパワーには憤りや反抗を示す傾向が強いからだ。それが結果として、支配側に高くつくことがある。この点に関して、アメリカ人政治学者およびプロパガンダ理論家として影響力の強いハロルド・D・ラスウェルが一九三〇年に『Encyclopedia of the Social Sciences（社会科学百科事典）』でこう指摘している。「世論操作のほうが「暴力や賄賂、あるいはほかの管理手法よりも安上がりである」

そのため、人間の道徳的感受性を刺激しない、つまりは人民の反抗心をあまり煽らない権力行使の手法が、古代からずっと求められてきた。そのような手法には世論を操作する一連のテクニックが含まれ、現在では総じて「ソフトパワー」と呼ばれることが多い。この形の権力行使の機能を担っているのが、民間および公共のマスメディア、学校やその他の教育機関、あるいは文化産業であり、その活動を財団、シンクタンク、エリートネットワーク、ロビー活動グループなどがサポートしている。「ソフトパワー」テクニックの効果は、人々の目にはほとんど見えない。そのため、この種の教化活動に対する反抗はほとんど起こらない。

したがって、権力の経済性という点から見た場合、おもに「ソフトパワー」を用いるのが有利であり、人間の認知能力や情動を研究してこのテクニックの精度を高めたほうがいい、ということになる。そして実際、過去一〇〇年にわたって、極めて体系的かつ効果的に、「ソフトパワー」テクニックの改良が行われてきた。

ここでは、エリートたちがテクニックの発展について情報を交換するのに利用している数多くの文献のなかから、二点だけを例として紹介しよう。ジョセフ・S・ナイの二〇〇五年の著書『ソフト・パワー』と、キャス・サンスティーンとリチャード・H・セイラーが著した二〇〇九年の『実践行動経済学』だ。ナイは影響力の強い政治学者で、政治家としても活動し、数多くのシンクタンクのメンバーでもある。そして、権力の未来は「ソフトパワー」にあると主張する。セイラー（バラク・オバマ大統領の顧問でもあった行動経済学者）とサンスティーン（こちらもオバマの顧問で法学・憲法学者）の著作は、人間の意思決定行動の落とし穴や罠に関する研究状況を概説している。人は本来、純粋に合理的な判断にもとづいて意思決定をするのではないようで、その証拠は認知科学を通じて数多く見つかっている。(6)セイラーとサンスティーンは、少しばかりの狡猾さとちょっとした一押し（これを「ナッジ」と呼ぶ）によってのみ人――民衆のこと――に合理的な判断をさせることができるため、複雑な判断が必要なときには、エリート、つまり合理的な判断力の欠如という制限から解放されている人々は、民衆を正しい方向へ押してやらなければならない、と主張した。

　要するに、究極のところ「ソフトパワー」とは、人の心《マインド》の弱みを利用して、できるだけ見えなくした形で国民に対して仕掛けられる心理的な戦争なのである。その際、民衆サイドから見た場合の問題は、支配エリートは大学やシンクタンクが集めた知識を利用できるため、人の基本的欲求、自然な傾向、操作に対する弱さなどといった精神の弱みに関して、大衆よりもはるかに多くの情報を握っている点にある。大衆である私たちは自分たちにそのような弱点があることを知らないので、エリートによる操作に抵抗することもできない。

　アメリカでは前世紀の初めから心理学と社会学が大きく花開いた。操作されやすい人間の心理の研究に大いに役立ったからだ。(7)結果として、両分野は「大衆をコントロールするための道具になり、民主政治のさらなる脅威に成長した」(8)。すでに一九五〇年代に偉大な社会学者のC・ライト・ミルズが古典的名著『パワー・エリート』のなかでこう書いている。「民主政治の基礎である公の議論は、容赦のない心理戦に置き換えられてしまった」

国民に対するそのような心理戦の手法は、過去五〇年の時間をかけて、個人ではほぼ理解できないほどに発展および洗練されてきた。その結果、エリートたちは人心操作に利用できる人間の心理や精神の特性を熟知するようになった一方で、操作される側の大衆は、エリートが人の精神のどの弱点をどのように利用しながら、意見や感情を操作しているのか、ほとんど何も知らないのである。

資本主義的民主政治は本質的に心理操作技術に依存しているため、そのような心理操作技術を人民の目から隠すことに、初めから多大な努力を費やしてきた。つまり、決して新しい展開ではないのである。バートランド・ラッセルもすでに、民衆は彼らの信念がどのようにして形づくられているのか知ることは許されていないと論じていた。人間の心の「弱点」を、教化および支配のために利用する方法を研究する心理学は「厳格に支配者クラスのみに限定されるだろう。民衆には、自らの信念がどのようにして生まれたのかを知ることは許されない」(一九五三)。ラッセルがこの点に気づいたころは、世論形成や意思決定における認知的・情動的側面を操作する方法の体系的な心理学的調査はまだ始まったばかりだった。

イデオロギーの生成を通じた民主政治の管理運営 「民衆・大衆」と「エリート」の明確な区分け

基本的に「ソフトパワー」テクニックは、人間の心理についての次のような洞察に基づいている。それは、人は数多くの社会的あるいは政治的な物事に意味のある繋がりを見出すための枠組みとなる物語《ナラティブ》を必要としている、というものだ。「ソフトパワー」テクニックの効果を高めるために、エリートは枠組みとして適切な物語を構築し、「有意義な民衆による支配とはエリートによる支配のみを意味する」と人々を説得しなければならない。そう言うと、まるでオーウェルの作品（前出）のようで、実行するのは不可能だと思えるかもしれない。ところが、政治の世界で使われる羊と羊飼いのメタファーにおいて、羊たちと羊飼いを区別するために見せかけの学問的な土台を設けるだけで、そのような物語はほぼ自動的にできあがるのである。

そのために必要なのが、人には支配者として生まれてくる者と、従僕として生まれてくる者の二種類があるという大前提だ。つまり、人間を生まれながらの羊飼いと羊に分類するのである。この区分けは、すでにアリストテレスが明言している。本質的に「羊」である人々を「民衆」、あるいは産業社会では「大衆」と呼ぶ。支配する宿命を担う者、言い換えれば、このような区分を設定した人々は、自らのことを「エリート」と呼ぶ。これは間違いなく、自称エリートたちによる巧妙な一手だ。このやり方を思いついただけでも、「エリート」と称するにふさわしいと言えるかもしれない。

あとは、「エリート」そして「民衆」あるいは「大衆」という言葉に、民衆自身も信じるであろう意味合いを持たせるだけだ。どうやらそれには、民衆は本質的に非合理的で、幼稚で、衝動的で、気まぐれ

エリート	民衆・大衆
知的、教養豊か、合理的	非合理的、幼稚、本能的、気まぐれ、自己中心的、論理的な議論を受け付けない
「責任ある者」 ——ウォルター・リップマン	「大衆の無知と愚かさ」 ——ハロルド・ラスウェル(1930)
「社会にとって何が幸福かを知るに十分な知恵と、それを追い求めるに十分な徳」を有する。 ——ハミルトン＆マディソン(1788)	短期的で自己本位な利益のみを追求 「大きな獣」 ——ウォルター・リップマン(1922)

で、自己中心的で、論理的な議論を受け付けない存在であり、一方のエリートは、本質的に知的で、教養が高く、合理的だと主張しつづけるだけでいいようだ[9]。そのような考え方を基本にした場合、民衆による支配はエリートによる支配でしかありえないという結論が導き出されるのである。

「大衆」と「エリート」を分類することにより、「民衆」という言葉にまったく新しい概念が誕生した。民衆が民主政治という考え方に魅了されればされるほど、支配者はそのようなイデオロギーを駆使して、民主政治を弱体化させようとしてきた。たとえばプロイセンのフリードリヒ大王は「賤民に啓蒙は不要」と考え、一七六六年にヴォルテールにこう書いている。「庶民はいつも偏見の泥のなかで朽ちていく」

このようなイデオロギーを意図的に構築することで、「民衆」と「エリート」の概念が刷新される。どちらもイデオロギー色の濃い造語であり、羊と羊飼いのメタファーに疑似科学的な基盤を与え、支配を正当化する目的を担っている。この正当化理念の役割は支配者、とりわけ所有者のステータスを、民主政治の社会においても安全に保つことだ。新しい民主政治の概念のほぼすべては、まさにこの基本理念の上に成り立っている。このイデオロギーは、かつてはすでに啓蒙主義の時代に考えだされ、のちには特に二〇世紀の前半に、意欲的な知識人によってさらに洗練され、あらゆる情報メディアや学校教育や社会教育を通じて広く受け入れられ、民衆による支配はエリートによる支配以外にありえないと確信するにいたっている。(10)

民衆を欺くことは許されるのか？

フリードリヒ大王は啓蒙専制君主とみなされており、民衆――「この獣たち」と「愚か者ども」――はほとんど知性がなく、騙されたがっている、と確信していた。この問題を科学的に解明するために、彼は一七七七年、ベルリンの王立プロイセン科学アカデミーに、「民衆を欺くことは有益か否か」を論じるよう命じ、優れた回答には懸賞金を出すと発表した。(11)

だが、啓蒙の時代に民衆を欺くことが有益かどうかについて議論しなければならないことに、アカデミーは不満だった。なぜなら、この問題提起からしてすでに、ここでは民衆ではなく支配者側のメリットのみが問われていることは明らかで、羊飼いは羊の群れには興味がなく、自分の利益だけを考えていることがわかるからだ。そこでアカデミーは、支配者視線を隠すために設問を次のように書き換えた。「人々を新たな過ちに導くための欺瞞、あるいは古くから定着している過ちを維持する目的をもつ欺瞞が、人々にとっても有利に働くことがあるのだろうか？」。こう言い換えることで、実際には騙す側のメリットが問われているという事実がうまく隠され、あたかも騙される側の民衆にとっての利点に興味があるかのように見せることができる。この小さな過去の例から、イデオロギーがどのようにして「巧みに」構築されていくかがよくわかる。

ルドルフ・ツァカリアス・ベッカー「人々を新たな過ちに導く目的、あるいは古くから定着している過ちを維持する目的をもつ欺瞞が、人々にとって有利に働くことがあるのだろうか?」(一七八一)

提出された四二の論文の三分の二が、王の期待とは裏腹に、民衆を欺かないほうがいいという結論であった。残りの三分の一はフリードリヒ大王の考えを代弁していて、民衆に真実を伝えると混乱と反乱につながるだろうと主張した。だから民衆を欺くことは——もちろん民衆のために——重要だ、と。懸賞金は、この両陣営で分割されることになった。啓蒙が重要であると論じたグループから選ばれた受賞者は、偉大な啓蒙活動家として知られるルドルフ・ツァカリアス・ベッカー(一七五二〜一八二二)だ。もし、今同じことが行われたなら、民衆を嘘で騙したり欺いたりしてもいいという意見の比率がはるかに高くなるだろう。政治家も、メディアも、嘘をつくことが当然のことのように日常の政治的行為の一部となっている。[12] ルクセンブルクの元首相で二〇一四年から二〇一九年にかけては欧州委員会の委員長も務めていたジャン=クロード・ユンケルは、二〇一一年四月に悪びれることなく「いざとなれば嘘をつかなければならない」と述べた。そして、政治の世界ではいつだって「いざという状態」なのである。

だが、もし民衆のほうが真実への関心を失えば、エリートはわざわざ嘘をつく必要もなくなり、もっと簡単に人民を支配することができる。民衆が政治的に無関心になり、幼児化すればなおさらだ。権力エリートの知的な助手たちは、「ソフトパワー」テクニックを用いて国民全体に脱政治化と政治的無気力を広めることに成功した場合にのみ、思い描いた形の民主政治を実現できると気づいた。エティエンヌ・ド・ラ・ボエシは、抑圧された人間に、消費主義、幼児化、自分で考える必要のない気楽さなどを与えて生活を心地よくすれば、彼らは自ら進んで抑圧を受け入れるようになるとして、それを「自発的隷属」と名付けた。適切なテクニックを用いれば、この自発的隷属を促すことができる。オルダス・ハクスリーがディストピア小説『すばらしい新世界』ですでに一九三二年に描いていたような社会ができあがるのだ。ハクスリーは、人間の精神の弱点をうまく利用することで、「民衆は喜んで隷属するようになるため、政治の権力保持者とその管理者の軍隊は彼らを強いることなく支配できる」と書いている。無気力を生むことが、民主政治の管理法なのである。

民衆が「エリート」と「民衆」の分離を受け入れ、エリートに従うことが自分たちの幸せにつながると納得するまで、エリートは民衆を教育しつづけなければならない。そのための方法の一つは、古典的なプロパガンダ手法を駆使して、民衆にそのような信念を持たせることだろう。しかし、もっと根本的なところから始めて、信念をもつ能力そのものを封じたほうが、より効率がよく、効果も長持ちする。ジョージ・オーウェルとハンナ・アーレントは、その手段こそ異なるものの、それぞれの全体主義的な統治体系の分析において、この点に気づいた。ハンナ・アーレントは、全体主義における教育の目標は特定の信念を植え付けることではなく、むしろ信念を発展させる能力そのものを破壊することだと強調した[13]。

人々が政治的な信念をもつことを防ぐ効果的な方法が、政治的無気力の状態をつくり出すこと。だから、権力エリートの主要な知識人が政治的無気力を民主政治に不可欠な要素とみなし、その状態を実現する最善の方法について考えを巡らせるのは当然のことなのである。

数多くの文献のなかから、重要な見解を二つだけ紹介しよう。ドイツ出身の重要な社会学者であるロベルト・ミヒェルス（一八七六〜一九三六）が一九一一年に古典的名著『現代民主政治における政党の社会学』でこう記している。「民主政治の、他にはない最も価値のある特徴は、基本的に受け身な有権者の票を競って奪い合う政治エリートの形成である[14]」

アメリカで最も影響力のある政治哲学者であり、鋭い反啓蒙主義者でもあり、新保守主義《ネオコンサーバティブ》お抱えの哲学者としてエリート支配をかたくなに擁護したことでも知られるレオ・シュトラウス（一八九九〜一九七三）も同様に、民衆の政治的無気力を民主政治に欠かせない前提とみなしていた。「大衆に関して言うと、民主政治の円滑な運営にとって最も重要な条件は、選挙への無関心、つまり公共心の欠如である。新聞のスポーツ面と漫画コーナーしか読まない民衆は、地の塩（欠かせない要素の意）ではないとしても、現代民主政治の塩なのだ[15]」

この点を、現在の権力エリートの政治的リーダーたちは、このようなエリート民主政治の古典的著作ほど公然と表明することはない。しかし、明確な主張がなされなくても状況は同じだ。権力エリートが、その本質として、ほかの何よりも成熟した市民を恐れるのは確かなのだから。そのため、彼らは人々が政治的に成熟するのを全力で阻止するのである。その手段として、民衆の認知および感情を一連の戦略や手法で操作するのだ。

心の汚染による民主政治の管理

心《マインド》の能力の中核に直接狙いを定めて頭を混乱させ、それを政治的に利用するような操作が、特に効

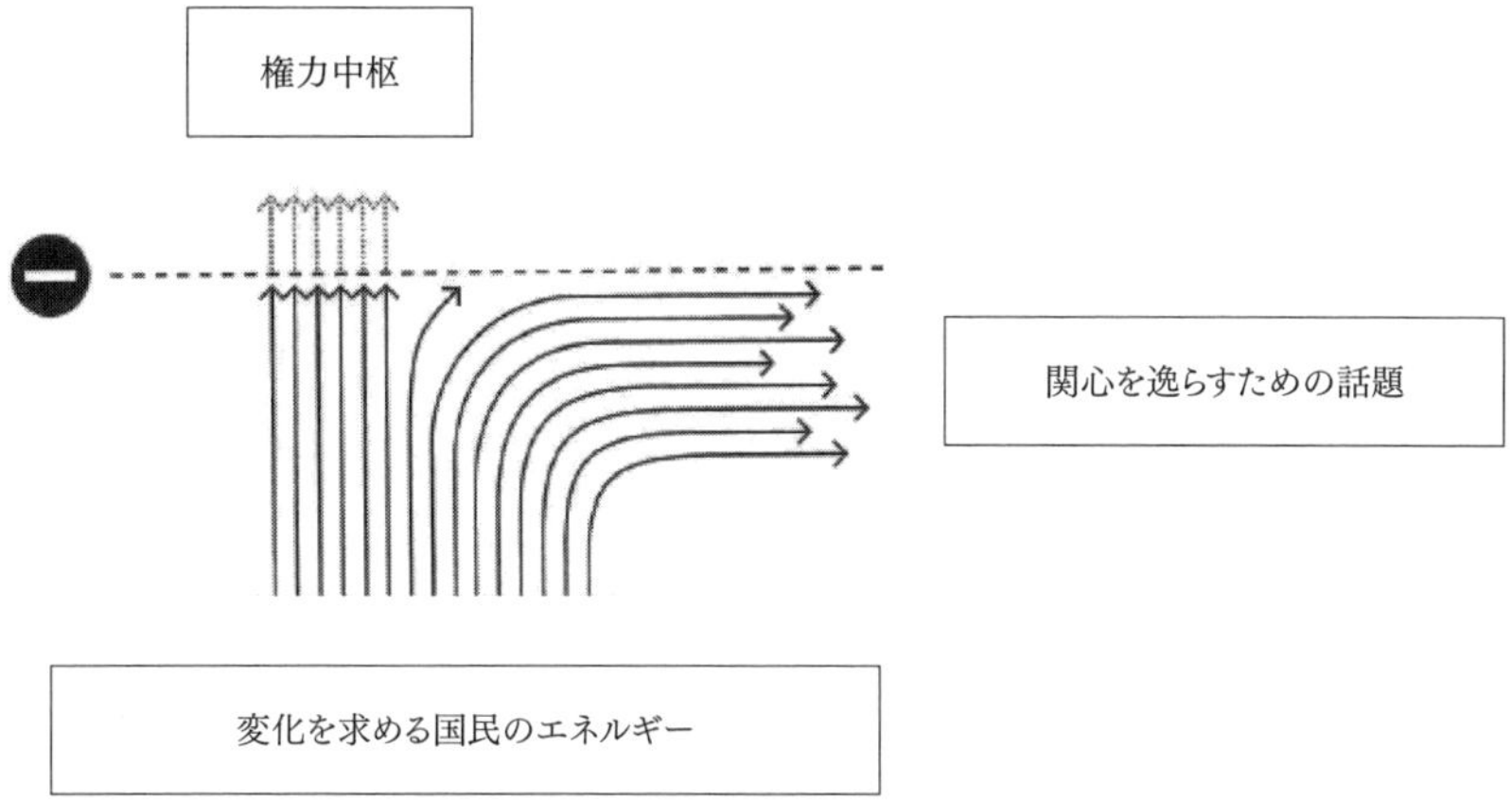

果的だと言える。そのような操作法を、ほかに適した言葉がないため、ここでは「心の汚染」と呼ぶことにする。心の汚染では、その感情の面に狙いを定めることも、認知の面をターゲットにすることもできる。

簡単なのは感情の操作だ。特定の強い感情を誘発することで、思考を麻痺させ、実際の権力中枢への注意を薄れさせ、関心を囮《おとり》の目標や問題へ意図的に導くのである。

特に有望なのは、はるか以前から世論操作の効果的な道具とされてきた不安と憎しみを、組織的につくり出すことだ。この点をラスウェルは早くも一九二七年に指摘している。「国民の憎しみが誰に向かうべきかについて、疑いが生じてはならない(16)」。憎しみを生むことにより、民衆が不安を向けるべき対象が姿を現す。結果として、憤りのエネルギーと変化への欲求は権力中枢には向かわなくなるのである。

同じことを、仕事のストレス、社会的な失墜の不安、貧困の恐怖など、社会経済的な不安を通じても実現することができる。関心を実際の権力中枢から逸《そ》らすための方法としてはほかにも、メディアにおける重要ではない情報の氾濫[17]、消費主義、「偽りのアイデンティティ」の形成、幼児化などを挙げることができる。その際、自ら責任を負わずに受け身でいたいという人間の後ろ向きな習性が悪用される。

権力エリートの関心を隠し、民衆が自らの関心を社会的に表明することを妨げる目的で、感情的な心の汚染が数十年前からさまざまな手法を用いて組織的に行われてきた[18]。

一方、精神の汚染は感情ではなく、認知能力をターゲットにすることもある。精神への毒は、啓蒙主義の時代に言われたように、どんな形の合理的な議論も人々の頭を再び聡明にするのに役立たないように、私たちの認知能力をも狙い、思考を毒してしまうのである。それを実行するいちばん簡単な方法は、都合の良い概念を利用することと、概念の意味を変えることだと言える。特に重要なのが、政治家や主要メディアが私たちの言語、さらには思考までも操るために用いる、権威を帯びた「偽単語」だろう。その例はいくらでも挙げることができる。「自由貿易」、「賃金付随コスト」、「抗議票」、「救済策」、「テロリズム」、「人道的介入」、「巻き添え被害」、「反グローバル化論者」などだ。

そのような用語が浸透するのは、私たち人間が「どの単語も何らかのリアルなことがらを反映している」という迷信を生まれつき信じているからだ。つまり人は、自らの思考を整理するために、目の前に差し出された単語を何の疑いもなく使おうとする。その際、そのような単語が担っているイデオロギー的な内容と暗黙の前提を見落とすのである。迷信を克服して、各々の単語、特に政治分野にかかわる言葉をイデオロギー的な前提のパッケージとみなして念入りに紐解《ひもと》く態度を身につけるのは、残念ながら極めて難しい。単語の意味とイデオロギー的内容を批判的な目で吟味する態度を養うには、集中的な訓練が欠かせない。そして啓蒙主義は、イデオロギー批判のまさにこの側面に注目し、暗黙の偏見やイデオロギー的要素を特定する非常に効果的な方法を発展させた。当然ながら、支配者エリートのほうは、その方法を社会の教育機関で教え、伝承していくことに興味はない。

認知的な心の汚染のもう一つのグループは、告発や中傷の言葉だ。たとえば、「左右連合」、「陰謀論」、「反米主義」、あるいは権力エリートや機能エリートが特に好む「ポピュリズム」などだ。これらの概念の裏には卑劣なロジックが潜んでいる。どの単語も、それ自体のもともとの意味を、異なる領域に属する別のトピックと結びつけ、本来はまったく別々の二つのトピックがあたかも密接に関係しているかのように見せるのである。権力エリートやそのサポーターたちが公に議論されることを望まない、あるいは自分たちにとって有害だと思われる特定のテーマを意味する言葉を、社会的に忌み嫌われる別のテーマやいかがわしいトピック——たとえば右翼過激派や人種差別的な見解など——と組み合わせることで、悪いイメージをつくりあげるのだ。そのような抱き合わせを通じて特定のテーマを公の議論から追い出すことで、権力エリートや機能エリートは批判に対する免疫を得る。

たとえば「左右連合」のような言葉は、批判の矛先を権力中枢からそらすだけでなく、左翼の自己崩壊を促すことにも役立つ。

このことに積極的なのは権力エリートだけではない。改革推進派の「体制に好意的な」左派の代表者もまた、一般の思考範囲を「合理的な」、つまりシステムの安定化に役立つ目標だけに制限することで、権力との共生を図ろうとする自らの態度を隠そうとする。根本的な左翼的権力批判と右翼に近いという非難を抱き合わせることで、この批判は排除すべき思想で感染されているとみなされ、考慮の外に押し出される。

そのように汚染された、あるいは病に冒された言葉は、本当の権力中枢へ向けられた基本的な批判に対して「不適切」の烙印を押されるため、権力者を支える知識人やジャーナリストたちから特に好まれている。それらは日和見主義の言葉使いに属している。権力者に気に入られるため、支配的なイデオロ

『カリフォルニア州、U・S・ハイウェイ99号線上の広告。全米製造業者協会主催の全米広告キャンペーン』「世界最高の生活水準：アメリカ人の生活様式ほど素晴らしいものはどこにもない」ドロシア・ラング、1937年、米国議会図書館蔵

ギーの役に立ちたいと意思表明するために用いられる言葉だ。ほかの抱き合わせ用語、たとえば「反米主義」や「ポピュリズム」などは、より複雑な形で利用されている。どれも権力エリートに対する根本的な批判を阻止するための、非難あるいは中傷の言葉として用いられる。しかし同時にこれらの言葉は、真剣な議論を必要とする実際に見られる態度や社会現象などを的確に表現していることも確かであり、それらについて本当は真剣に議論されるべきなのだ。

政治的闘争概念としての反米主義

アメリカの文化あるいは国民に対するルサンチマン《怨念》という意味で、反米主義は実在する。この種の文化的人種差別としての反米主義は、二〇世紀初頭のヨーロッパでは、特に教養市民層と知的な反啓蒙主義者のあいだで広まっていた。現在では、反米主義は民族右派や右派ポピュリズムのみに見られ、通常は国粋主義的な主権論議のなかで用いられる。しかし、政治に関する一般的な議論で、反米ルサンチマンという意味での反米主義が語られることはほとんどない。そのような場ではむしろ、覇権権力の中枢に対する厳しい批判をブロックするための抱き合わせ用語あるいは政治的闘争用語として、「反米主義」という概念が用いられる。この単語の歴史を分析したアメリカ人歴史家のマックス・ポール・フリードマンも、反米主義という考えは基本的に批判を防ぐための政治的闘争用語だと理解し、この概念はアメリカ例外主義というイデオロギーの安定化に役立っていると主張する。[19]

アメリカは特殊な歴史と、比類なき力を有するがゆえに、世界の国々のなかでも特別な地位を占める、というのが「アメリカ例外主義」の考え方だ。例外主義はアメリカの政治イデオロギーの中心を占める。[20] またこの考え方は、アメリカ人ジャーナリストのスティーブン・キンザーが書いたように、アメリカは近代史において自らの政治経済制度を他国にも捧げる——強制する——ことで神の仕事を請け負っていると確信している唯一の国家である、という態度にも表れている。[21]

例外主義者の考えでは、アメリカはその独自性ゆえに、自国にとって有利になる場合のみ、国際法上の取り決めに拘束される。[22] 加えて、アメリカ人が他国の行為を評価する際に用いる道徳規範も、アメリカには適用されない。なぜなら、アメリカと他国の行為は、そもそも「道徳的に等価」ではないからだ。本質的に善である者の罪の重さは、本質的に悪である者の罪の重さを量る尺度を用いて評価することはできないのである。したがって、アメリカもたまには間違いを犯すことがあるかもしれないが、ベトナムでも、イラクでも、シリアでも、戦争犯罪に手を染めることなど原則としてありえない。また、同じ原則から、民間人を殺害することもない。民間人は最高の善意の副次的な結果として命を落としてしまうのである。

ヨーロッパも含め、歴史のなかでさまざまな形で登場し、今も登場しつづけている例外主義が、文明史における最大規模の流血の原因の一端であり、道徳的かつ知的な病巣であることは一目瞭然だ。加えて、この病巣を正当化イデオロギーで包み込もうとする知識人も無数に存在する。アメリカは本質的に善であるため、アメリカの行為を国際法的な基準で評価することはできない、というイデオロギーだ。[23]

ニュルンベルク裁判で米合衆国の主席検事を務めたロバート・H・ジャクソンは当時すでに、[24] ニュルンベルクで打ち立てられた法的原則は普遍的に有効であり、将来的にはアメリカも含む他国の犯罪に対する法的評価の基礎になると述べている。[25] もしこの言葉に従うなら、ノーム・チョムスキーが指摘したように、第二次世界大戦以後のアメリカの歴代大統領は例外なく戦争犯罪者として処刑されなければならない。[26] 本筋から外れたが、以上がアメリカ例外主義についての考察である。

政治的闘争概念としてのポピュリズム

「反米主義」と同じで「ポピュリズム」もまた複雑な使い方をされる抱き合わせ用語だ。ポピュリズムの本質は、大衆と同じ言葉を使い、容認できないほどに単純化した形で政治的なコミュニケーションを図り、人々の感情に訴えかけることにある。この意味では、ドイツの主要政党はすべてポピュリズム政党だと言える。しかし、主要政党自らポピュリズム的な方法や戦略を用いるのであれば、なぜ彼らは「ポピュリズム」という言葉をかたくななまでに政治闘争あるいは政治的な排斥の用語として用いるのだろうか？

その答えは、ポピュリズムのもう一つの特徴から明らかになる。ポピュリズムとは、エリートを根本的に批判する態度でもあるのだ。[27] 当然の如く、権力エリートにとって、この意味合いでのポピュリズムは忌み嫌うべきものだ。どうすれば権力エリートに対するそのような根本的批判を思考の立ち入り禁止ゾーンに追いやり、「理性的」とみなされる議論から締め出すことができるだろうか？　ここでもまた、人々が嫌悪する別の態度と抱き合わせることで、それが可能となる。

特に役に立つのが、右派ポピュリズムの核心にあるイデオロギーだ。[28] 民族右派では、民衆とエリートの対比が先鋭化される。しかしながら、ここで言う「民衆」とは単純に国民を指しているのではなく、民族として基本的に均一な「集合体」を意味している。この考え方では、集合体の統一性や完全性はもはや民族としてのアイデンティティによって裏打ちされるのではなく、文化的アイデンティティや国家アイデンティティによってもたらされる。もちろんこれらはどれも生物学における「人種」と同様に、実体のない言葉だ。したがって、「人民の意思」を表現することが政治リーダーの役割だが、現在のエリートたちにはこの仕事をこなす能力がない。彼らはあまりに腐敗していて、不道徳だからだ、と喧伝される。つまり、右派ポピュリズムは直接「上にいる連中」をターゲットにしているのではあるが、それは右派ポピュリズムがエリート支配に反対しているからではなく、今のエリートを、民族主義的な、場合によっては人種差別的な考えをもつ別のエリートで置き換えたいからなのだ。

こうして、右派ポピュリズムという用語が、まったく異なる理由からエリートに対する根本的な批判を繰り広げる別のポピュリズム的な態度と抱き合わせにさらされるのである。このようにポピュリズム的な態度を右派ポピュリズムと結びつけることで、エリートに対する批判を思考の立ち入り禁止ゾーンに追いやることができる。そのような抱き合わせを通じて、エリートたちはこうほのめかしたいのだ。「既存体制や権力エリートに抵抗する者は、人種差別とまではいかなくとも、過激な立場をとることが多いので、民主的な議論から排除される」。そのような排斥が可能となるため、エリートたちは好んでポピュリズムを非難するのである。

世論操作と教化を通じた民主政治の管理

要するに、人の心を中毒にする「ソフトパワー」テクニックの目的は、特定の考えや信念を私たちの頭に植え込むのではなく、人間に備わる政治的な信念を形成する能力そのものを、もっと深い場所でブロックすることにあると言える。しかし、世論を効果的にコントロールするには、人々の頭に体制側がよしとする考え方、意見、態度を定着させるための操作も必要になる。

その際、短期的に効果を発揮する操作と、長期にわたって効果を保つ操作の二種類が考えられる。それらをここでは「即時教化」と「深部教化」と呼ぶことにする。即時教化は日々のニュースの消費を通じて行われる。日々の政治的・社会的出来事の枠組《フレーム》みを示し、エリートの視点と一致する物語を伝え、社会全体としての世界観を生み出し、それを安定させるのが目的だ。そのようなイデオロギーの枠組みとなる物語を脅かす恐れのある事実を、適切に取捨選択し、適度な非文脈化および再文脈化を通じて不可視にする目的も担っている。つまり、危険な事実を本来の文脈から切り離し、政治的な重要性が低く、エリートの見解とも一致する別の文脈にはめ込むのである。

即時教化のおもな伝播手段はメディアである。民主政治の管理におけるメディアの役割については、近年盛んに分析され、明らかにされてきた。メディアは人々に社会と政治の状況について適切な実像を伝える、というジャーナリズムの主張は大きな嘘だ。この主張は、過去一〇〇年以上にわたり、非常に綿密なケーススタディなどを通じて完全に覆されてきた。この点をいまだに議論する価値があるとみなすには、現実を大きく歪める必要があるほどだ。

ドイツ連邦政治教育センターは、メディアにおける「プロパガンダ」と「報道」の違いを見分けるための基準を次のように発表している。「プロパガンダの特徴は、ある問題について多様な側面が示されることなく、意見と情報が混同されることにある」[29]。この単純な基準は即時教化の見極めにも応用できる。この考え方に従えば、主要メディアが私たちにニュースとして報道しているもののほとんどすべてがプロパガンダに分類されざるをえない。

深部教化は、政治的および社会的世界観と価値体系を長期にわたって浸透させるプロセスだと言える。そのような世界観、言い換えれば「物語」は認知的にも感情的にも非常に深く入り込むので、人はそれらをイデオロギー的な世界観と意識しなくなり、当たり前と認識するようになる。結果、免疫ができあがり、それらは事実や批判を受け付けなくなる。深部教化によって不都合な事実を認知的・感情的に不可視にするだけでなく、思考の範囲や可能性そのものを見えなくすることもできる。深部教化を媒介するのは社会機関、メディア、文化産業、そして娯楽産業だ。その中心を占めるのが義務教育と大学教育である。歴史的に見た場合、これは驚きではない。なぜなら一般的な義務教育は、成熟した市民を育てるためではなく「敬虔なキリスト教信者と従順な公僕」をつくるために導入されたのだから。[30]

哲学者にして数学者で、政治活動家でもあったイギリス人のバートランド・ラッセルは、教育制度の社会的な役割をすでに一九二二年に次のように記している。

「教育制度は本当の知識を伝えるためではなく、民衆を支配者の意思に従順にするために開発された。学校で用いられる洗練された欺きのシステムがなければ、民主政治の体裁を保つことはできないだろう。一般市民が自分で考えることは望まれていない。自分で考える人は扱いが難しいと考えられているからだ。考えるのはエリートだけでいい。ほかは言うことを聞き、羊の群れのように指導者に従う。この教義が、民主政治においても、あらゆる国家の教育制度を根本から腐敗させた[31]」。

ラッセルの時代はまだ、教育制度が教化の役割を担っている事実は比較的簡単に認識できたが、現在はその事実を見透かすのははるかに難しくなっている。当時は政治的プロパガンダを比較的簡単にプロパガンダと見抜くことができたが、その後非常に洗練されて、ほぼ目に見えなくなったのと同じで、教育制度の教化プログラムも繊細になり、ほとんど認識されなくなった。特に教化は、具体的な内容を通じてではなく、暗黙のうちに敷かれたフィルターや取捨選択のメカニズムを介して行われるようになった。しかしそれでも、ラッセルの批判は現在にも当てはまる。[32]
以下では、特に効果的で影響の大きい深部教化の例を二つ紹介する。

「慈悲深い帝国」というイデオロギー

最初の例として、「慈悲深い帝国」という考え方を挙げることができる。帝国の行為は自分のためではなく、慈悲心から出るものである、という意味だ。歴史を紐解いてみれば、そのような考えを持つのはまったくの不条理であることがすぐにわかるが、プロパガンダを徹底的に行えば、不条理さえも当然のことのように見せられるのである。第二次世界大戦以後、アメリカ合衆国は「慈悲深い帝国」であり「情け深い覇権国家である」というイメージは、ヨーロッパ、特にドイツで、意図的かつ組織的な方法で国民の意識に深く刷り込まれてきた。このイデオロギーは戦略を駆使して普及され、その際に中心的な役割を担ってきたのが外交問題評議会（CFR=Conference of Foreign Relations）である。CFRは世界で最も影響力の強いシンクタンクで、アメリカの外交戦略の策定において極めて重要な役割を果たしてきた。[33]

一九四九年、CFRは「インフォメーション・プロパガンダ・カルチャー計画」の実行の必要性を説いた。それを使って、「外国の国民をアメリカの動機は善良であると説得する」のである。[34] その一年後、ヨーロッパ、特にドイツで、「文化自由会議（CCF）」が設立され、CFRの目論見《もくろみ》に合わせて世論形成を目的とした活動を始めた。

CIAが資金も口も出したCCFは、一九五〇年代から一九七〇年代にかけて、ジャーナリスト、知識人、学者、政治家、諜報部員、経済界の大物など、幅広いネットワークを活用してヨーロッパの人々に「アメリカ的な生活」とアメリカの世界観を浸透させながら、アメリカ合衆国の「慈悲深さ」を知らしめることを目的としたプロパガンダ・キャンペーンの中核的機関であった。イギリス人ジャーナリストのフランシス・ストーナー・サンダースはＣＣＦについて論じた著書（二〇〇一年）でこう書いている。「本人たちが好んでそうしていたのか、あるいは意識していたのかどうかという問題は別にして、戦後のヨーロッパでは、ほぼすべての作家、詩人、芸術家、歴史家、科学者、批評家がこの秘密プロジェクトと何らかの形で関わっていた。アメリカのスパイネットワークは二〇年以上にわたって誰からも邪魔されず、それどころか発見さえもされずに、多額の助成金を得ながら高度に洗練された文化的戦闘を繰り広げてきたのである。それも、言論の自由の名を借りて」

ソ連の崩壊により、「反共産主義闘争」というイデオロギーに帝国主義的な動機を隠す力がなくなったため、アメリカの道徳的理想を強調するプロパガンダを、帝国主義的動機の隠れ蓑として利用する必要が生じた。アメリカは一方では、自らのことを帝国と位置づけ、同国の新保守主義の第一人者であるロバート・ケーガンの言葉を借りるなら、「ローマ帝国以来、どの国家も持っていなかったほど大きな力」を有する唯一のグローバルな超大国であると宣言した。[35] 政治学者のジョセフ・ナイはこう表現する。「ローマ帝国以来、アメリカほど、ほかの国に比べて際立った国は存在しない」。その一方では、アメリカはただの帝国ではないという態度も鮮明にした。影響力のあるジャーナリストとして知られるチャールズ・クラウトハマーによると、アメリカは「唯一の善良な帝国であり、この主張は自己満足などではなく、事実である」そうだ。[36] ビル・クリントンはアメリカ合衆国を「平和と自由を推進する世界最大の力」と呼んだ（一九九六年四月二八日）。バラク・オバマは例外主義に対する自らの信念を「この国は今も地球上で最後にして最高の希望である」と言い表した（二〇〇七年四月九日）。ヒラリー・クリントンはアメリカを「これまでの歴史で最も偉大な国家」と称えた（二〇一六年七月二五日）。ここで紹介したのは彼らの個人的な意見ではなく、アメリカ合衆国のアイデンティティの中核にある確信的イデオロギーだと言える。(37)

　アメリカが自らを語るとき、必ずと言っていいほどローマ帝国と「パックス・ロマーナ（ローマによる平和）」が引き合いに出される。アメリカの外交目標は「パックス・アメリカーナ」だと言いたいのだ。(38)そのような比較(39)を理解するには、「パックス・アメリカーナ」で用いられているラテン語の「パックス」という単語が単純に「平和」を意味しているのではなく、圧倒的な強国が弱小国に強いる暴力による秩序を意味していることを知っておかなければならない。現代の帝国主義では、そのような形の平和を「安定の確保」などと呼ぶ。(40)アメリカが掲げる「情け深い覇権」というイデオロギーは「パックス・アメリカーナ」を目指しているのである。

　道徳的理想主義や「情け深い覇権」という言い回しが世間に対して自らの行動を正当化するために用いられているという点を度外視したとしても、ここでもほかのケースと同じように、帝国主義的な外交政策の実際の推進力は何なのか、という疑問が残る。アメリカで最も聡明な政治戦略家の一人であり、いわゆる「現実主義学派」の代表者でもあるジョージ・F・ケナンは、問題の本質について次のように明言している。

　「我々は世界の富のおよそ半分を所有しているが、人口は世界の六・三パーセントに過ぎない。［……］我々にとって次の目標は、国家の安全を大きく損なわずにこの貧富の差の維持を可能にする何らかの仕組みを見つけることにある。それを実現するには、感傷に浸ったり夢想をしたりしている場合ではない。あらゆる場面で、国家としての己自身の目標に集中する必要がある。もはや利他主義や博愛の振りをしている暇はないのである。［……］人権、生活水準の向上、民主化などといった曖昧で非現実的な目標について――おもに極東へ向けて――語るのはもうやめるべきだ。純粋な権力思想から行動を起こさねばならなくなる日は、もう遠くはない。理想主義的な言説に邪魔をされることは少なければ少ないほどいい[41]」

ケナンは、権力政治をこのように分析した[42]。他国はどういうわけかアメリカの富を維持するために自発的に自らを犠牲にしようとしないので、アメリカは「感傷に浸ったり夢想をしたりしている場合ではない」というわけだ[43]。

アメリカ人社会歴史学者のウィリアム・A・ウィリアムズは、帝国主義的な政治を敷く本当の理由を次のように説明する。「この帝国主義の原動力は、今も昔も、生きるのに自らのリソースを使いたくない、という考えである[44]」

現状は、ケナンが挙げた数字よりもさらに酷くなっている。『サイエンティフィック・アメリカン』誌が二〇一二年に次の数値を発表している。

「アメリカ合衆国は、世界人口に対する人口比率は五パーセントにも満たないにもかかわらず、
全世界の紙の三三パーセント、
石炭の二三パーセント、
アルミニウムの二七パーセント、

銅の一九パーセント、[……]を消費している。

エネルギー、金属、鉱物、森林収穫物、魚、穀物、飲用水のアメリカ人一人当たりの消費量に比べれば、第三世界のすべての人々の総消費量でさえ少なく見える。アメリカ人は世界人口の五パーセントに過ぎないのに、全世界の廃棄物の五〇パーセントを生み出している」

一人の人間の生活様式や生活水準を持続的に維持するのに必要な面積として「エコロジカル・フットプリント」という指標が提案されていて、アメリカのエコロジカル・フットプリントは八グローバルヘクタールと言われている（世界平均に相当する生物生産力をもつ一ヘクタールの面積が「グローバルヘクタール」と呼ばれる）。ドイツは五グローバルヘクタールなのでアメリカよりは少しましだと言えるが、世界と比較すれば、かなり高い値になる。(45) したがって、「第三世界」において、ドイツのような生活水準を実現するには、ドイツがふたたび「世界でより多くの責任を負い」、「安定の確保」に貢献しなければならない。そして、軍事予算の増加、連邦軍の積極的な派遣、一貫したEUの軍事化がそのために欠かせない重要なステップだ。(46)

フルスペクトラムドミナンス

ほかにもさまざまな指標が、アメリカが「唯一の善良な帝国」であることを示している。何よりもまず軍事費が世界トップで、二位から一〇位までの国の軍事費を足したのと同じぐらいの額になる。

アメリカが標榜する「フルスペクトラムドミナンス(全方位支配)」を実現するには、この膨大な支出が欠かせない。フルスペクトラムドミナンスとは、陸、海、空、宇宙、仮想空間《サイバースペース》、そしてありとあらゆる資源の支配を意味している。(47)加えて、世論のコントロール(バラク・オバマの二〇一四年五月二八日の言葉を借りれば「世界の世論形成能力」)に費やす額も、他のすべての国家の総額よりも多い。

アメリカの「比類なき善良さ」は、数多くの諜報活動や世界規模のオペレーションにも表れている。二〇一四年、『ニューヨーク・タイムズ』は過去六〇年間のテロ支援に関するCIAの機密文書に基づき、CIAが実行してきた殺人や攻撃について報じた。(48)これを受けてノーム・チョムスキーは、この文書を読む限り、テロ国家の定義でアメリカ自らが用いた基準に従えば、アメリカこそが世界をリードするテロ国家であると認めざるをえないとコメントした。(49)

米軍部隊や軍の要員は一六〇の国家で作戦を展開している。影響力のある政治アドバイザーであり、シンクタンク「ストラトフォー」の創設者でもあるジョージ・フリードマンが二〇一五年に指摘したように、アメリカは、世界のすべての海を支配した歴史上初の国家である。そのメリットとして、アメリカはほかの国に侵入できるのに、他国はアメリカに侵入できないというすばらしい状況が生まれた。(50)

この「すばらしい状況」は、アメリカが世界のおよそ八〇カ国に、およそ八〇〇の軍事基地を有しているという事実の上に成り立っている。イギリスは八カ所、フランスはかつての植民地に五カ所、ロシアはかつてのソ連領内におよそ八カ所、さらにシリア内に一カ所の基地を設置しているだけである。(51)言い換えれば、全世界に存在する自国領外軍事拠点の九五パーセント以上がアメリカのものなのだ(年間支出は一五〇〇億ドルを超える)。(52)

これまでまだアメリカによる支配を受けていない大国を軍事基地で包囲して「安定を確保する」ため

アメリカの軍事費比較（出典：OMB, National Priorities Project）

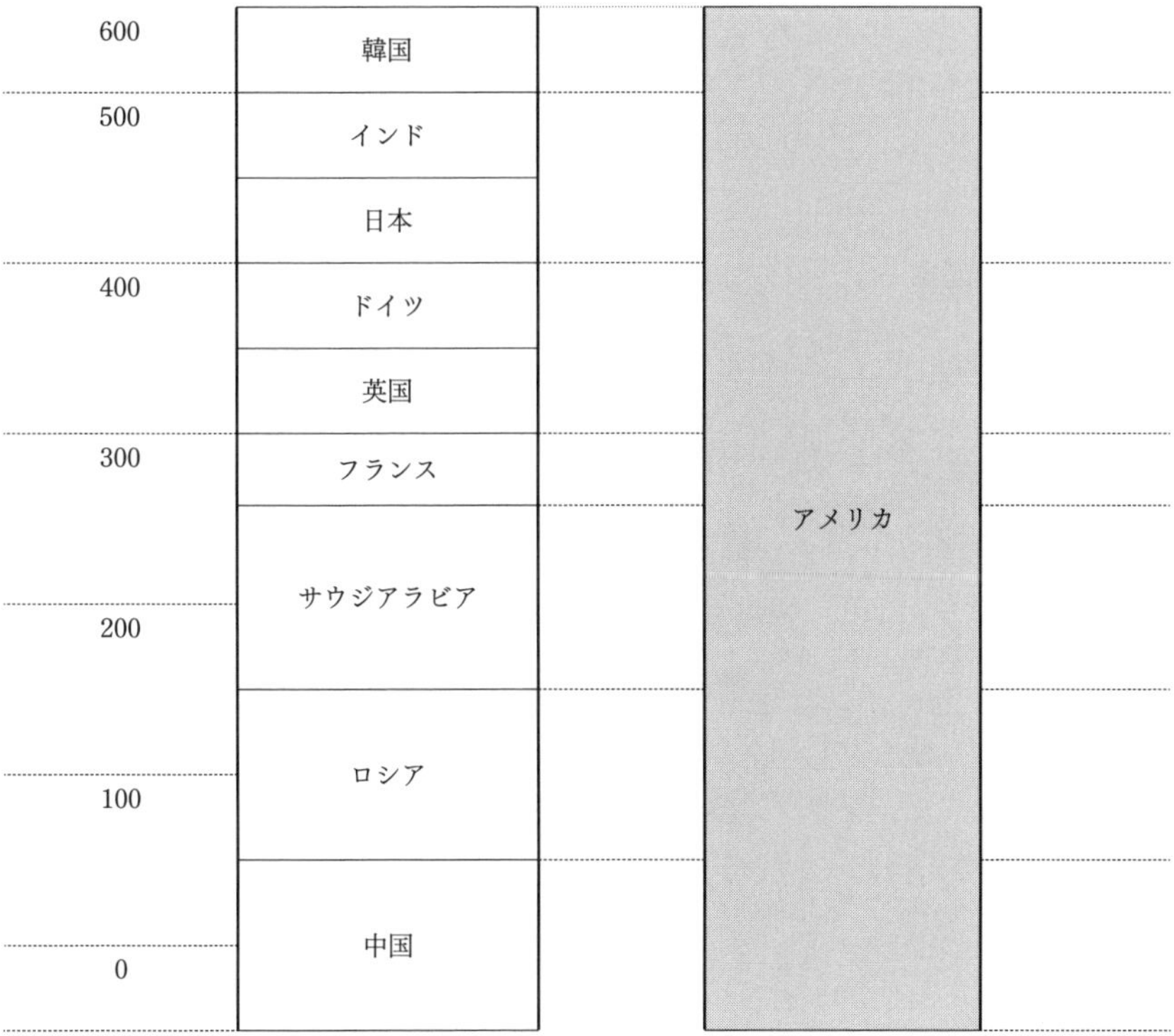

単位：10億米ドル

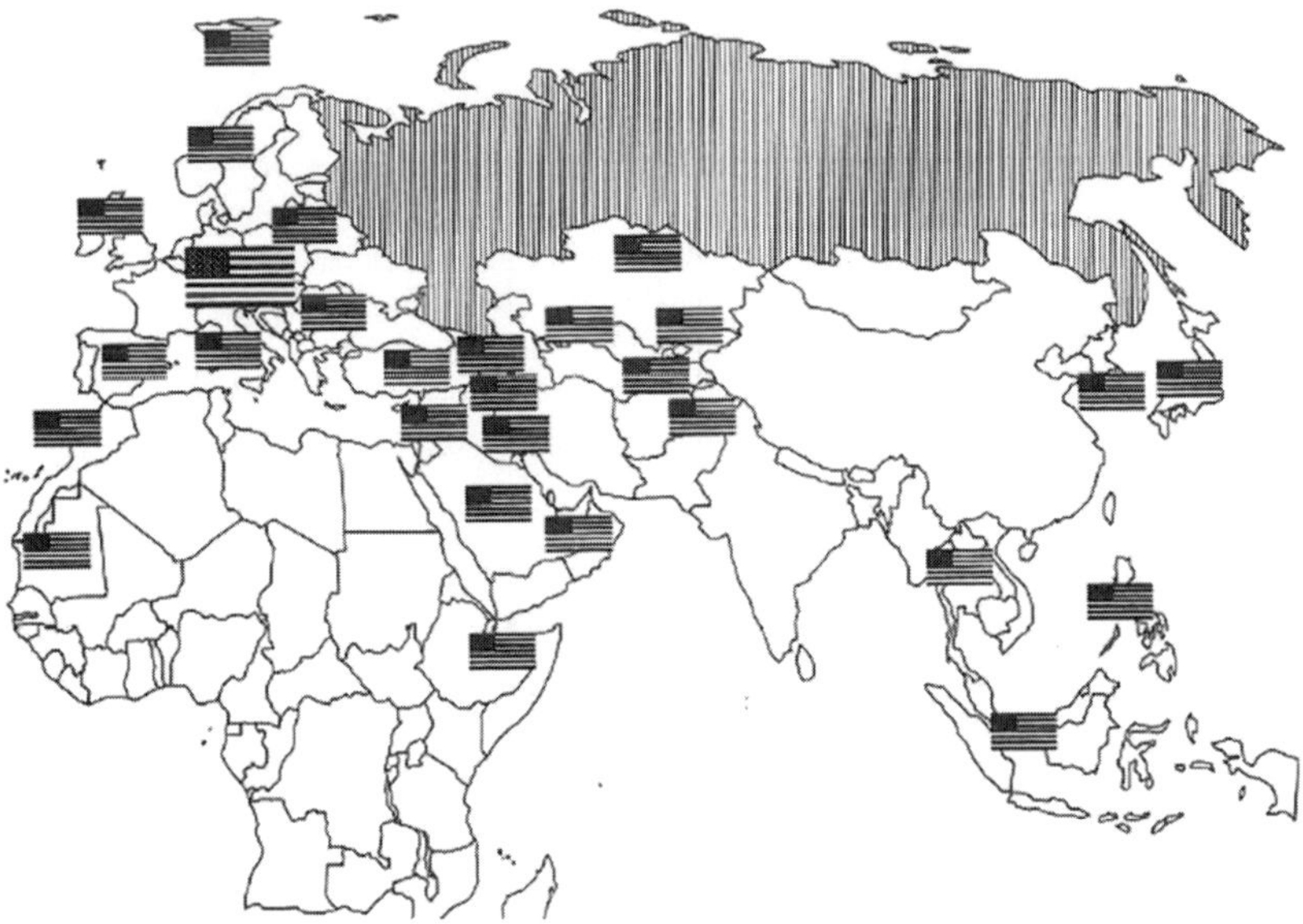

世界におけるアメリカの主な軍事基地

には、それほどの規模が必要なのである。
アメリカにとって、ロシアは以前から喉から手が出るほど欲しい対象であり、エリツィン大統領時代[53]には経済的にも政治的にも前進が大いに期待された。しかし、この希望は、エリツィンの後継者となったプーチンによって潰えたため、アメリカは別の方法を使ってロシアの取り込みを試みるしかなかった。その方法の一つが、「平和を守り」、「ロシアの侵略」を防ぐために、軍事基地の数を増やすことだった。
すでに一九五七年の時点で、作家のアルノ・シュミットが、「誰が誰を包囲しているのか?!」と問いかけている。その答えは、今も昔も、世界地図に目を落とすだけでたやすく得ることができる。「……世界地図を眺めるだけでいい。なぜなら、バミューダにも、キューバにも、メキシコ、アラスカ、カナダ、グリーンランドにも、いくら探しても恐ろしいソビエトの基地を見つけることはできないが、ノルウェーに始まり、ドイツ、ギリシャ、トルコ、パキスタン、さらには千島列島にまで、アメリカの拠点を見つけることができるのである！（しかし、西ドイツ国民の「絶対多数」は西部劇さながらのこの方向性を望んでいたのだから、仕方のないことだ。だが、もし再び過去の悲劇が起こっても、誰も文句は言えない！）」[54]
つまり、一九五〇年代にはすでに、人々の頭に「慈悲深い帝国」という考えの深部教化が行われていたのである。それからの年月を通じて、人々はその考えを、教化ではなく当り前のこととみなすようになった。そのため、事実をもってしてもその考えを修正するのはほぼ不可能だ。政治的な情報を『シュピーゲル』、『南ドイツ新聞』、『フランクフルター・アルゲマイネ』、『ターゲスツァイトゥング』などといった媒体から仕入れている人々は、世界地図に目を落とせばロシアがアメリカの拠点に対して攻撃的な姿勢を見せていることがわかる、などと主張するかもしれない。

もし、たとえばヒラリー・クリントンをはじめとした多くのアメリカ人権力エリートやドイツの主要メディアが心から案じているように、ロシアとアメリカのあいだで最終的な衝突が生じたら、ヨーロッパは核戦争の犠牲になるだろう。それでも、独自の慈悲の解釈から、アメリカはそのような犠牲を出すことも厭わないのである。

近年、ドイツの主要メディアはアメリカのエリートに奉仕する態度を鮮明にしていて、反ロシアを煽るイデオロギー的妄想は新たな高みに達した。しかし、反露主義そのものは、はるかに以前からドイツの主要メディアに根付いていた。二〇〇九年にはミハイル・ゴルバチョフがロシア報道に関して、ドイツのラジオ放送である『ドイチュラントフンク』でこう述べている(二〇〇九年五月一四日)。「ドイツのマスコミが最も悪質だ[55]」

西側価値共同体のNGOと世俗伝道師

「フルスペクトラムドミナンス」の教義などに示されるアメリカが掲げる世界支配への欲求は、「ハードパワー」のみならず、「ソフトパワー」によっても実現される。そして「ソフトパワー」の比率は格段に増えてきているようだ。世論と民主政治と憤りと参加の管理法は、過去数十年において巨額を投じて開発および行使されてきた。その結果、今では世間がそれらを意図的な人心操作法だと気づかないほどにまで洗練されている。

世論操作でその重要性を増しつつあるのが、非政府組織、いわゆるNGOだ。市民社会団体(CSO)

German Marshall Fund	ジャーマン・マーシャル財団
National Endowment for Democracy	民主政治のための全米基金
Ford Foundation	フォード財団
Deutsche Gesellschaft für Auswärtige Politik	ドイツ外交政策協会
CSIS	戦略国際問題研究所
Trilateral Commission	三極委員会
International Center on Nonviolent Conflict	非暴力紛争国際センター
Rockefeller Foundation	ロックフェラー財団
Chatham House	チャタム・ハウス
Group of Thirty	グループ・オブ・サーティ
Atlantik-Brücke	アトランティック・ブリュッケ
Lilly Endowment	リリー・エンドウメント
Ned Ned	米国民主主義基金
Bilderberg	ビルダーバーグ
Avaaz	アヴァーズ
Rand Corporation	ランド研究所
Gates Foundation	ゲイツ財団
Human Rights Watch	ヒューマン・ライツ・ウォッチ
Council on Foreign Relations	外交問題評議会
Open Society Foundations	オープン・ソサエティ財団
Foreign Policy Initiative	外交政策イニシアチブ
European Cultural Foundation	欧州文化財団

と呼ばれることもある。NGOのなかには、権力エリートによって直接あるいは間接的に組織され資金援助を受けているため、「フェイクNGO」と呼ぶにふさわしい組織も存在する。[56] そのおもな役割は、市民の政治参加への意思をくみ取り、それを支配エリートに都合のいい方向へ誘導することだ。そうすることで、たとえば他国の体制転覆に貢献したり、自国民の意識を特定の根源的な社会問題からそらして、偽物のターゲットに向けさせたりする。そのようなNGOがアメリカの覇権への野心のために政治的な役割を担っているという事実が、市民社会的あるいは博愛的な目的、もしくは政治・社会的な慈善奉仕によって覆い隠されていればいるほど、このミッションは成功しやすい。ここでもまた、「ソフトパワー」テクニックが非常に有効であることが証明されている。NGOの役割について、公共の場で討論されることがほとんどないからだ。[57] このことについて、インド人作家で活動家でもあるアルンダティ・ロイは「反政府運動のNGO化」に気をつけろと警告する。[58]

ジョージ・ソロスのオープン・ソサエティ財団や英王立国際問題研究所（チャタム・ハウス）、あるいは、民主政治と人権の促進の名目で権力エリートの経済的・政治的関心を代弁する新保守主義的なシンクタンクである外交政策イニシアチブなど、NGOの多くは膨大な資本を有し、政治的な影響力が極めて強く、資金提供者の利害のみを追求する。その代表例として、ビル&メリンダ・ゲイツ財団を挙げることができる。世界で最も資金力に富む同財団は、自らのことを「不公平を減らすために活動するせっかちな楽天家集団」と称する。しかし、そのような慈善的な言葉の裏には特定の経済的な利害が潜んでおり、国家や民間財界人からの資金にも依存している。それら「フェイクNGO」は、人々の目に見えない形で財力を政治権力に変えるのに特に適している。結果、自らの政治的な影響力を世間に晒すことも何らかの責任を負うこともなしに、権力エリートの現状の維持と、それぞれの権力エリートの世界的かつイデオロギー的なセーフティネットの構築に大いに貢献しているのである。

ソビエト連邦が崩壊して以来、アメリカが支援するNGOにとって、ロシアがおもな活動の場となっている。ロシアにアメリカが望む体制を導入することが目的だ。「2002年のロシア民主政治法(Russian Democracy Act)」を用いて、アメリカはロシアの国内問題に公式に介入し、ロシアで六万五〇〇〇団体ものNGOを支援した。[59] それ以前も、おもに国際開発庁(USAID)という機関を介して、ロシアにおける自由市場体制を推進するために二〇〇億ドル以上を投じていた。当然この介入も利他的な博愛精神から出た行為であり、「ロシア連邦の民主政府と市民社会と独立メディアを支援および増強するために、同国の民主政治、グッドガバナンス、そして腐敗防止プログラムを」促進するために行われるというわけだ。[60] 念のために付け加えておくと、ここで言う「民主政治」とは「アメリカ式民主政治」のことを意味する。つまり定期的な選挙を特徴としてはいるが、アメリカの権力エリートの経済および政治的な利益には何ら影響のない民主政治のことだ。[61] いつものように、ここでもまた、そのような言説に秘められたイデオロギーを明らかにするには、言葉を単純にひっくり返してみればいい。もしロシアがアメリカ国内の「アメリカの民主政治、グッドガバナンス、そして腐敗防止プログラム」を促進するNGOを同じような規模で支援したなら、アメリカがどう反応するか想像してみればよい。

アメリカは「慈悲深い帝国」であり、「アメリカ式民主政治」を世界に広めることはその慈悲深さの表現であるという考えは、歴史上最も成功した深部教化の例だと言える。アメリカの対外政策を解釈する際、この考え方は暗黙のうちに自明の理として受け止められており、もはやイデオロギーとしては認識されなくなっている。

民主政治を防ぐ手段としての「代議制民主政治」

目にもほぼ見えない深部教化のもう一つの成功例は、「代議制民主政治」[62]が民主政治という理念を実体化させる最善の、あるいは少なくとも唯一実現可能な形である、という考え方だろう。この深部教化は先に述べた「アメリカ式民主政治」という考え方と密接に結びついている。この深部教化により、現在支配的な代議制民主政治とは異なる形の民主政治は事実上無視されるようになった。確かに、政治におけるレトリックでは、現在の形の代議制民主政治は、古代のアテネで実現されていた本来の意味での民主政治から派生してきたものとして扱われる。しかし実際のところ、この二つの民主政治の間に共通点はほとんどない。アテネの民主政治は参加型の民主政治で、古代研究家のモーゼス・フィンリーによると、文字通り「民衆による政府」だった。[63]

しかし、そのような形の民衆支配は、古代から現代にいたるまでずっと、エリートたちが是が非でも避けようとしてきたことなのだ。実際、一九世紀の半ばまでは民主政治と言えば参加型民主政治を指し、愚民支配と揶揄されてきた。[64]アメリカ合衆国の建国の祖たちも、民主政治に関わるすべての要素と民衆に対して強い嫌悪を示していた。彼らは民主政治ではなく、共和制を目指した。では、民主政治と共和制の違いは何かというと、共和制では政治権力を行使できるのは、民衆によって選ばれたごくわずかな国民だけなのである。確かに部分的には、アメリカの建国者たちは、定期的に行われる自由な選挙を通じて、エイブラハム・リンカーンが言ったように「人民の、人民による、人民のための政府」を正当な形で作ろうとした。しかし、民衆をまったくと言っていいほど信用していなかったため、民衆が立法に口出しするのを極端に嫌い、立法権を立法府、行政府、司法府に分割しようとした。そうすることで、多数を占める民衆がエリートの立場や自由、特に財産を脅かすのを防ぐことができるからだ。[65] そこで、彼らは新しい代表制（ならびに権力の分立方法）を考案したのである。そして建国の祖の一人であるアレクサンダー・ハミルトンがその仕組みを一七七七年に「代議制民主政治（representative democracy）」と名付けたのだった。議会代表制という原則を用いることで、社会的な権力行使にとって、二つの目的を結びつける意思統合の仕組みが出来あがる。目的の一つは、民衆による支配を求める人々を満足させること。もう一つは、アメリカ人社会歴史家エレン・メイクシンズ・ウッドの言葉を借りるなら、「国民を政治から遠ざけ、選挙を通じて国民多数派の支持を得た裕福な寡頭政治家《オリガルキー》に権力を維持させる手段」としての代表制度をつくることだ。そこで不可欠だったのが、寡頭制という概念の曖昧さを隠すために「民主政治を新たに定義する」ことだった。[66] つまり、代議制民主政治は初めから民主政治を妨げる目的をもっていた。[67]「代議制民主政治」という名称は、民主政治という言葉を含みながらもエリートの支配と財産秩序を守る魔法の呪文だったのである。[68]

　米国憲法は民主政治のエリート理論の歴史的なモデルになった。現在まで最も強く影響力を発揮してきたエリート理論の源流はヨーゼフ・A・シュンペーター（一八八三～一九五〇）にまで遡る。二〇世紀で最も重要な経済学者の一人だ。シュンペーターの考えでは、民主政治は機能エリートの競争による選挙に限定した場合にのみ効果を発揮する。しかし、そのような支配の定義に対して、数多くの民主政治理論家、憲法学者、政治哲学者などが、「選挙」を保障するだけでは権力と支配を十分に正当化することはできないとして、異議を唱えた。[69]

　政治に関心の高い木版画家で、近代ピクトグラムの考案者でもあるゲルト・アルンツ（一九〇〇～一九八八）は一九三二年の木版画作品『ヴァールドレーシャイベ（選挙回転盤）』で、民主的な要素が機能エリ

「選挙回転盤」、ゲルト・アルンツ、一九三二年

ートの競争選挙のみに限定される統治形態の問題点を表現した。

すでに少数に絞り込まれているエリートグループのメンバー間で競争選挙を行うことで支配を正当化しようとする考えは、民主政治の本来の意味と合致しない。民主政治の本来の意味は国民主権だ。つまり、国民が自らの考えにもとづいて憲法を制定する権利を有し、国家機関は民主的な法に服従しなければならない。加えて、国民は適切な形で地域社会に参加できることも意味している。そのような参加で最も重要なのは、社会にとって重要なあらゆる問題に対して民主的な方法で合意を形成することである。選挙やくじ引きが便利な場合もあるだろう。しかし、国民の参加を選挙だけに制限する行為は、啓蒙時代に勝ち取った民主政治の根本的な考えと矛盾する。

民主的な意思形成において、選挙は比較的小さな側面に過ぎない。ところが、権力エリートは民主政治の理念の核心部分を無視して、選挙という小さな側面のみを前面に押し出す。なぜなら、その小さな側面が、国民に民主政治と国民主権の幻想を抱かせるのに好都合だからだ。そのような幻想を抱かせることで、他人（エリート）によって社会の基本構造が決められること（社会的他律）に対する自然発生的な抵抗を麻痺させることができる。寡頭制では、エリート民主政治でもそうであるように、選挙は国民主権の表れではない。選挙はむしろ支配を確固たるものにする手段であり、変化への欲求を鎮め、人々を望ましい方向へ誘導するのに適している。だからこそ権力エリートは、基本的に民衆を信用していないにもかかわらず選挙をするのだ。社会をおとなしくさせるために。このことは、専制的で権威主義的な統治形態にも当てはまる。一九二二年、ベニート・ムッソリーニが選挙についてあからさまにこう述べている。「みんなどんどん投票して、怠惰に、愚かになればいい[70]」

本来の意味の民主政治により近く、現在の形の代議制民主政治のようなエリート民主政治に取って代わることができるほど隅々まで考え尽くされている代替制度はすでにいくつか存在する。「参加型民主政治」、「急進的民主政治」、「評議会民主政治」などが、ずいぶん以前から文献で集中的に議論されている。ところが興味深いことに、公共の場での議論でそれらが言及されることは皆無に等しいため、世間にはまったく浸透していない。それら民主政治の代替案は、どれも真剣な議論に値するにもかかわらず社会的に不可視なのは、現状の「代議制民主政治」が最善の民主政治形態であるだけでなく民主政治の理想を実現できる唯一の方法だ、という教えが過去何十年にもわたって広められてきたからだろう。[71]

民主政治の本来の意味に近い代替案も、基本的には代表制度や機能エリートの存在に依存している。しかし、そのような具体的な仕組みよりも、より一般的な手続き、つまり国民が立法主権を有すること、民主的に制定された法に国家機関が従属すること、国民参加の問題、あるいは選出された代表者が国民に対して負う責任や説明義務の問題などに主眼が置かれる。

代議制民主政治に代わる制度は存在しないと教え込まれた私たちは、今の形のエリート支配が歴史的にどう推し進められてきたかを忘れてしまい、代議制民主政治は本当の民主政治の成立を阻むために考案されたという事実すら認識できなくなったのである。[72]

民主政治を装ったエリート支配に対する批判を封じるために、権力エリートと機能エリートはここでもまた、社会的に嫌悪されている思想との抱き合わせ戦略を用いる。特に重宝されるのが民族的あるいは人種的な国粋主義だ。民族右派の考え方では、「民族」は「デーモス」――原則として多様な市民で構成される混成民族――ではなく、「エトノス」――民族的にも文化的にも均一な共同体――として定義される。そのような（架空の）「民族共同体」が十分に均一である場合にのみ、その（架空の）共通意思が適切なエリートによって表明され、政治に組み込まれるのである。したがって、国民とその意思は議会のみならず権威的な指導者によっても代表されうる。この意味で、民主政治と独裁政治は対立するものではないのだ。民族右派や右派ポピュリズムの活動を見れば、彼らが民主政治の中心理念の実現を

「貧民と富豪」、作者不詳、フランドル画家、17世紀、ウルム・パン文化博物館

目指しているのではなく、啓蒙という意味での民主政治を廃止しようとしていることがよくわかる。右派ポピュリズムがそのような姿勢から代議制民主政治に向けて発する批判を、エリートは抱き合わせ戦略に利用し、そもそも代議制民主政治に対する批判が許されないようにするために、思考の立ち入り禁止ゾーンへ押し込むのである。

権力エリートたちが、代議制民主政治は代わりのない唯一の仕組みであるという考えを徹底的に押し広め、それに対する批判を阻もうとするということは、この制度にはエリートたちにとって多大な利点があるに違いない。代議制民主政治は、そもそもの出発点として、エリート支配のために考案されたのだ。アメリカ建国の祖であるハミルトンとマディソンの一七八八年の言葉によると、そのようなエリート支配は、選挙で選ばれた代表者は「何が社会全体にとって利益となるかを見極める知恵と、それを追い求める徳を兼ね備えている」というイデオロギー的な前提によって正当化される。しかし誰も驚かないだろうが、現実は違う。民主政治や法理論に造詣の深いインゲボルク・マウスの言葉を借りると、国民は「実際のところ権力者にただただ圧倒されている」(73)。そして権力の本当の中心は、国民の目には見えないのだ(74)。

封建時代のころは、変革の目標がまだはっきりと目に見えていた。そのため政治的行為にも目的があったし、社会的な緊張は、流血を伴うことも多かったが、革命を通じて解消された。しかし、権力の本当の中心が見えなければ、政治的な変革を求める国民の思いは偽の目標に向けられるしかなく、そのため政治には何の影響も及ぼさないのである(75)。国民は決められた範囲のなかから代表者を選ぶことで変化へのエネルギーを使い果たしてしまう。この点が、政治権力の本当の中心にいるエリートたちが享受する代議制民主政治の利点なのだ。言い換えれば、現状の代議制民主政治には、変化の意思を政治的な力に変える仕組みが存在しない。だからこそ、権力エリートにとって理想的な統治形態なのである。何し

「上院のボス」、ジョセフ・ケプラー、1889年、議会図書館、FSA/OWIコレクション

ろ、本質は寡頭政治なのに、国民には民主政治のように見えるのだから。

羊と羊飼いのメタファーを用いるなら、代議制民主政治は羊たちの意識を羊飼いに向けるため、群れの所有者は誰の目にも映らなくなる。羊たちのエネルギーは群れの所有者お抱えのメンバーのなかから新たな羊飼いを選ぶことにのみ費やされる。(76) この問題の存在は以前から知られており、すでに一八八九年に、アメリカ人漫画家のジョセフ・ケプラーが『The Bosses of the Senate（上院のボス）』に凝縮した。

もし私たちが、この風刺画は代議制のグロテスクさを大げさに表現したものだ、という印象をもったのなら、それは過去数十年にわたる教化が成功している証拠だと言える。ここで大袈裟なのは表現の手段だけだ。内容そのものは当時の力関係を正確に描写している。この風刺画が描かれて以降、力関係はさらに大きく寡頭制と金権政治に傾いた。加えて、権力エリートと機能エリートは、人間の心の弱点を集中的に研究しながら、政治権力の本当の中心を「見えなくする」手腕を組織的・計画的に磨きつづけた。

代議制民主政治から民主政治の要素が排除され、権威主義的な形に変わっていく様子は、新自由主義革命が始まる前から幾度となく観察されてきた。一九六七年、政治学者のヨハネス・アンニョーリは「民主政治が法治的な権威主義国家へ変化」する過程に分析の光を当てた。

歴史家のセバスチャン・ハフナーはアンニョーリの著書に対する評論のなかで、こう述べている。「我々は民主政治の社会に生きていると言われている。民衆が民衆を統治している、という意味だ。だが実際には、誰もが知っているように、大きな政治という意味でも、あるいは付加価値税や公共交通機関の運賃の値上げなどといった日常の行政的な決定という意味でも、民衆は政府にまったく影響を及ぼさない。［……］力を奪われた民衆は、その無力さを受け入れただけでなく、その状態を心地よくすら感じている」。

哲学者のカール・ヤスパースは一九六七年に、自著『ドイツ連邦共和国の向かう先』に対する批評への返答で、次のように嘆いた。「パラドックスだと言える。我々は、実際には存在すらしていなかった民主政治の崩壊の真っただ中にいる。そこにあると思われていた実質は腐敗しないのに、我々は腐りつつある」。

フランス人社会哲学者のアンドレ・ゴルツは「西ヨーロッパおよびアメリカ大陸には、選出された議会が社会と公益の概念の民主的な発展に尽くし、重要な決断が国民の手の届かない場所にある専門委員会で下されることもなく、議会における議論がただの無意味なセレモニーに成り下がってもいない国家はもはや存在しない」としたうえで、こう指摘する。「代議制民主政治は、今も昔も、必然的にまやかしの民主政治である」。代議制民主政治の資本主義的なイデオロギーからすれば、「[……]大衆のニーズに応じた生産の種類と方向性、技術的あるいは社会的な労働の分配、民間独占企業と国家の投資決定、経済的余剰の利用[……]」などといった社会の中心的な側面は管轄外なのだ。これらはどれも、新自由主義革命は、民主政治を破壊したのではなく、以前からすでに始まっていた破壊を完了させただけだという事実を示す例である。

新自由主義と組織的な無責任体制の創造

政治権力の本当の中心の不可視化は、資本主義の極端な形としての新自由主義において、さらなる高みに達した。まず新自由主義は、エリートの意図的な決定を、(架空の)自由市場を支配する合理的な自然法則がもたらす必然的な結果として宣言するという、新たなイデオロギーを生み出した。その結果、エリートは何ら責任を負うことがなくなった。他方では、新自由主義をきっかけに有力な政治勢力が新たに生まれた。大企業だ。大企業は、これまた自然法則に沿った発展とみなされるグローバル化の過程のなかで、民主的なコントロールや説明責任[77]を完全に逃れる権利を手に入れ、これまでの文化史上に誕生してきたなかで最も完全な全体主義的構造体に成長した。

事実上この流れは、所有者階級の組織犯罪を制度として合法化することを意味する。その枠組みの内側で、経済的な力を政治権力に変換する（あるいは政治権力を経済力に変える）仕組みも作られた。結果、権力の多くが政府から大企業の手に渡り、権力の本当の中心がどこにあるのか、さらに不明瞭になった[78]。

所有者階級の組織犯罪を合法化する試みのなかでも特に大きな影響力を発揮するのは、民主的法治国家から独立した国際的商法のシステムと、仲裁裁判所の形での平行司法制度の確立である。それらは再封建化につながる展開だと言える。法が民主的な手続から切り離され、ふたたび私有化されるため、経済的な強者は民主的な法律から解放され、自ら制定した国際的な法を介して己の利益を主張できるのである。この点に関し、インゲボルク・マウスはこう述べている。「この『国家間商法の成立』と関連する最も極端な形の再封建化は、近代の特徴であった経済力と政治権力の分離をなくすことにある［……］。経済界の大物はグローバル化の陰に隠れて法的な要請を回避することができる。［……］経済界の大物は自分に関係する（自分の利益になる）法律を自分で作れるようになった。このようにして、最も強力なグローバルな利害関係者は立法の上でも自給自足できるようになった。［……］ここで生まれる規範は利害関係者の独り言のようなものであり、民主的にコントロールされた立法手続きに欠かせないテスト、すなわち一般社会に受け入れられるというテストを受けることもない。それゆえ、現在形づくられつつある『国際商慣習法《レックス・メルカトリア》』は私的な契約の上に成り立ち、いかなる法的要請からも免れるため、正当とみなすには問題がある」。
私的な契約を通じて自分たちの利益に都合のいい法をつくる際、経済界の大物たちは「クリエイティブな条約あさり」と呼ばれる手法を用いることが多い。彼らは適切な商取引を通じて、財産や利益に不都合な民主的決断の影響を受けずに済む国家を探し、そこを基点にして広範囲に及ぶ投資保護協定を新たに交渉するのである。(79)

「レックス・メルカトリア」とは法学用語で、中世の商人が、たとえば一三世紀から一七世紀にかけてのドイツのハンザ同盟時代に、国境を越える法律行為で用いていた習慣法を指す。それが最近では国際的な商慣習全体を指す言葉としても用いられるようになった。「ニュー・ロー・マーチャント（新商慣習法）」と呼ばれることもある。レックス・メルカトリアが独立した法律としての選択肢たりえるのか、どのような法的性質をもっているのか、などといった問題については、国際司法の枠組みで盛んに論じられている。法社会学も、特に国際的な仲裁裁判の文脈における新たなレックス・メルカトリアの現実と有効性、あるいは国内法との関係について関心を示しはじめた。

企業によって企業のためにつくられたそのような国際法は、たとえ国レベルで政治的な意思があるとしても、政治的な力で覆すことはほとんどできない。
それらは、これまで想像もされなかった形で民主的な法治国家の規制能力を制限するうえ、国民の生活に計り知れない影響を与える。民主政治の未来に対するその影響はすさまじく、不法な経済的勢力の囲い込みのためにも極めて重要であるはずなのに、ジャーナリストや主要メディア、あるいはこの場合特に求められる「法曹エリート」たちのなかに、そうした極めて複雑な動きとその影響について、一般の人々にわかる形で論じようとする者は――驚くべきことでもないが――ほとんどいない。だからこの問題が民主的な抗議の対象になることもない。

過去五〇年、新自由主義の影響を受けたプロジェクトが、経済分野だけでなく社会のあらゆる生活分野で実施され、その際、新しい人類の創造が試みられてきた。消費者としての役割のみを担い、従僕としての地位を快く受け入れて幸福を覚える人類の創造が[80]。このプロジェクトの目指す先は初めから過激な再分配の実現であった。そしてその努力の結果として、ヨーロッパ諸国による植民地化に次ぐ歴史上最大の再分配が、具体的には下から上へ、南から北へ、そしてパブリック（公）からプライベート（私）への再分配が行われたのである。富の私有化の例を二つだけ挙げよう。ユーロ圏では、最も裕福な上位一〇パーセントが、総資産の半分以上を所有している。世界で最も裕福な八人――ビル・ゲイツ、アマンシオ・オルテガ、ウォーレン・バフェット、カルロス・スリム・エルー、ジェフ・ベゾス、マーク・ザッカーバーグ、ラリー・エリソン、マイケル・ブルームバーグ――は、世界人口の下から五〇パーセントの人々の総資産よりも多くの富を所有している[81]。

全体主義としての新自由主義

新自由主義のなかに全体主義的な要素を見つけるのは簡単だ。権威的な支配体制を社会のあらゆる生

新自由主義の特徴	ファシズムの特徴
起源:「1789年」への憎悪: 「社会主義」と「平等民主政治」 ——労働組合、社会国家などで体現	起源:「1789年」への憎悪: 「社会主義」と「平等民主主義」 ——労働組合、社会国家などで体現
イデオロギーの基盤1:社会ダーウィニズム: 強者の称賛、 弱者の蔑視	イデオロギーの基盤1:社会ダーウィニズム: 強者の称賛、 弱者の蔑視
目指す社会形態: 極度に階層的なエリート寡頭制 ——「民衆」の蔑視、極度に反民主的	目指す社会形態: 極度に階層的なエリート寡頭制 ——「民衆」の蔑視、極度に反民主的
イデオロギーの基盤II: 神話「自由市場」	イデオロギーの基盤II: 神話「民族/人種」、「民族的に純粋な集団」
個人の役割: ——「市場」に完全に従属「お前は何者でもなく、市場がすべて」 ——社会組織の一部の側面のみならず、人民の「全体主義的な形成」を目指す	個人の役割: ——「国家」に完全に従属「お前は何者でもなく、民族がすべて」 ——社会組織の一部の側面のみならず、人民の「全体主義的な形成」を目指す

活分野に発見することができる。
全体主義の原型はファシズムだと言える。ファシズムと新自由主義はどちらも全体主義的な要素をもつが、本質的に目的と性格が違う。たとえば、新自由主義はグローバル化に依存するが、ファシズムは国家という枠組みの上に成り立つ。だが同時に、仕組みとして、いくつかの共通点も挙げることができる。

両者を比較することで、新自由主義の代表者たちが全体主義的な統治形態に魅力を感じる理由が理解できる[82]。

新自由主義とファシズムには、「一七八九年」(フランス革命)を、つまり啓蒙時代がもたらした社会的・政治的成果を憎悪するという共通点がある。一七八九年に、フランスの国民議会において公民権と人権が宣言されたのだ。新自由主義とファシズムの観点から見れば、この年は社会福祉国家と平等民主政治の誕生を意味する。しかし新自由主義もファシズムも、強者を賛美し弱者を軽蔑する社会ダーウィニズムをよしとする。どちらもエリートを重視し、民衆を軽視する。どちらも、自由市場と民族的に均一な「国民」という二つの側面をもつフィクションに対する適応と完全な従属を求める。

一七八九年と啓蒙運動の成果

ではなぜ一七八九年は、新自由主義とファシズムから目の敵にされるシンボル的な意味を担うようになったのだろうか?

一七八九年にフランス国民議会が採択した「公民権・人権宣言（人間および市民の権利宣言）」は一七条からなり、人間が生まれつき有する不可侵の権利、人間と国家の関係を定めた。その前文で「国民議会を構成するフランス国民の代表者」は、「人権の忘却あるいは軽視が国民の不幸と政府の腐敗の一般的な原因であると認めたうえで」、自然かつ不可侵の人権の宣言を行うにいたった、と説明している。その宣言には、次の項目が含まれる。

第一条　人間は自由かつ権利において平等に生まれ、平等でありつづける。社会的区別は公共の利益になる場合にのみ認められる。

第二条　あらゆる政治的団体の目標は、自然かつ不可侵の人権の維持である。あらゆる政治的団体の目的は、自然で侵すことのできない人権を守ることである。これらの権利は、自由、安全、抑圧への抵抗である。

第三条　すべての主権の起源は本質的に国民にある。いかなる団体も、いかなる個人も、国民から明示的に発せられたのではない権力を行使することはできない。

第六条　法とは一般意思の表明である。すべての市民は個人としてあるいは代表者を通じて法の形成に参加する権利を有する。法による保護と罰は、すべての人に対して同じでなければならない。市民のすべてが法の前に平等であるので、誰もが自らの能力に応じて、資質と才能以外の差別なしに、あらゆる公的な位階、役職、地位に就くことが認められる。

アメリカの先例と同様に、フランスの人権宣言も人権を普遍的なものとみなしている。その意味するところは、最初に人権という概念をを構想したうえで、それを人々に与える必要はないということである。

一七八九年の宣言は、急進的で重大な政治プログラムの表明でもあった。なぜなら、自然法の下ですべての人が平等であり、そこから権利が発生するという考えを実践するには、徹底的な民主化と大々的な社会改革が欠かせないからだ。したがって、支配秩序の恩恵を受けている者や民衆を深く軽蔑している者、あるいはエリート支配を唯一の「合理的な」統治形態と考える人々は、断固としてこの宣言に反対した。こうして憎しみが生まれ、新自由主義とファシズムは、一七八九年に象徴される考え方に憎悪を抱くようになったのである。

啓蒙運動の中心的理念は、人間の精神を偏見という拘束から解き放ち、合理的に考える能力のある人々を責任ある市民に変えることであった。急進的な啓蒙主義の思想から一連の根本原則を導き出すことができる。最も重要な原則は人道的普遍主義と呼ぶことができるだろう。すべての人を原則的に平等と認める態度のことだ。カントの考えでは、人は「ただの相対的価値、つまり価格ではなく、内在的価値、つまり尊厳」を有している。そのため、「市場価格」をもたない。なぜなら「人」として、つまり理性に恵まれた自律的存在として、「それ自体が目的」であり、他人の利益のための単なる手段として利用されてはならないからだ。

普遍的なヒューマニズムは、特定の生物学的、社会的、文化的、宗教的、あるいは国家的なグループという考え、特に人種差別主義、国粋主義、例外主義を認めない。

この考えと密接に関連しているもう一つの原則が、政治的自決権だ。すべての市民は自分の社会生活にかかわる、あらゆる決断に公正に参加できる。したがって、市民の誰もが関係するすべての社会的側面に、不足なく民主的に参加する権利をもつ。社会の中心分野、特に経済は、民主的な承認手続きやコントロールから除外されてはならない。どの権力構造も、人々の前でその存在を正当化し、意義を証明しなければならない。それができなければ、その権力構造は不正であり、排除されることになる。

もう一つの重要な原則は「道徳的普遍主義」と呼べるだろう。他人の行為の評価に用いる道徳的基準を自らの行為の評価にも用いなければならない、という考え方だ。

この原則には、いわゆる反啓蒙主義のさまざまな流れのなかで、初めからかなり強い抵抗があった。反啓蒙主義はこの原則を否定して、特に自らの生物学的、社会的、文化的、宗教的、あるいは国家的なグループを優先する態度が最大の特徴だと言える。新自由主義と右派ポピュリズムは、それぞれ異なる立場から、現在における反啓蒙主義のイデオロギー的中心を占めている。

急進的啓蒙の原則や考え方の中核は、思想史を深く遡った先にその源泉を見出せるが、啓蒙時代にとりわけ明確に定義されて以来、絶えず洗練され、さまざまな方向へと発展していった(83)。人類が人道的な社会を手に入れるために数千年にわたって続けてきた闘いを通じて獲得した、最大の社会的成果だったと言えるだろう。しかし、急進的な反啓蒙主義が支配する現代では、啓蒙主義は公の議論から忘れ去られ、急進性が剥ぎ落とされ、政治的なおしゃべりで用いられるただのレトリックに成り下がった。そのため、今の私たちが自分たちの経験を整理し、変化を求めるエネルギーを一つにまとめ、有効に活用するための手段としては使い物にならない。私たちは社会的に分断されただけではなく、政治力を奪われ、政治的な無関心や諦念に追い込まれ、人類の社会思想史における最高の成果からも切り離されてしまった。なぜそのようなことが行われたのか？　私たちを政治的に盲目にし、何のために闘う価値があるのかを忘れさせるためだ。

これは偶然の産物などではなく、支配エリートが数十年にわたって組織的に実行してきた教化活動の成果なのである。五〇年を超えるエリート民主政治時代が、この道がどこに通じているのかを明らかにした。これは破壊の道だ。共同体の破壊、共同体という概念の破壊、何百万もの人の命の破壊、おもに第三世界における文化と文明の破壊、そして私たちの生態系の基盤の破壊へとつながる道だ。これら破壊から恩恵を受ける者に、この道を変えるつもりはない。したがって、道を変えるエネルギーは下から、つまり私たち民衆からしか生まれない。変えるのは私たちの課題であり、責任でもあるのだ。

原注——

（1）二〇世紀で最も重要な国法学者であるハンス・ケルゼン（一八八一～一九七三）の考えでは、「民主政治という理念」は「安寧」を求める「原本能」であふれている。つまり、「他者の意思に対する抗議」であり、他人から生き方を指定されること、すなわち「他律による苦しみ」に対する反抗である。「社会に対抗して自由を求めるのは、自然なことである」Kelsen (1920, p. 4)。

（2）Hitchens（2001）を参照。

（3）この考え方の歴史についてはThiele（2008）などを参照。

（4）Ingeborg Maus（2011）で詳しく述べられているように、「国民主権」という考え方では、国民主権の「国民《フォルク》」はポジティブな意味ではなく、ネガティブなものとして定義されるという点に注意しなければならない。「国民」とは純粋に憲法上のカテゴリーであり、社会学的な分類やほかの考えにもとづくカテゴリーと混同してはならない。「国民」とはこの意味で、国民とは「民族、文化、あるいは社会的な所属や排他を基準として定義されるものではない」。特に「国民主権」とは公務機能を担わない者のみが立法権を有することを意味し、公務機能を担う者はその限りではない。

（5）民主政治理論の基本概念の入門としてはThiel（2008）が詳しい。

（6）意思決定における合理性の限界については、ウィキペディアの「List of cognitive biases」が参考になる。

（7）Simpson（1994）を参照。

（8）Lynd（1949）。

（9）民衆にそのような区別が有意義で正当だと納得させるためには、歴史的な出来事を適切な形で解釈し直す必要がある。そのような曲解に対して、インゲボルク・マウスは「政治的機能エリートたちのやり方は、草の根民主政治に対する現在の一般市民による冷たい態度などよりもはるかに酷いものだ」としたうえで、基本的に国民投票が「政治的機能エリートたちが示したのと同程度の、あるいはそれ以上の政治的な愚かさを露呈したことは一度もない」と指摘した。

（10）この「民衆」と「エリート」の分類の基礎となる自己評価としてのエリートという概念は、社会学的に定義される「機能エリート」や「権力エリート」とは区別する必要がある。たとえば、C・ライト・ミルズによれば、「権力エリート」とは、自分たちの利益のために、国内外に影響を及ぼす政治決断を押し通す権力をもつ集団と定義できる。

（11）Adler（2007）。

（12）Mearsheimer（2003）を参照。

（13）Arendt（1951, Kap. 13）。

（14）Michels（1911）。

（15）Strauss（1995）。

（16）»There must be no ambiguity about whom the public is to hate.« Lasswell（1927, p. 47）

（17）重要ではない情報の氾濫を通じて人々に隷属状態を受け入れさせる方法についてはオルダス・ハクスリーも指摘している。ハクスリーは一九五八年に、以前はプロパガンダを見分ける方法は、単にその情報が真実か嘘かを問うことだとみなしていたが、そのような考えは「我々の資本主義的民主政治」で起こっていることにはまったくふさわしくないと書いた。今では、「真実か嘘かという区別ではなく、多かれ少なかれまったくもってどうでもいい物事ばかりを報道するメディア産業が発展した。言い換えれば、プロパガンダの以前の定義は、些細なことで気を紛らせようとする人間の飽くなき衝動を考慮に入れていなかったのである」。ここで問うべきは、どのような社会的および心理的要素が「些細なことへの衝動」という心理的発展を引き起こすのか、という点だろう。Huxley（1958）を参照。

(18) したがって、そのようなテクニックは社会の「安寧化」だけでなく、容認と同意の獲得にも欠かせない要素である。この点に関するアメリカにおける歴史についてはFraser（2015）を参照。

(19) Friedman（2012）。

(20) McCrisken（2002, 2003）などを参照。

(21) »[The USA] are the only ones in modern history who are convinced that by bringing their political and economic System to others, they are doing God's work.« Kinzer（2006）。

(22) 「新たな国際秩序が生まれようとしているが、それはアメリカの帝国主義的目的をもとに作られている。同帝国は自らの目的に合う国際法秩序（WTOなど）には署名するが、目的にそぐわないもの（国際刑事裁判所、京都議定書、ABM条約など）は無視するか妨害する」Ignatieff（2002）。Koskenniemi（2004）とCoates（2016）も参照。

(23) 国際法に関係する規則や規範を評価するときは、それら自体が植民地支配国や覇権国家の利益のためにつくられたものではないかを問う必要がある。「もし、進行中の戦争、生態系の崩壊、収入や社会福祉の格差などといった世界を不安定にする問題が、現在の国際レジームでは解決不能で、文明国の政策や慣行に原因があると考えられる場合、現代の国際法の枠組みとアメリカ例外主義の両方に取って代わる、異なる物語が語られ、実践されなければならないだろう」Saito（2010, p. 228）。

(24) 「もし、特定の行為や条約違反が犯罪であるのなら、それらはアメリカ合衆国がやろうとドイツがやろうと犯罪である。自らに適用するつもりのない犯罪行為の規則を他者に課すことはできない」Taylor（1993）に引用されたロバート・H・ジャクソンの言葉。

(25) 「勝者による裁き」と国際刑事法の制定におけるダブルスタンダードの問題についてはMegret（2002）やSchabas（2012）などを参照。

(26) 第二次世界大戦以降、アメリカは数多くの戦争犯罪を行ってきたのではあるが、同時に「不処罰の文化」も育み、国際法を強者のための法に変えてきた。

「世界最強の国が——ソ連が消えたあとも自らのことを自由世界のリーダーと呼びつづける国が——戦争や人権に関する国際法を違反してもまったく処罰されないのなら、ほかの国が国際法の制約を受ける理由があるだろうか?」Gordon (2016, p. 8)。

(27) 現在の「ポピュリズム潮流」の特徴と形態についてはMudde (2004)、Abts & Rummens (2007) を参照。

(28) Mudde (2007) などを参照。

(29) www.bpb.de/gesellschaft/medien/krieg-in-den-medien/130697/was-ist-propaganda

(30) Ludwig (1988, p. 265)。

(31) Russell (1922)。

(32) 新自由主義革命の影響で、教育でさえ完全に経済の二の次とみなされるようになる前の一九七一年にすでに、イヴァン・イリイチはこう述べている。学校制度は「社会的神話の寄せ集めであり、それら神話がはらむ矛盾の制度化であり、神話と現実の不和を再現したり隠したりする儀式の場所である。……現在、社会基盤と世界の現実のあいだに広がる深い乖離を効果的に隠せる機関はほかに存在しない」。Illich (1971/2003) を参照。

(33) Shoup (2015)。

(34) Markel (1949)。

(35) Huntington (1999) などを参照。「もちろん、アメリカ合衆国は権力のあらゆる領域——経済、軍事、外交、思想、技術、文化——において、実質上世界中のいかなる場所でも独自の利益を追求する力をもつ唯一の国家である。現在、超大国は一国しか存在しない」。ジョージ・W・ブッシュの最重要顧問とされるカール・ローヴはこう表現した。「我々は今や帝国であり、我々の行動は、独自の現実をつくり出す。そしてあなたが——賢明にも——その現実を理解しようとしているあいだに、我々はさらに新たな現実をつくるのだ。そして、あなたはまた理解しようと務める。そうやって、物事は進んでいくのだ。我々が歴史を演じる……そしてあなたは、あなた方すべては、我々の行いをただ研究するだけだ」。 www.nytimes.com/2004/10/17/magazine/faith-certainty-and-the-presidency-of-george-w-bush.html

(36) クラウトハマーは、ほかのアメリカ人エリートたちと同じで、確信をもって「帝国」という言葉を使う。「アメリカを帝国と呼ぶべきか、覇権国家と呼ぶべきか」という問いについてはMaier (2006) が詳しく考察している。それによると両者の違いは「帝国は支配からの逸脱者を罰しようとするが、覇権国家は共通の利益と道徳的説得に頼る以外のことはしない」(p. 64)。この意味で、アメリカはただの覇権国家ではなく、帝国なのである。

(37) 著名なアメリカ人思想史家リチャード・ホフスタッターは、歴史の最初から「国家としてイデオロギーをもたずに一つになることが私たちの運命だった」と述べている(1963, p. 43)。

(38) アメリカ人歴史家のロナルド・スティールはベトナム戦争を経験したあとの一九六七年の著書『Pax Americana(パックス・アメリカーナ)』でも、「パックス・アメリカーナの慈悲深い帝国主義」という見解を崩さなかった。この帝国主義は「利益や影響などといった基本的動機ではなく高貴な目的のために帝国を築く」という考えを特徴としている。

(39) Parchami(2009)などを参照。

(40) 典型例としてCondoleezza Rice(Januar 2000)を挙げることができる。「アメリカ合衆国は世界の平和と安定を保障できる唯一の国家であるため、アメリカの軍事力は維持されなければならない」

(41) George F. Kennan、一九四八年二月二八日付 *Memo PPS23*、一九七四年六月一七日公表。

(42) もちろん、帝国主義の推進力に関するこのような現実政治的な分析が民衆からの理解を得られるとは考えられない。人々は道徳的感受性を刺激され、憤りで反応するだろう。したがって、国民に向けては「慈悲深い帝国主義」というイデオロギー的枠組みに収まったままである。たとえばバラク・オバマはこう述べている。「この点が我々アメリカ人を特別な存在にしている。古い時代の帝国とは異なり、我々は領土や資源のために犠牲を払うのではない。正しいことのために払うのだ。イラクをその国民の手に委ねることほど、アメリカが自己決定を支援するという事実を完全に表現してることはない。この事実が、我々が何者であるかを語っている」。www.whitehouse.gov/the-press-office/2011/12/14/remarks-president-and-first-lady-end-war-iraq

チャールズ・S・メイヤーは *Among Empires*(帝国のあいだで)で的確に指摘している。「偽善は、帝国主義が民主政治に払う捧げ物である」

(43) 「感傷」を捨てるとどうなるのか、という点については、次を参照。Chomsky(2017), Nugent(2008), Blum(2004), McClintock(1992)。

(44) William(1980)。

(45) www.wwf.de/living-planet-report/

(46) 権力エリートや機能エリートのあいだでは、「自由貿易経路と原材料の供給」を確保するには――植民地支配者の砲艦外交の伝統にのっとって――いわゆる第三世界における経済戦争も辞さないという、多かれ少なかれ共通の意思がある。

二〇一一年の防衛政策ガイドラインを参照。www.bmvg.de/portal/a/bmvg/start/sicherheitspolitik/angebote/dokumente/verteidigungspolitische_richtlinien

二〇〇二年、当時のＳＰＤ国防大臣ペーター・シュトゥルックはこう述べた。「現在、ヒンズークシ山脈でもドイツ連邦共和国の安全が守られている」。二〇一〇年には当時の連邦大統領ホルスト・ケーラーが「我々の利益を守るために、緊急時には軍事介入も必要だ」と指摘した。この言葉が指す結論は明らかであるため、国民は当然ながら受け入れなかった。結果、ケーラーは辞任することになった。

(47) 米国防省が二〇〇〇年五月三〇日に公表した戦略文書 *Joint Vision 2020* にそう書かれている。www.archive.defense.gov/news/newsarticle.aspx?id=45289

(48) www.nytimes.com/2014/10/15/us/politics/cia-study-says-arming-rebels-seldom-works.html

Valentine（2017）と Johnson（2004）も参照。

(49) www.truth-out.org/news/item/27201-the-leading-terrorist-state

(50) 二〇一五年四月五日、George Friedman（Stratfor）, *Chicago Council on Global Affairs*

(51) en.wikipedia.org/wiki/List_of_Russian_military_bases_abroad

(52) 米軍基地については以下を参照。Nick Turse（2017）. »Special Ops, Shadow Wars, and the Golden Age of the Gray Zone.« www.tomdispatch.com/post/176227

David Vine（2015）. »The United States Probably Has More Foreign Military Bases Than Any Other People, Nation, or Empire in History«, *The Nation*, 14. September www.thenation.com/article/the-united-states-probably-has-more-foreign-military-bases-than-any-other-people-nation-or-empire-in-history

(53) 一九九一年から一九九九年までロシアの初代大統領だったボリス・エリツィンは国を開放し、その結果、略奪的資本主義ならびに少数の特権者や西側企業による略奪に道をひらいた。それはアメリカとＥＵが考える「民主化」の考えと完全に一致した「改革」だった。一九九六年のエリツィン再選はアメリカが導いた結果だ。『シュピーゲル』誌（一九九六年七月一五日）はこう報じている。「アメリカ人がボリス・エリツィンの選挙運動を組織した。エリツィンの勝利ののち、アメリカの雑誌『タイム』がロシアの内政に対する外的介入の詳細を明らかにした」

（54）Arno Schmidt（1958）。

（55）www.deutschlandfunk.de/michail-gorbatschow-im-jahr-2009-die-deutsche-presse-ist.694.de.html?dram:article_id=67142

（56）もちろん、それらとは対照的に、「下からのグローバル化」の重要な手段となるＮＧＯも数多く存在する。この点については Altvater & Brunnengräber（2002）などを参照。

（57）Roelofs（2003）などを参照。

（58）Roy（2003）。

（59）ロシアに「体制転換」をもたらすためのこれら「ソフトパワー」テクニックは、冷戦時代に開発された対ソビエト「西側文化浸透政策」（ヒクソン）に端を発している。Hixson（1998）と Schwartz（2009）を参照。

（60）»[...] to expand democracy, good governance, and anti-corruption programs in the Russian Federation in order to promote and strengthen democratic government and civil society and independent media in that country.« www.congress.gov/bill/107th-congress/house-bill/2121/text/enr

（61）アメリカによる大々的な選挙介入を通じたこのタイプの「民主政治の拡大」は、今も昔もロシアのような「敵国」のみに向けられるわけではない。アメリカは「友好国」の選挙にも大いに干渉してきた。戦後、特にギリシャ、イタリア、フランス、ドイツで集中的に「アメリカ式民主政治」に好都合な選挙結果を得るための工作が行われた。Chomsky（1992）や Levin（2016）を参照。

（62）民主政治の一般思想史については Saage（2005）などを参照。

（63）ギリシャにおける民主政治の思想や実践については Nippel（2008）や Finley（1973）を参照。
　古代の民主政治に対する考え方と啓蒙運動を通じて得られた現代のそれとの違いは、立法、行政、司法の厳格な機能分離にある。古代の考え方では、民衆は立法だけでなく司法でも主権を有していた。啓蒙主義における急進的民主政治的で同時に法治国家的な考え方では、国民に立法の主権は委ねられるが、法の運用の主権は与えられない。

加えて、あらゆる国家機関は、民主的に制定された法を実行する権限しかもたない。

(64) Roberts (1994) などを参照。

(65) Nedelsky (1990) や Rittstiege (1975) を参照。Gerstenberger (2017, p. 92) が指摘するように、奴隷の解放はアメリカ革命の目的ではなかった。「奴隷制だけでなく、奴隷制の禁止もまた、米国憲法の原則に反している。なぜなら米国憲法は、——すでに述べたように——建国の父たちが人間を私的に所有することも合法と認めるという点で合意したからこそ成立したものだから」

(66) Wood (2010)。

(67) 「代議制は、少なくとも政治的な概念および実践としての代議制は、近世になってから登場したもので、民主政治とはまったく関係ない」Pitkin (2004)。

(68) Klarman (2016) にはこうある。「代議制の最大の特徴は、当時の基準から見ても、それが国粋主義的なだけでなく強く反民主政治的であった点にある」。Bouton (2007, p. 261/263) はこう指摘する。「勘違いしてはいけない。建国のエリートたちは民主政治の意味と方法を大きく制限した。そしてそれが今日にいたるまで、政府と社会を形づくっている。[……] 民主政治を富の公平な分配ではなく、富の際限のない蓄積を奨励する概念に変えることで、建国のエリートたち（そしてそれに続く世代のエリートたち）は、打ち負かすことができなかった相手を手懐《てなず》けたのである」。Engels (2015) は連邦主義者の考え方、特に「代議制民主政治」の考え方のなかに、古代の「ミソデミア」——民主政治に対する憎悪——の新しい形を見いだしたと指摘する。「連邦主義者は、このような古代の民主政治憎悪の言説を更新し、根本的に変更した。少数派と多数派という伝統的な言葉を捨て、代わりにミソデミアを医学用語のように使い、民主政治を公的機関に特有の病気の培養器とみなした」。Home (2014) と Engels (2010) を参照。

(69) Arendt (1963)、Manin (2007)、Maus (2011) を参照。

(70) »Ma voti! Votiamo tutti fino alla noia e fino alla imbecillità!« Tasca (1938) から引用。

(71) 民主政治の根本について真剣に考えるなら、民主政治理論の分野で議論されている難解で根深い問題を避けて通るわけにはいかない。そのような問題については、数多くの文献が存在している。そこで得られた知見を一般の議論の場にもたらして社会に広めるには、適切な知識仲介者が必要だ。ここではさまざまなテーマについてその仲介役を買って出た文献を三つだけ紹介する。著名なエッセイストであり一九八九年には旧東ドイツの反政府グループ「デモクラーティッシャー・アウフブルッフ（民主政治の目覚め）」を共同創設したダニエラ・ダーンは、二〇一三年に『Wir sind der Staat. Warum Volk sein nicht genügt（我々は国家だ。国民であるだけでは不十分な理由）』というタイトルですばらしい意見書をしたため、そのなかで根源的な意味での民主政治を擁護した。ダーンは一八世紀の偉大な啓蒙主義者たちの伝統にならい、民主政治理論の中心問題を明確かつわかりやすい言葉で提示し、私たちの政治的・社会的現状に照らし合わせたのである。

有名なマルクス主義的社会史学者のエレン・メイクシンズ・ウッド（Ellen Meiksins Wood, 2010）は『Demokratie contra Kapitalismus（民主政治対資本主義）』で、包括的な資本主義批判を繰り広げながら、古代から現代にいたる民主政治の理解の変遷をたどった。極めて重要な民主政治理論家で現代政治哲学の研究家でもあったシェルドン・ウォリン（Sheldon Wolin）は二〇〇四年の著書『Politics and Vision: Continuity and Innovation in Western Political Thought（政治とビジョン——西洋政治思想における継続性と革新性）』において、民主政治という概念の発展を明らかにする思想地図を描いた。

（72）「私たちは代議制民主政治という方式に慣れてしまったため、それがアメリカ発の新しい考え方であるという事実をほぼ忘れてしまった。連邦政府が形づくった代議制民主政治では、これまで民主的自律のアンチテーゼとして理解されていた何かが、民主政治と両立するのみならず、民主政治の構成要素になる。民衆による政治権力の行使ではなく、その放棄および他者への譲渡、つまり権力からの疎外を意味する」Wood（2010, p. 219）。

（73）Maus（2011, p. 19）。この点は、たとえばアメリカを対象として行われたGilens & Page（2014）の調査が示したように、国民が選挙で選んだ政治家たちの決断が基本的に所得分布の上から一パーセントの人々の好みに応じて下され、下から五〇パーセントの人々の希望は政治決断に実質上まったく反映されないという事実に見て取れる。

（74）マックス・ヴェーバーはすでに一九一九年に、名簿式比例代表制が議会を、「経済界の利害関係者からの命令的要請に応じて」発言する人々の集まりにしてしまうと恐れていた。Weber（1988, p. 502）。

（75）その際、選挙民には政治的に深い無力感が広がり、救世主として空想される「強者」への共感が生じやすくなる。そこに、カリスマ的な「希望の担い手」として権威的で、大抵の場合は国粋的でもある指導者がつけいる隙が生じるのである。

(76) カール・マルクスの言葉を借りるなら、この条件下では、選挙は「支配エリートのどのメンバーが議会で国民を代表し、国民の要望を踏み潰す権利をもつか」を決めるだけの行為である。

(77) インゲボルク・マウスは「法制度全体の再封建化」と呼ぶ。

たとえば環境政策では、環境問題が政治の世界を離れて裁判所へともたらされる。そうすることで「抗議する国民の意識」が、政治というメインステージから司法という「サイドステージへ引き寄せられる」。しかし、司法は政治的には無力であるため、現状に方向転換を促すことはできない。このように、社会的な問題を政治の世界から法的判断の領域に置き換えて「環境破壊の個別ケースを裁判で取り扱うだけで、何百万回も法を犯した加害者に真に封建的な特権が付与され、近代法の普遍性が根本から無効になる」Maus（1991）。

「環境破壊の個別ケースの裁判における取り扱い」の代表例として米合衆国最高裁判所で審議された「キオベル対シェル」裁判を挙げることができる。www.institut-fuer-menschenrechte.de/aktuell/news/meldung/article/rechtsstreit-kiobel-versus-shell-verpasste-chance-zur-staerkung-zivilgerichtlicher-hilfe-bei-schw/Grear & Weston（2015）も参照。

(78) 影響力のある経済学者で国連持続可能な開発ソリューション・ネットワークのジェフリー・D・サックスによると、アメリカの政治機関における重要な決断は、たった四つの経済ロビーに支配されているそうだ。「軍産複合体、ウォール街・ワシントン複合体、巨大石油・輸送・軍複合体、医療保険産業」の四つである（Sachs, 2011）。アメリカにおける実際の権力中枢の分析とその結果についてはDomhoff（1990, 2013, 2014）やLofgren（2016）などが参考になる。www.alternet.org/news-amp-politics/1c-insider-theres-shadow-govt-running-country-and-its-not-re-election

(79) 「クリエイティブな条約あさりを通じて、企業は外国の統治者相手の契約（国家契約）に国際法による保護を得ることができる。保護を得た契約は、一般的な法律や規制を含む国内法と対立が生じた場合、国際的な法的手段として優先される」（Arato, 2015, p. 231）。

同書は国際法訴訟の具体的な事例を紹介しながら、法学的見地からそのような「大幅に自律的な弁護士として機能する企業の出現」（p. 284）によって発生した法的な「病理」について論じている。それによると、仲裁の慣行は、「現代に存在するほとんどの社会では考えられないほど、財産権がほかの国内価値よりも優先される」という絶対的な考え方にもとづいている。企業は国際法の発展を推し進め、かつてないほどの権利を得ているのに、法的な責任を負うことがない。「国際法には企業に民事あるいは刑事責任を負わせる権限がないだけでなく、企業に行為を強いる規則すらない。［……］グローバル企業は契約相手の国内法を自分たちの思うままに変えることができる。結果、相手国の国民が影響を被る。同時に、国際的に急増する彼らの権力に対抗できる力は、法的責任という意味でも、説明責任という意味でも、存在しない」(p. 291 f.)。

　Durkee (2017) は企業や金融関係のプレーヤーは組織的に「偽草の根運動（アストロターフィング）」戦略を用いると指摘する。「企業はフロントグループを通じて国際的な立法関係者に接触するので、裏で実際に糸を引いているのが利益のみを追求する企業だという事実がぼやける。企業が非営利かつ自らの真の関心を隠すようなミッションステートメントを有するNGOを買収したり設立したりする場合が特にそうだ」(p. 232)

(80) そのような国民の意識の形成には、メディア、「企業プロパガンダ」、学校、大学における数十年にわたる大々的な深部教化が必要だった。Chomsky (1989)、Fones-Wolf (1994)、Carey (1997) を参照。

(81) www.bbc.co.uk/news/business-38613488

(82) ルートヴィヒ・フォン・ミーゼスはこう鋭く指摘した。「ファシズムが善意に満ちていた事実は否定できない。ファシズムが善意で行った功績は今後も永遠に失われない」Mises (1927)。

ポランニーはエッセイ「The Essence of Fascism（ファシズムの本質）」のなかで「ミーゼス学派のリベラル派」についてこう語っている。「ファシズムは自由主義経済の保護手段として許容されている」(Polanyi 1935, p. 392)

　フリードリヒ・フォン・ハイエクは、長期的な政府形態としての独裁制はきっぱりと否定するが一九八一年に、「移行形態」として独裁者が必要になることもあり、彼自身は非新自由主義的民主政治よりも新自由主義的民主政治のほうを好むと発言した（その際、特にチリのピノチェト政権に言及した）。

さらなる議論や情報についてはMeadowcroft & Ruger (2014)、Farrant & McPhail (2014) などを参照。

(83) 啓蒙主義にもとづく社会政治思想のさらなる発展に大いに貢献してきた人物としてインゲボルク・マウスを挙げることができる。マウスは民主政治の核をなす三原則である国民主権と人権と法治国家のつながりを急進的啓蒙主義の観念から念入りに再構築し、民主政治理論におけるその根本的な意味を真剣に検討した。

第三章 新自由主義の教化とは?

——オンライン紙『ナッハデンクザイテン』との対談

新自由主義《ネオリベラリズム》は社会思想として一つの現象だと言える。新自由主義は貧しい者と弱者に、その不幸は自分のせいだと思い込ませるが、それだけではない。社会の本当の貧しさを世間の目から隠すことにも成功した。支出は増えつづけているにもかかわらず医療制度がますます非人道的になりつつあるのも、社会福祉事業が縮小しているのに誰も対策を打たないのも、ドイツ国内で財団を通じた「再封建化ブーム」が起こっているのも、投資家が公的教育制度の民営化を目論みはじめたのも、どれも新自由主義の功績だ。どのような心理テクニックによって人の心《マインド》が曇らされ、そのように非人道的なイデオロギーに抵抗できなくなったのかという疑問について、知覚および認知を研究する、本書の著者ライナー・マウスフェルト（RM）は、新自由主義に批判的なウェブサイト『ナッハデンクザイテン（NDS）』からインタビューを受けた。

NDS　マウスフェルトさん、知覚および認知の研究者であるあなたは、「羊たちの沈黙はなぜ続くのか？」という問いについて話した講演の様子をユーチューブで公開したところ、これがかなりの関心を呼び、一躍有名人になりました。およそ二〇万もの人々がそのビデオをすでに観ており、ビューアーの数は今も増えつづけています。反響の大きさについて、どうお考えですか？

RM　驚いています。と言うのも、講演の内容は全く地味なもので、部分的には学術的で難しいものでした。いくつかの事実を特定の観点から眺め、知識として整理しておこうと思ったのです。それが誰かの役に立つかも、と考えたものです。なぜなら私たちは今、社会政治的な領域で断片的な情報の洪水に襲われ、様々な情報間の関連を見失い、その結果として自分の意見をもつことが難しく、あるいは完全に不可能になっているからです。

NDS　講演を行うことになった経緯は？

RM　普段は、心理学の授業で扱ういくつかのテーマを集めて、講演していたのですが、もともとは少数の学生や友人だけを対象にしていました。内容的に、私の専門分野ではありませんので。私は知覚と認知を研究していますから。私の専門分野と、私が講演で扱った社会政治的なテーマのあいだに共通点があるとすれば、それは内容ではなく、むしろ考え方の方でしょう。なぜなら、社会政治分野などの基礎研究でも、あらゆる主題についてそれがどのような時代的あるいは社会的背景から発展してきたのかを問い、ある主題や問題の提起にどのような暗黙の前提や偏見が隠されているのかを知ることで、はじめて、その時代の潮流《ツァイトガイスト》に対して幾ばくかの自律性を保つことができるからです。

そのように「背景を問う」能力は誰にでも備わっていますが、人はその能力を使う意思をもたなければなりません。これこそが啓蒙主義の本質的な考えでした。簡単なことではありませんし訓練も必要ですが、さまざまな物事のつながりを理解できれば満足感が得られます。

NDS　そして訓練には時間がかかる。だからこそ、嘘と人心操作を見抜く能力には大きな社会的格差があるということですね。

RM　そのとおりです。まさにこの点において、学者は社会に対して義務を負うことになります。学者は情報の収集やその取り扱いに長《た》けています。ほとんどの場合、自らの知識を文章や講義や講演などで伝える能力もあります。そして、学者は職業倫理の観点から、真実を伝える義務を負います。少なくとも義務を負っているはずです。だから、必要とあればためらうことなく権力に盾突き、権力者に都合のよいイデオロギーに立ち向かうことが、学者の社会的責任なのです。

ですが、現実は様子が違います。その原因は大学、そしてキャリアの仕組みにあります。当然ながら、真実を語ることや自然な好奇心を示すこと、あるいは自律性を行使することは、すべての人から喜ばれる行為ではありません。社会政治的な分野では特にそうです。私たちが物事をより深く知るようになれば、今の支配者層の立場を危うくするような疑問を持ちはじめる可能性があるからです。

だからどの社会でも、社会のどの領域でも、体制側は教育機関やメディアの力を借りながら、人々から文脈を理解する能力をできるだけ奪おうとするのです。PISA（国際学習到達度調査）に合わせた学校教育、「能力指向」の大学、あるいはメディアなど、原因はいろいろ考えられますが、知識の断片化は決して偶然ではなく、意図的なプロセス、ある種の支配のための手段なのです。

NDS　ボローニャ改革（ヨーロッパの高等教育システムを統一させるための改革。1999年欧州26カ国が調印）が大学におけるこの問題をさらに悪化させたと考えられますか？　数年前、私たちは本サイト上で、現在の改革は支配手段あるいは教育現場における新たな支配機構の導入と理解すべきだと主張しました。

RM　ええ、そのとおりです。ボローニャ改革が学校教育と専門教育にほかに類を見ないほど大きな、そして体系的な影響を及しました。新自由主義による「上からの革命」の結果として、教育制度自体が経済のカテゴリーに組み込まれ、市場に適した「人的資本」を生産することが大学の使命になったのです。

それに呼応するように大学生には、「他人から利用される能力」を磨き、労働市場で柔軟に価値を発揮することが求められるようになりました。そのような姿勢を受け入れておとなしく身につけることが、「自己実現」と呼ばれるのです。人格や能力を発展させるという考えがそのように歪んだ形で実現されるため、学生たちの精神や心理は断片化し、将来に対して大きな不安をもつようになります。そのような状態では物事の背景について問いかける能力や気力が失われるのも当然のことでしょう。そうやって脱政治化が進み、政治的無気力が広がっていくのです。

NDS 政治的無力感は潜在的な絶望や憤りと結びついていることが多く、学生だけでなく、もっと広範囲に、ほぼすべての領域に広がっていると思えますが。

RM ええ、それも不思議なことではありません。教育制度は、広範囲かつ深くにまで及ぶ現状の教化体制の一つの側面に過ぎないからです。この教化体制は文字通り非人道的で、人間の精神の性質に、つまり人間の本性に反する目的に奉仕するものであり、ほぼ確実に多大な心理的犠牲を伴います。

この種の教化体制は新自由主義教化システムと呼べるでしょう。つながりを失った社会のなかで自らのことを消費者としてのみ認識する消費者をつくることが、新自由主義の目的です。

新自由主義の掲げる「自由」は意味が逆転していて、「自由市場」の力の前に屈した人、つまり、あらゆる社会的な絆から「解放され」、社会やコミュニティとのつながりを失った人々を「自由」だと呼ぶのです。したがって、「市場」で負けた人々は、社会をその敗北の理由にすることはできません。負けた原因はすべて自分にあるのです。しかし、そのような態度は必ず心理的な屈折、特に社会不安や鬱屈を引き起こします。

　適切な教化システムを用いれば、猿轡《さるぐつわ》を使わなくても人から発言機会を奪い、沈黙に追い込むことができる。病的な社会状況に「健全に」立ち向かう力をほぼ完全に剥ぎ取ることができるのです。

NDS　ベルトルト・ブレヒト（一八九八～一九五六）はかつてこう言いました。「殺し方は何通りもある。腹にナイフを刺す、パンを奪う、病気のままほったらかしにする、酷い部屋に住ませる、死ぬまで仕事をさせる、自殺に追い込む、戦争へ送り出す、などだ。そのうち、この国で禁止されているのはほんの一握りである」と。

RM　それだけではありません。さまざまな形で人に影響を与え、不安に陥れ、操作し、脅かし、自分の本当の関心とは真逆の影響に屈服させる方法も、たくさんあるのです。ただし、それらを使えば、必ず何らかの痕跡が残ります。

　特に資本主義が人々の精神に障害を引き起こしやすいことが、以前から証明されています。最近も、リチャード・ウィルキンソンとケイト・ピケットが著書『平等社会』のなかで豊富な数値データを用いてじつに丁寧に証明しました。ところが新自由主義は、社会が引き起こした精神的な障害をあろうことか個人に向け、他者に利用されやすい自己を「形づくる」ことを強いる手段として用いるのです。これは、望ましい消費者にふさわしくない行動のすべてに当てはまります。

そのため、新自由主義の考え方が広まるにつれて、たとえば「治療国家《セラピー》」への傾向、あるいは民間刑務所の増加などといった懲罰手段の発展も見られるようになったのです。国民総数に占める服役者の比率で、アメリカの右に出る国家は世界に存在しません。アメリカ人は世界人口の四・四パーセントに過ぎませんが、全世界で収監されている人の二二パーセントがアメリカ人服役者なのです。

新自由主義が効力を発揮するには、人々から独自の関心を奪い、彼らを社会的なつながりから切り離すことが条件になります。その際に生じる心理的あるいは社会的な影響をコントロールするために、適切な懲戒手段を用いることが必要なのです。

NDS ここで少し、私たちが批判している対象について話しましょう。あなたは「新自由主義」をどうお考えでしょうか？　この言葉は何を意味しているのでしょう？

RM 新自由主義という考え方は数多くの、それぞれ異なる源から生じてきました。経済的・社会的概念として統一された、「これだ」と言える新自由主義の定義は存在しません。ですが、政治的に有効な新自由主義の定義は実際に存在します。

そのイデオロギーは、エリートたちが――たとえばベルテルスマン財団、イニツィアティーヴェ・ノイエ・ゾツィアーレ・マルクトヴィルトシャフト（新社会市場経済イニシアチブ）、ドイツ経済研究所などといったプロパガンダ系シンクタンクの支援を得ながら――メディアあるいは大学の経済学部を通じて世間に広めている考え方と同じと言えます。その際の合言葉はすでに広く普及しています。新自由主義が生んだ「新語」の典型例は「自由化」、「改革の継続」、「官僚主義の撤廃」、「緊縮財政」などでしょう。

学術的な印象を醸し出すために、このイデオロギーに、大学の経済学部で教えられているようなちょうどいい「経済理論」が当てはめられるのです。しかし、そのような理論は結局のところ、再分配の必要性に駆られた知的妄想にもとづいています。つまり、理論としては破綻しているのです。何しろそれは、自らを合理的に律する「自由市場」が存在し、そこではホモ・エコノミクスという架空の生き物が活動しているという妄想にもとづいているのですから。ホモ・エコノミクスとは、考えうるあらゆる意思決定の選択肢についての知識をもち、しかも自分の行動の結果のすべてを見通せる、合理的かつ効率的な人間のことです。

この考え方は理想化された数学モデルであると宣言されます。なぜなら、イデオロギーによって目が曇らされていない者には、人間の本質に関するそのような考え方は根本から間違っていることが明らかだからです。でも、数学モデルだと宣言すれば、現実との明らかな矛盾が見つかっても、適当な仮定をいくつか付け加えることで、それらをスコラ派的にしなやかにモデルに吸収することができるのです。

新自由主義は、経済理論としてはあまりにも多くの矛盾や問題を抱えているので、本来ならとっくに廃《スタ》れているはずです。一種の知性の病気と呼べるほどで、このことは経済の専門家が何度も繰り返し証明してきました。最近では、フィリップ・ミロウスキが『Untote leben länger: Warum der Neoliberalismus nach der Krise noch stärker ist（吸血鬼は長く生きる――新自由主義が危機後にさらに強くなるのはなぜか』で、そしてウェンディ・ブラウンが『いかにして民主政治は失われていくのか——新自由主義の見えざる攻撃』で、この点をそれぞれ異なる観点から再考しました。しかし、この二冊も、何の変化ももたらさないでしょう。なぜなら、新自由主義はあらゆる異議に対して免疫があるのですから。新自由主義は政治的な力がありさえすれば、それだけで盤石なのです。

NDS 少なくともこの分野では、以前は教会が担っていた役割を科学が受け継いだように思えます。宗教の代用としての科学が実質的な支配権力とその理念の正当性に奉仕している。先ほど矛盾とおっしゃいましたが、具体的な例を挙げていただけますでしょうか？ いったい、どんな矛盾があるのでしょうか？

RM 現実に存在する新自由主義が抱える根本的な矛盾は、新自由主義はレトリックとしては「自由市場」を称賛するにもかかわらず、真に自由な市場をほかの何よりも恐れている点です。「自由市場」は個人か国家かに関係なく、経済的弱者のためのもの。一方で、経済的強者、特に大企業は国家の介入を通じて、まさにその経済的弱者の影響から守られなければなりません。

つまり、新自由主義は再分配と不断の蓄積という本来の目的のために、自分たちに都合のよい形に「市場の自由」を司《つかさど》る強力な国家を必要としているのです。

深刻な結果を伴う例として、農業の補助金政策を挙げることができるでしょう。アメリカとEUは農業の助成金として毎日一〇億ドルを費やしています。豊かな国がそのような「自由市場」への介入をやめれば、発展途上国は農作物の輸出を二〇パーセント以上増やすことができ、農村部の収入は年間六〇〇億ドルほど増えるでしょう。これは、EUが支出する開発支援の総額よりも多い額です。ほかにも、輸入制限などの手段を用いて、EUとアメリカは途上国からの輸入を妨げています。加えて、貧しい国が自力で経済を形づくる権利すら奪っている。貧しい国は「市場規律」に屈することを強いられ、外国からやってきた企業に国内市場を開放しなければなりません。こうした国が、そんな企業にとっての安価な労働力と資源の貯蔵地となる一方で、豊かな国は保護政策をとるのです。これが「自由市場」の現実です。

しかし新自由主義の歴史の中では、自由市場という考え方を真面目に受け止め、あらゆる国家介入を拒否する動きも存在しました。マレー・ロスバード、あるいはその影響を受けたウォルター・ブロックやハンス＝ハーマン・ホップなどがその代表例で、彼らの考えでは、子供たちですら所有財産の一種に過ぎず、そのため自由な市場で売買することができるのです。加えて彼らは、国家に、子供たちに食料を与える法的義務を両親に課す権利すら認めませんでした。

そのような思想体系は、前提条件のでたらめさや不条理を無視して、頭の体操として捉えれば、一定の整合性を保っていると言えるかもしれません。そうした考え方から得られる教訓は、道徳的な「制限」を受けない根本的に自由な市場という考えからは、論理的かつ極めて非人道的な結論を導き出せるという事実でしょう。おそらく大金持ちでさえ、そのようなディストピアに住もうとは思わないはずです。

要するに、実在する新自由主義は、誕生したときから知的には破綻していたのです。それなのに政治的には、金持ちと大企業の「御用達の哲学」として力を保ちつづけました。

新自由主義に抵抗する批評家もいます。たとえばジェイミー・ペックは、新自由主義はとっくの昔に脳みそを失い、今では四肢の反射だけでぎこちなく地上を彷徨《さまよ》っているだけだ、と言っています。だから、独裁的な特徴を強めていくのは必然なのだ、と。

一方、全世界における新自由主義的な試みに関して得られたデータから、新自由主義は自らが宣言した目標——成長を促す、社会全体を豊かにする、など——について以外にも多くの失敗をしていることがわかってきました。その影響が大きいのは、おもにいわゆる第三世界においてですが、最近ではヨーロッパでも明らかになりつつあります。かつて国連で食糧の権利の特別報告員を務めていたジャン・ジグレールがこう述べています。「ドイツのファシズムは五六〇〇万の人々を殺すのに戦争の六年を費やした。新自由主義の経済秩序なら、同じことを一年ほどでやってのけるだろう」

新自由主義は、全世界で次々と災害を引き起こしています。それなのに、そのたびに——一見、不可解なことに——より強くなって立ち直り、「治療法」として再び新自由主義が推されるのです。どうやら、新自由主義は危機を養うだけでなく、養った危機を糧としているようです。そしてその際、自らが抱える矛盾と不整合を利用する。そう考えると、新自由主義の本当の目的について、興味深い疑問が生じます。

NDS

今の話を聞いてデヴィッド・ハーヴェイを思い出しました。『新自由主義——その歴史的展開と現在』の宣伝文にこう書かれています。「世界銀行の元チーフエコノミストであるジョセフ・スティグリッツのような著名な経済学者でさえ、新自由主義の異常発達を批判し、その副作用としての社会的不平等を嘆いている。しかしそれは違う、とデヴィッド・ハーヴェイは言う。なぜ彼らは、『はじめから社会的不平等こそが、新自由主義の目的だったと考えないのだろうか？』と。ハーヴェイの考えでは、一九七〇年代における新自由主義的転換は、自らの特権が奪われることを恐れた社会的エリートたちが、支配権力を取り戻すためだけに実行したのである」。

RM

そこが重要な点です。そこを理解して初めて、私たちはこの知的に破綻したイデオロギーの政治的作用を理解できるのです。実際、新自由主義は「自由市場」など目指していません。本当の目論見は過激な再分配、具体的には下から上への、パブリックからプライベートへの、南から北への再分配にあります。

そのためには、経済的に弱い立場にある個人や国家を、何の保護もないまま「市場」の力にさらし、その一方で、強力な国家が経済的強者のために、資本をさらに増やす条件を整えるように働きかけなければなりません。新自由主義は、国家による経済への介入を社会主義的だと言って非難しますが、実際には新自由主義はもともと、富裕層が国家による規制を通じて市場権力を守るための社会主義、いわば新自由社会主義なのです。

豊かな者が貧しい者に対抗して革命を起こした、と言えます。でも貧しい者のほうが数が多いので、特に民主政治の社会では、そのような革命には危険が伴います。だからこそ、民衆の中の関係性を希薄にして、社会運動を細かく断片化すると同時に、再分配の受益者として新しい階級意識を発展させるのが有益なのです。

そして、ここ数年、それがじつにうまく成功したと言えるでしょう。この点について、ウォーレン・バフェットが二〇〇六年にこう言っています。「そのとおり。今、戦争が繰り広げられている。だが、この戦争を仕掛けたのは私の階級、金持ちの階級だ。そして私たちが勝つ」。この言葉を人前で発したのはバフェットのミスだと言えますが、内容的には言い間違いなどではありません。この階級闘争の戦いの歌は、「自由市場」の祝福のおとぎ話であり、自由市場の発展のために、すべての国家介入は解体されなければならないのです。新自由主義はもちろん、それが富裕層と貧困層の戦いであることを否定するでしょう。そうすることで、結局のところ富と貧困を等しく増進しているのだ、ということを指摘することができるのです。

しかし世界的に見て、世界ＧＤＰの五〇パーセント以上を、五〇〇の大企業だけで占めているのです。オックスファム（世界の貧困と不正を根絶するための支援・調査活動を９０カ国以上で展開している団体）の最近の調べによると、富豪の世界上位八五人が、貧しい順で下から半分、つまり全世界の貧しい三六億人が所有する財産よりも多くの富を有しているそうです。最も豊かな一パーセントの人間が、全世界の富の半分を所有することになる日も、もう目の前です。これもまた、新自由主義の作り話によれば、「自由市場」に付随する理にかなった自然法則でしかなく、意図した状況ではないので、誰もその責任を負う必要はありません。

この点を批判する者は自然法則が何たるかをまったく理解していない、という理屈です。なぜなら、自然法則に替るものはないのですから。

新自由主義は、ヨーロッパの植民地主義に次いで、史上最大の再分配プロジェクトだと言えます。人々に、現実における体験や自らの関心に反して、新自由主義の闘争歌を受け入れさせ、それどころかいっしょに歌うように仕向けるには、教化と訓練にかなりの努力を費やす必要があるのは、当然のことでしょう。

NDS

ここで話題に出ている「教化（indoctrination《インドクトリネーション》）」とは何を意味していて、どういった仕組みなのでしょうか？　もう少し詳しく説明してください。

RM　民主的政治体制においては、下から上への再分配という真の目的を、適切な教化を行うことで国民の目から隠すことが重要になります。「人道的介入」や「民主政治の普及」というレトリックを用いて覇権主義あるいは帝国主義的な目的を隠すのと同じことです。

民主政治の社会では、人々の頭を支配して世論を自らの都合のいいように操作しなければ、新自由主義は政治的に生き残ることができないのです。そのためには、高度な心理学にもとづいて、人の生活の全領域を網羅する教化システムが欠かせません。

そのような教化システムの基礎を提供するのが、このシステムに協力的な知識人たちです。彼らは真実の追究よりも権力者のために働いて報酬を得たり出世したりすることに関心があるのです。財団、シンクタンク、それからNGOも極めて大きな役割を果たしています。新自由主義にとっては、財団と財団が支援するNGOが要《かなめ》になります。なぜなら、それらを通じて経済エリートたちは、税の優遇を受けながら、私財を政治権力に変えることができるからです。しかもその行為を「公共のため」や「博愛精神」などといった言葉で飾り立てることもできるのですから。

NDS　では、具体的にはどんな「仕組み」を通じて、教化が行われるのでしょうか？　どうやって人を操作するのでしょう？

RM　教化システムの幅広さや深さを正しく理解するのはとても難しいと言えます。これまでのどの政治理念の教化方法よりも、新自由主義が作りあげた教化システムが最も洗練されていて、効果も抜群です。私たちの社会生活はもちろんのこと、個人の生活の隅々にまで浸透しているので、誰も気づかないほどです。基本的にアメリカ人エリートが創造した包括的な生活様式と世界観が、文化事業や娯楽産業を通じて自明の理として世界に広められます。二〇世紀前半の古典的なプロパガンダもかなり有効だったのですが、それでさえ、新自由主義の教化システムに比べれば単純で幼稚にさえ見えるほどです。

その際新自由主義は、古典的な資本主義の時代に社会操作技術として開発されていた一連の手段や戦略を用います。たとえば、偽のアイデンティティを植えつける方法、消費主義、メディアを通じた世論操作などです。しかしそれらは、もはや教化のためのテクニックだと誰も気づかないほどに洗練されているのです。それらが政治やメディアや政治団体だけでなく、教育や文化の分野においても、世論を生むあらゆるメカニズムに深く根を下ろしています。プロパガンダのパイオニアたちもすでに気づいていたように、誰からも教化と認識されることなく、当然のこととして、あるいは健全な良識として受け入れられてこそ、優れた教化なのです。

NDS 洗練されたテクニックの具体例を挙げてください。

RM そのためには、少し心理学に深入りしなければならなくなるでしょう。しかし、そのような具体例はともかく、私たち人間の心の働きには、数多くの認知的、感情的、社会的性質が備わっており、それらが意見や感情や行動の操作に利用されるということを知っておくことが重要です。

世論操作という文脈では、それらの資質は、心の仕組みの「裏口」として利用される弱点だと言えます。裏口を通じて、誰からも気づかれることなく私たちの関心を左右し、思考と感情に影響を与え、憤りを引き起こしたり静めたりすることができるのです。

「新自由主義において主体を担う者の断片化は、主体が自分は会社員や学生であるだけでなく、売り物であり、歩く広告塔であり、自らの人生のマネージャーであり、己の動機の伝記作家であり、自分の可能性の起業家であると気づいたときに始まる。彼はどうにかして、主体、対象、そして観衆の役を同時にこなさなければならない。本当の自分が誰なのか、彼には知る術がない。その代わりに、自分がやがてなるべき人格を一時的に買うのである。彼は企業でもあり、資源でもあり、製品でもあると同時に、自らの人生の顧客でもある。投資し、維持し、管理し、増やすための資産の束であり、減らし、外に持ち出し、しのぎ、変動から守らなければならない負債の束でもある。スターでもあり、自らのパフォーマンスに魅了された観衆でもある。しかし、それは苦もなく演じ分けられる役割ではない。絶え間なく固定化し、型にはめる作業が必要になる。フーコーが指摘したように、新自由主義における自我では、生産者と消費者の境界が消えてなくなる。さまざまな役割のあいだには決まったヒエラルキーもなく、そのときの必要に応じてどの役を担うかが変わる。現代の主体者の最大の長所は、そのあらゆる点における絶対的な柔軟性である」──フィリップ・ミロウスキですから操作テクニックは、いわば私たちの心の弱点に寄生します。それらは意識のレーダーには引っかからないようにできているので、私たちがその存在に気づくこともありません。だからこそ、それらの影響から身を守るのが難しいのです。

このことはすべて学問の世界ではよく知られており、したがって支配エリートにも同様に知られていることですが、一般の人には知られていません。このような心の弱点に関する知識の大きな偏りは、早急になくす必要があります。そのような操作がどの弱点を狙っているのかを知って初めて、私たちは抵抗できるようになるのですから。

「そろそろ大きな戦争についてばかり語るのはやめて、我々の日常を荒廃させ、停戦することを知らない小さな戦争についても話そうではないか。ゆっくりと時間をかけて我々に暴力と残虐行為を当たり前のことと受け入れさせる、平和のなかの戦争と、そこでは使われる武器と拷問器具と犯罪行為について。病院、刑務所、精神病棟、工場、学校が、この戦争の舞台だ。そこで音もなく大虐殺が行われ、戦略が実行されている。秩序という旗印の下で。主戦場は日常社会だ。どういう意味かって？　病院と製薬会社が破壊の根源なのだ」

——フランコ・バザリア

NDS　細かい話に深入りすることになるとは思いますが、操作に対する人間の弱点や、操作のプロセスあるいは効果について具体例を話していただけませんか？

過去数十年間、政治エリートたちは、心理学研究から得た知識と洞察を自らの政治的な目的のために利用するための努力を積み重ねてきました。その際、人々を望ましい方向へ「一押し」する「ソフトな」統治テクニックの開発に力を注ぎました。

一つ、分かりやすい例を紹介しましょう。人間には、自分が現実に生きている社会状況に関する判断を歪めてしまうという性質が備わっています。専門書では「現状維持バイアス」と呼ばれる性質です。心理学ではかなり研究が進んでいて、社会的にもとても重要な概念なのですが、一連の変数によって修正あるいはコントロールが可能なのです。言い換えれば、操作が可能、ということです。人間には、自分が生きている社会状況は善良で、公正で、道徳的に正当で、誰もが見習うべきだ、と考える傾向があります。

つまり、社会の現状を、ほかのどの選択肢よりも優先しがちなのです。客観的に見て、ほかの選択肢のほうが優れている場合も同じです。私たちは本質的に現状を好むのです。もちろん全員がそうというわけではありませんが、全体としては安定した現象で、どの社会にも当てはまります。基本的にそのような心理特性は、共同体をつくるうえでとても有益なのですが、外部から操作された場合には話が変わります。多くの心理学調査が証明しているように現状維持バイアスは、社会にとって重要なほかの心理傾向とも深く関係しています。たとえば、人には現状の欠点を過小評価し、その欠点があたかも好ましいものであるかのように説明するという傾向があります。その延長線上で、現状の社会の犠牲者がそのような不利な状況に陥ったのは、彼ら自身の責任だと考えるようになります。加えて、現状を変えようとする者に否定的な目を向けるようにもなります。

現状を守ろうとする傾向の強さは、さまざまな認知的、感情的、社会的要素によって決まります。たとえば恐れや不安、脅威などで強くなります。時間の制約や、どうでもいいテーマの提示などといった外部からの影響で、意識的な考察が妨げられているときも、現状維持の傾向は強まります。社会状況について認知的に把握するために単純でワンパターンな言葉しか使えない状況でも同じです。同様に、ある状況が避けられないと認識される場合も、この傾向は強くなります。これらすべての要素は比較的簡単に外部から操作できるのです。操作される側が気づくこともありません。つまり、このような要素は民衆の現状維持バイアスを、こちらが望ましいと思う方向へ操作するのに便利な手段なのです。

そして新自由主義は、そうした影響要素を自らの目的のために巧みに組み合わせるのです。認知的には「市場の開放」、「構造改革の実行」、「官僚主義の撤廃」など、とてもわかりやすい言葉を用いますが、それと同時に、人々の意識を社会状況に対する深い考察からそらすために、おびただしい数の手段を用いるのです。マスメディアで伝えられるほとんどのトピックは、この目的をサポートするためのものです。一方、感情的には、新自由主義の社会環境は強い時間的圧力やストレス、あるいは社会不安や無力感を伴います。なぜなら、新自由主義者の好む自然のメタファーでは、市場の「自然法則」に代わるものはないのですから。これらの作用は、個別の要素を細かく調節することで、より繊細にして、効果を高めることができます。このようにして、現状維持が社会にもたらす悪影響を認知的に「見えなくする」ことができるのです。その結果、現状が安定し、変化への欲求がしぼんでいきます。

NDS　教化において、メディアはどのような役割を担っているのでしょうか？

RM もちろん中心的な役割です。文字通り、メディアこそが教化の媒体です。この点については、広く深い調査研究が数多く行われています。教化システムとメディアの役割の、描写と分析で先陣を切ったのがノーム・チョムスキーでした。主要メディアは、人的にも、思想的にも、シンクタンクや財団あるいは政治的および経済的「利害関係者」と密接につながっていて、新自由主義の教化システムの安定化に貢献しています。

新自由主義の教化が容易なのは、実態としての新自由主義の極端な単純化が可能だからです。単純な決まり文句さえ覚えればいいのです。「官僚主義の撤廃」、「改革の続行」などといった新自由主義用語さえ覚えれば、経済を深く理解していなくても高い信頼を得ることができるのです。だからこそ、実態としての新自由主義はジャーナリストやほかのオピニオンリーダーたちから人気があるのでしょう。おかげで彼らは、いわば先回りする形で支配者に迎合し、少なくとも象徴的な意味で、権力の片棒を担ぐことができるのです。

では、なぜ先回りの迎合だと言えるかというと、支配エリートが何を期待しているのかを聞いてからそれを実現するのではなく、エリートたちが何を期待するかを予想して行動を起こすからです。つまりメディアは、支配エリートの考えというよりも彼らが本能的に感じていることを察知して、それを言葉にしようと努めるのです。

NDS もし、この教化メカニズムがそれほどまでに効果的で、あらゆる世論形成機関に浸透しているのであれば、大っぴらに権威を振りかざす組織的な仕組みはもはや必要がないのではないでしょうか？　それなのに、新自由主義が権威主義的な支配構造に成長する恐れがあるといまだに警告されているのは、なぜなのでしょうか？

ＲＭ　その警告は正当なものです。なぜなら、新自由主義の目的には必ずそのような危険が伴うからです。しかし、権威主義をあらわにすることなく民主的な装いのまま、つまり「市場に準じた民主政治」の枠組みを外れずにその目的を追求できるなら、これほど便利なことはありません。しかも、この枠組みの中にも、密かに権威主義的な仕組みを構築する可能性がいくらでもあるのですから。

その際、非民主的なやり方を用いた再分配メカニズムの合法化が特に効果を発揮します。そもそも法というものは、不正行為を国民の批判から守るためには極めて効果的な手段なのです。ヨーロッパは植民地支配の時代から植民地法を通じて、人の命を顧みない大々的な再分配を合法化してきました。

つまり、新自由主義が民主政治の体裁を保ちつづけるためには、下から上、公から私への再分配を、社会のあらゆるレベルで、ＥＵ全体としても個別の自治体としてもどんどん法制化するしかないのです。その際に特に有益なのが、その目的に適った国際法の制定です。だから欧米のノーメンクラトゥーラ《指導者階級》は、ＴＴＩＰ（米国とＥＵ（欧州連合）の間で２０１３年から交渉が進められている包括的な貿易投資協定）やＴＩＳＡ（新サービス貿易協定）やＣＥＴＡ（ＥＵ・カナダ包括的貿易投資協定）といった国際的な法規の制定と、ＩＭＦ（国際通貨基金）などの強力な新自由主義機関による、それらの法規の履行に熱心なのです。

当然のことながら、そのような社会的不正の合法化は、議会も含めた国民の目の届かないところで行われ、あらゆる民主的な統制から独立していなければなりません。合法化に加えて新自由主義は、大切な市場参加者、つまり大企業を既存の法規から守るための仕組みも作ります。よく「トゥービッグ・トゥ・フェイル《大きすぎて潰せない》」と言いますが、この言葉にはじつは深い意味があります。私たちを支配する社会基盤の奥深くにまで根を張る犯罪行為が存在していて、それらはあまりに巨大なため、既存の法制度で裁くわけにはいかない、という意味なのです。いわゆる金融危機は、本当なら「重大犯罪」と呼ぶにふさわしいものであるにもかかわらず、ただの「危機」としか呼ばれないのもその証拠です。

要するに、民主政治がなし崩しにされている部分をうまい形で合法化することで、独裁支配を覆い隠し、国民には社会があたかも民主的であるかのように見せることができるのです。どうやら、新自由主義の思想家たちは、社会の「紛争を解決する」には、このような「ソフト」で、表向きには民主的に正当化された資本の独裁支配が、理想的な形だと考えているようです。新自由主義構造の合法化は、独裁的な支配形態を隠すための、とても繊細な統治技術なのです。

NDS しかしそれは、なぜ多くの人々が「新自由主義が権威主義的な支配形態に変わっていく」ことを心配しはじめたのか、という問いの答えにはなっていません。

RM そのとおりですね。チリやギリシャに見られる過去の例からもわかるように新自由主義は、「ソフト」な教化や規律化のメカニズムが機能しない場合、権威主義的な手段に打って出ることを厭いません。その最初の実験台となったのがピノチェト政権下のチリでしょう。再分配プロセスは社会的な残忍さを伴いますから、民衆が体制の安定を損なうほどの反応を示すこともあり、新自由主義はそれに対し、目に見えて強権的な対処をせざるをえなくなることがあります。つまり、目標を達成するには、権威主義的な公安国家ができあがるまでは、都合のいい懲罰手段を開発して使うしかないのです。加えて、国民に民主政治を手放す気にさせるために、ある種の報酬制度も導入します。

監視機構を通じて、あるいは国内における連邦国防軍の派遣の準備、警察と軍と情報機関の役割分担の不明瞭化、著名な憲法学者や刑法学者による「敵刑法」の準備などを通じて、権威主義的な治安国家の基礎は、法的にも技術的にもすでに築かれています。

著名な憲法学者や刑法学者はずいぶん以前から公安国家の基礎づくりと敵刑法の開発に努めています。敵刑法というのは、「信用のおけない国民」や「失脚した人物」を社会的に「抹殺」するための仕組みです。また特殊な状況では、危機を防ぐために「救済目的の拷問」も許されます。

そのような敵刑法の開発推進者で特に有名なのがオットー・デペンホイアーでしょう。憲法学者であり、ヴォルフガング・ショイブレ（メルケル政権で長期間財務相を担当）の思想に影響を与えている人物です。ドイツでは新自由主義の歴史を遡っていくと、必ずと言っていいほど「第三帝国の首席法律家」ことカール・シュミットの影響に行き当たりますが、デペンホイアーもその影響を受けた一人です。ヴォルフガング・ショイブレの言動には、「新自由主義」と「公安国家」の二つの流れが明らかに見て取れます。

つまり、法的な外殻はすでに準備が整っていて、支配エリートは、今の民主政治が市場の「必要性」とその安全に欠かせない国際的な「統一」の邪魔になると考えた場合、この法的な外殻をすぐに利用することができるのです。

NDS　私たちはどう抵抗すればいいのでしょうか？　そのような状況に対処する手段は？

RM　当たり前にやるべきことはいくつかありますが、それ以外に思いつく手段はありません。当たり前のことというのは、私たちが単純で根本的な事実を認識するのを阻むすべての障害を取り除かなければならないということです。加えて私たちは、社会の状況と構造を変えるという意思と決意を表明する意欲を持たなければなりません。

　これらは、すでに述べたように当然のことなのですが、ほとんど無視されている点でもあります。一般的な答えとして、ほかに抵抗の方法や手段はないと思います。これは、それぞれの社会状況のなかで、いわば下から答えを見つけなければならないプロセスです。その答えが何であれ、社会の断片化を克服し、政治的に力を発揮する団結の共通基盤を見つけることができなければ、政治的な力に育つ可能性はないでしょう。

　おそらく、私たちに残された時間はもうわずかしかありません。資本主義、特に新自由主義という過激な資本主義の、社会的・経済的ツケを後世に押しつけるという古いやり方は、もう限界に達しています。私たちには二つの選択肢しか残されていません。どれだけ大変であっても、新自由主義の教化システムという拘束から脱して事実を見据え、団結して変化の方法を探す。エコロジーの観点から見た場合、もう時間がほとんど残されていないので、この方法は過激なものにならざるをえませんが。あるいは、今までどおり口を閉ざしたまま時を過ごして、私たちが黙ったまま何もしなかった理由を次の世代に考えてもらう。この二つです。

「知識人は雇い人として支配者層に奉仕する。彼らは社会的ヘゲモニーと政府のために下っ端仕事を担当する。言い換えれば、（1）支配者グループの社会にお

> ける生き方や振る舞いに対して国民の大多数が自発的に合意するように仕向けるための仕事をする。歴史的にこの合意は、生産分野において支配者層が占める地位と機能の特権から派生するものである。(2) また彼らは、そのような合意を能動的にあるいは受動的に拒絶するグループを懲罰するために必要な、法的な国家機構にも仕える。この機構は、自発的な合意が減少した場合の支配者や指導者の危機を見越して、社会全体のために作られている」
>
> ――アントニオ・グラムシ

NDS　何か他に言い残したことはありますか？

RM　社会状況に対する憤りや不満を、政治的に有効な方法で表現する際に生じる危険について指摘させてください。不満の矛先が構造に向かうのではなく、「上の連中」つまり人に向かうと、政治的な力を失う危険が生じます。社会的・政治的テーマでは、視線を「上の連中」だけに向け、彼らから騙された、裏切られた、悪用されたと憤りの声を上げる態度が広まっています。「上の連中」は道徳的に堕落していて、嘘つきで、自分の利益しか頭にない、彼らは加害者で自分たちは被害者だ、という態度です。

　この考え方は、心情的には理解できますし、政治的にも正当だと言えるでしょう。ですが、国民の大多数がそう考えるにもかかわらず、それが選挙結果に反映されることがないという事実から、そのような考え方がもつ政治的な力はごくわずかでしかないと理解すべきでしょう。

いずれにせよ、「上の連中」だけに視野を絞ることで、経済と社会を破壊的で非人道的にしているのは構造や制度であるという問題の本質を見落としてしまいます。

支配エリートたちは、銀行家の欲望に、政治家の嘘に、ジャーナリストの腐敗に、拷問担当者の残虐さやサディズムに、言い換えれば、深い構造上の問題の産物であり、その意味でまさに社会の象徴である人間たちの特性に、国民が憤りを向けることを望んでいるのです。そうなれば、構造上の、あるいは制度上の原因にも、権力の本当の中心にも、意識が向かないのですから！

逆に言えば、そのような構造的な問題の根本を認識することが、私たちにとって一番の課題になります。

そのためにも、まずは新自由主義の本質と真の目的を知らなければなりません。そのうえで、私たちは自分にも目を向け、それほどまでに破壊的な影響をもたらす全体主義的な思想体系に対して、どうして道徳的な憤りや行動をもって対処してこなかったのか自問する必要があるでしょう。支配エリートが、私たちの自然な欲求や傾向、あるいは操作に対する弱点などについて、私たちよりもはるかに多くのことを知っている限り、彼らの目に見えない支配はこれからも続き、私たちにはほとんど抵抗することができないはずです。自分自身に目を向けるとは、私たちの行動と非行動に、そして私たちの生きる社会に、自ら責任を負うということ。それこそが、啓蒙主義の精神なのです。

第四章

「土地を所有する者が、その土地を統治すべき」

——民主政治を避ける手段としての代議制民主政治

資本主義的民主政治では、議会選挙が基本的な政治決断に対して何の役割も果たさなくなったことは明らかで、大きな政治決断は有権者のコントロールの届かない機関や関係者によって行われる事例が増えている。外見上は代議制民主政治がうまく機能しているように見えるが、その内側では民主政治の要素がすっかり骨抜きにされているので、真の権力中枢にとって民主政治はもはや何のリスクにもならないのだ。この動きは代議制民主政治が発明されたときに始まっていて、それ以降ずっと構造、手続き、イデオロギーのすべての面で絶え間なく体系的に推し進められてきた。そして、その最終仕上げとして過去数十年で台頭してきたのが、極端に新自由主義的な資本主義である。新たな統治形態として誕生した権威主義的民主政治が代議制民主政治を装って、コミュニティに関係するあらゆる意思決定メカニズムを引き継ぎ、全体主義的なやり方で国家を支配した。そこでは政治的に重要な決断が、民主的に正当な方法ではなく、世間の目の届かないところにいる利害関係者によって下されるため、そのような統治形態と関連する現象は「ディープステート」と呼ばれることもある。こうした政治権力組織の形態をそのように名づけるのは理解できる。しかし、そのような名前をつけることで、この新しい権力形態の本質に対する深い理解が歪められ、真っ当な抵抗への道が妨げられる恐れもある。

アメリカ憲法を起草する際、アレクサンダー・ハミルトンが一七七七年に初めて「代議制民主政治」という言葉を用いた。

「民主政治のない民主政治」へ

民主政治という理念は極めて独特な発展を遂げてきた。権威主義的な寡頭統治が支配し、その時代時代の「エリート」たちが庶民や大衆を徹底的に蔑視してきた長い歴史のなかで、たった二回だけ、古代のアテネと啓蒙時代にのみ民主政治が、短期間ではあるが花開いたのである。エリートたちの考えでは、「民衆」はそもそも無能であって公共のために何かをする能力がないため、民主政治は必然的に愚民支配につながり、持たざる者たちが自分たちの都合のいいように富を分配しようとする。したがって、民主政治という統治形態はその性質上、公共の利益に役立つ社会秩序にはなりえない。加えて、民主政治が本当の形、つまり参加型民主政治に近づけば近づくほど、支配者層の財産秩序の安定が脅かされる。民主政治の中核には、民衆が「自律的に法を作る社会的能力」を持つという意味で主権者であり、あらゆる国家機関が民主的に制定された法に従う、という考えがある。[1] 社会の歴史も、政治理念の歴史も、初めから民主政治を激しく敵視してきた。[2] 一九世紀の半ばになってようやく変化が起こり、それが今の西側諸国で民主政治だけが正当な統治形態であると認識されるきっかけをつくったのである。

すでにアリストテレスが、民主政治は「多数派を構成する貧民が富裕層の富を自分たちのものにすることができる」という点で不公平と考えていた。

この変化は驚きに値し、詳しく説明する必要があるだろう。転換が起きた根本的な理由は、社会史や思想史の研究を通じて何度も証明されているように、民衆を虜《とりこ》にした民主政治という思想のもつ魅力を、政治的な権力行使のために利用する方法が見つかったことにある。ただしそのためには、民主政治を権力エリートに危害を及さない形に変える必要があった。社会学と心理学を用いることでそれが可能である事実を、オーストラリア人心理学者のアレックス・ケアリーが一九九七年の著書『Taking the Risk out of Democracy（民主政治のリスクを無くす）』で、歴史をひもときながら証明した。支配エリートの地位が脅かされることがない場合にのみ、民主政治は権力中枢から統治形態として認められる。支配層にとって都合よく考案された「民主政治のない民主政治」では、すべての意思決定プロセスにおける主導権は、権力エリートのもとにとどまるべきなのである。そのためには、民主政治を適切な形に定義し直し、自分たちの財産が脅かされることがないように、構造も、手続きや理念も、安全なものにしなければならなかった。

民主政治を支配エリートにとって安全な「民主政治のない民主政治」に変える際に最も大切な一歩が、代議制民主政治モデルを採用することだった。このモデルを発明者したアメリカ合衆国憲法の起草者たちは、「完全に主権を握る国民の自治を基礎とした参加型民主政治」という本物の民主政治を、根本的に排除する民主政治を構想した。代議制民主政治は自由選挙によって正当化される寡頭制なのだが、「民主政治」という名前は維持されることになった。民主支配を求める国民を——民主政治の幻影を用いて——満足させるためだ。根本的に議会代表制は「国民を政治から遠ざけ」、そのうえで「選挙を通じて国民大多数の支持を得ることで、富裕層の寡頭政治を維持するための手段」なのである。[3] 国民から自律的に立法を行う能力と、そもそも自立した政治的行為者であることの権利を奪う目的で、代議制民主政治は考案された。[4] 要するに、発明された時点ですでに、代議制民主政治には権威主義的な性質が隠されていたのである。

アメリカ合衆国憲法の起草に関与し、一七八七年から一七八九年にかけて同憲法の批准を支持した政治家を、連邦主義者またはフェデラリストと呼ぶ。

代議制民主政治の発明と同時に、それを擁護するレトリックが生まれ、時間とともに洗練されていった。代議制民主政治は現代国家とその複雑さに適合した唯一の民主政治であり、代わりとなる統治形態は存在しない、というレトリックだ。この考えを浸透させるために行われた教化活動は見事な成果をもたらした。「私たちは『代議制民主政治』という方式に慣れてしまったため、それがアメリカ発の新しい考え方であるという事実をほぼ忘れてしまった。連邦政府が形づくった代議制民主政治では、これまで民主的自決権のアンチテーゼとして理解されていた何かが、民主政治と両立するのみならず、民主政治の構成要素になる。民衆による政治権力の行使ではなく、その放棄および他者への譲渡、つまり権力からの疎外を意味する」。代議制民主政治とは、真摯な参加型民主政治の出現を阻むために発明されたのである(5)。

代議制民主政治における代表制度が国民に自治の幻想を与え、権威主義的な本質を隠している。しかし、そのような性質があることは、アメリカのフェデラリスト《連邦憲法推進派》たちの建国の記録を読めば明らかだ。たとえばジェームズ・マディソン（一七五一～一八三六）は、公共の利益のために行われる政治では、財産秩序の保護が最優先であり、議員の選挙において国民の意見はさほど重視されないと主張している。その理由は、国民にとって何が有益なのか、国民自身よりもエリートのほうがよく知っているからだそうだ。「国民の代表者によって語られる世論は、国民自身の意見よりも公益と一致している」（Madison, 1787, p. 51）。マディソンの考えでは、利害関係者間に角逐が生じている場合の政治決断では、成功者や富裕層の利益団体が、非所有者の利益団体よりもコミュニティや世論の形成に大きな影響力をもつことが保障されなければならない[6]。それを実現する手段が議会代表制だ。そこでは国民を代表する国会議員が選挙で落選することがあるが、開いた穴はエリートグループに属するほかのメンバーで埋め合わされるだけなのだ。このような形の代議制民主政治には、封建制などほかのわかりやすい権威主義的統治形態にはない利点がある。国民から発する変革への意思が、表面的な議会代表制度や政府にだけ向けられ、真の権力中枢には届かなくなるのである。見せかけの権力中枢と真の権力中枢は初めから分けられていたのだ。人々の目に見える民主的に正当性を与えられた国家機関と、すべての重要な決断を行う実質的に選挙の対象にならないエリートグループだ。

資本主義的民主政治における権威主義の要素

「民主政治抜きの民主政治」の発展は、二〇世紀になってからも続き、格差を広げつつある資本主義的経済秩序および社会秩序からの要望や要請を満たしつづけた。権力エリートの立場からは、代議制民主政治はすでに有効な統治形態として確立されていたのではあるが、それでも修正は必要だった。社会に新たな対立集団が誕生したり、国民の考える民主政治像が繰り返し何度も勢いを増したりしたからだ。

その際、代議制民主政治を浸透させる新たな手段として開発されたのがプロパガンダだ。これがのちにＰＲ（広報活動）と呼ばれることになる。加えて、望ましい形の資本主義的民主政治あるいはエリート民主政治をイデオロギーとして正当化する試みが続けられ、メディアや教育制度を通じて文化として広められていった。特に重要なのがウォルター・リップマンで、一九二二年の『世論』において、表向きとは違ってじつは権威主義的なエリート民主政治のイデオロギー基盤について詳しく論じている。リップマンの主張は、経済学者のヨーゼフ・シュンペーター（一八八三～一九五〇）らよっても採用され、資本主義的民主政治の標準とみなされるようになった。この標準モデルでは、民衆には消費者としての政治的役割が与えられる。「成熟した国民」という発想はイデオロギーを正当化するための単なるレトリックに過ぎず、その意味で経済における「合理的な消費者」という言い回しと似ている。どちらも本当は求められていないのだ。実際には、国民も消費者も、その態度、意見、好みは、支配エリートの利害と一致していなければならない。そのため、政治プロパガンダと世論操作テクニックの発展は、消費者を産み出し育成するための技術の開発と同時に進められた。

世論操作のテクニック以外にも、国家機関や政党制度に対する経済的な利益団体の影響を強くする目的で、新たな仕組みが開発されたり既存の制度が強化されたりした。この取り組みは、代議制民主政治が隠れた権威主義と特に相性がよかったため、大いに成功した。すでに一九一二年の時点で、セオドア・ルーズベルト大統領が次のように発言している。「我々が政府と呼んでいるものの背後に、国民と何のつながりもなければ、国民に対する責任ももたない別の政府が隠れている。この見えない政府を破壊することと、腐敗した経済と腐敗した政治との不浄な同盟を打倒することこそが、現代における政治的な重要課題である」。エドワード・バーネイズも一九二八年の古典的名著『プロパガンダ』で「目に見えない政府」を「国家の真の支配者」と呼んだ。

戦後、資本主義と代議制民主政治はさほど権威主義的ではない形で同盟を結んだかのように見えた。資本主義にとって、代議制民主政治は社会を平和にするのに極めて有効な手段だった。なぜなら代議制民主政治は、表向きの社会福祉の改善と引き換えに、「非資本主義的な大多数の国民に資本主義的な生産関係を受け入れさせる」という「階級間の妥協」を実現させるからだ。そのような階級間の妥協を通じて、代議制民主政治は強大な資本主義的生産力になることができた。そのおかげで、三〇年にわたって「資本主義は民主的な政治と労働組合の影響の下で社会的階級関係から国家が管理する繁栄マシンへ」と変化することができたのである。資本主義がしばらくのあいだ代議制民主政治とうまくやっていけたのは、代議制民主政治が、いわゆる主要政党の代表するポジションをエリートの利害の範囲内に収めることに成功していたからだ。主要政党は、民主政治の幻想の維持と同時に支配秩序の安定化にも貢献したため、平和の感覚を広めるのに役立った。

つまり、資本主義が民主政治を抑圧する権威主義的な力は、表面的には弱く感じられたのである。しかし、その表面の下にはさまざまな権威主義的な構造やメカニズムが潜み、真の民主政治が育つのを防ぐために、必要に応じて用いられた。

資本主義が自らの関心や目的のために「民主政治」を利用することを、社会的あるいは経済的な状況が許しているあいだは、民主化の動きを封じ込めるためにほかの権威的な手段を用いる必要はなかった。もちろんエリートたちは、民主化による危機がいつでも生じる可能性がある事実を忘れることはなく、ことあるごとに民主政治の「行きすぎ」に警告を発してきていた。それどころかエリートたちは、現状のような極めて「弱体化」した民主政治にさえ恐れを感じ、一九七〇年代には民主政治が招く危機を警告したほどだ。彼らはデヴィッド・ロックフェラーの要請によって設立されたシンクタンク「三極委員会」が一九七五年に作成した『民主政治の危機』というタイトルのレポートにもとづいて、「行きすぎた民主政治」を危険視したのだった。そのレポートは、民主政治が諸々の経済的な制約に対処できるほど効率的であるためには、国民の大部分が政治に無関心な状態にあり、政治的な決断をエリートに委ねなければならないと説いた。

民主政治、つまり「責任あるエリートたち」による支配を安定させるために、数多くの試みが行われたり考案されたりした。おもに力が入れられたのは、本質的に権威的な勢力の社会的影響力を広げ、強めること。特に経済の分野が、資本主義の社会では、全体主義とまでは言えないとしても権威主義の典型とみなせるだろう。資本主義的民主政治では、経済分野こそが反民主的な姿勢や組織の中核をなす。政治の中心に対する民間経済からの風通しをよくすることで、民衆の目にはほとんど見えない形で権威主義的な要素を政治の領域に送り込むことができる。経済以外の主要分野で、真に反民主的で権威主義的に組織された体制としては、軍、情報機関、シンクタンク、そして財団を挙げることができる。情報機関は議会のコントロールを受けないのがほぼ常態であるし、部分的には組織犯罪とも深くつながっている。比較的よく研究されているので、最もイメージしやすい例はCIAだろう。[7] すでに一九五〇年代に石油カルテルとウォール街とCIAが密接に結びつき、政府の支配の届かない権力構造をなしていた。現在、アメリカでは合計一七の情報機関と国家安全機関が活動し、その公式予算は二〇一六年時点で五三〇億ドルに達した。代表例はCIA、NSA、NRO、NGA、DIA、FBIで、NSAだけでも四万人が働いている。[8]

さらにそこに、官僚支配や民主的なコントロールからある程度切り離された形で安全保障に関わるさまざまな機関や企業が加わる。アメリカには「テロ対策」や「祖国の安全」の旗印の下にほぼ独立して活動する権威的組織が、国家機関としては一二七一、私企業としては一九三一も存在し、合計すればおよそ一〇〇万もの人がそこで働いている。[9]

また本来、社会の中道に位置するはずの主要政党でさえ、寡頭化と腐敗の流れには逆らえず、すでに一九一一年に著名なドイツ人社会学者のロベルト・ミヒェルスが指摘していたように、経済界の利害関係者との関係をどんどん深め、個人的にもイデオロギーとしても、国家および経済の権力機構と親密になっていった。秘密裏に行われるものから法制化を通じて開けっぴろげに行われるものまで、さまざまな形の政治腐敗が横行し、それらの多くが制度化されてきた。最近の例を一つ紹介しよう。ルーズベルト研究所が「金融規制に関する投票における金銭の影響」と、通信分野における「業界からの寄付と議会における投票の関係」を調べた。その結果、「かなりの数の立法府議員が政治資金と引き換えに公共の利益を売っている」ことがわかった。[10] こうして、表面的には民主的な社会の内部に、実際の権力中枢として権威主義的に組織された「核」ができあがるのである。

新自由主義の発展と、それに伴って戦後の「民主資本主義」から全体主義的な傾向を増したポスト資本主義的な「市場に準じた民主政治」への移行が進むにつれ、この動きはかつてないほどに速度を増し、力を強めた。[11] グローバル化した資本にとって、民主政治はもはや社会の平和や生産性向上に便利な手段ではなく、基本的に障碍なのである。新自由主義は、民主政治のレトリックを避けるようになり、あらゆる種類の民主政治を自由市場の障害として排除するようになった。おもにシンクタンクが牽引する新自由主義の普及を通じて、資本主義は権威主義的な形態から全体主義的な形に姿を変えた。社会生活のあらゆる側面で新自由主義モデルが適用されるようになり、民主政治の役割は、グローバルな市場の「自然法則」に見合った合理的な問題解決策を生み出すことに限定された。「構造改革」や「官僚主義の撤廃」などといったイデオロギー的なスローガンを用いながら、資本や企業、あるいは富裕層は、税制度やほかの仕組みを通じて公共への貢献する義務から解放されていった。このようにして、国家が社会に奉仕する能力は枯渇し、緊縮財政政策によって金融市場に債務依存するようになった。金融市場の手に落ちた債務国家は、経済的強者にとっては再分配および補助金国家に、経済的弱者にとっては監視国家に造り変えられた。いわゆるグローバル化によって、資本は国境を越えてますます自由かつ柔軟になっていった一方で、国内では民主政治封じ込めの仕組みが機能しつづけた。結果として、実際の政治権力は、一般の国民にはほとんど気づきようのない形で、権威主義的で人目に映らない権力中枢へと重点を移した[12]。

こうして、代議制民主政治の発明者たちが掲げた「土地を所有する者が、その土地を統治すべき[13]」というモットーは、グローバル化した新自由主義的条件の下で実現したのである。その結果できあがった全体主義的な権力構造は、アメリカ合衆国憲法の起草者たちですら「民主政治」とはみなさないと思われるほど過激な姿をしている。一方、現状の権力構造の枠組みのなかで政治家として活動している者にとっては、民主政治の完全な無力化は極めて当然の状況だったと言える。元ドイツ財務長官でコール政権下の世界経済サミットでは首席交渉官を務めたハンス・ティートマイヤーは、一九九六年二月三日にダボスで開かれた世界経済フォーラム（ＷＥＦ）で次のように明言している。「私の印象では、政治家の多くは、彼らがすでに金融市場に操作されていること、それどころか支配されていることに、いまだに気づいていないようだ」。当時バイエルン州の首相だったホルスト・ゼーホーファーも当たり前のこととして何気なく「決定するのは選ばれなかった者であって、選ばれた者は何も決定できない」と漏らした（二〇一〇年五月二〇日）。

つまり、ポスト民主政治はすでにずっと以前から権威主義的な顔を見せていた。実際の権力中枢は国民の目の届かないところにあり、民主的な選挙にかけられることもないし、公的な責任を負うこともない。しかも、極めて権威主義的に組織されているのである。

したがって、現在の西洋世界における資本主義的民主政治とは、実際にはどのような統治形態なのかと尋ねられても、単純に「民主政治」だと答えることはできないのだ。この問いに答えるには、実際の権力関係を調べ、統治がどのような形で行われているのか正確に分析しなければならない。この点は重要で、ドイツ連邦政治教育センターも次のように指摘している。「統治形態とは、ある国家において実施されている支配の方式を指す。［……］統治形態の問いでは、当該国家が自らをどう呼んでいるか、あるいはどのような法にのっとって組織されているかは重要ではない。実際にどのような方法で支配が行われているかが重要である[14]」

要するに実際の政治権力が、民主的な選挙で選ばれた政府のもとにあるのか、それとも民主的に正当性を与えられた統治構造の外側にいる者たちに握られているのかを知らなければならない。この点について、学術文献や包括的な調査がすでに数多く存在している[15]。おもに権力構造の分析の目的で行われた調査から[16]、実際の政治権力中枢は民主的なコントロールから遠く切り離されており、実質上あらゆる基本的な政治決断がそこで行われていることがわかる。権力の中枢にいる者たちは、互いに異なる利害を追い、ときには――世間にはほとんど気づかれない形で――争い合うこともあるが、基本的な目標は同じで、共通の課題を追う。彼らこそが新自由主義革命の立役者であり、下から上へ、南から北へ、公から私への再分配を目指す。この課題を達成するには、民衆によるコントロールや説明責任などといった障碍を避けるために、権威主義的な構造をつくらなければならない。結果、彼らはあらゆる形の民主政治を強敵とみなすようになるのである。

実証的調査研究によると、彼らの結節点の中心は金融業界と、おもにアメリカに拠点を置く一連の特殊な経済複合体（シリコンバレーなど）にある。それらがすでに言及した情報機関、監視組織、安全保障産業、軍、民間メディア、そしてシンクタンクやNGOの巨大なネットワークと密接に結びついている。その内部構造はインターネットのアーキテクチャのような多数の複雑なネットワークの形で高度に分散されているため、その都度必要とされる政治権力を極めて柔軟に行使することができ、「妨害の影響」

も受けにくい[17]。シンクタンクやメディア、あるいは一連のほかのチャネルやメカニズムのおかげで、法的あるいは社会的な責任を問われることもない[10]。加えて、経済力を政治権力に変える仕組みを確立し、立法に直接的な影響力をもつことで、かつてないほどに政治的影響力を強めた。その証拠として、税法、「自由貿易」を促進する国際法、腐敗の制度化と合法化、企業と自然人の法的な同一化（「法人」）などを挙げることができる。

一連の権力構造の分析調査の結果が示しているように、西洋の資本主義的民主政治国家の標準となっている統治形態では、政治権力が高度に分散しており、民主的なコントロールを完全にすり抜ける。これまでの歴史で一度もなかった独特な形態だ。連邦政治教育センターが、ある統治形態が民主政治であるかどうかを見極める際の判断基準を紹介しているが、それを用いた場合、これまでの分析を信じるなら、西洋における資本主義的民主政治は、新しい形の全体主義的な支配形態と定義するしかない。

「ディープステート」はもともと近代トルコの誕生の際に起きた現象を指している。軍と情報機関と行政機関と犯罪組織が陰謀のネットワークを築いて「国家のなかの国家」を形成し、国土と政治の一部を支配して、秘密裏に非合法な作戦を展開していた。

適切な理論に基づいてこの新しい政治権力構造の特徴を正確に把握することは、今後の課題だ。しかしそれには、既存の概念や分類法だけでは不十分だろう。権力構造の分析方法を修正および拡大する必要がある。

その分析には「ディープステート《深奥国家》」のような概念は適さない。なぜなら、この言葉は本来トルコで成立した特定の権力構造を指していて、ここで話題としている新たな統治形態とは表面的にしか共通点がないからだ。それに、人間の認知能力の特質からして、そのような言葉を用いることで権力構造の本当の理解が妨げられる恐れもある。なぜなら、人の心には人間を基準にして権力構造を考察する性質が備わっているからだ。しかし、人を基準にしたところで、権力の抽象的な組織形態を理解することはできない。複雑なネットワークで構成される権力は抽象的な権力形態だ。そのような形の権力の特徴は、具体的な人間に焦点を当てたところで正しい理解が得られないところにある。「ディープステート」という用語は、複雑で抽象的な権力構造を擬人化するので、理解したという錯覚を生んでしまう[19]。

もちろん、政治権力の中心が議会や政府にあるのではなく、世間の目にはほとんど見えないポジションにいる人物に握られているという事実を人々に意識させるために、メタファーとして「ディープステート」を用いることはできるだろう。その場合、この言葉は権力構造分析の理論的概念ではなく、政治権力の見た目の説明として用いられているに過ぎない。では、それはどんな見た目なのかというと、真の権力中枢を世間の目から隠すために代議制民主政治という衣をまとっている、権威主義的、かつ全体主義的な傾向を強めつつあるポスト資本主義だ。それだけではない。世間はそもそも真の権力中枢が存在するという事実すら知ってはいけない。これこそが、（マス）メディアが恐ろしいと思えるほど無条件に奉仕して達成した目標なのだ。その結果、国民から生じる変化への欲求は権力の中心に向くことなく、囮《おとり》のターゲットに向けられ、政治的な力を発揮することがないのである。

出典　Jens Wernicke und Ullrich Mies（Hrsg.）*Fassadendemokratie und Tiefer Staat.* Promedia（2017）

原注——

（1）文字通り「民衆による統治」だったアテネの民主政治（Finley, 1973, p. 23）は、法による支配と意思決定プロセスへの参加が特徴だった。しかしながら、三権の厳格な分立、そして「自由な」民主政治という考えには不可欠なはずの、財産秩序の法的な保護が欠けていた。「自由民主政治」という理念が生まれるまで、自由と財産という二つの概念が結びつくことはなかった。アテネの民主政治の基本概念を三権分立によってさらに発展させようとする参加型民主政治のアイデアは、古代から現代にいたるまで、所有者階級からも、それぞれの時代で高い地位を誇っていた人物からも、あるいは指導者として機能していた知識人の大多数からも、反対されてきた。

（2）Roberts（1994）などを参照。

（3）Wood（2010, p. 217）。

（4）「重要なのは、現代国家は、苦心して意図的に、［……］あらゆる集団や個人に対して、主権者に対抗して自らの利のために独立してあるいは団結して行動する能力と権利をもつことを否定するという明確な目的のために形づくられてきたという事実を認識することである。［……］近代国家という考えは一致団結した人民による支配権の要求を、あるいは彼らが自発的に政治行動を起こす可能性を否定するために考案された。［……］代議制民主政治は近代国家の安全のためにつくられた民主政治なのである」（Dunn, 1992, p. 247）

（5）代議制の理論家として最も著名なハンナ・フェニケル・ピトキンはこう述べている。「代議制、少なくとも政治理念および実践法としての代議制は、近代になってから現れたのであって、民主政治とは何の関係もない」（Pitkin, 2004）。要するに、「代議制民主政治」は初めから民主政治に対する防衛策として発展してきたのである（Klarman, 2016 などを参照）

（6）Madison（1787, p. 51）、Nedelsky（1990）を参照。

（7）Scott（2014, 2017）、Valentine（2017）などを参照。

（8）To M E ngelhardt (2014). Why Does the United States Have 17 Different Intelligence Agencies? www.thenation.com/article/fourth-branch-us-government

Donald L. Barlett & James B. Steele (2007). Washington's $8 Billion Shadow. www.vanityfair.com/news/2007/03/spyagency200703

（9）Priest & Arkin（2011, p. 179）や projects.washingtonpost.com/top-secret-america/articles などを参照。

（10）Ferguson et al., 2017 などを参照。

（11）Wolin（2010）は新しい形の全体主義を「逆全体主義」と呼んでいる。

（12）マイク・ロフグレンによると、現在「二つの政府が存在している。一つは人民と親密な関係にあり、多かれ少なかれオープンに運営されている。それと並行する形で隠れて存在するもう一つの政府は、一〇年にも満たない短期間で、慎重に選び抜かれた構成員のみに見える、巨大で今も広がりつづける宇宙に成長した。その全体像を［……］把握できるのは神のみだ」

Mike Lofgren（2014）. Anatomy of the Deep State. billmoyers.com/2014/02/21/anatomy-of-the-deep-state

（13）»People who own the country ought to govern it.« は、アメリカ合衆国建国の父の一人であるジョン・ジェイ（一七四五〜一八二九）の言葉。Monaghan（1935, p. 323）から抜粋。

（14）www.bpb.de/nachschlagen/lexika/das-junge-politik-lexikon/198396/herrschaftsform

（15）さまざまなアプローチからすばらしい研究が行われいている。Domhoff（2014）、Gilens & Page（2014）、Vitali, Glattfelder & Battiston（2011）、Heemskerk & Takes（2016）。

（16）G. William Domhoff（2005）. Power Structure Research and the Hope for Democracy. whorulesamerica.ucsc.edu/methods/power_structure_research.html や de.wikipedia.org/wiki/Power_Structure_Research などを参照。

（17）マイク・ロフグレンによると、そこから生じる権力構造は「しっかりと根を張り、監視、火力、資金、そして抵抗を中和する能力によってしっかりと守られているため、変化をほぼ受け付けない」。Mike Lofgren（2014）. Anatomy of the Deep State. billmoyers.com/2014/02/21/anatomy-of-the-deep-state

（18）C. Wright Mills（1956, p. 343）がすでに「現在のアメリカにおける企業権力システムの最も重要な特徴は組織的な無責任である」と指摘している。Pearce（2002, p. 46; 1993）は「構造的無責任」と呼び、Tombs & Whyte（2015, p. 100 ff.）は「構造的無責任としての企業」について論じた。Mike Lofgren（2014）も「金融大手の経営陣は実質上罪に問われることはない」と述べている。

（19）重要な著書 *The Deep State: The Fall of the Constitution and the Rise of a Shadow Government*（2016）で、アメリカの権力の「エンジンルーム」について詳細なレポートを行い、「ディープステート」という表現を広めるのに一役買ったマイク・ロフグレンはこの用語がもつ心理的な危険性に気づいていて、誤解や誤認の可能性に言及している。

第五章 マスメディアによる教化

——イェンス・ヴェルニッケとの対談

イェンス・ヴェルニッケ（JW）

マウスフェルトさん、ドイツ国民はメディアを信頼しなくなりました。個別のケースを指してジャーナリストの失態を指摘する人もいれば、すぐに「プロパガンダ」や「嘘」といった言葉を使う人もいます。いったい、この国では何が起きているのでしょうか？　大雑把に言って、ドイツにおけるメディアの役割と働きとは何なのでしょう？

ライナー・マウスフェルト（RM）

この数年で、メディア、特に主要メディアに対する不信感は本当に強くなりました。『ツァイト』紙が二〇一五年に行ったアンケート調査によると、回答者の六〇パーセントがメディアを、あまり、あるいはまったく信用していないと答えました。ほかの調査でも、だいたい同じような結果が得られています。その理由もすでに繰り返し分析されてきました。しかし、私は逆の側面に興味を持っています。コソボ、イラク、アフガニスタン、ギリシャ、ウクライナ、シリアなどといった具体的なトピックに関する数多くの調査を通じて、主要メディアが民衆教化の役割を担っていることが繰り返し証明されているのです。ですから私は、いまだに多くの人がメディアを信じているのはどうしてだろうか、と疑問に思うのです。WDR（西部ドイツ放送）が調査会社のインフラテストを通じて二〇一六年一二月に行ったアンケートによると、回答者の七二パーセントが公共放送を、六五パーセントが日刊紙を信用に値するとみなしているそうです。日刊紙に嘘が書かれている、つまり真実でない情報が意図的に含まれていると考える人は二〇パーセント、公共放送で嘘が報道されていると信じる人は三〇パーセントに過ぎません。マインツ大学が行った調査も同じような結果で、ドイツ人の四〇パーセントが「重要な問題でメディアをだいたい、あるいは完全に信頼できる」と答えました。重要な政治問題に関する報道がグロテスクに歪められている事実を前にすると、それほど多くの人がメディアを信じているということのほうが驚きであり、なぜそうなのか、説明される必要があるでしょう。いまだに多くの人がメディアを信じているのは、メディアの性質うんぬんではなく、むしろメディアを利用する側の問題が関係していると考えられます。つまり、ユーザーがどれほど教化されているのか、という点です。ですから、メディアの信頼性について考えるのではなく、なぜドイツ人の多くはいまだにメディアを信じるのか、という側面に注目するほうが興味深いでしょう。その際、メディアに対するそのような歪んだ認識がどこから来るのか、深く体系的に調べることが重要で、政治的にも意味があることです。

その一方で、メディアに対する不信感がここ数年ずっと高まり続けているのも事実です。二〇〇八年時点で、「重要な問題でメディアをあまり、あるいはまったく信用できない」と答えた人はわずか九パーセントでしたが、マインツ大学の調査によると、それが二〇一六年には二五パーセントにまで増えていました。要するに、メディアが教化という役割を担っていることに気づいた人が増えつつあるのです。その結果、メディアの評価において、国民の二極化が進んでいると考えられます。

メディアの教化機能を正しく理解するには、メディアが現在の社会秩序において、どのような政治的および経済的役割を担っているのかを知らなければなりません。そのためには、民主政治社会におけるメディアのあるべき姿と、西側諸国の資本主義的民主政治でメディアが実際に担っている役割とをしっかり区別することが重要です。どちらも、細かなニュアンスを無視すれば、極めて簡単に描写することができます。

あるべき姿を考えた場合、真に民主的な民主政治社会では、メディアと教育制度は非常に特別な役割を担うことになります。なぜなら、民主政治というものはほかのどの統治形態よりも、国民の一人ひとりに心理的にも認知的にも高い要求を課すからです。民主政治はすべての個人に、連帯して社会に参加できる状態をつくります。つまり、民主政治には成熟した国民、言い換えれば、共同体のすべての側面を熟知し、自分で責任をもって正しく判断する力のある人々が欠かせません。しかし、個人の経験だけで共同体のすべてを知ることはできないので、社会を意識の上で経験し理解することを可能にするために、メディアを使って集団としての経験を集めるのです。つまり、報道を介して間接的に世界や社会のさまざまな側面を経験する場を提供するのがメディアの役割であり、メディアを通じて私たちは社会や政治の実際を知ることができるのです。このようにして、共同体の重要な政治問題に連帯して参加する能力を人々に授けるのが、メディアの本質的な役割だと言えるでしょう。したがって真の民主政治では、ほかのどの統治形態よりも、メディアと教育制度の質が高くなければならないのです。

しかし、政治的現実を特定の利害関係者の有利になるように組織的に歪めているようでは、メディアはそのような模範的な役割を果たすことができません。公共の議論の場を提供することがメディアの役割なのだから、すべての社会グループに対して平等に、議論に参加して声を発する権利を認める必要があるでしょう。

本当に民主的な民主政治社会におけるメディアにはほかにも多くの役割がありますが、今指摘した点だけを見ても、私たちが実際に生きる社会では、そのような要請や条件は幻想に過ぎないことは明らかです。なぜかと言うと、私たちの社会は本当に民主的であるという前提そのものが間違っているからです。現状の「代議制民主政治」は「エリート民主政治」であって、実質的には「選挙寡頭制」に過ぎません。この「代議制民主政治」というアイデアは、生まれたときから非合理的で、未熟で、気まぐれな「愚民」を政治的な権力と影響力から遠ざける目的で発展してきたのです。要するに、共同体への国民の適切な参加、あるいは国民主権などという真の民主政治を阻止するという明らかな目的をもって、「代議制民主政治」は形づくられたのです。権力エリートたちに、自らの地位を脅かす真の民主政治を発展させる理由があるでしょうか？　これは難しい点で、歴史を慎重にひもとく必要があるでしょう。

資本主義的な西洋型民主政治の支配権力構造に組み込まれたメディアの実際の役割については、すでに一〇〇年以上前からさまざまな形で研究されていて、豊富なデータがあります。そこからはメディアの第一の目的が、メディアを所有する者やメディアを経済的に支配する者たちの社会経済的ステータスを守ることだという事実がはっきりとわかります。その目的達成の手段の一つが経済的あるいは政治的な支配エリートの政治観の拡散で、その際に当然ながら、どの事実を伝え、その事実をどう解釈すべきかを、メディア自らが決めてしまいます。

この問題の本質について、リベラルなアメリカ人政治哲学者および教育学者として影響力の強いジョン・デューイがすでに一九三五年に論文「Our un-free press（非・自由報道）」のなかで、次のように指摘しています。大切なのは、「メディアの乱用が具体的にどれほど行われていて、どうすればそれをなくすことができるか」という問題ではなく、「公共システム全体に対する現状の経済制度の影響」を調査し、「既存の経済秩序の条件下で真の知的自由と社会的責任がどの程度可能であるか」を問うことである、と。実際、これこそが核となる問題です。なぜなら、既存の条件下では、民間マスメディアは社会の民主化に逆らって働くしか選択肢がないのです。ここで注目すべきは、現在では、「合理的」とみなされる疑問の範囲がとても狭くなり、デューイの問題提起ですら許容範囲外と受け取られる点でしょう。

デューイの言葉を借りるなら、「既存の経済秩序の条件下」におけるメディアは、所有関係を通じて経済権力構造に結びついています。その影響は、ノーム・チョムスキーとエドワード・ハーマンが分析して、「プロパガンダモデル」として要約したように、とても大きい。経済的権力構造に結びつくことでメディアは、経済力に富むロビーグループの道具に成り下がってしまう。ロビーグループはメディアの裏に身を隠して議論の場に入り込み、世論を自分たちの都合のいいように操作することができるのです。その結果、メディアは既存の権力構造を反映するだけでなく、自らも政治的に活動するようになり、既存権力の安定と拡大に加担します。報道を「第四の権力」と理想化する向きもありますが、実際のところメディアは支配エリートと政治的にも経済的にも結びついているので、政治権力の中枢に対して抑制機能を発揮することはありません。メディアは公益を守る番犬ではなく、権力中枢を守る番犬なのです。何を報道してどう解釈するかを決められる立場にあるメディアは、公共の議論の場を取り仕切る番人あるいは水先案内人と言えるでしょう。

しかし、だからといって、メディアと権力中枢が共謀していると考える必要はありません。ですが人間には、社会現象の原因について説明するとき、抽象的な構造要因ではなく、具体的な人物を中心に考えるのを好むという心理的な性質があるため、当然ながら、政治的現実がどのメディアでも同じように報道され、同じように歪められているという事実を、人的なレベル、たとえば共謀や陰謀のせいにしようとしてしまうのです。たとえば二〇一五年のFORSA調査では、ドイツ国民の四四パーセントがメディアは「上から操作されている」という回答を選びました。しかし、そのような個人レベルの解釈をしていると、もっと構造的な実際の問題を見落としてしまいます。メディアというシステムの経済的・組織的構造全体が、個人による意図的な操作がなくても権力中枢を守るようにできているのです。メディアはその仕組みとして経済的権力に組み込まれているので、フィルターメカニズムが働き、支配的なイデオロギーに迎合せざるをえません。このフィルターメカニズムは、一方ではニュースを選抜します。ごくわずかな数の商業報道機関がニュースの素材を支配していて、メディア各社はそれを利用する立場にあります。これだけでもすでにフィルターが働き、世間の関心や解釈を、とても効果的に操ることができます。もう一方では、ジャーナリストの選択にもフィルター機構が働いています。ジャーナリストとしてのキャリア、つまり「正しい」考えをもつ編集者の選抜と、昇進に作用するフィルターメカニズムも、非常に多様で複雑です。この選抜には、メディア運営者のイデオロギーや政治的世界観が暗黙のうちに反映されていて、メディア企業のイデオロギーの安定に存分に寄与します。この二つのフィルター作用以外にも、所有関係や経済的・政治的情勢に起因する制約に適応するためのメカニズムから生じるフィルターも存在します。権力構造と結びついているため、メディアという制度の仕組みは、個人的な共謀やいわゆる「陰謀」などはほとんど必要としないのです。

JW　なぜ、ユーザーは今になって日々の教化の真実性を信じられなくなっているのでしょうか？

RM　これには、三つの要因があるように思います。この三つは、実はごく当たり前のことで、すでに包括的に分析されています。

その一つは、経済的・政治的エリートのさまざまな集団の利害のスペクトル内において意見がどの程度一致しているかという点です。種々のエリートグループ間に見られる関心の相違は、近年かなり小さくなってきました。その原因はおもに、ソビエト連邦崩壊後の新自由主義の台頭と欧米による覇権支配だと言えるでしょう。

その過程において、政治や経済、あるいは報道にかかわる機関の世界観は、ほぼ一致しました。結果として、メディアに必要な多元性が失われていったのです。そのため、これまでの歴史では見られなかったほどの均一化やイデオロギーの一致が生じました。そして今や、欧米の新自由主義エリートたちの世界観を広めようとする主要メディアの態度には歯止めがきかなくなったようです。エリートの世界観にそぐわない事実を隠したり歪めたりすることに、ためらいを示さなくなってきました。メディアはそうやって、重大な疑惑を生じさせることなく、実在する摩擦や衝突がベールの裏に隠された社会をつくりあげたのです。

JW　そして、そのことに人々が多少とも気づきはじめて、「この国のメディアは何かがおかしい！でも、何がおかしいのだろう……？」と感じているのですね。

RM　二〇〇九年には、当時『フランクフルター・アルゲマイネ』紙の発行人だったフランク・シルマッハーですら――公共メディアとの関連で――そのような事態について指摘し、「国家が支配する意識産業」の危険性について警告していました。しかし私には、エンツェンスベルガー（一九二九～、作家、詩人、批評家）が最初に用いたこの「意識産業」という言葉ですら――あるいはそれに先だってアドルノ（一九〇三～一九六九、哲学者、社会学者）が使った「文化産業」という用語でさえも――実情を捉える言葉としては弱すぎると思えます。なぜなら、単純に、資本主義的な商品生産の一分野としての「意識」を商品にした業種が問題になっているわけではないのですから。

メディアから義務教育、大学にいたるまで、世論全体に例外なくイデオロギー教化のメカニズムが深く浸透しているため、本来の意味での深部教化は、現状の社会秩序から自律的に栄養を得て、進展しています。私たち全員が、意識的か無意識的かは別にして、教化の担い手となり、毎日その伝播に貢献しているのです。

JW それはどういう意味でしょうか？

RM 私たちは、水中の魚のように支配的なイデオロギーのなかを泳ぎ回っているので、自分がイデオロギーに包まれていることに気づきもしないのです。言い換えると、イデオロギーによるフレームワーク・ストーリーがあまりにも深く文化に浸透しているので、そこにイデオロギー的な要素が含まれていることに気づかない。たとえば、成果によって人間の社会的地位が決まる「パフォーマンス社会」という名の能力主義思想です。このイデオロギーに従うなら、私たちの社会は公平だと言えるのです。その理由は、「均等な機会」を提供しているから。能力至上主義には特徴的な循環論法があって、成功が次のように定義されます。「《上》にいる者は正当な理由があって上にいるのであって、もしそうでなければ、彼は上にいるはずがない。《下》にいる者は正当な理由があって下にいるのであって、もし彼が本当に努力したのならもっと上にいるはずなのに、上にいないということは、その責任はすべて彼自身にある」という考え方です。この考えが私たちの社会の基盤をなしています。この考えがあるから、現行の経済秩序で弱い立場に陥った者は、社会からも軽蔑され、見捨てられる。いわば、罰を二回受けるのです。私たちの社会に深く浸透しているため、もはやイデオロギーとは気づかれないイデオロギーのさらなる例として、新自由主義の「自由市場」のイデオロギー、あるいは新帝国主義的な「西側価値共同体」のイデオロギーを挙げることができるでしょう。西側諸国の行動はすべて慈悲の心と高貴な理想から行われている、とする考え方です。これらには「いつも目の前にあるから、あることに気づかない」というヴィトゲンシュタインの言葉が当てはまります。これらのイデオロギーは、私たちの社会では当たり前のこととみなされ、疑問視されることはほとんどありません。

ところが、最近起きている出来事のなかには、公式発表と事実が明らかに矛盾しているものがあり、その矛盾がときにあまりにも大きいため、国民の多くが、メディアの伝える「解釈」にはイデオロギーが潜んでいることに気づきはじめたのです。最近の顕著な例としては、意図的に引き起こされたギリシャとウクライナとシリアの危機の報道、悪の化身としてのプーチン像とロシア批判、英国労働党のコービンや米国民主党のサンダースに関する偏見に満ちた悪意のある記事、巨大に広がりつつある社会的格差のもたらす影響の隠蔽などを挙げることができます。メディア報道と事実のあいだに多かれ少なかれ明らかな矛盾がある場合、民衆を彼らが考え望むべきものを考え望むよう誘導するために、ふだん以上のプロパガンダ攻勢が必要になることがあります。そのような「世論の修正」の計画と実行の命を受ける「業界」も存在します。グローバルな活動を行うPR会社、シンクタンク、欧米のメディアネットワーク、特定のNGOなどで、それらが世論操作の〝産業〟を構成し、数十年をかけて拡大し続けてきました。数多くの社会歴史学者や社会学者らが、この点を念入りに分析し、記録しています。その意味では、一般市民が貧困と搾取について認識することを「意識産業」が妨げているため、そのような状況の打破がとても難しく、あるいは不可能になっている、というエンツェンスベルガーの主張は、かつてのどの時代よりも今に当てはまるのです。

JW エンツェンスベルガーの著作（『意識産業』）が著されてからも、人々はいまだに「意識産業」のテクニックの科学的な精度の高さに気づいていませんが、それは巨大で、極めて精巧なソフトパワー・テクニックに発展しています。しかもそれだけではなく、新自由主義による貧困と搾取もかつてないほどの規模に達しています。それなのに、国民はこの事実を気にかけていないようです。選挙で新自由主義に反対票を投ずればいいのに、選挙結果を見る限りそうなってはいないのですから。なぜでしょうか？

RM それは私たちの西側民主政治の機能にかかわる重要な問題です。この数十年、重要な政治決断によって国民の大多数が苦しい状況に追い込まれているのに、なぜ今の政治に対してそれほどまでに寛容でいられるのか？

当然ながら、国民の経済活動によってもたらされた利益に対して、自分の受け取る分の比率が減りつづけていることを、国民の過半数は不満に思っています。みんな苦しいと感じているのに、その理由を頭で正確に理解することができない。なぜなら、それに関係する事実がメディアによって組織的に隠蔽され、あるいは歪んで解釈されるからです。たとえば、財産や収入の格差はとてつもなく広がっています。貧困に陥る人の数は増えつづけているのに、その一方で富裕層は、共同体への貢献をどんどん「免除」されつつあります。全就業者のほぼ四分の一が「低賃金部門」に属していますし、その多くが低学歴ではなく、専門教育を修了した人なのです。個人家計収入の分布で上位一〇パーセントに入る人々の実収入は過去二〇年で二七パーセント増加した一方で、下位一〇パーセントの実収入は価値換算すると実質目減りしています。そして、高齢者が貧困に陥るリスクはもう何年も前から高まりつづけています。以上のような事実を、当事者にすら正しく理解できないように仕向けることが、メディアの重要な功績になるのです。人々は理解できないから、政治的な行動を起こすこともできません。それでも当事者は、社会生活を通じてそのような事実が存在することは実感しているのです。しかし、メディアがそれらの事実を、不可解かつ避けられない法則である「市場の力」の作用として伝えるので、誰もそのような社会状況に対して責任をとらされることはありません。つまり、ある人が苦しい立場に追い詰められたとしても、その原因は社会にはなく、すべてその人自身の責任だ、ということ。「市場の力」を選挙で落とすことはできないのだから、人のほうが市場の力に折り合いをつけるしかない。この点こそが、西側諸国における新自由主義のイデオロギー教化のトリックであり、上から新自由主義革命を起こして下から上への大々的な再分配を実現する手段なのです。

そして、この革命における最大の武器がメディアでした。メディアが果たしてきた、そして今も果たしている役割は、明らかに軽視されてきました。メディアは知識層と歩調を合わせながら、ただでさえわずかにしか残っていなかった、理想の姿を追求するという本来あるべき態度をも捨て去り、情熱的とさえ呼べるほどの熱心さで、経済エリートたちに奉仕してきたのです。そうしてメディアは、これまで育まれてきた社会福祉国家を完全に破壊し、共同体や連帯や社会正義の理想をぶち壊すための、プロパガンダ大量虐殺兵器に成り下がったと言えます。

そのような社会福祉国家の計画的な破壊は、民主政治の社会では言語と思考の計画的な汚染がなければ不可能だったでしょう。従順な知識人、ジャーナリスト、大学教授たちは、政治家と競い合うかのように率先して「市場」の全体主義的なイデオロギーに奉仕し、議論の場を征服することでそのイデオロギーを正当化しようとします。その際、彼らはほぼ自由にメディアを利用し、「自由」、「改革」、「官僚主義の撤廃」、「柔軟性」、あるいは「グローバル化」などといった本来ポジティブであった言葉を、全体主義的で新自由主義的な意味に定義し直し、人々の頭に植え付けたのです。新自由主義の普及に欠かせなかった教化用語は、シンクタンクや「非営利」のベルテルスマン財団のような組織によって慎重に検討され、導入後も絶え間なく洗練されつづけています。数十年前からずっとメディアのジャーナリストたちは、毎日欠かさず人々に数々の新自由主義用語を浴びせかけています。主要メディアのジャーナリストたちは自発的に新自由主義の世論操作技師になりました。そうした言葉の意味を、背景を、由来を知ろうともしませんし、それらの影響や作用にも無頓着です。ジャーナリストたちは新自由主義の考えを疑いようのない自明の理とみなすので、あらゆる社会問題を新自由主義の言葉に翻訳します。だからいつも市場に適した型どおりの答えが導き出されるのです。これが民衆に何の影響も及ぼさないはずがありません。大勢のジャーナリストが新自由主義用語の売り手として同じ言葉を繰り返し発するだけで、人々は同じ単語が頻出する事実のみを根拠に、その言葉が真実を伝えていると思い込んでしまうのですから。メディアの力を借りて人々の思考を支配し、その結果として自らを「真実」として位置づけることに成功したイデオロギー、それが新自由主義なのです。

　その結果、新自由主義は人々の意識のなかではイデオロギーとはみなされなくなりました。そのため、新自由主義が意図的に作りあげた貧困や不安定《プレカリティ》さは、「市場の法則」に適応できなかった場合に生じる、悲しいけれど避けようのない副作用と捉えられるようになったのです。

市場が「柔軟性」を要求する。そのような言葉を通じた思考の汚染を利用して、新自由主義が社会的・経済的な不安定さを作りだし、それを維持することで、貧困研究者のクリストフ・ブッターヴェッゲが「賃金労働の不安定化」と呼んだ状態を生み出している事実に、国民は気づかなくなってしまいました。同じ方法を用いて貧困化への不安を煽ることで、中産階級を従順にすることもできます。

どの水準を貧困とみなすかは別問題として、貧困は四〇年以上にわたる下から上への再分配が引き起こした当然の帰結であるだけでなく、この再分配によって多くの利益を得る人々が望んだことでもあったのです。なぜなら貧困は、社会参加への壁となり、無気力を生み出し、社会の変化を最も強く望んでしかるべき人々から反抗する力を奪うのですから。貧困と貧困化の不安は、国民を政治的に無気力にする特効薬なのです。社会の五分の一が、政治的な発言権も、連帯組織も、自分たちの利害を代弁するメディアもロビイストももたず、大々的に監視され、服従を余儀なくされていれば、当然ながら支配エリートたちの立場は安定します。

ですが、中間層にまで経済的な不安や恐れ、貧困が広がると、社会には緊張が生じます。この緊張をそのままにしておくと、政治的な変化を望む声が増える恐れがあるので、新自由主義は中和を試みます。そのときに役に立つのがもう一つのイデオロギー要素、いわゆる「社会ダーウィニズム（社会進化論）」です。社会ダーウィニズムも新自由主義も、弱者を軽蔑するという実力主義的な態度が共通しています。そのような極めて非人道的なイデオロギーのもとでは、特に弱者のなかに、自らが置かれている状況に対する羞恥心が生まれるので、自分を成功者あるいは有力者と見せようとする傾向が強まります。その結果、社会ダーウィニズムでは奇妙なねじれが生じ、強者と弱者が手を結んで、貧困というテーマをメディアから遠ざけようとするのです。メディアの消費者もほとんどの場合、それを受け入れます。結果として、貧困は――それが子供たちの貧困でない限り――純粋に個人的な問題とみなされるようになり、個人の責任にされるのです。

上から下へ向けて仕掛けられる新自由主義の階級闘争におけるメディアの役割を考えた場合、この闘争の敗者についてメディアが、統計数字以外の形で報道することがほとんどないという事実は、驚きではありません。敗者に相当する国民には、議会政治にも、メディアにも代弁者がいないのですから。彼らは発声器官を奪われてしまいました。彼らは、可能な限り効率的に管理すべき、同情と施しの対象に過ぎず、もはや共同体の政治に独立して参加する資格を有していないのです。

ドイツ連邦政府が発行した「第五回貧困と富に関する報告書」の最初の草案ではまだ、「代議制の危機」について警告が記されていました。「低所得者は、政治的決定が自分たちのほうを向いていないと感じているため、政治参加をしなくなった」と書かれていたのです。しかし、当然ながら政治家たちは、この明らかな事実をはっきりと公表することは適切ではないと考えました。そのため、この一節は最終稿では削除されました。同じように、連邦労働省が依頼した調査グループが指摘した、ドイツは「貧困層に不利な政治的決定を行う明らかな傾向がある」という部分も削除されました。このグループが行った調査では「高所得者層の意思に一致した政治的決定が行われる可能性が高く、その一方で、低所得者の意思に一致した政治的決定はほとんど見られず、それどころかそれと対立的な決定が行われる傾向がある」という結果が得られています。要するに、重要な政治的決定はほとんどの場合、富裕層の利益のために行われ、社会的に不利な立場にある人々の関心は政治に反映されないということです。このような「代議制の危機」は偶然から生じた異常事態ではないし、ちょっとした善意をもって修正できるものでもありません。歴史的に見て、経済エリートつまり所有者層の影響力が、大多数の国民の関心の的にならないことを目的に開発された「代議制民主政治」の根幹に組み込まれた仕組みなのです。現状のような形の「代議制民主政治」では、変化を求める国民のエネルギーは、自分達と同じ階層の人間の中からではなく、エリート集団によって事前に選択されたグループから代表者を指名する選挙で使い果たされてしまうので、いくら選挙をしても、貧困層の過半数が望む変化は政治に反映されないのです。ですから、新自由主義政策を選挙で負かすことは簡単ではないのです。

JW しかし私には、指摘された点こそが新自由主義のイデオロギー基盤の最大の弱点であるようにも思えます。「何かが完全に間違っている」という印象が最も生じやすい部分ではないでしょうか？　実際の経験が権力者の嘘とまったく一致しない点が多くあると思うのですが。

RM ずいぶん以前から国民の多くが、権力者やメディアの語る公式な「真実」と自分たちの実体験が大きく異なっていると感じていて、そう実感する人の数は今も増えつづけています。したがって、なぜ多数派である非所有者が、少数派である所有者にもっと公平な分配を要求しないのか、と――封建主義の時代もそうだったのですが――問わざるをえません。実際、すでに何度も証明されているように、過去数十年で社会は一気に再封建化の道をたどりました。その結果として、富も、貧困も、社会的地位上昇の機会も、特定の集団の内部でいわば「継承」されるようになったのです。それなのに、そのような発展を修正しようとする圧力が下から生じてこないのはどうしてでしょうか？　下の者にとって解決策に見えるものは、上からすれば自らの勝ち得た地位を脅かすものであり、何としてもその実現を阻止しなければなりません。つまり、とりわけ民主政治の社会では、厳格で容赦のない再分配、あるいは貧困と不安定さの創造には種々の危険が伴うことを所有者階級はよく知っているのです。生じた社会の緊張や変化への欲求は、囮《おとり》のターゲットへ誘導するか完全に中和しなければなりません。そうしないと政治の変化を求めるエネルギーが、過激なあるいは暴力的な形で、実際の、または推定される権力中枢に向けられてしまうからです。要するに、体制が自ら抱える矛盾によって崩壊してしまわないように、社会の「安寧化」を目的としたさまざまな戦略を開発しなければなりません。

社会の「安寧化」の目的は今も昔も、階級間の対立を隠し、少数派の経済エリートが公共の富の大部分を独り占めにする政策を国民の大部分に黙認させることにあります。そのためにこれまでどんな複雑な戦略が用いられてきたかについては、すでにいくつかの研究を通じて詳細に調べられています。最近では、著名な社会歴史学者のスティーブ・フレイザーが著書『The Age of Acquiescence（黙認の時代）』で、現在の「許容と承諾の時代」がどのように発生したのかを論じました。

これらの戦略は、政治組織の構造レベルと、理念・心理レベルの二つのレベルをターゲットにしています。構造レベルでは、民主政治の幻想を維持しながら民主政治的な要素を取り除いたり弱めたりすることが目的です。以前はしばらくのあいだ、資本主義は「代議制民主政治」と良好な関係にありました。というのも代議制民主政治は、エリートグループ内の異なる利害を代表する政党の間だけで争う選挙を可能にし、民主的なコントロールという幻想を生み、「安寧化」作用を発揮することができたからです。ところが今になって資本主義の極端な形である新自由主義が台頭したため、この本来は相容れるはずのない二つの社会観のバランスが少しずつ崩れ、資本主義のもつ権威主義的な性質や傾向が強く前面に押し出されるようになったのです。

今の形の「代議制民主政治」は、人知れず民主的な要素を排除するのに特に適しています。有力なロビー団体が「政治の代表者」に直接働きかけることが可能だからです。結果、経済力が政治権力に変換され、さらにその政治権力が経済力に変わるという、いわば自律的な循環を可能にするさまざまなメカニズムが生み出されました。市場およびその参加者と国家との関係は、新自由主義革命以来、ますます親密になりました。経済と政治が互いに支え合い、国家機関のすべてが資本の支配下に入り、独裁的なコントロールを受けるようになったのです。経済と政治、強力なロビー団体、世論操作や民主政治を管理する手段（シンクタンク、種々のネットワーク、メディア）、影響力を増しつつある国家安全保障機関の関係がますます親密になっているため、経済と政治の両分野の権力中枢も一つに融合し、一般の人々の目には民主的に正当な存在としては見えない存在になりました。目に見えないのですから、民主的な責任を負わされることもありません。つまり、政治的な腐敗はとっくに議会のロビーから政治機関の中枢に移転し、その根幹にまで広がっているのです。国民の目の届かないところで行われている国内法や国際法の法制化も、階級間の対立を構造的に隠蔽する戦略だと言えます。たとえば、封建時代のように所有者階級による組織犯罪を合法化するための税法や自由貿易協定です。

新自由主義が理念・心理レベルで用いる戦略の狙いは、高度に脱政治化され、人々のつながりが希薄になったバラバラの社会をつくること。共通の利害という考えや、団結して変化を求める行動などの発生を阻止するには、個人個人に、自分が現在の状況に置かれているのは、ただただ「市場の要請」に対する自らの適応能力の欠如のせいであると思い込ませなければなりません。集団的アイデンティティが発生してもいいのは、消費生活や個人のライフスタイルの領域に限られます。そのような脱政治化には権力者にとって好ましい働きがあります。団結を阻止できるのです。個人は自分の所属する社会階級の体験から切り離され、絶望的なまでに独りぼっちにされ、無力感と諦めだけが残るのです。社会から切り離された個人は、思考においても行動においても、世論操作や規律化として監視に対する抵抗力を失います。つまり、特に民主政治社会において、所有者階級にとっては夢のように好都合な政治的対象になるのです。そこまで根本的な脱政治社会をつくるには、メディアからの広範な支援が欠かせません。また、長期的にそのような状態を維持するには、社会制度や教育機関の力も必要になります。そして、まさにこうしたことが、過去数十年にわたって行われてきたのです。教育制度に対する新自由主義の支配はあまりにも完全なため、全体主義のそれと見まがうほどで、教育を民衆の解放手段と捉える考え方は実質上死に絶えました。

　そのように組織的に行われる大々的な社会の脱政治化に伴う重大な副作用として、解放運動や社会運動、もっと言えば政治左派全般の、断片化と解体を挙げることができるでしょう。新自由主義は左派政党を征服しました。「アゲンダ２０１０」（シュレーダー政権による「労働市場改革」）が示すように、左派を構成する人々が最も徹底して新自由主義政策を推し進めてきたのですから。しかし、それだけではありません。社会を解放する力のほとんどが、脱政治化の過程で私物化されたのです。社会的な抗議が、特定のグループのアイデンティティや承認への関心にのみ限定されるようになるにつれ、以前は批判的な力だったものが、ナンシー・フレイザー（内務相）の言う「進歩的新自由主義」に変わっていきました。そうして、かつては社会的な変化の希望だった批判的な左派団体が、意図的にか不本意ながらかは別として、いずれも新自由主義社会の安定化に貢献するようになったのです。かつての左派で、いまだに少なくとも「進歩的」と自称する集団は、今では不平等をなくすためではなく、自分たちのグループに対する差別をなくすためだけに闘うようになりました。それ以外の点では、現状に満足しているのです。

新自由主義による社会の脱政治化の過程で、政治状況を批判的に観察し、一般大衆の解放運動に身を投じる、政治的にアクティブな知識人もほとんど消えていってしまいました。ポストモダンの知識人も左派のサロン知識人も政治から遠のきました。言うなれば、支配秩序における敗者たちを裏切って、彼らを右派ナショナリズムや右派ポピュリズムに差し出したのです。新自由主義社会にもまだ左派知識人は残っていますが、彼らのほとんどが社会的敗者の利害のために闘うことをやめてしまいました。左派に属するサロン知識人もポストモダン知識人も、権力エリートと同じように民衆の知性を見下すようになりました。民衆には、彼らが行う社会分析を理解することも、思考の深みを察することもできない、というのです。

こうして、解放に積極的だった知識人たちは、ノーム・チョムスキーやピエール・ブルデューが嘆くように、世間から姿を消していきました。新自由主義的全体主義に代わる対案を考え、変化を求める人々に解放的な政治行動の目標を示し、その闘いにどんな価値があるのかを思い出させる能力と気概をもつ者がいなくなったのです。要するに、解放の力を溶解させ、左派の社会批判と歴史から得られた社会運動の知識の基盤を、政治的に有効活用するための努力を阻止するという点で、新自由主義は大成功を収めたと言えるでしょう。

JW　これらすべては、真の民主政治、そしてより人道的で福利的な世界を実現する闘いにおいて、何を意味しているのでしょうか？　そして、あなたの目から見て、本来のメディアと真の民主政治を手に入れるために、今できる最も重要で有意義な行動は何でしょうか？　一人ひとりが、あるいは多くの人が、目標に達するために踏むことができる、踏むべき、あるいは踏まなければならない有意義なステップは？

RM

もちろん、あらゆる政治行動は、対象となる政治体制の特徴を十分に観察し、理解したうえで行われなければなりません。複雑な社会状況では、行為そのものが目的ではありません。行動の前に、十分な洞察にもとづく計画が欠かせないでしょう。加えて、実現可能な行動計画を練るには、表面的な現象だけを見ていてはいけません。経済的にも、イデオロギーという意味でも、責めを負うべき権力の根源に調査のメスを入れる必要があります。この戦略的側面を最もよく理解していたのは、ハイエク（一八九九〜一九九二、オーストリア学派の代表的経済学者、政治哲学者）でしょう。この意味で解放運動は、新自由主義が巧みに活用して成功した戦略から多くを学ぶことができるはずです。

　新自由主義がここまで力を強めることができたのは、社会の脱政治化に成功したからです。逆に言えば、新自由主義に抵抗する闘いに勝つか負けるかは、あらゆる社会レベルにおいて十分な再政治化が達成できるかどうかにかかっている、ということです。簡単な再政治化の方法は存在しないでしょう。でも、自分が関与できる社会領域で少しずつ再政治化に貢献し、各自が置かれた状況に応じて自らの政治行動をすることは、誰にだってできることです。それに加え、そのような個別の状況の範囲を超えて、全般的に効果的な戦略や戦術も導き出せるはずです。社会運動の歴史や数々の社会闘争で得られてきた社会的抵抗のツールを集めて、それらを今の状況に合わせて改造し、洗練させるのです。そのためには、まず社会の断片化と思想史の断絶を克服して、かつて手に入れてきたものを実りあるものに導かなければなりません。これもまた、全員の力を合わせなければできないことです。政治行為を社会闘争の歴史と解放の思想史に結びつける知識人のサポートも欠かせません。

とても有効であることがわかっているツールとして、既存の状況に潜む矛盾を指摘しつづけ、そこから具体的な政治活動の案を導き出す方法があります。それに加えて、あらゆる種類の不当な権力を特定し、抑制し、排除するためのテクニックや戦略も、継続的に、そして柔軟に開発しなければなりません。つまり、ここで重要なのは、決まった目標を達成することではなく、プロセスをスタートさせることなのです。真の民主政治は静的な規範ではありません。今の状況を目標に向けて転換する方法を見つければそれで終わり、ということではないのです。民主政治とは、権力をもたない人々、つまり国民の大部分が協力しながら、自分たちの関心を公共の場に持ち込むことが可能な組織を形づくりつづけ、その過程を通じて権力を持続的に飼い慣らし、抑制するプロセスだと言えます。

民主的な組織形態と、より人道的な社会をつくりつづける。その過程において、社会の現実は人間の決断によってもたらされるものであって、新自由主義が教え込もうとしているような自然法則の影響ではないという事実を、理解することが大切でしょう。だからこそ、今の体制がつくりあげた現状も、人間の決断を通じて排除し、もとの状態に戻せるのです。ですがこれは、さまざまな権力構造が高度に融合し、法的にも守られている現在では、とても困難な課題であり、時間をかけて克服するしかないでしょう。何しろ、新自由主義の全体主義的な性質からいって、それに取って代わる体制について考える余裕を得ることすら、とても難しいのですから。

JW　最後にひとことお願いします。

RM　すでにジョン・デューイが強調し、とりわけノーム・チョムスキーが念入りに証明したように、社会における権力と支配という事象から切り離して、メディアの個別の問題やその解消だけに注目していては、メディアの役割と機能を正しく理解することはできません。この点は、民主政治において特に強く当てはまります。メディアは共同体の生成に欠かせない道具です。そもそもメディアがなければ、私たちは政治的現実のイメージすら得ることができないのですから、より人道的な社会を築けるかどうかは、すべての社会集団が公共の議論の場で平等に発言できるようなメディアの枠組みを、どの程度うまく構築できるかにかかっています。しかし、今の社会秩序では、メディアは権力構造に深く組み込まれ、経済エリートの利益を守る道具になってしまっています。そのためメディアの働きは、公共の議論の場の外にあって一般人々の目には入らない要素によって決められているのです。したがって、真の民主政治を手に入れたいのであれば、メディアそのものを——特にその経済的な仕組みと、経済および政治の権力中枢との融合という点で——根本的に改造して、人民による包括的なコントロールを可能にしなければならないでしょう。当然、権力中枢は真の民主政治の発展を阻止しようとするでしょうから、社会全般の民主的かつ根本的な改革なしには、これを実現することはかないません。

出典　Jens Wernicke, *Lügen die Medien? Propaganda, Rudeljournalismus und der Kampf um die öffentliche Meinung.*
（『メディアの嘘？　プロパガンダ、集団ジャーナリズム、公論のための戦い』、Westend Verlag（2017））
（イエンス・ヴェルニッケ、ドイツ語オンラインジャーナル"Rubikon"主催。二千二十一年ウルグアイへ移住）

第六章

「混乱した群れ」を操る方法

――公共の議論の場の制限と異論の排除

民主政治にはパラドックスがある。民主政治ほど支配者の政治権力を強く制限する統治形態はほかにない。そのため、権力を握っている者にとってはさほど魅力的な体制ではない。それなのに、民主政治は一九世紀の半ばから未曾有の大成功を収め、現在では唯一正統な統治形態とみなされている。これはパラドックスであり、説明が必要だろう。民主的な説明責任を負わない巨大な権力をもつ者たちが、そのような権力には必ず甚大な破壊を引き起こす危険性が伴うことを理解したうえで、歴史の惨事から学び、自らの権力を民衆のコントロール下に置いて影響力を自発的に弱めたのだ、とは到底考えられない。なぜなら、権力を有する者は自らを制限するのではなく、さらなる権力を求める。それこそが権力の本質だからだ。つまり、民主政治が勝利した理由はほかにあるのだろう。

私たちは、民衆による自律的な政治という考えに魅力を感じる。なぜなら私たち人間には、他人の意思に従うことに抵抗を覚えるという性質があるため、自らが所属する社会の生活条件についての決定には、自分も参加することを望むからだ。「民主政治」という言葉そのものに解放の約束が含まれていて、政治的な自由と自律への欲望を呼び覚まし、刺激し、そのような約束を実現しようとする社会的なエネルギーを解き放つ。「民主政治」という言葉に込められた解放の約束は、権力を持たない者の根本的な欲求を満たすのだ。しかし、だからこそ、この言葉は権力者の地位の安定を脅かす。権力を持たない者は政治的な自律を求め、権力者は自らの権力の安定と拡大に努める。社会の根底にはそのような対立関係が潜んでいるのである。

権力を持たない者が多数派で権力者が少数派なのだから、デイヴィッド・ヒューム（一七一一〜一七七六、スコットランドの哲学者。代表的な経験論者）がすでに指摘したように、「多数派が少数派によっていとも簡単に支配されている事実ほど大きな驚きはほかにない[1]」。ヒュームが気づいたように、そのような支配を可能にする方法は、暴力的な抑圧を除けばたった一つしか存在しない。世論操作だ。そのための手段として、すでに数多くの技術が知られている。特にアメリカがそれらの開発に熱心で、大勢の社会学者が組織的に関与してきたし、今もしている。その手段の一つが、「自由」、「正義」、「自由化」、「改革」など本来ポジティブな意味合いをもつ一般的な単語を、違う意味合いで用いるやり方だ。支配者側の視点で見た場合、解放の約束を想起させる民主政治という概念は、そこから呼び起こされる政治的自律の印象は残しつつ、権力者の安定を脅かす危険性だけを弱めなければならない。もし、誰にも気づかれずに、オーウェル的な操作を通じて「民主政治」という言葉の本来の意味をずらし、国民の政治的自律ではなく政治エリートと経済エリートによる他律を意味するように変えることができれば、この言葉は支配者側にとって非常に便利な道具になる。そのような意味での「民主政治」は、被権力者の自由への欲望を反映しながら、現状の社会があたかも民衆の意思の表現であるかのような印象を醸し出すからだ。革命の予防策として、政治的自律の幻想ほど効果的なものはほかに考えられない。

過去一〇〇年以上にわたって、「民主政治」の意味の転換が徹底的に行われてきたため、現在の形の西側資本主義的民主政治は、支配者にとって完全にノーリスクになった。被権力者に政治的自律の幻想を与えながらも、現状の資本主義的な権力と暴力の力関係を崩すことなく、それどころか権力構造の基礎に触れることもないまま、民主的手続きを権力行使の構造に組み込むことができたのだから。そのような意味の転換により、「民主政治」は実際の支配関係を隠すのに極めて便利な言葉になった。

その際、資本主義的エリート民主政治——現在の西側民主政治の標準——の内部では、解放の約束と実際の力関係の間に対立が生じる。この対立から生じる緊張を、国民は毎日のように感じている。それが憤りや変化への欲求に発展しては困るため、権力者は適当な管理方策を用いて緊張をほぐしつづけなければならない。民主政治を管理する目的は、現状の資本主義的エリート民主政治の権威主義的で反民主的な特徴をできるだけ国民に見えなくすること。そのためには、国民の意識を操作して、自らの政治体験――特に、あらゆる重要な政治的決定に関与していないという実体験(2)――を通じて正しい結論を導き出すことが、できないようにする必要がある。

その方法はさまざまだ。無力感や不安を煽って、意識を現状の維持に向けさせることができる。消費主義、メディアによるくだらない情報の氾濫、幼児化などを通じて、政治への無関心を強めることもできる。(3)古典的な教化技術を使って「偽りの意識」や「偽アイデンティティ」(4)をつくり、民衆の実体験を思うままに作りかえることもできるだろう。もっと根本的に民衆を、ただの消費者になるまでに徹底的に「改造」して、政治的な考えをもつ能力を奪ってしまうのもいい。適切なアンガーマネジメント《憤りの管理》の手法を用いて、変化に対する国民の欲求を、囮《おとり》の目標に向けさせてもいいだろう。以上のような、民主政治管理に必要な手法はとても単純で、すでに一〇〇年以上前から徹底的に研究され、洗練されてきている。

そのなかでも、ある民主政治管理法がとても効果的であることが証明され、最近になって特に注目されている。この点について、ノーム・チョムスキーはこう述べる。

「人々を受動的で従順にする賢い方法は、許容される意見の幅を厳格に制限しつつも、同時にその制限された意見を用いた活発な議論を可能にし、しかも批判的な対立意見を促すことである。そうすることで、許容される議論の幅の制限により体制維持のための前提条件が絶えず確保されるにもかかわらず、人々は自由な思考が行われていると錯覚するのだ(5)」

この手法は、単純に特定の意見やイデオロギーの枠組みを人々に押しつけるだけではなく、それと同時に思考の可能性そのものを人々の目に見えなくする。うまくいけばいくほど、支配的なイデオロギーは、それに代わるものがない唯一の選択肢として受け入れられる。要するに、支配者のイデオロギーや

国民の主権的な自己立法を通じた支配の社会化としての民主政治

→どの権力構造もその存在の正当性を証明し、国民に向かってそれを説明しなければならない。それができなければその権力機構は正当性を失い、排除されなければならない。

→すべての市民は自分の社会生活にかかわるあらゆる決定に**公正に参加**できる。

→社会の中心分野、特に経済は、民主的な正当化手続きやコントロールから除外されてはならない。

権力を脅かす恐れのある理念が選択肢として議題に上がらなくなるまで、議論の場を制限するのである。具体的な社会形態だけではなく、より漠然とした観念やあるいはユートピアのようなものも制限の対象になる。それらはずっと昔から、文明の発展の推進力になってきたからだ。思考力の制限によって議論の範囲が支配的イデオロギーに好都合な形で狭まれば、「成熟した国民」という民主政治の根幹をなす考えも基礎を失う。じつは、真の民主政治は根本的な問題を抱えている。自らが創造しなければならない何かを、存在の基礎としているのだ。その何かとは成熟した国民である。真の民主政治は成熟した国民という理念の上に成り立っているのである。成熟した国民の有無によって、民主政治という理念の成否が決まる。

政治・社会的領域における成熟とは、すなわち自律する能力のことだ。要するに他人の後見から独立する能力である。啓蒙主義は、市民を――必ずしも全ての個人である必要はなく、集団として――政治的に成熟させる方法があるはずだ、という希望の上に成り立っていた。しかし同時に、そのような壮大な目論見には大きな抵抗が存在することも、つねに認識されてきた。

現代における最も重要な民主政治理論家のインゲボルク・マウスによると、民主政治とは、「実在する相違にもかかわらず、すべての人を自由で平等と認める」[6]という平等原則にもとづく「支配の社会化」[7]ならびに、民主的な法、つまり国民の立法者意思にあらゆる国家機関が従うことを意味している。インゲボルク・マウスは、自由と人権は、法の支配を受ける人々が平等に自ら立法に関与し、法執行機関が厳格な法的拘束を受ける場合にのみ成立すると主張する。

しかし、そのような考え方が少なくともある程度実現するには、国民が最低でも自立的立法行為がもたらす結果について、正しく予想できるほどに社会を理解していなければならない。しかし、今の社会のとてつもない複雑さを前にすると、国民集団がその複雑さを把握し、立法行為の結果を理解できると考えるのは、あまりにも楽観的で、どうしようもなく非現実的だと思えないだろうか?

したがって私たちは民主政治の理想を、それが純粋な希望的観測であり私たちの社会の複雑さや条件に全くふさわしくない幻想に過ぎない、という反論から守らなければならない。なぜなら、この反論を認めるなら、成熟した国民というのもただの希望的観測に過ぎなくなってしまい、そのような理念の上に成り立っている国民による自己立法としての民主政治は基盤を失うことになってしまうからである。

しかし、まさに現在の状況にこそ、民主政治の主要原則こだわるべき強い理由があるのだ。民主政治とは、政治的自律のみが目的ではなく、人間に備わる自由への欲求を反映した社会形態でもある。また、人類文明が残してきた長い血の歴史から教訓を得ようとする努力の成果でもある。民主政治の歴史とは基本的に平和を確保しようとする——国内の安寧と国家間の平和を確かなものにするための——歴史なのだ。強者が弱者を簡単に支配できなくするために、権力を封じ込む方法を模索するのが民主政治の目指すところだ。[8]権力の肥大化を止めるためには、強者の権力を制限し、弱者を過度な暴力から守る

なぜ民主政治なのか?

目的: 人道的な社会の構築

人間に備わる自然な欲求の
表現としての政治的自律

歴史における数え切れない
血痕からの教訓

→権力の封じ込め
→平和の確保

基礎:

平等原則:
「現実に存在する相違にもかかわらず
すべての人を自由で平等と認める」

↓

不正な権力に対する防御壁としての社会的手続き

↓

民主政治=法の対象者のみが憲法と法律を制定する権限をもち、
あらゆる国家機関が民主的な法に厳格に拘束される

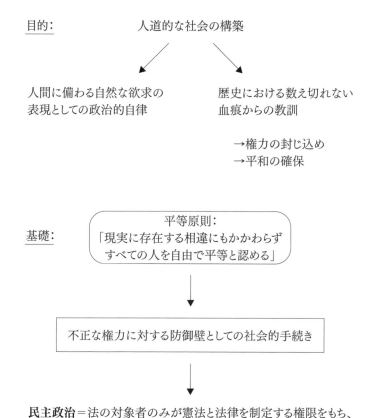

ための文明的な防御壁が必要になる。暴力支配に対抗する防御制度をつくるための努力は、これまでもこれからも、ある種の平等意識にもとづいたものと言える。これ以上強者に、弱者とは異なる権利を認めない、つまり「相違があるという事実にもかかわらず、すべての人を自由で平等と認める」という考え方だ。この平等意識こそが、社会組織を作る上では民主政治に、国家間の決まり事を作る上では国際法につながるのである。(9)

民主政治の理想を堅持する理由があるのと同様に、成熟した市民という理想をも堅持するべき理由がある。

この点を明らかにするために、前世紀に起こった政治にまつわる大論争を見てみよう。アメリカで最も重要な政治識者であるウォルター・リップマンとジョン・デューイが繰り広げた論争だ。最も影響力のあるジャーナリストだったリップマンと、当時アメリカで最も影響力のある哲学者だったデューイが示した見解や主張の本質を知ることは、現在の民主政治の正当性や有用性を議論する上で非常に重要である。

「成熟した市民」という理想はまだ生きているのか？　リップマン――デューイ論争

前世紀の前半に活躍したジャーナリストのウォルター・リップマン(10)は数多くの論争を巻き起こした。その多くは現在でも興味深いものだ。

リップマンは、高度に産業化された現代社会の複雑さに見合う民主政治の形を探し求めていた。(11)そして見つけた答えが、事前に用意されたエリート候補者のなかから国民が定期的に代表者を選ぶ「エリート民主政治」だ[12]。エリート民主政治ではエリートによる支配が選挙を通じて定期的に正当化されるため、エリートグループ間の暴力的な争いを回避できるという利点がある。

リップマンはそのようなエリート民主政治におけるマスメディアの役割についても考察し、シンクタンク[13]に特別な働きを期待した。また晩年には、のちに新自由主義として結実していく思想的な流れの先駆者ともなった。思想史に燦然と輝く著作である一九二二年の『世論』[14]と一九二五年の『幻の公衆』において、成熟した国民という理想を徹底的に批判し、エリート民主政治の輪郭を描いた[15]。

リップマンの挙げた前提や結果を真正面から強く批判したのが、リベラルな哲学者のジョン・デューイだった。デューイの思想の源はリップマンのそれとは全く異なり、啓蒙主義の伝統に立脚しており彼は社会改革者として、教育者として、そして何より民主的な社会形態の熱心な支持者として活動した。

社会政治的な問題にかかわる個人についての心理分析において、デューイとリップマンには共通する部分が多いにもかかわらず、両者が理解し合うことはなかった。なぜなら、二人が目指す政治目標が真逆だったからだ。リップマンは現代社会における権力を効率的に組織化する方法を問いつづけた。一方のデューイは、政治権力を効果的に抑え込む方法を求めた。つまり、啓蒙運動の中心問題を問いつづけ一九二七年の著書『公衆とその諸問題』でリップマンの掲げたテーゼや前提を鋭く解析し、成熟した国民を、そして真に民主的な社会秩序を実現できる条件を追い求めた。

成熟した市民という考えに対する徹底的に冷徹な批判が、リップマンの考察の中心を占めていた。その批判の対象となった人間像ゆえに、彼は民主政治を不適切で誤った理想とみなすにいたった[16]。そして、当時の心理学理論の言葉を用いて批判を展開した――リップマンはハーバード大学でウィリアム・ジェームズ（一八四二〜一九一〇。プラグマティズムの代表的心理学者）に心理学を学んだのである。

民衆は、政治に対して知識も興味ももたず、無知で、無関心で、偏見に満ちていて、思考力にも行動力にも欠けている。リップマンはそう考えていた。民衆は固定観念に支配されているため、政治を直接そのまま理解せず、感情や偏見、習慣や価値観を通して、つまり「頭のなかのイメージ」としてしか理解できない、と。[17] だから、プラトンの洞窟のたとえに登場する洞窟の人々と同じで、民衆は、感情的にも、知的にも、頭のなかの虚像――リップマンの言葉を用いれば「疑似環境」――に対してのみ政治的な意見を述べるのである。そのため、民衆は、自分が見たものをすべて個人化するし、政治問題に関心をもたせるのも容易ではなく、集中力を欠き、矛盾や対立を悪化させる出来事にばかり関心を向け、そのうえ、社会の問題を予見する才能も、過去の危機から学ぶ能力も欠けている。要するに、複雑な現代社会で政治問題を適切に理解し、知的に克服する能力を持たないのである。一般大衆は「無知でじゃまな部外者」であり、民主社会における彼らの役割は「参加者」ではなく「傍観者」でなければならない。民衆に許されるのは、定期的に「責任ある人物」に投票することのみであり、それ以外は自らの卑小な個人世界に閉じこもっていればいい。「混乱した群れの行動や声に我々が惑わされないようにするために、大衆は自分の居場所にとどまっていなければならない」とリップマンは言う。[18]

著書『世論』で民衆の政治能力をこき下ろす数年前、リップマンは民主政治の問題はおもにメディアの責任であると主張した。一九二〇年の著書『Liberty and the News（自由とニュース）』のなかで、現在の民主政治の危機はジャーナリズムの危機であるとして、合意の形成が無秩序な企てである時代に、民主政治はどうやって生き延びればいいのか、と問いかけていた。また、代議制民主政治が「新聞による支配」に変わりつつある、とも嘆いていた。[19] のちには、おもに心理的なレベルにおける問題の根源は、国民の政治的無能さにあると考えるようになり、この無能さはメディアも学校も変えることができないと結論づけた。なぜなら基本的にメディアは、社会的現実を客観的にかつ正しく伝える能力に欠けるため、国民の政治的無知を補うことができないからだというのである。[20]

つまり、リップマンの考えでは、本当の問題はメディアの問題よりもさらに深いところにあると言える。

民主政治の問題は、中途半端な知識と偏見を克服できない国民の無能さに端を発しているというのである。したがって国民は「責任ある専門家」と「インサイダー」によって導かれるしかないのだが、そのような専門家やインサイダーは、問題の本質を熟知し、「知識機関」として組織化されている必要がある。そうすることで、信頼できる社会的現実像を行動の基盤として提示することができるからだ。そうして初めて、「民主政治の明らかな弱点、つまり極度の偏見と無気力、世にも不思議に見えて実はどうでもいいことを優先すること、つまらないことなのに重要に思えること、くだらない余興や超常現象に好奇心を満たそうとすること」に打ち勝つ策を講じることができるのである。[21]

リップマンにとって民主政治とは基本的に、国民に彼らの卑小な個人世界でそれぞれの目標を追いつづけさせるために、専門家が可能な限り効率的に解決しなければならない行政上の問題なのだ。

つまり、民主政治という言葉を用いてはいても、民主政治は民主政治でない場合にのみ機能すると言っているのだから、リップマンの主張は反民主的だと言える。彼の考えを一言で表すなら、「選挙エリートによる寡頭政治」と呼ぶのがふさわしいだろう。[22]

一方のデューイは、真の民主政治の実現とそれに伴う非合法な政治権力の抑制こそが、歴史の血なまぐさく破壊的な経験から人々を守る唯一の手段だと考えた。民主政治の危機、あるいは政治における国民の無能など、リップマンの診断とデューイの考えは大部分で一致している。しかしデューイは、リップマンの診断の根底に横たわる悲観的な人間像も、リップマンが心理学から導き出した政治的な結論も、正当なものとは認めなかった。リップマンと同じような診断を下しながらも、むしろまったく逆の社会政治的結論を導き出せる理由があると考えていた。[23]

デューイにとっては、国民個々人の政治能力に注目するというリップマンの前提そのものが、考え方として完全に間違っているのである。デューイの考えでは「政治能力」という属性は、共同体の性質から切り離された個人に帰するものではなく、共同体において十分な知識を前提に行われる自由かつ平等な討論から生じる、集団としての特性なのである。[24] デューイは「国民への情報提示において秘密主義、党派性、偏見、虚偽、プロパガンダ、そして完全な無知が蔓延しつづける限り、大衆の政治的知性を評価することはできない」と論じた。[25] 彼はすでにそれ以前に、「世論形成が、独立した経済部門になってしまった」とも嘆いている。

つまり国民に、政治的に重要な情報が不足なく正確に伝えられなければ、そして全員が平等に議論することが可能でなければ、国民の政治能力を測ることなどできないのだから、議論の場が権力者グループに支配および抑圧されていてはならない。したがって、民主政治の問題点について、その原因や理由を分析し考察することなく嘆く意味などないのである。

公共の議論が政治や経済の有力な利害関係者によって歪められたり制限されたりしていないことが民主政治の絶対的な基本だと、デューイは考える。[26] 公共の議論の場を提供するのはメディアの役割だ。そのため、メディアが組み込まれている経済的・政治的利害を考慮せずに、メディアの役割を理解することはできない。だからこそ、デューイが一九三五年の論文「Our《アワー・》 un-free《アンフリー・》 press《プレス》(『我々の不=自由な報道機関』)」で書いたように、「公共システム全体に対する現状の経済制度の影響」を調査し、「既存の経済秩序の条件下で真の知的自由と社会的責任がどの程度可能であるか」を問う姿勢が欠かせないのである。[27]

リップマンが診断した国民の政治能力の欠如に対する解決策として、デューイが導き出した答えは、民主政治という理想を真剣に受け止め、民主化をさらに推し進めることだった。[28] 経済も含めて社会のすべての領域が民主的に組織され、[29] 政治が「大企業が社会に落とす影」でない場合にのみ、民主政治は機能する。[30]

この考えに従えば、国民と国民集団の成熟度の問題からさらに、メディアがどの程度民主的に組織されていて、国民に歪みのない情報を自由かつ包括的に伝えることができているか、という新たな疑問が生じる。

リップマンは、民衆には政治問題にかかわる能力がなく、自分の利害に直接関係していない限り、政治には関心をもたないとみなした。同時に、専門家は一般の人々よりもはるかに「合理的」であり、公益のために働く能力があると確信していた。加えて、メディアは社会的現実を客観的に報道する能力が根本的に欠けているため、政治決断に必要な基盤を提供できるのは知識と情報に富む専門家だけだとも考えていた。[31]

一方デューイは、政治能力という点でも、個人の利益よりも公益を優先する態度という点でも、専門家と「普通の国民」を区別するリップマンの考え方に疑問をもった。独立かつ中立に公益に尽くし、「知識・情報機関」として組織化が可能で、政治決定機関に正確な実社会像をもたらす力のある「責任ある専門家」というリップマンの考えは、デューイにとっては単なるフィクションに過ぎなかった。[32]

以上が、リップマン――デューイ論争におけるそれぞれの立場である。[33] 政治における国民の合理性[34]

や、公益のために尽くす能力という、民主政治実現の基本となる問題を巡る論争だった。この問題に対し、リップマンは孤立した個人という視点から、デューイは集団としての共同体の視点からアプローチした。リップマンは『世論』や『幻の公衆』などの著作において、政治的な意思決定者が、専門家と「インサイダー」の提供する根拠にもとづいて決定を下すことで問題を解決できると主張した。その一方でデューイは、リップマンが指摘した問題は、経済や社会も含めて社会全体が民主的に組織されて初めて解決されると考えたのである。

民衆と政治的機能エリートの「合理性」

政治的な目標や立場は根本的に異なっていたものの、リップマンとデューイの論争は基本的に、専門家と「インサイダー」は政治的な決定において、本当に「普通の国民」よりも高度な合理的判断ができるのか、そして大衆の政治判断や意見は本当に「非合理的」で不適切なのか、という二つの問題に集約することができるだろう。

政治的機能エリートの「合理性」については調査の必要もないと思える。数多くの歴史的事例が、機能エリートにそのような合理性があるという考えは疑わしいことを示している。種々の歴史的事例における政治家の判断を、世論調査によって抽出されたそれぞれの事例についての国民の意見と比較してみると、国民は政治的機能エリートの足元にも及ばないほど政治に疎い、という前提はほとんどの場合、正しくないことが明らかになる。(35)

しかし、複雑な状況下において人間はどう判断し、どのような意思決定を行うのか、という根本的な問題は残っている。この点に関して、過去数十年をかけて数多くの調査研究が心理学と社会学の分野で行われてきた。特に認知科学や行動経済学の分野において、人間の判断および意思決定行動が、さまざまな合理性の基準とどの程度合致するかという点に焦点が当てられた。そうした研究の成果として、一連の認知の歪み（認知バイアス）が見つかり、人間の心《マインド》はその成り立ちからして大きく制限されていて、判断力や意思決定行動は独自の法則に従っていることが分かった。

そのような規則性は人間という種にとって普遍的なものだ。専門家が、種としての人間を超越していて、そのような認知法則に従うことがないと想定する理由など、一つも存在しない。また、人間の合理性の制約は、経験や訓練を通じて補うこともほとんどできない。認知過程における情報処理は無意識のうちに自動的に行われるため、その働きに対する知的介入をほぼ受け付けないからだ。

調査で得られた具体的な発見は、対象領域の選択、あるいは問題提起の仕方や用いた方法論などによって大きく異なるのではあるが、研究対象の複雑さを考えれば、驚きではないだろう。それでもなお、リップマン——デューイ論争との関連において、いくつかの共通する洞察を得ることができる。

第一に、専門家は政治問題に関して高い「合理性」を有するというリップマンの主張はやはり現実を反映していないことがわかる。[36]

加えて、民主政治の認知的前提条件を考える上で重要となる政治能力を調べたところ、対象を、集団としての国民にした場合と、個人にした場合で、結果に大きな開きがあることも明らかになった。

政治学者のベンジャミン・ペイジとロバート・シャピロは、彼らの重要な論文「The Rational Public（『合理的な大衆』）」[37]で、個人の政治能力に欠陥があっても、集団としての政治能力は賢明で、一貫して安定し、入手可能な最善の情報にもとづけば、大衆は合理的でありえることを証明した。ペイジとシャピロは、彼らが行った調査結果からこう結論づけている。「世論と選挙民の行動は、彼らの手に入る情報にもとづいていて、筋が通っており、正しい——この意味でそれは《合理的》である」[38]。ただし、そのような集団的政治能力が可能なのは、すべての関連情報が完全かつ歪みなく人々に提示される場合に限られる、とも述べている[39]。

「集団的知性」をキーワードとして最近行われた一連の研究によると、複雑な問題が存在するとき、特定の条件さえそろえば多くの場合、個人よりもはるかに高い問題解決能力を発揮できる事実が示されている。この条件には、発せられた意見が平等であり、外部から影響を受けず、可能な限り多様であることが含まれる。

複雑な現代社会においては個人の政治能力は制限されざるをえないが、総体としての国民は、政治問題の克服に高い合理性を示すことができるのである。公共の議論の場にもたらされた、平等で独立した見解や主張が多様であればあるほど、決断の質は高くなる傾向がある。世論の不均質性と多元性が、政治的問題解決能力を高める鍵なのだ。国民の集団的合理性は、公共の議論の場が経済や政治の利害グループによって制限・歪曲されていないかどうかによって左右される[40]。

つまり調査結果は、国民には成熟する能力があるというデューイの立場を支持したことになる。そのための条件が、メディアが政治の現実について偽りのない実像を報道し、公共の議論の場が自由で、制限されていないこと。したがって、疑問の焦点は国民の成熟度から公共の議論の場の健全性へと移行する。

しかし、マスメディアが経済的・政治的組織と「構造的に」結びつき、ニュースが選択およびフィルタリングされているため、議論の場はすでに大きく歪められている。民間メディアも、公共メディアも、経済と政治の権力と結びついている。ウォルター・リップマンが的確に指摘したように、「どの新

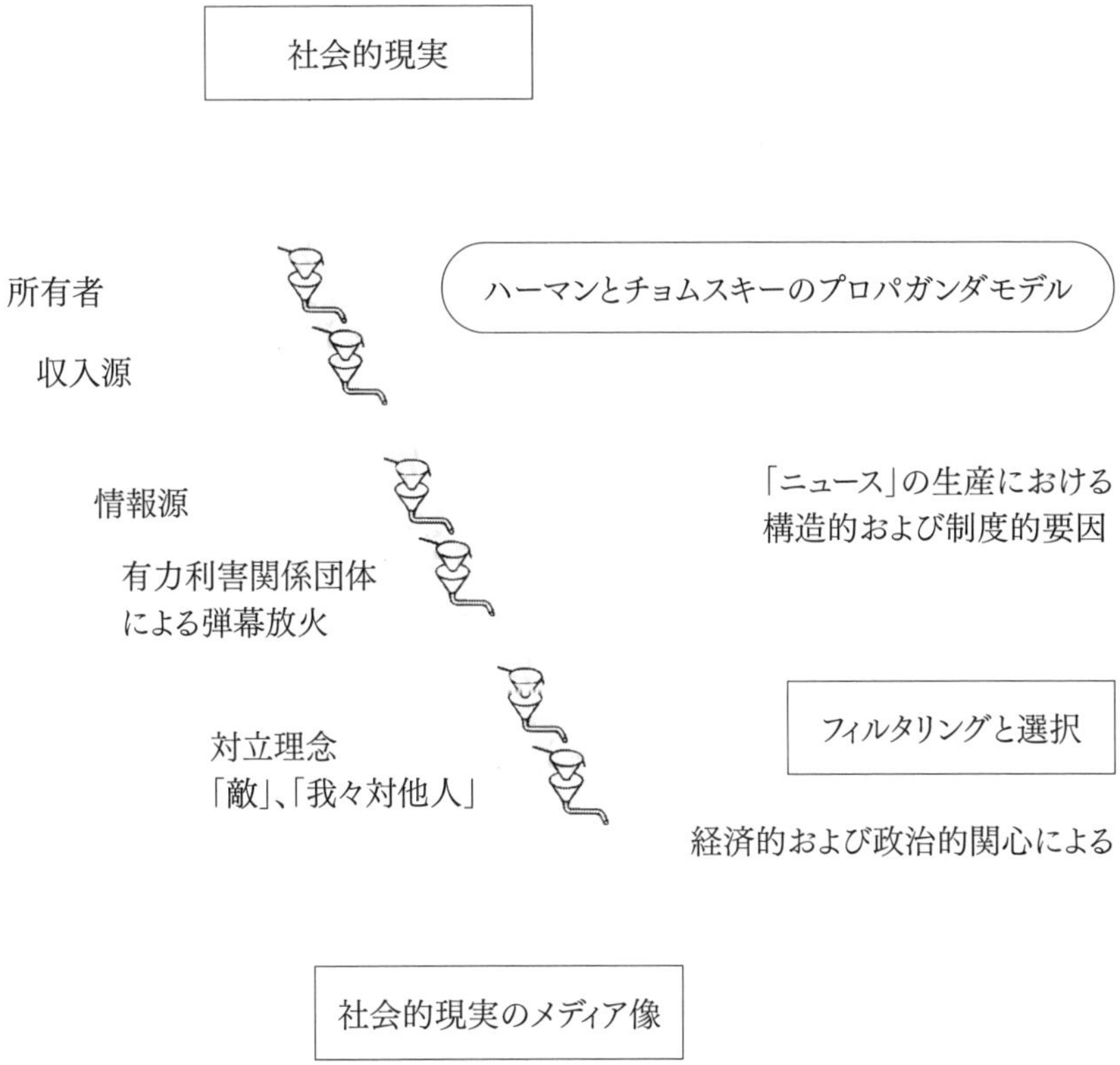
社会的現実
ハーマンとチョムスキーのプロパガンダモデル
所有者
収入源
情報源
有力利害関係団体
による弾幕放火
対立理念
「敵」、「我々対他人」
「ニュース」の生産における
構造的および制度的要因
フィルタリングと選択
経済的および政治的関心による
社会的現実のメディア像

聞も一連の選択フィルターを経て読者に届けられる」。エドワード・ハーマンとノーム・チョムスキーがこの選択フィルターについて詳細に調査し、その結果をプロパガンダモデルとして要約した。(41)

このプロパガンダという選択フィルターが公共の議論をあらゆる形で制限し、何を事実として伝えるかという選択基準からして、すでに歪みをもたらす。しかし、その際影響する政治的および経済的な利害がある程度バラバラである場合は、そのような歪みに起因する社会への影響は、別の経路からの情報によってある程度は相殺が可能だろう。一方、選択フィルターの基準となる経済的・政治的利害が均一であればあるほど、公共の議論の場に対する悪影響が深刻になる。

歴史は、戦争が、あるいは少なくとも戦争をよしとする世間のムードづくりが、例外なく様々な経済・政治エリートのイデオロギーの均一化につながり、最終的には公共の議論の場が大幅に制限され歪曲される、という事実を示している。さらにこのプロセスは、「現代社会においては全世界が軍産複合体の付属品に成り下がっている」という事実によって、さらに悪化している。(42)

組織的プロパガンダ技術の誕生と深く結びついた機関の歴史的事例としては、一九一七年に設立された米国広報委員会を挙げることができる。委員長の名をとってクリール委員会と呼ばれることもある同委員会には、エドワード・バーネイズも委員として所属していた。一九一七年以降の第一次世界大戦への参戦に対し、国民の同意を得ることが委員会の使命だった。当時のアメリカ国民は参戦に大反対していた。ウッドロウ・ウィルソン米大統領は「平和のプラットフォーム」を掲げ、社会民主的な労働法と欧州における戦争に対する厳格な中立を約束して一九一六年の大統領選に勝利した。しかし、ドイツ帝国による無制限潜水艦作戦を契機に、アメリカが一九一七年の参戦(「すべての戦争を終わらせるための戦争」)を検討した際、できる限り短期間で国民の支持を得る必要があった。当時まだよちよち歩き

ゲルト・アルンツ、1938年作、《Fürs Vaterland（祖国のために）》

だった組織的なプロパガンダにとっては、困難な課題だ。この課題の解決策の本質を、コミュニケーション理論に造詣の深い政治学者のハロルド・ラスウェルが次のようにまとめている。「現代の諸国における戦争への心理的抵抗はあまりに強いため、どの戦争も危険で残虐な侵略者に抵抗する防衛戦争という体裁をとる必要がある。国民が憎しみを向ける相手は明確でなければならない[43]」

クリール委員会が考案し指揮したキャンペーンは、広範囲に及ぶプロパガンダと大量の嘘の流布を通じて、憎しみを生み極度の国粋主義と愛国心を育むことに主眼を置いていて、極めて効果的であった。それと同時に、委員会はその活動をプロパガンダではなく、「単純な事実のまっすぐな報道」と位置づけた[44]。

瞬く間に、それまでは参戦に反対していた国民が熱心な戦争支持者に変貌し、平和活動を一貫して否定し、反対するようになった。その構図は、現在の欧米諸国の政治とメディアで行われている、ロシアの敵対的イメージの構築と、非常によく似ている。

新自由主義における経済・政治エリートの思想の均質化

すでに繰り返し述べたように、メディアの影響で、過去数十年をかけて公共の議論の場が大幅に制限された。そのきっかけになったのが新自由主義のイデオロギーであり、このイデオロギーが経済エリートや政治エリート、さらにはマスメディアの均質化を引き起こした[45]。このことは我々の日常生活にも反映されている。シリア、イラン、イスラエル、ウクライナ、ロシア、ベネズエラなど、経済と政治の権力中枢の利害にとって重要な話題において、報道する事実の選択やそれらの事実と政治問題との関連付けは、どのメディアでも変化がなく、実質的に同じだと言える。

このように公共の議論の場が極端に制限されることで、民主政治の成立に必要な条件が損なわれてしまう。民主的な社会の成立には、民衆が適切なグループや社会組織を形成し、それぞれの利害を表明し、議論を闘わせたうえで、集団として受け入れ可能な利害バランスと政治行為を見つけなければならない。公共の議論の場が制度として制限されてしまうと、民主政治の土台が崩れるのである。

啓蒙主義が目指した民主政治とは、「現実に存在する差異にかかわらず、すべての人々が自由かつ平等であるという認識」にもとづき、厳格な垂直的分権において完全な立法主権を有する国民が支配する社会をつくることを意味していた。啓蒙主義の民主政治では、国民の基準は民族でも文化でも社会でもなく、純粋に憲法で定義される。(46) それは、社会契約の産物として、自由と平等の間の決定によってはじめて成立する。民主政治とは法的な共同体であり、民族共同体ではない。実際の社会が不均質であっても、ある特定の政治的均質性は保てるのである。多元かつ多様な価値や利害から生じる緊張は、政治行為のために、調和、つまり互換性をもたせなければならない。(47) 単なる多数派による独裁ではない民主政治がうまくいくか否かは、それぞれの利害に互換性をもたせられるかどうかにかかっている。それができなければ、単なる多数派による独裁に過ぎない。(48) そして、個別の利害に関する意見交換が、公共の議論の場で行われるのだ。公共の議論の場が、異なる関心をもつ参加者に合意する機会を与え、主観的な関心を客観的に議論するよう義務づけるのであり、この意味で民主政治の中核を成すと言える。(49) 民主政治とそのような議論は切っても切れない関係にあり、公共の議論の場が健全であることが、民主政治の成立に絶対に欠かせない条件なのだ。

権力者は当然ながら、民主政治がもたらすリスクを最小限に抑えようとする。そのため、公共の議論の場はこれまでずっと、激しい攻撃にさらされてきた。

資本主義の社会では特にそうだ。なぜなら、数多くの文献で指摘されているように、民主政治と資本主義は本質的に相容れないものだからだ[50]。特にノーム・チョムスキーが――ジョン・デューイと同様に――民主政治と資本主義の相性の悪さを何度も次のように主張してきた。「《資本主義的民主政治》という言葉は、普通の人々が自分の生活と共同体の幸福に関係わる意思決定に参加するのに十分な手段を有している体制、という意味では矛盾をはらんでいる[51]」。「真の民主政治は、極度に反民主的な企業資本主義という体制が完全に排除されて、初めて可能になる[52]」

つまり、資本主義と民主政治の間にある緊張は、資本主義の本質に端を発している。そのため当然ながら、資本主義が自発的に選挙を通じて民主的な正当性を獲得することはない。資本主義はつねに蓄積過程、つまり利益を得るたびにそれをまた投資し、資本のさらなる増加を目指す過程の成立条件への服従を強いる。言い換えれば資本主義は、少数派の所有者層が多数派の非所有者層に権力を行使するという力関係を受け入れるのである。資本主義における財産秩序では、持たざる者は他人の財産のために働かざるをえないのである。それでも民主政治的な外見を維持するには、そのような敵対関係から生じる緊張を、社会的にほぐすこと、あるいは国民の目から隠すことが必要になる。民主政治は、権力中枢にとって「無害」である場合にのみ許容されるのだ。ノーム・チョムスキーはこう言う。「国民の参加という危険が克服された場合にのみ、民主的な形態をリスクなく採用することができる[53]」

一九世紀の終わりから二〇世紀の初めにかけて、社会解放運動が成長し成功を収めたことで、権力中枢にとって民主政治のリスクを抑えるのが難しくなった。リスクのない民主政治の創造には、ストライキに対する暴力的な抑圧、労働組合の解体、解放運動の解消などといったあからさまな手段以外に、おもに二つの方法が残されている。一つ目は、「民主政治」（およびそのための具体的な組織）の意味を体系的に変えてしまい、啓蒙主義が掲げた本来の意味を失わせること。[54] 啓蒙主義における急進的な概念としての民主政治は、立法における完全な国民主権と厳格な垂直的分権を意味しているため、すべての国家機関が国民の意思に従うことになる。[55] しかし、その後行われた意味の転換により、今の「民主政治」は、民衆による支配ではなく——その真逆の——エリートによる支配あるいは選挙エリート寡頭制を意味するようになった。[56]「民主政治」の隠れ蓑の下で国民を権力から遠ざける方法論のなかで最も過激なものは、リップマン、ハイエク、あるいはシュンペーターが構想し、[57] そこから派生して現在では標準とみなされるようになった「市場に準じた民主政治」である。

たとえ、戦後資本主義的な「民主政治」にまだ民主的な構成要素が残っていて、民主政治の民主化のために利用する余地があるとしても、それらごくわずかな可能性ですら、グローバル化した資本主義の条件下では失われていく。なぜなら、グローバルな「国民」など存在しないため、グローバル化した資本主義には立法主権の担い手が存在しないからだ。また、世界共同体のレベルでは、個別のさまざまな関心をまとめて一つの政治行為に集約するためのグローバルかつ公共の議論の場も存在できない。そのため、グローバルなレベルでは、民主的に合意形成をする手順が存在しないのだ。[58] 民間の経済権力がいかなる公共体によってもコントロールも抑制もされないとき、政治共同体を民主的に自治するという理念は完全に意味を失う。[59] 民主政治には——そして福祉国家など、民主政治の成果は——自律的に立法する主権と、権力を行使するすべての者を民主的にコントロールすることを可能にする組織単位が絶対に必要である。グローバルなレベルでは、政治が民主的に行われていることを正当化する仕組みを作るのは不可能である。[60]

民主政治を権力中枢にとってノーリスクにする二つ目の方法は、定期的な選挙が実際の権力中枢を脅かすことがなくなるまでに、公共の議論の場を徹底的に制御および操作することである。「資本主義的民主政治」の発展史は、世論操作方法の発展の歴史でもある。[61] 今も昔も、公共の議論の場のコントロールが民主政治管理の中心を占めてきた。[62]

したがって、権力の中枢が、「民主政治」という言葉を維持することにこだわるのはなぜか、という疑問がわく。[63] その答えは、「啓蒙時代から人々が民主政治という概念に魅力を感じてきたから」だ。もはやこの魅力を消し去ることはできない。できるのは、その魅力に潜む革命を引き起こす力を弱め、誰にも気づかれないように民主政治の幻想で置き換えること。[64] 要するに、革命に対する予防策として「民主政治」という言葉を用いつづけるのである。この言葉を用いている限り、変化を求める民衆の力は中和され、そのエネルギーは権力中枢に届かなくなる。[65]

国民主権に対する闘いを、あたかもそれが民主政治の合理的かつ不可欠な発展であるかのように見せるのに特に効果的な手段になったのが、おもにフリードリヒ・フォン・ハイエクの影響を受け、のちにはまったく異なる政治経済的な流れからジェームズ・ブキャナンの過激な思想として結晶化した、新自由主義的なイデオロギーだった。[66]

このイデオロギーの中心を占めるのが、形而上学的でつかみどころのない「自由市場」というフィクションである。自由市場こそが、複雑な現代社会において唯一の合理的かつ効果的な社会問題解決法とみなされる。[67]「自由市場」の「合理性」を損なわないためには本来の形の民主的な合意形成は排除しうるし、そうしなければならない。[68] 自らを純粋に合理的だと定義することで、極度に反民主的な新自由主義イデオロギーは、次第にイデオロギーとみなされなくなり、ほぼ不可視になることに成功した。[69] 経済的には不条理であるにもかかわらず権威的な構造を打ち立てた新自由主義は、自らを「合理的で不可欠」

なものとして見せるのに極めて適したイデオロギーなのである。

ハイエクは、自分の考えが政治の世界でも経済の世界でも反響を呼ぶことはないと承知していたので、意図的に「アイデアの中古ディーラー」のネットワークを構築するという回り道を選んだ。エリートを中心とした世論形成戦略を立て、欧米のシンクタンクのネットワークから文化人やジャーナリスト、政治識者を仲間に引き入れることで、自らのイデオロギーを広めようとしたのである。[70]このネットワークを通じてハイエクの思想がメディアと公共の議論の場に浸透し、最終的には、健全な理性から生じた自明の理とみなされるようになった。過去に成功した教化の例から、ハイエクは「古い言葉を、意味を変えて用いること」が教化を成功に導く鍵だと知っていた。[71]本来ポジティブな意味をもつ聞き慣れた言葉——「自由」、「自由市場」、「自由化」、「改革」、「官僚主義の撤廃」など——に真逆の意味を新たに授けることが新自由主義イデオロギーの成功に欠かせないと、初めから考えていたのである。新自由主義イデオロギーは表面的には分かりやすく、その中心概念や論証の方法も習得しやすいため、一部の権力構造で受け入れられたとたんに、世論形成に携わる人々のあいだで一気に人気を博した。


「効率的な市場」という新自由主義イデオロギーは初め、経済界や政界ではあまり注目されないまま、長い時間をかけて慎重に洗練されていった。そして一九七〇年代に経済危機が訪れたときに初めて、政治的に効果を発揮し、国家機関を次々と征服していったのである。

戦後からそれまでの期間は、階級間のある種の妥協が特徴的で、これが資本主義と民主政治の根本的な緊張関係を覆い隠していた。それが可能だったのは、生産過程の自動化により、労働生産性が大幅に向上したからだ。労働生産性が向上したため、給与も上がり、大量消費も可能になった。その結果、実体経済が成長し、資本を増やすことができた。つまり、賃金を引き上げても資本の収益性は下がらなかったのである。[72] 表面的には階級間の対立がおさまっていたため、市場の力は社会に組み込まれた。つまり、市場は社会の内部にとどまったのである。しかも政府が、賃金を得る側の多数派と資本を有する少数派の利害を可能な限り調整しようと努力したため、資本の蓄積に逆行する上から下への再分配の制度化にも、ある程度は成功した。以上のような条件がそろっていたため、資本主義的な生産関係が支配する状況下でも、民主政治がしばらくの間、経済の回復と国民生活の向上の原動力になることができたのだ。

しかし、一九七〇年代に入ったころ、そのような階級間の妥協を可能にしていた構図が崩壊した。その要因はたくさんあり、それらの重要性については、専門的な文献でもさまざまな角度から議論されている。ベトナム戦争の費用、アメリカにおける経常赤字の増加、世界規模のインフレ、ブレトン・ウッズ体制の崩壊、二度のオイルショックなどがそこに含まれる。[73] 不況とそれに伴う大量失業により、生産を基礎にする実体経済は、資本を増やす機会をほぼ失った。国内の実体経済では望ましい収益性を達成できなくなったため、資本蓄積の活路が、グローバルに展開した金融資本の領域に見出された。[74] 結果、階級間の表面上の妥協は崩壊し、分配を巡る対立が再燃したのである。[75]

この歴史的な構図は新自由主義にとってまさにうってつけで、それまでじっと力を蓄えていたシンクタンクの影から躍り出て、政治の表舞台に立つことができたのである。新自由主義イデオロギーの理論的実体は、認知的に見てごく平板だと言える。複雑な理論構造があるわけではなく、直感的に理解しやすいわずかな語彙で習得することが可能だ。そのため、所有者層と、所有者層を支持する世論形成層で、特に容易に普及した。その結果として、新自由主義イデオロギーは瞬く間に所有者層の経済哲学として確立された。このイデオロギーが所有者層に新たな階級意識を植え付け、経済エリートと政治エリートの融合と均質化を後押しした[76]。つまり、グローバルな金融資本主義への移行[77]とともにイデオロギーの均質化も進み、それがメディアにも反映されたのである。

新自由主義イデオロギーは、勢いを増す下から上への、南から北への、公から私への再分配を、あたかもそれが代替のきかない合理的な必然であるかのように見せかけるのに、とりわけ好都合だった[78]。下から上への大規模な再分配は、国民の大多数にとって不利なことであり、不安を生むことなしに民主的に実現することが不可能であるにもかかわらず、このようにして新自由主義イデオロギーは、国民のあいだに「改革」への意欲を生むことに成功した。

新自由主義イデオロギーは自らを「純粋な合理性」だと主張し、効率性と「自由市場」の法則への適応を要求する。そのため、民主的な構造を侵食し、破壊するのにうってつけの思想だと言える。適切な専門家のみが、政治的決定に必要な「合理性」を有するという建前であるため、立法と行政の手続きは、国民の好みではなく、適した能力をもつ専門家によって行われなければならない。そのため、あらゆる政治レベルにおいて、国民と国民の代理人である政治家の主張と権限が、専門家によって奪われることになる。

上から引き起こされた新自由主義革命は、民主的な構造を根本から揺るがし、ほぼ修復不可能なまでに破壊した。過去数十年で特に顕著だったのは、行政府による立法府の権限のほぼ完全な剥奪[79]、そして有力な経済利害関係者への行政府の服従だ。新自由主義的な蓄積条件を国際的に法制化するための立憲政治[80]も、新自由主義の特徴に数えられる。こうして、あらゆるレベルにおいて有力経済集団が法や規制の策定に直接関与することになり、自らの立場を法で守れるようになったのである。

それと同時に、経済的な力を政治権力に変えるメカニズムも考え出され、合法化された。つまり、所有者層の組織犯罪の多くが次々と合法化されたのである。こうして、ロビー活動と腐敗が制度となり、目に見えなくなっていった。[81]

公共の議論の場の縮小、中道という幻影、異論の排斥

新自由主義革命の過程で、昔ながらの大衆政党も、この革命に奉仕するようになったために社会基盤を失い、以前とはまったく違う政党に変貌した。自らの存続のためにどの政党も、おもな資金源となる国家の権力機構と結びつき、また各党の幹部同士も複雑に絡み合うようになったため、ほぼ交換可能と言える状態になった。[82] このような変化については、すでに詳細に調査研究されている。こうして誕生した新しいタイプの主要政党を、政党研究者のリチャード・S・カッツとピーター・メアは「カルテル政党」と名付けた。[83] カルテル政党は、一方では正当性を確保するための選挙マシンとして、もう一方ではメディアにおいて政治的見解の違いを演出するサービス組織として、国家機関に奉仕する。カルテル政党はまた、各省庁の大臣職の斡旋組織でもある。メディア業界と密接に手を結びながらカルテル政党は、有権者の票を得るために政治的な「製品広告」を打つ。政治的な意思形成のために行う活動と言えば、メディアを通じて演出した政治的な「ポジション」を、国の資金と経済界からの多額の寄付を用いて、製品としてマーケティングすることだけだ。しかし、彼らの示す「ポジション」は、中身のないただの抜け殻である。一般党員の役割は、定期的に演出される選挙ショーにおけるチアリーダー役、もしくはポスター貼り係に限られると言っても過言ではない。

カルテル政党は例外なく自らのことを「中道派」と宣言するが、公共空間が政治的に空っぽであると

いう事実を特徴とする「幻の中道」だと言えるだろう。その結果として生じる議論の場の縮小には、ピーター・メアが指摘したように、大きな犠牲が伴う。「体制内において反対派に与えられるスペースがますます制限されつつあることが、政治的領域がポピュリズムにとって格好の温床になった理由の一つである」。[84]「代替のきかない」新自由主義的な幻の中道の誕生が、右派ポピュリズムの誕生を可能にしたのである。今、右派ポピュリズムが拡大しつつあるのは、新自由主義のカルテル政党の影響で政治空間が一気に空洞化したからだ。そのような状況下で右派ポピュリズムが活気づくのは驚くべきことだろうか？　新自由主義イデオロギーが、ほかに代わりがないと主張する横で、ポピュリズムはその代替になると約束する。ポピュリズムが自然で成熟した共同体を約束する一方、新自由主義イデオロギーは共同体を破壊し、その可能性を否定する。代わりが存在しないという考えにコンセンサスが得られれば得られるほど、権力者の目標は達成され、不快、不満、憤りが権力中枢に向けられなくなる。この戦略が成功すれば社会は、新自由主義による破壊に加えて、さらなる犠牲を払うことになる。代わりの選択肢が存在しないという思想の結果として、不快や憤りは社会的弱者に向けられてしまう。社会不安の原因は弱者に押しつけるのが最も手っ取り早いからだ。自分たちの支配に代わるものはない、という権力者の戦略の代償を、最も力のない者たちが払うことになるのである。右派ポピュリズムも、新自由主義イデオロギーも、過激な反啓蒙主義の伝統に立脚している。どちらも社会ダーウィニズムを踏襲し、暗黒面、つまり啓蒙主義がそれに対して文明からの防御壁を築こうとした人間の醜い面を絶対視し、その人間像を社会秩序の自然な基礎とみなしている。

右派ポピュリズムの影響を抑えるには、一般国民の政治生活の首を絞めている新自由主義イデオロギーの手を払いのけて、誰もが平等にそれぞれの関心を表明することのできる公共の議論の場をつくるしかない。

新自由主義イデオロギーを克服するのが難しいのは、ほかの全体主義的なイデオロギーとは対照的に、「効率的な自由市場」の合理性の反映という仮面の下にイデオロギーとしての姿を隠すことに成功したからだ。そうして、「イデオロギーの終焉」を宣言できるイデオロギーに昇格したのである。これをもって、あらゆるイデオロギーは役目を終えた。なぜなら、これからは「自由市場」の鉄の「法則」が、何が合理的かを決めるからだ。そして、合理的なことはもちろん実現されなければならない。社会にはもはや対立は存在せず、企業と賃金労働者のあいだには利害の衝突もない。つまるところ、賃金受給者も自分自身――「自分株式会社」――の事業主であり、自分の価値を「市場」で柔軟に最適化しなければならないからだ。したがって、政治の「左」と「右」という伝統的な区分は過去の遺物であり、歴史的に価値を失った。今後は、理性的か否か、経済政策が優れているか否か、あるいは不都合な真実かそれともポピュリズムの誘惑か、といった区別だけが問われる。

代わりがないと主張する新自由主義の「理性」の上に成り立つ幻の中道派によって、「中道派」という歴史的な概念が定義され直すことになった。この概念はずいぶん前からすでに意味をほとんど失っていたのだが[85]、それでも――あるいはそうだからこそ――ポジティブな意味合いで理解されていた。しかし、新自由主義による再定義により、「中道派」という概念に過激派の立場が授けられた。なぜなら、中道派を名乗る政治集団の目的は、これまでも、これからも、共同体のすべてを金融市場に差し出すことにあるからだ。そのためにも、あらゆる民主的な構造を、できるだけ誰にも気づかれないように中和し、弱体化する必要がある。今では、社会全体を経済に従属させることを目的とする極度に反民主的で過激な態度が、政治的行為のあらゆるレベルに蔓延していて、行政による議会の無力化にその兆候が現れている[86]。ときどき、そのような態度がはっきりと示されることがある。たとえば、アンゲラ・メルケ

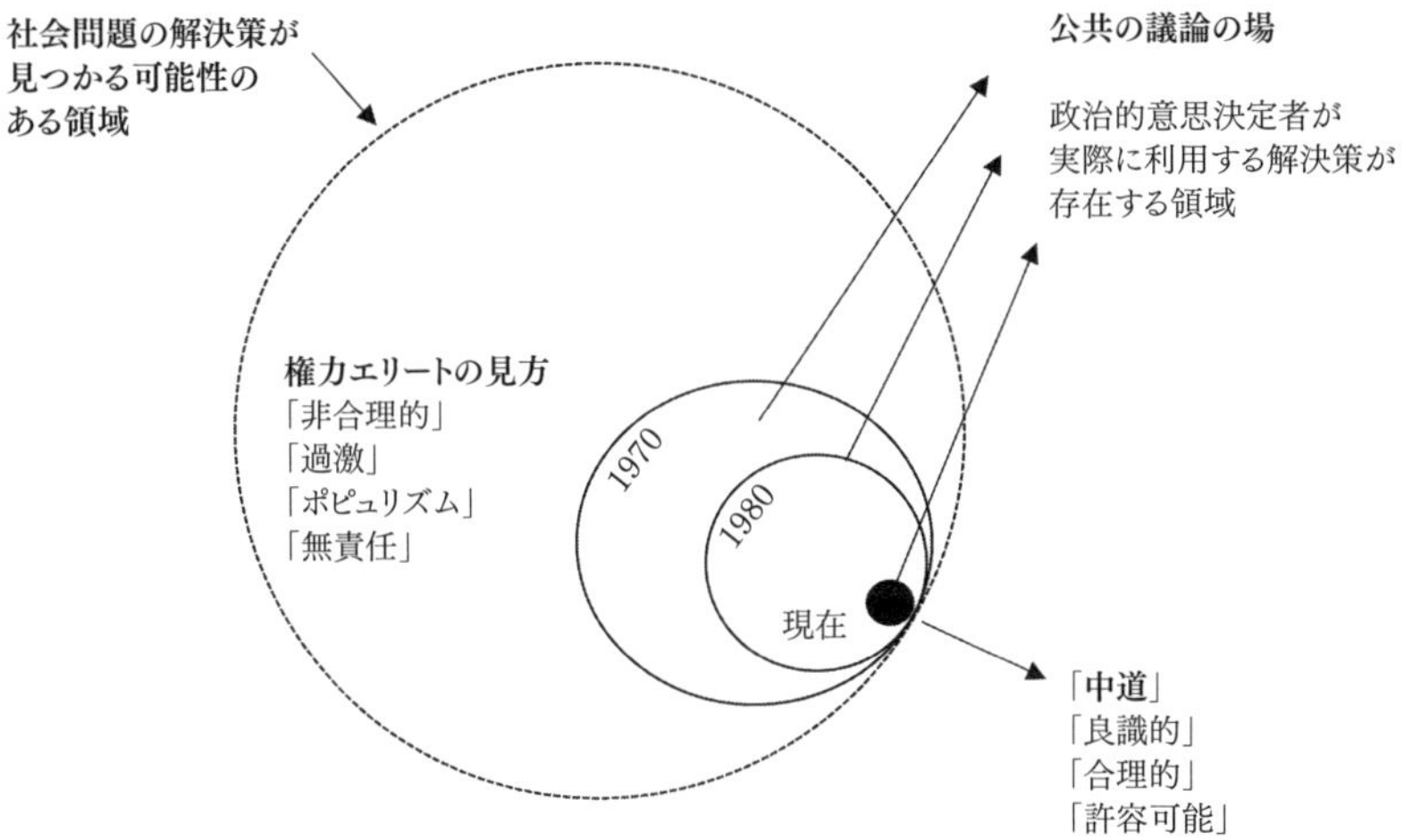

ルが二〇〇五年、CDU（ドイツキリスト教民主同盟）設立六〇周年記念のスピーチでこう述べている。「私たちが民主政治と社会的市場経済に対する法的権利を持つことは永遠にない」。新自由主義の幻の中道は、連帯する共同体という考えをことごとく軽視するという点でも過激だ。一切の妥協をせず、不寛容で、ときには非人道的ですらある手段を用いてでも、自らのイデオロギーの目標を達成しようとする。この意味では原理主義的でもある。

　しかし、徹底的な教化が行われているにもかかわらず、新自由主義による社会と環境の破壊の惨憺たる結果に気づく人々の数は増えつつある。それにより、無力感や政治への無関心に加えて、潜在的な憤り、そして変化への欲求が高まりつつある。新自由主義的権力の側からすれば、選挙の結果にかかわらず、政党間の新自由主義的な合意が破棄されたり、新自由主義の権力の安定が損なわれたりしないように、この変化への欲求を何らかの戦略を用いて中和し、ほかの目的へ誘導しなければならない。そのためには、「許容される」公共の議論の場を適切な手段で制限し、新自由主義イデオロギーの根幹を脅かそうとする立場を、「無責任」で「非合理的」かつ「過激」、あるいは「ポピュリズム的」と宣言する必要があるのだ。

この図は公共の議論の場を示している。社会の組織化や、社会問題の解決などにおける人間の思考力や潜在力はほぼ無限であることを、歴史と思想史が証明している。人間の精神に創造力が宿っている証拠だ。

つまり、人間にふさわしい社会をデザインすることは、基本的に無限に可能なのだ。それを示すために、図では閉じられていない点線を用いた。この領域の内側に、世論デザイナーによって「許容可能」、「責任上妥当」、あるいは「合理的」と評価される解決策が含まれる。

この「許容可能」な議論空間は新自由主義革命によって次第に狭められ、今ではほんの小さな新自由主義的「中道」に制限されてしまった。そのため、新自由主義イデオロギーに根本的に同意しない考え方や、現状の権力中枢の安定を脅かす立場は、範囲の外に押し出されるので世間の目には見えなくなる。たとえ沈黙や隠蔽で世間の目から隠すことができなくても、「無責任」あるいは「過激」などと中傷される。

新自由主義イデオロギーに反する立場がメディアで報じられることがあるとすれば、それは酷く歪められると同時に、「非常識」、「ポピュリズム」などのレッテルを貼られ、最後には「常識にのっとった」議論の場から締め出されるのだ。[87] そのような「常識」と「非常識」の区別と、それに伴う公共の議論の場の制限は、密かに行われる。[88] 新自由主義革命の成功以来、そのような異なる見解の排斥は、ますます過激さを増しているうえ、人々の目に触れない形で、公共の議論の場を組織的に制限する方法も洗練されてきた。

権力の番人を務める知識人とジャーナリスト

公共の議論の場はその性質上、おもに機能エリートやジャーナリスト、あるいは知識人など、民間メディアや公共メディアに特権的な繋がりを有するがゆえに、自らの意見や立ち位置を表明しやすい立場にある者によって構成されることになる。

何が「合理的」で「許容」され、何が「無責任」で「過激」なのかを決めるのは、（経済および政治の権力者の利害を反映する）メディアと大勢の知識人たちだ。知識人として公共の議論の場で意見を表明するには、マスメディアや公共メディアによってアクセスが規制される複雑なフィルターを通過しなければならない。「ものわかりがいい」とされる領域をはずさない限り、フィルターを通過するのは容易になる。

歴史的な事例から、若い時期から多様な社会生活を長く経験し、支配イデオロギーを深く会得した者ほど、政治および経済の権力エリートに奉仕する傾向が強くなることがわかっている。そのような人々は、成熟した社会人への長い道のりで社会的承認を得るためのメカニズムも熟知しているため、特別な操作をしなくても権力に自分を合わせるようになる。一部の領域――大学の経済学部や政治学部、民間メディアの政治報道局、公共メディアの上層部など――では、このメカニズムがほぼ完璧に機能するので、外部からの組織的な操作とほとんど区別がつかない。これらの領域では、キャリアメカニズムに組み込まれたフィルターが作用し、「適切な人物」のみが高く評価され、社会的に影響力を発揮できる地位を得る。結果、どのようなイデオロギーでも権力の中心は、まるで砂鉄のように権力の磁場に集まってきた知識人によって取り囲まれる。そうやって知識人は権力を守る壁になり、同時に自らの特権的地位も確保するのである。今も昔も、文化的・精神的エリートと自称する人々ほど、権力者からの承認欲が強く、そのため、少なくとも象徴的には権力に加わろうとする。したがって、権力構造の安定に寄与するメカニズムを理解するには、具体的な権力構造において知識人たちがどのようにして支配イデオロギーに奉仕しているかを調べなければならない(89)。

ベルトルト・ブレヒトは権力の意向を忖度する知識人(Intellektuell)のことをアナグラムで「Tellekt-Uell-In」と記し、その頭文字をとって「トゥイ(Tui)」と呼んで彼らの生態を研究し、その成果を、断片的ないわゆるトゥイ小説にまとめた。「トゥイは市場と商品の時代である現代の知識人だ。知性の貸主である(90)」。トゥイは自由という名の幻想の担い手であり、売り手でもある。権力者を「洗浄し、弁護し、知恵で満たす」連中であり、「公務員、文筆家、医者、技術者、そしてさまざまな分野の有識者として全国津々浦々にネットワークを形成している」。トゥイはトゥイ学校で育てられる。特定の利益のために現実の認識を変形し、権力の磁場に干渉することがないように人々の意識を歪めるのが、彼らの役割だ。

現在、トゥイの重要度は明らかに増している。イデオロギーと現実のギャップに気づく人々が増えてきたため、この隙間を覆い隠すために、これまで以上の努力が必要になった。その任務を自ら喜んで担うのが——どの時代においても——知識人とジャーナリスト、つまりトゥイなのである。

幸いなことに、トゥイを見分ける能力をつけることは難しくはない。多くの場合、彼らが公の場で話題にするテーマ、そして何より彼らの言葉遣いに注目するだけで、トゥイかどうかを見分けることができる。トゥイはおもに支配イデオロギーの安定に貢献するテーマを選び、既存の権力構造を正当化し、支配イデオロギーに対する批判を排除もしくは中傷するために、特徴的なレトリックとそれに見合った語彙を用いる。政治とメディアの権力者に気に入られるためなら、どんな努力も厭わないのがトゥイの特徴だ。その際、彼らは権力者の期待に確実に応える意欲と、支配イデオロギーに深く心酔している事実を示すために、国が認めた中傷用語――特に人気なのが「陰謀論者」、「第三の位置」などといった単語や[91]、あるいはより破壊的な中傷表現として「反ユダヤ」など[92]――をふんだんに使おうとする。そうすることでジャーナリストや学者たちには、出世という褒美が与えられるのだ。

トゥイを確実に見分ける方法はほかにもたくさんある。たとえば、どんな屁理屈を用いてでも、イデオロギーに対する批判を政治的に無効にしようとする。言葉の意味の相違を自分たちに都合のいいように指摘して、そのような批判には「不可欠な」はずの正しい言葉の区別がなされていない、などと主張する。かつて、ハインリヒ・ベル（一九一七〜一九八五）はトゥイのことを「超相違屋」と呼んだことがある。体制批判が行われると、彼らは次々と相違を指摘することで議論を学術的な霧で包み、世間に対する影響力を奪ってしまうからだ。同時にトゥイは、必要なら、権力の安定に都合のいいように思考や概念をおぼろげにすることもできる[93]。

中道左派にも数多くのトゥイがおり、現状の権力および暴力の根源を狙った体制批判を弱体化させて不信感を煽ることで、既存権力の安定に貢献している。彼らはいわば特殊なトゥイで、「批判的な」知識人という自らのイメージを保ちながら、文化的・政治的既存権力からも認められるにはどのテーマを選ぶべきか、敏感に嗅ぎ分ける鼻をもっている。

「市場に適合した民主政治」において、左と右の区別は意味がないのか？

奇妙なことに、「中道」の新自由主義政党は、自ら時代遅れだと宣言したはずの「左右」の区別を改めて拾い上げ、まだわずかに残されている狭い範囲の意見の境界線を強調するために用いている。それが「合理的」で「許容される」範囲というわけだ。そうすることで、「合理的」と宣言された討論空間には基本的に「左派」も含まれることになる。ただし、そのためには左派もまた「合理的」でなければ、言い換えれば体制と互換性がなければならない。新自由主義という点で一致する諸政党（コンセンサス政党）は、「合理的」、つまり体制と互換性のあるポジションの境界を「左」と定義することで、どのポジションまでが「左」として許容されるかを決めるのだ。しかし「左」と定義されていても、実際にはそこは「中道」の周縁部に過ぎず、啓蒙主義の影響下で生じた本来の左派の立ち位置とは何の接点もない。つまり、「許容」された左右のスペクトルの範囲は狭く限定されたものであり、新自由主義コンセンサス政党の範疇に収まるのだ。

新自由主義コンセンサス政党、特にＣＤＵ（キリスト教民主同盟）とＣＳＵ（バイエルン州のキリスト教社会同盟）は、極右とは伝統的に良好な関係を保っている。[94] ＡｆＤ（ドイツの為の選択肢）とＣＤＵ／ＣＳＵは新自由主義政党であり、権威主義的な内政を目指すという点だけでなく、ときに大っぴらに、ときにうまく隠蔽しながらナショナリズムと文化的レイシズムを追い求め、ドイツ人「民族体」を外部からの影響から守らなければならないと考える点でも共通している。

フランツ・ヨーゼフ・シュトラウス（一九一五〜一九八八、ＣＳＵ党首を長く務めた）がすでに、ＣＳＵの右には壁しかないと発言している。後任のエドムント・シュトイバー（一九四一〜）は一九八八年に、当時の西ドイツを「民族がごちゃ混ぜになった社会」と呼んだ。二〇〇〇年に開催された「主要文化討論会」ではCDUが、過剰な移民の受け入れによる「文化的対立」の危機を表明し、ドイツは「国家的アイデンティティ」を守らなければならないと警告した。一九九〇年代初頭の、難民に対するヴォルフガング・ショイブレの扇動や、一九九三年の亡命妥協案との文脈におけるカルテル政党による人種差別および国粋主義の大規模な発動もまた、中道が右翼的かつ文化差別的な思想とスムーズにつながっていることを証明している。この意味で、ＡｆＤのような政党は、ＣＤＵ／ＣＳＵならびにＦＤＰ（自由民主党）にとって政敵というよりもむしろ競争相手なのである。つまりカルテル政党は、その言葉とは裏腹に、右派ポピュリズムや極端なナショナリズムを恐れていない。どちらも互いを利用し、うまく力を合わせてきた。カルテル政党が本当に恐れているのは、現状の権力の根源を脅かす社会の変革だ。それが起こってしまえば、カルテル政党は存続できなくなるだろう。そのため、新自由主義的カルテル政党は、新自由主義政策に真っ向から反対する見解や社会団体を敵視するのだ。啓蒙主義の伝統に立脚した急進的民主政治を目指す立ち位置もそこに含まれる。

　そのような立場を、「許容」される議論の場から排除する手段としては、左と右の抱き合わせにもとづく中傷戦略が有効である[95]。ポピュリズムという中傷用語を用いることで、左と右を抱き合わせ、いっしょくたに「無責任」で「危険」というレッテルを貼ることができるのだ[96]。同じことが、ＥＵにおける民主的手続きの不足や[97]、現在の形の「代議制民主政治」が内包する反民主的要素に対する左派の批判にも当てはまる。このように、新自由主義コンセンサス政党は不安を煽るための手段として急進右翼的な言葉を用いて、新自由主義政策に反対する敵対左翼を中傷し、「許容」される議論の場から締め出すのである。新自由主義は、生まれたその瞬間からずっと、左派を本当の敵とみなしてきた。したがって、慣れ親しんだ言葉には本来の意味とは全く逆の新しい意味を与えるという、新自由主義が得意とする戦略を用いながら、急進的資本主義としての新自由主義や資本主義そのものに対する根本的な批判を公共の議論の「許容範囲」から締め出し、「合理的な」つまり体制と互換性のある「左派」を「理性的な」左の端と限定することが、新自由主義体制の安定にとって中心的な重大事となるのだ[98]。

伝統的な左と右の区別は時代遅れであると宣言しながら、根本的な反対意見を排除するためにそれを利用するやり方は、左右の区別の本来の意味を理解して初めて、それが新自由主義の教化手段の一つであることがわかる。

理解の最初の一歩には、一九五〇年代の著名社会学者たちが提唱した簡単な定義がうってつけだろう。「我々は、政治的、経済的、そして社会的に、より平等な社会への変革を求める態度を「左」と呼び、多かれ少なかれ階層的な社会秩序を支持し、平等への変革に敵対する動きを「右」と呼ぶことにする[99]」。

より平等な社会への変革というスローガンは、さまざまな問題に対処するにはあまりに一元的で不十分だとして、新自由主義的「中道」によって時代遅れと宣言されたのではあるが、その政治的意義はほとんど失われていない。左と右の区別の本当の核心を理解するには、啓蒙主義の時代に戻ることが役に立つ。当時の論争、特にいわゆる急進的《ラジカル》な啓蒙主義にまつわる論争[100]から、問題の本質を次のようにまとめることができるだろう。

右とは、その時代の権力中枢（君主、経済エリートなど）とその権力の基盤となる構造（境界、植民地主義、奴隷制、企業資本主義など）の安定と維持を試みる者。

左とは、すべての人々の平等の容認と、権力の民主的な囲い込みのために力を尽くす者。

すべての人間が平等であるべきであるという規範の要請、つまり普遍的ヒューマニズムを認めることと、あらゆる種類の排外主義《ショービニズム》、国家主義《ナショナリズム》、人種差別主義《レイシズム》、あるいは例外主義《エクセプショナリズム》を拒絶することは、いくつかの重要な帰結を伴う。その一つが、民主的自己決定だ。言い換えれば、どの権力機構も、その存在の正当性を証明し、国民に向かってそれを説明しなければならない。それができなければ、その権力機構は正統性を失い、排除されるべきだ。加えて、すべての国民は、自分の社会生活にかかわるあらゆる決定に、公正に参加できなければならない。(101) このことは、社会の中心分野、特に経済が、民主的な正当化手続きやコントロールから除外されてはならないということを意味している。(102)

左と右の区別は、それが権力者と被権力者、所有者と非所有者という根本的な対立関係に対する取り組み方と深く関係しているため、今後も政治全体にとって極めて基本的な問題でありつづけるだろう。それにもかかわらず、現在、啓蒙主義の基本理念も、啓蒙主義によってもたらされたイデオロギー批判的な思考態度も、「合理的」と宣言された公共の議論の場の外に追いやられているため、国民が自分の社会経験をもとに思考を組み立てたり、また特に、政治家が意思決定をしたりするための土台として用いられることがなくなっている。(103)

伝統的に「左派」という名称は、より人道的な連帯社会への希望と、その実現を求める解放の努力を想起させる。つまり、「左派」という属性の本質と歴史的起源は啓蒙運動にある。啓蒙運動は、より人間的な社会の実現、制度による権力の抑制、そして国内の平和と他国民との和平の確保という文明的な夢を特殊な形で体現している。この夢は今もその意義を失ってはいない。それどころか、社会と経済の生活基盤が破壊されつつある今こそ、人類文明の未来はこの夢の実現への努力にかかっているのである。ところが、すべての人間は自由で等しいと認める平等の理念にもとづくこの考え方は、今では「左」とみなされることがなくなったと言っても過言ではない。国民のあいだで、「左」という属性はその本来の解放的な輝きを失ってしまった。それにはいくつかの原因がある。本来の「左」はポジティブな意味合いが強かったため、特定のグループによって、権力を得るため、あるいは権力を保つための手段として乱用されてきた。「左」は権威主義的あるいは全体主義的な意味で汚染されることになり、もともとの急進民主的な啓蒙の意味合いが薄れてしまった。

フランス革命のスローガン「自由、平等、友愛」もまた、ブルジョアジーの利害に色濃く着色されていた。この点について、マルクスは皮肉を込めてこう述べている。「[……]生得の人権にとって本物のエデンの園。ここでは自由と平等と財産だけが支配している」。マルクスはジェレミー・ベンサムに関連して、資本主義では既存のものに対する単なる言い訳に過ぎない行動規範としての功利主義を当てこすったのである。ベンサムは功利主義の創始者とされている。私利私欲が人間の行動にとって最大の推進力であり、徹底した個人の利益の追求が「最大多数の最大幸福」につながり、社会全体を幸福にするという考え方だ。ベンサムの考えでは、この原則を超える道徳的価値基準は存在しない。そのため、ベンサムは一七八九年の人権宣言を「竹馬に乗ったナンセンス」と表現した。

歴史上、極めて重要な例としてボルシェヴィズムを挙げることができる。レーニンはエリートと大衆を分離する反啓蒙的で権威主義的なイデオロギーを採用し、それを革命の手段にした。しかし、レーニンのような解釈は、左派の平等・非権威的な理念、つまり急進的民主政治の主要理念とは相容れないことを、ローザ・ルクセンブルク[104]や、あるいは評議民主政治の偉大な理論家であるアントン・パンネクーク[105]がすでに証明している。現在もさまざまなグループによる動きが、「左」という言葉から解放的なイメージや統合的な社会運動の魅力を奪いつづけている。影響力の強い団体が平等および普遍の理念に背を向け、「アイデンティティ政策」や特定の社会集団の解放の問題に目を向けるようになった。それどころか、政党政治的に見て「左」という言葉は、権力への参加を望む、体制に互換性のある「左派政党」が、解放を求める有権者の票を得るために用いる中身のないマーケティング用語に成り下がってしまった。

「左」という言葉だけでなく、啓蒙主義が唱える普遍主義もまた、さまざまな形で乱用されている。すでに啓蒙時代に、普遍主義を適切に選択的な意味でのみ用いれば、権力欲を理念として正当化できることが知られていた。[106]そのような態度は、十字軍の時代に始まり、植民地主義や帝国主義をへて、いわゆる「人道的介入」にいたるまで、「西側価値共同体」の歴史を貫いている。[107]「西側諸国」の「文明化ミッション」の根底には、まさに普遍主義こそ西欧の優れた文明を示威することの証明であり、それゆえに、世界の他の地域を西欧の高い文明にまで導くことが道徳的な義務であるというイデオロギーが潜んでいる。この西欧型の普遍主義は特別な普遍主義（この言葉自体がすでに矛盾している）であり、具体的には、普遍主義を権力の追求に特に都合のいいイデオロギー的ツールとみなす権力者の普遍主義なのである。イマニュエル・ウォーラステインはこの形態の「普遍主義」——啓蒙主義が唱えた普遍主義の否定形である普遍主義——を「ヨーロッパ的普遍主義」と名付けた。[108]加えてウォーラーステインは、ヨーロッパ的普遍主義をどの程度まで「資本主義的世界経済に特化したイデオロギー」とみなすことができるか、という問題についても考察した。[109] なぜならヨーロッパ的普遍主義は、資本主義がさらに資本を蓄積するために、「他者」の文化的価値を切り下げ人間性を剥奪するのに極めて柔軟で使いやすい道具だからだ。

要するに、「ヨーロッパ的普遍主義」とは、実際には例外主義なのである。「西側価値共同体」の例外主義は本当に例外的な例外主義だ。歴史を通じて連綿と維持されてきた点が例外的なのだ。さまざまな外観をまとって登場する点も例外的である。そして、例外的に柔軟でもある。ヨーロッパ的普遍主義は、「後進的な他者」に対する西洋の優位性を正当化するためなら、両者間に存在するありとあらゆる違いを利用、あるいは発明する。[110]

「左」という言葉も、その根底に横たわる普遍主義という中心理念も、これまでずっと悪用されてきた。したがって、今の社会運動において、「左」という言葉にどのような意味があるのか、問わざるをえない。

社会運動が最も成功しやすいのは、具体的で達成までの道のりが示せるような目標を目指している場合だろう。[111] そのような成功は世界のいたるところで散見されるため、私たちは未来に希望が持てる。しかし、局地的に力を発揮する解放運動は、権力構造を根本から変えるという目的の達成においては弱点になる。体制を根本から変えるには、そのような局地的な運動が連携して力を合わせることでより大きな運動として定着し、持続しなければならない。そのような統合には、包括的な枠組みとして、地域の枠を超えた根本的な変革を促す共通の目標と共通の歴史的経験が欠かせない。この包括的枠組みにはいくつもの役割がある。まず、現代の問題を解くために、歴史から得られた経験や洞察を一つに束ねなければならない。その際、表面的な現象にとどまっていてはだめで、現在の権力構造の根幹に向かう必要がある。また、到達可能な包括的目標を明示する必要もある。その目標は、民衆の多くにとってユートピアへのエネルギーを解放できるほど魅力的でなければならない。なぜなら、ユートピアを求める心が、昔から文明的・解放的進歩の原動力だったからだ。

つまり私たちは、戦うに値するものは何かについて、大きなスケールで知る必要がある。啓蒙主義によって得られた権力の社会的抑制という急進的な民主政治の考えは、このような統合的な枠組みを作るための有望な出発点となる。そうした考え方は歴史的な行動モデルを根拠にしていて、知的な深みを有し、ポジティブな感情のエネルギーを解き放つ力をもつ。私たちの課題は、このすばらしい歴史の遺産を現在の問題に応用し、将来に継承することである。そのような、さまざまな解放運動を統合する枠組みは、より人道的な社会を手に入れるための闘争に、新たな輝きを授けることになるだろう。その内容的な目標に比べれば、それらが「左」と呼ばれるのか、「社会主義的」、「評議民主政治的」、あるいは「急進民主政治的」と名付けられるのか、といった問題は些細なことである。ただし、人間には、どの言葉もそれぞれ何らかの事象を反映していて、言葉が違えばそれが指し示す現実にも何らかの違いがある、と考える傾向があることを忘れてはならない。この意味では、一貫した、統合的な、共有できる枠組みをさまざまな名称で呼び表すという行為自体が、社会運動の分断を引き起こしたり、さまざまな観点や力点を示すことで、元から存在する分断傾向をさらに強めたりしてしまう可能性がある。しかし、権力構造の根源に焦点を定めた解放的な共通の枠組みがなければ、すべての社会運動は短命に終わってしまうだろう。

経済的・政治的権力のボーダーレス化と、エリートによる公共の議論空間の支配は、破壊的な結果をもたらす。

啓蒙主義思想が唱導した急進的民主政治の指導理念を思い起こせば、ここ数十年、公的な議論の場がいかに制限されてきたかが、特によくわかるだろう。権威主義がますます強まるグローバル化した資本主義を民主政治の脅威から守るために、このような制限が行われているとすれば、それは深刻な結果をもたらす。

啓蒙主義が、権力の封じ込めとその行き過ぎを抑えるために明確に示した考えは、以下の通りだ。権力と暴力の歴史的経験から正しい結論を導き出し、そうした悪政による出来事を最も効果的に防ぐために、集団的な努力によって、基本的な原則に合意点を見出す、という主張である。これらの原則は、政治権力の大規模な封じ込めを目標とするため、権力者や権力による現状維持を擁護する知識人たちの抵抗は、今に至るまで続いている。歴史上、反啓蒙の流れが押し寄せた時期が幾度もある。[112] この百年余りは、ラジカルな反啓蒙の時代だと言える。現在進行中で、非常に攻撃的で広範囲に及ぶ反啓蒙の流れは、新自由主義というイデオロギーであり、当初より自ら、反啓蒙主義および、啓蒙主義の平等の原則に対するエリート主義の側からの対抗策であることを明らかにしている。

今や、権力を封じ込めるための民主的なメカニズムは存在しないか、消滅してしまった。そしてそれに応じて、資本主義に不可避的に内在する破壊的な行き過ぎに対して、修正装置として機能しうるメカニズムも消滅してしまったのである。資本主義があらゆる民主的コントロールから解放されたことで、私たちはある種の文明的後退期を迎えており、権力が再び自己を正当化できると信じる社会秩序に戻った。グローバル資本主義は、民衆による承認を求めることもなく、また合意形成をしたり、あるいは国民に対する説明責任を果たすことからも逃れている。そのために、グローバル資本主義を背景にした権力と世界規模の暴力の秩序は、歴史の中で繰り返し起きているように、その中に自己破壊の種を秘めている[113]。この破壊のスパイラルが進めばどのような悲惨な結果を招くかは隠しようもなく、一般市民でさえ徐々にそれに気づきはじめている。

「エリート民主政治」の思想的基盤は、「エリートの暴れ放題」が進行するにつれ、かつてないほど明確になってきている[114]。リップマンは、エリート民主政治体制の根底には、独立し中立的立場に立った「責任ある専門家」による公益への貢献努力があると主張したが、ジョン・デューイは、この考えが素朴なフィクションに過ぎないことを明らかにした。しかし実際には、それは単なるナイーブなフィクションというよりも、むしろイデオロギーによる権力保持に奉仕するための意図的な目眩《めくらま》しである。道徳的・知的に統治する能力において特に優れている「エリート」が、その政治的能力と公益に対する義務感と責任感によって、民主政治の旗の下に、「迷える群れ」を正しい方向に導くよう要請されるというイデオロギーは、その隠された真の目的を今やますます露わに示している。民主政治の仮面はとっくに剥ぎ取られている。それでも、政治・経済エリートは、グローバル化した資本主義における自分たちの権力が、「民主政治の側からの介入の試みを許さない揺るぎのないものだ[115]」と考えており、今や民主政治を騙《かた》るレトリックを捨てて公然と権威主義の貌《かお》を見せてもかまわないと、ますます確信しているのである。その際彼らは、自分たちの政治的行動がもたらした巨大な破壊的結果にも動じない。その結果、いかなる民主的コントロールからも解放された資本主義の将来的予測は、人類全体にとってきわめて暗

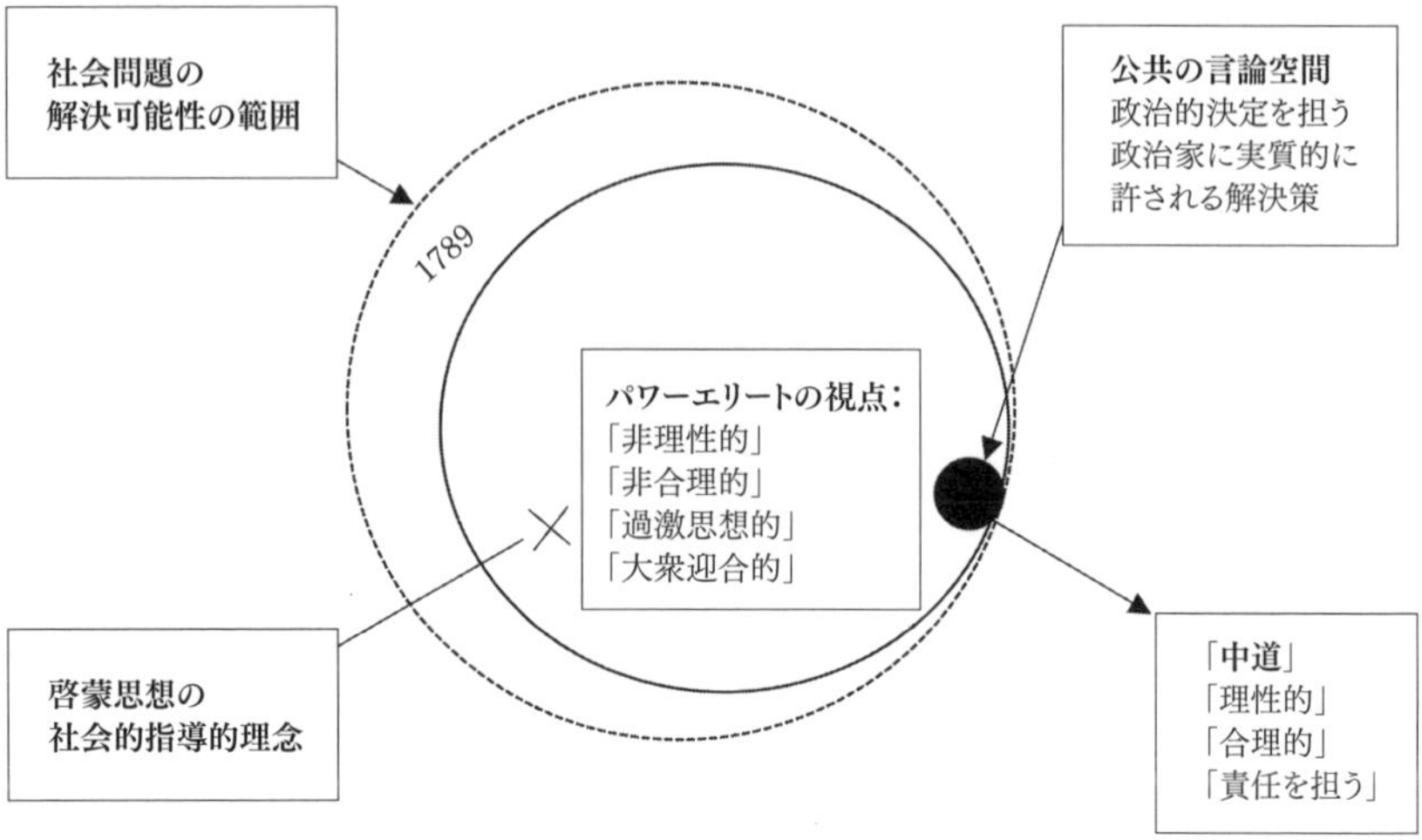

いものとなる。つまりこうだ。「公共財を略奪」した後、金権政治《プルトクラシー》エリートはますます「最終戦モード」に切り替えていく。「現金に替え、すべてを売り払い、後ろの橋を燃やし、残すのは焦土だけ[116]」。

過去数十年の新自由主義エリート民主政治体制が残した、とてつもなく大きな社会と生態系・環境の破壊を考えれば、政治・経済エリートが現在の最も緊急な問題を解決するために必要な代替案を用意することはおろか、そうした代替案を考えることさえできないだろう。それどころか、彼らの行動は不確実性を増し、自らが作り出した問題を前に、打つ手もなく呆然としているようだ。問題とはつまり、ますます破壊的で制御不能な金融資本主義体制自体であり、取り返しのつかない生態系の破壊であり、連帯によって繋がれていた共同体の崩壊とそれに伴う心理的荒廃と歪みであり、消費者として必要とされはしても、政治的には「無視してよい」人間たちをますます権威主義の下に管理し、消費者としてさえもはや必要とされなくなった経済的に「余剰」な人々を自分たちの規律に服させていること、などだ。

現在の問題を解決するための代替的な考え方は、したがってもっと深いところから発せられるものでなければならない。そしてそれは啓蒙主義がかつて行ったように、民主的な力による抑制が効かなくなった権力がもたらす悲惨な帰結の根源を認識し、必要な結果を導き出すものでなければならない。そのために求められる新たな思想及び行動は、「下からの」解放運動の豊かな経験を活かし、協力して繰り広げるしかないのである。そのためには、残された民主的な要素を、社会の再政治化・再民主化のための基盤として利用しなければならない。

最悪の文明的破局を経験した後に、人類が共同して集団的努力によってどうにかたどり着いた解決への道、すなわち啓蒙思想の指導的理想は、ここ数十年来、公的言論空間が大規模に制限されて以来、「真っ当な」あるいは「許容範囲」とされた討論空間のはるか外側に追いやられた。そうである限り、現在の差し迫った問題を解決し、さらなる、おそらくはより深刻な大惨事から自らを守る可能性はないだろう。したがって、私たちの緊急課題の一つは、この組織的・計画的に誘導された公共の言論空間の退化を克服することである[117]。そうすることによってのみ、私たちは新たな思考と行動のために必要な代替手段を取り戻すことができる。

現在の経済秩序と世界秩序が引き起こした社会と生態系の破壊を考えると、私たち人類の未来はこれまで以上に、すべての人々を自由で平等な存在として認めるという文明の夢と民主政治の指導的理想を、いよいよ真剣に受け止める覚悟があるかどうかにかかっていると言えるのではないだろうか。私たちに残された時間はもう多くはない。

原注——

（1）「人間に関する諸々の事象を哲学者の目で眺め考える者にとって、多数が少数に支配されることの容易さ、そして人が自らの感情や情熱を支配者のそれに委ねる暗黙の服従ほど、驚くべきものはないように思われる。このように不思議なことがどのような手段で実現されているのかを調べてみると、力は常に支配される側にあるので、支配者は世論以外に自らを支えるものがないことがわかるだろう。したがって、統治が成立するのは世論の上だけである」(David Hume, *On the First principles of Government*（『政府の第一の諸原理について』, 1741)。

（2）リベラル派の政治学者であるギレンスとペイジは、彼らの非常に広範な経験的研究に基づいて、「普通のアメリカ人の願望は、実際には連邦政府の政策決定にほとんどあるいは全く影響を及ぼしていないことを証拠づける最高の統計資料がある」と述べている。富裕層や組織化された利益団体、特に大企業は、政治的影響力をより強く持っている。それらを考慮すると、一般市民は事実上無力であったことが明らかになる」Gilens and Page, 2017)。

歴史家のロナルド・フォルミサモ（Ronald Formisamo（2017））は、民主的な手続きでは選択され得ないはずの「永続的政治階級」について、その自己顕示欲と自己賛美が、とりわけ社会全体を感染させる腐敗の文化を生み出していると述べている（「その自己顕示欲は社会全体を感染させる腐敗の文化を生み出す」）。

スティーブ・フレイザー（Steve Fraser（2015, p. 412））は、「このシステムは、システムを賭けた賭博場になっているようだ。腐敗とインサイダー取引の循環は、しびれるほど頻繁に繰り返され、党派を超えたもの同士が入り乱れて、泥棒政治を恣《ほしいまま》にしている」と述べている。

（3）政治的無関心を組織的・計画的に醸成したことは、最初から、たとえばリップマンや、シュンペーターや、レオ・シュトラウスが、それなしには「民主政治」――もちろん「エリート民主政治」のことだが――が機能しない必要条件であると考えており、彼らはそのことをたびたび公言していた。そのため、１９５８年にはC・ライト・ミルズが『第三次世界大戦の原因』の中で、「大衆の無関心は、今日の西側諸国における最も重要な政治的要因の一つであることは間違いない」と述べているほどである。(Mills, 1959, p. 110)

（4）スティーブ・フレイザー（Steve Fraser（2015, p. 305））「我々が当たり前だと思っている、全てを消費し尽くす自我は、『空《うつろ》な欲望の器』に過ぎない。限りなく可塑的で脱中心化した現代の消費共和国の住民は、脆弱な地盤の上に暮らし、行くあてもない旅をしている。集団として抵抗・反抗するための感情的な基盤となる、ある種の社会的共感や繋がりをこれ以上に蝕むものは、ほかにない。その代わりに消費文化は、個人の権利と内面的な自由に焦点を絞ったスタイルとアイデンティティの政治を助長するものであり、個人の解放よりも社会全体の解放という古い倫理観とは相容れないものである。それどころか、消費文化は幼児化への傾向があり、見せかけの自己表現をより多く、より斬新な形にすることへの飽くなき渇望を促している。それが約束する個性は、ある種の永遠のお遊びであり、最近ではたとえば、銀河系のように拡大し続けるインターネット上のアプリは、その跡に慢性的な期待の残滓を残していく。この『マテリアル・ガール』（マドンナの歌の題名。物質と「お金」中心主義の女の意）の中で眠っている物質と自己改良への追求は、超越することへの神聖な探求である。それは、今の自分とは違うあるべき姿への夢想であり、「商品の変容であり、製品や道具を使って、すべてが調和し、幸福と満足がある魔法の領域［……］を創り出すことである。そこに出現するのは、最高で最も賞賛すべき自分なのだ。ユートピアの民営化」。

（5）「人々を受け身にし、服従させておくための賢いやり方は、許容できる言論の範囲を厳密に制限しながらも、その範囲の中では非常に活発な議論を許すこと——それどころか、より批判的で反体制的な意見を述べることさえ奨励することだ。そうすれば、人々は自由な思考が行われていると感じることができ、しかも同時に、議論の範囲が制限されていることによって、権力システムの前提には何ら支障が起こらないで済むのだ」（Chomsky, 1988）。

（6）Maus (1994, p. 64)

（7）Maus (1994, p. 249)

（8）新自由主義、ファシズム、人種差別主義、例外主義などのイデオロギーは、本質的に強者の美化と弱者の蔑視という態度に基づいている。それらは、民主政治、国際法、普遍的人権が基盤としている中心的な前提を否定し、軽蔑している。一九八一年に当時のアメリカの国連大使ジーン・カーク・パトリックは、世界人権宣言について、これは「サンタクロースへの手紙に過ぎない」と述べて、アメリカの態度を鮮明にした。

つまり、歴史が「単純な真理」として示すように、自分の意思を押し付けるのは強者の権利だというわけだ。ちなみに、『ズュートドイチェ・ツァイトゥング』紙（二〇一〇年五月一七日付）によれば「ヘイトの伝道師」と呼ばれているジャーナリストのヘンリク・ブローダーは、二〇〇五年に、「被害者よりも加害者になる方が楽しい」（『ユーディッシェ・アルゲマイネ』紙二〇〇五年三月一七日付《イスラエルへの免罪符》）と述べているが、それは加害者の方が被害者よりも平均寿命が長いということだけでそう言えるということだ（これは表面的にはもっともらしく見えるかもしれないが、そのような情緒の持ち主は、道徳的な発達が不十分であることが想定される)。

イスラエルのベンヤミン・ネタニヤフ首相は二〇一八年八月二九日、弱者の居場所がないのは歴史の「単純な真実」であり、弱者はボロボロにされ、貶められ、歴史から消されるが、強者は生き残り、尊敬されるのだ、と述べた。(「弱者の居場所はない。弱者はボロボロにされ、殺され、歴史から消え去り、強者は良かれ悪しかれ、生き残るのです。強者は尊重され、強者との同盟が結ばれ、最後には平和がもたらされる」) www.emo.gov.il/English/MediaCenter/ Events/Pages/event eeres290818.asex。

この「単純な真実」に対する賛美歌は、しばしば歴史の反響板から聴こえてくることがよく知られており、そのような思考の原因と結果の恐ろしさは、今も私たちの集団的記憶にあるはずだ。「神と世界の前では、強者は常に自分の意思を押しつける権利がある。それは歴史が証明している。力がなければ、『権利それ自体』には何の意味もない。自然界は、強者と弱者の壮絶な戦いであり、強者が弱者に勝利する永遠の戦いなのだ。そうでなければ、自然界全体には腐敗以外の何物も存在しない。この基本的な法則に反する罪を犯す国家は腐っていくだろう[……]」(アドルフ・ヒトラー、1923年4月13日、Lautemann & Schlenke, 1961, p. 285 より引用)。

いつの時代も、強者の権利という「明白な真実」――これは歴史の実際の明白な真実である――は、「弱者」すべてを虐殺し絶滅させるために築き上げた屍の山を正当化するために、「支配者たる人間《ヘレンメンシェン》」によって好んで宣言されたし、今もされている。この見解によれば、国際法や民主政治の居場所は歴史上存在し得ないことになる。この「単純な真理」を肯定することによって、何世紀にもわたって苦労を重ねて勝ちとった文明の成果が破壊される。すなわち、権力は単に強者の権利――強者はしたいことをし、弱者は強いられたことに苦しむという、古代にすでに定式化された権利――によって自らを正当化するわけにはいかないのである。今日、忍び寄る文明の重大な後退の中で、最強者の権利は、国内政治においても国家間政治においても、再びイデオロギーの時代精神としてほとんど注目されないものとなった。

(9) 民主的自治のこのような平等主義的な基本原理は、カントの定言命法の倫理的自治の行為要件とは別の次元のものである。カントの定言命法――「倫理的自治が各個人の意思において検討される行為の基準の普遍性に基づくとすれば、民主的自治は万人の参加による立法手続の事実上の普遍化に根拠を持つ」(Maus, 1994, p. 173)。

(10) リップマン及びリップマン――デューイ論争の概括的な背景については、Steel (1981, 特に p. 211 ff.) を参照。

(11) 1920年の『*Lieberty and the News*(自由と報道)』で、リップマンはこう述べている。「各人が意見を持つべき世界は、理解を絶するほど複雑になっている」(p. 22)。

(12) これが基本的に、特にジョーゼフ・シュンペーターも提唱した、資本主義的民主政治の現在の標準的な概念である。アイマー・エリック・シャットシュナイダーも、一九六〇年の古典的名著『半主権者としての国民——現実主義者の見たアメリカの民主政治』において、民主政治を「競合する指導者や組織が、国民が意思決定過程に参加できるように、公共政策の選択肢を提示する競争的政治システム」(p. 138)と理解している。しかし同時に、シャットシュナイダーは多元的な民主政治という幻想を払拭し、実質的な影響力を持って政治権力を発揮する中心的組織が極めて少ないことを指摘した。「しっかりとした組織を持ち、名前が特定できる集団の数は驚くほど少なく、普遍的な広がりには程遠い[……]企業、あるいは圧力システムの上流階級への偏りはいたるところに見られる」(p. 35)。このような状況は、私たちの社会に存在する新自由主義の勝利によって、さらに大規模に先鋭化した。

(13) リップマンは、世界で最も影響力のある民間シンクタンクであるアメリカの外交問題評議会(CFR)の創設者の一人である。Shoup(2015)参照。

(14) Lippmann(1922/2018)

(15) ジョン・デューイは、*Public Opinion* 誌で、リップマンによる批判を、「現在考えられている民主政治をこれまで書かれた中でたぶん最も効果的に非難したもの」と評している。

(16) リップマンは一九二五年にこう語っている。「私自身の考えは着実に反民主政治的になってきている」(Steel, 1981, p. 211)。

(17) 「民主政治はその原型からして、人が頭の中に描いたものが外の世界と自動的に対応しないために生じる問題に、真剣に向き合うことはなかった」(Lippmann, 1922, p. 22)。

(18) 「大衆は彼らの居場所にとどまるべきだ[……]そうすれば、我々は皆、混乱した群れに踏みつけられることもなく、彼らの争いに巻き込まれずに生きることができる」(Lippmann, 1925, p. 145)。

(19) 一九二〇年当時、リップマンは、真実を報道することを任務とする報道機関が、プロパガンダの担い手になってしまっていると嘆いていた。「虚偽の最も破壊的な形は、報道を職業とするものたちによる詭弁とプロパガンダである。ニュースのコラムは一般への通信を担う。これをコントロールするものが、報道すべきことやその目的を、自分たちの思い通りに勝手に決める権利を掌握したとき、民主政治は機能しなくなる。世論は封鎖される。なぜなら、民衆が知るべき情報の最良の泉に自信を持ってたどり着くことができなくなれば、誰かの憶測や、噂や、希望や、気まぐれが、政府のよって立つ土台になってしまうからだ」（Lippmann, 1920, p. 5f.）これは民主政治の基盤を危うくするものだ。「これは民主政治の核心に触れるものである。なぜなら、利害に左右されず、信頼できる報道がなければ、代議制民主政治はただの茶番に過ぎないからだ」（Lippmann & Merz, 1920, p. 33）。

（20）リップマンは、メディアによる報道について次のように述べている。「ニュースと真実は同じものではなく、明確に区別されなければならない」。（Lippmann, 1922, p. 358）メディアは、「隠された事実を明るみに出し、それらを互いに関連付け、それに基づいて人間が行動できるように、現実を描いて見せる事はできない」（同書, 第二四章）したがって、メディアは、理想的なケースであったとしても民主政治が機能するために必要な基盤になることはないであろう、と彼は述べている。「報道機関は、世論の民主的理論が要求する量の知識を提供するようにはできていない」（同書, p. 165）。

（21）「[……] 民主政治のより明白な欠陥は、強烈な偏見、無関心、そして重要だが退屈なことよりも好奇心を刺激する薄っぺらなものを好むこと、余興や三本足の仔牛を見ることへの渇望などである。（同書、p. 230）。

（22）反民主的な態度は、当時も今も、文化エリートの思考に深く刻み込まれている。例えば、Carey（1992）, Struve（2015）を参照。

（23）John Dewey（1929/2012）, Westbrook（1991m p. 313）を参照。

（24）「知能が、個人の才能や個人的な努力の結果であるという考え方は、知的階級の大いなる思い上がりである」。（Dewey, 1929, p. 211）；Westbrook（1991, p. 313）も参照。

（25）「秘密、偏見、偏向、不当表示、プロパガンダ、そして全くの無知が、調査と公表《パブリシティ》に取って代わられるまで、我々は大衆の既存の知性が社会政策の判断にどれだけ適しているかを知る術がない」（Dewey 1929, p. 366）。

（26）「大衆の政治的行動をコントロールする最も円滑な道は、世論のコントロールによってである。金銭的利益という利害が強力である限り、そして大衆が自らの位置を特定し識別していない限り、この利害に与《あずか》る者たちは、自分たちに関わるすべてのことについて、大衆の政治的行動の源泉を弄び歪めるためには躊躇なく何でもやる」（Dewey, 1927, p. 182）。

（27）「この問題の唯一の真に根本的解決方法は、公共の全システム——これには、何が知るべきニュースなのか、公表されるべき物事の取捨選択、社説とニュースコラムの両方におけるニュースの取り扱い、について判断することが含まれる——に対する現今の経済システムの必然的な影響について知ることだ」そして我々は、「真の知的自由と社会的責任が、既存の経済体制のもとでどこまで可能か」を問わなければならない。（Dewey, 1935）

（28）デューイは、「民主政治の病の治療法は、さらに民主的な政治だ」と考えていた。（Dewey, 1927, p. 146）

（29）「民主政治を回復するために絶対に必要なのは、たった一つのことだ。人民が国を支配するのは、彼らが力を持ったときであり、彼らが力を持つのは、土地、銀行、国家の生産と流通機関を所有したときだ」（Dewey, 1934, p. 76）。

（30）「政治が、大企業が社会に落とした影である限り［……］」（Dewey, 1931, *The need for a new party*『新たな政党の必要性』）、Westbrook（1991, p. 440）からの引用）。

（31）政治家は、政治に関わる複雑な問題は「イエスかノー」かの判断に還元できず、結果的に選挙での判断には適さないと指摘したがる。したがって、彼らは明らかに、議会選挙は複雑な政治的問題には関係なく、それゆえ重要な政治的決定にはほとんど無関係であると考えている。

（32）「専門化した階級になるほど、彼らは奉仕すべき社会が求める知識から切り離される［……］。ある専門家集団は、必然的に公共の利益から離れ、私的な利益と私的集団のための知識を有する階級になる。つまり彼らは社会的な問題に関しては、全く無知なのだ」（Dewey, 1927/1996, p. 172）。

（33）この解釈に関する最近の論争については、例えばRakow（2018）を参照。

（34）ここで、「合理性」の基準が決定的であるのはもちろんである。経済的・功利主義的な意味では、社会的・政治的な問題に関心がないことは、個人にとって「合理的」かもしれない。日常的な問題に対処するためにすでに十分に判断力を求められている個々の市民にとって、重要な政治情報を探し出し評価することは、かなりのコストになる。政治的意思決定に対する自分の影響力は無視できるほど小さいのだから、政治的情報の探索の成果はその労力に見合わず、この意味で、政治的に無関心でいることは合理的だと言える。

（35）Maus（2011, p. 83）参照。

（36）例えば、Tetlock（2005）参照。

（37）Pand & Shapiro（1992),（1999)

（38）「一般に入手可能な情報があるかぎり、世論や有権者の行動は、理解でき、説明可能であり、擁護できるものであり、したがって、この意味において〈合理的である〉」。

（39）「［……］正確な情報が入手できる環境では［……］大衆は統治する能力を有する」。

（40）これに関する議論は、研究論文上でも侃々諤々《かんかんがくがく》と行われている。数多くの文献の中で、デューイの立場を支持する例をいくつか挙げると、Lupia and McCubbins（1998), Landemore（2012), Lupia（2016), Sniderman（2017）がある。

（41）Herman & Chomsky（1988), Chomsky（2003, p. 191ff.), Mullen（2010)

（42）Maus（1994, p. 223)。Turse（2008）も参照。Roelofs（2018）は、軍産複合体が、例えば環境、教育、健康、インフラの分野など様々なチャネルを通じて、すでに市民社会の公益機関や組織にいかに深く浸透しているかを指摘している。戦争は何よりもまず、文明史上最大のビジネスであり、資本主義民主体制諸国はその上に経済秩序全体を構築してきた。拡大し続ける戦争経済は、公共部門から民間部門への再分配であり、何よりも、組織的に生み出された恐怖と敵意の商品化であると言えるであろう。

（43）「近代国家では戦争に対する心理的抵抗が非常に大きいため、すべての戦争は、脅威的で殺人的な侵略者に対する防衛戦争であるかのように見えなければならない。国民が誰を憎むべきかについて、曖昧であってはならない」(Lasswell, 1927, p. 47)。

（44）Creel（1920, p. 4)

（45）このようなイデオロギーの均質化の構造的なメカニズムは、国民にはほとんど見えない。このメカニズムは、民主政治に関する偉大な理論家であるシェルドン・ウォーリンが「逆転した全体主義」と呼ぶ現象に大きく寄与している。これは歴史上全く新しい形の全体主義で、国民がそれを全体主義体制としては認識できないように作られている。Wolin（2008）は、この新しい形の全体主義の特徴として、以下のものを挙げている。

——不安、恐怖、無関心を誘発することによって、市民を受動的な消費者にさせる。

——国家と社会は経済に従属する。

——反体制派に対する暴力は、ほとんど目に見えない。

――意見スペクトルの制限（言論弾圧）は、ほとんど目に見えない。「しかし、この全体化システムは、独自の方法と戦略を発展させてきた。その天才的に優れた点は、強制収容所を設置したり、イデオロギーの統一を強制したり、（それらが効力を発揮しない限り）反体制的な要素を強制的に抑圧したりせず、全体主義とは見えないまま全権力を行使することにある」（Wolin, 2008、p. 57）。

（46）「そもそも《国民》とは、自らに憲法を与え、その憲法のもとに生きようとする意思によって成立するものだ。国民は、歴史的な運命によってではなく、共通の血統によってでもなく、ましてや領土によってでもなく、文化や言語によって定義されるものでもなく、共に憲法を作るという行為のみによって成立するものである」Maus（2015, p. 201）。

（47）様々な個別の利害が多様であることについての意見交換をより円滑に進めるためには、社会状況に対する我々自身の視点を倍加させ、状況を自らの利害、心情、偏見の立場からだけでなく、同時に啓蒙精神の意味で普遍化できる共通の社会的、環境的利益と、内外の平和の確保という立場から観る用意が必要だ。このような思考における視点の二重化のためには、一定の知的・感情的な努力が必要になる。このように二重の視点で物事を観ることによって、我々の中に、本来相入れない視点同士の内なる心理的緊張関係が生じる。なぜなら、現在の権力と暴力がもたらす破壊的な結果は、超人間的な視点から我々に認識されるのであるが、それは実際我々を圧倒し、そのため、我々にとって感情的にはしばしば耐えがたいものになるからである。

（48）Graeber（2002）は、単なる多数決に基づかない、非西洋的な伝統に基づく民主的な合意形成の、すでに実証されているさまざまな手続きに言及している。「［……］スポークスカウンシル、アフィニティグループ、ファシリテーションツール、ブレイクアウト、フィッシュボウル、ブロッキングコンサーンズ、バイブウォッチャーなど、これらはすべて、反対意見を抑圧したり、指導的立場をつくり出したり、自分の自由意思で賛成しないことを何人にも強いたりせずに、イニシアチブが下から立ち上がり、最大の効果を得られる連帯が得られるような、様々な形の民主的手続きを醸成することを目指している」。

（49）Maus（1994, p. 156）を参照。

（50）歴史的視点からは、例えばWood（2010）およびGerstenberger（1990/2017, p. 522ff.; 2016）を参照。

（51）「《資本主義的民主政治》というフレーズは、《民主政治》が、普通の人々が自分たちの生活に影響を与え、自分たちのコミュニティにとって重要な意思決定に参加する有効な手段を持つシステムを意味するならば、実際には矛盾したフレーズである」(Pateman, 2005, p. 150)。

(52) 「真の民主政治を実現するには、企業資本主義のシステム全体を完全に解体する必要がある」(Chomsky, 2002, p. 140)。

(53) 「民主的な形態について安心して考えることができるのは、民衆が参加することへの脅威が克服されたときのみである」(Chomsky, 1989, p. 69)。

(54) このように体系的に行われる意味の変化は、一六世紀から一九世紀にかけて、思想史における多様な路線が交差することによって定まった民主政治の概念とは異なった性格のものである。これについてはMaier (1971) を参照。

(55) Thiele (2008) は、民主政治の理論の基本的な概念を思想史的にわかりやすく解説した入門書である。

(56) このように、エリート主義や権威主義的な概念を、民主政治という概念で覆い隠すような意味のずらしには、長い伝統がある。アメリカ憲法の父たちが「代議制民主政治」という言葉を発明した背景には、すでにこのような考え方があるのだ。前世紀に最も影響力のあった「民主政治」の概念は、事実上、民主政治に対する防御の概念である。

(57) シュンペーター (1950/1994) は、「機能する」民主政治は、パワーエリートの「民主的」な選定に限定されなければならないとしている。「民主的なやり方」とは、政治的な決定を行うための制度のうち、民衆の票をめぐる競争的な闘争によってエリート個人が意思決定権を獲得する手順のことである。「リーダーシップの承認は、選挙民の本来の機能である。(「リーダーシップの承認こそが、選挙民の投票の真の機能である」(p. 273)。

(58) 世界公共圏が実現する可能性について、それが民主政治の観点から正当性を与えられるかどうか、そして国境を越えたレベルでの政治・社会の統制の可能性については、例えばFraser (2007), Maus (2002, 2015) を参照。国境を越えたレベルでの政治的公共圏は、いかにして「民間企業の権力を抑えて、政府の行為を市民の監視のもとに置くために必要な政治的権力を結集させることができるか?」が鍵である (Fraser, 2007, p. 247)。

(59) 国境を越えたレベルでは、民主的な独自の立法と統治の形はあり得ず、したがって、グローバル市場の組織形態はこれまで以上に権威主義的な形態を取ることになるであろう。こうした動きは、経済的に《余剰な》人の数が増え、それに伴って社会的にも《余剰な》人間が急激に増加することになり、管理・規制の方法としてますます《効果的な》ものが求められるようになる。Wacquant (2009) 参照。

(60)現在の権力機構とシステム互換性のある左翼の一部にも見られる、グローバル化に対する広範な神秘化（例えば、ライプチヒでの左翼政党二〇一八年党大会におけるグレゴール・ギージーの「社会の諸問題がグローバル化によって人類の問題となった」という発言は、ビル・ゲイツやマーク・ザッカーバーグのようなエスタブリッシュされた、あるいはこれからその仲間入りをしようという《慈善家たち》が確実に喜んで賛同するような考えだ）は、したがって、民主政治の脅威からグローバルレベルで資本主義を徹底的に保護推進するという新自由主義プロジェクトの中核的利害と暗黙の同一化を内包している。「国際主義」は、現在の力関係を安定させるためのものであり、どこまでも反民主政治的な姿勢が反映されている。（p. 194 参照）

(61)世論を操作し、階級的帰属意識を打ち砕き、偽りのアイデンティティを作り、労働組合や解放運動を混乱させるという目的にかなった「ソフトパワー」技術の開発は、社会科学の圧倒的な興隆と密接な関係がある。

(62)特に、「民主政治」や「自由」といった言葉を、本来の意味において「誤って解釈する」「素朴」で「非合理的な」努力を阻止しなければならなかった。セバスチャン・ハフナーは、すでに一九六七年に、ヨハネス・アンニョーリの著書『民主政治の変容』の書評で、権力の中枢はその民主政治を装ったレトリックの裏で、『自由を利用する者には自由はない』という信条をひたすら追求している、と述べている。

(63)1919年にマックス・ウェーバーと、徹底した全体主義的で根本ファシストであるエーリッヒ・ルーデンドルフが交わした会話の中の逸話がその例である。「ルーデンドルフのウェーバーへの質問――それでは民主政治とは何かね？　ウェーバー――民主政治では、国民は自分たちが信頼するリーダーを選びます。そして、選ばれたリーダーはこう言うのです。《さあ、何も言わずに服従しろ》、と。国民も政党も、もはや干渉することは許されないのです。ルーデンドルフ――そのような《民主政治》なら、文句はない！」（Weber, 1926, p. 665）

(64)民主的な選挙は、一つのエリート集団が別の集団に取って代わられるだけで、それ以外には基本的な政治には影響力がないため、革命を回避するためにはほぼ理想的な形態と言える。このような選挙のメリットは明らかだ。1926年に若き日のヘルベルト・ヴェーナーが書いたように、「選挙民は、後に自分に対して不利益になる政治家の行動を合法化する」のである。リベラル派政治学者のエイケンとバーテルズは、「選挙では、たとえ地滑り的変化が起きたとしても、真の政策転換は得られない。単に別のエリートたちを政権に就けるだけである。この無血の政権交代は、流血の革命よりははるかにましだが、選挙民の意を反映するような政策変更とはならない」（Achen &

Bartels, 2016, p. 312)。選挙は、まさに一層権威主義的になる新自由主義体制においても、根本的な政策変更を効果的に防ぐことができる、革命の予防のための道具とみなされている。

(65) 国民が、基本的な政治上の決定に対する自分たちの影響力がほとんどゼロであることに気づけば、その影響力を行使するための他の方法を探さざるを得なくなる。それゆえ、民主政治という幻想は、常に消滅の脅威に晒されている。ハンナ・アーレントはこのことについて次のように述べている。「またしても国民は公共の領域から排除され、またしても公共の問題は少数者の特権となった［……］その結果［……］、国民は《無気力に打ち沈み、公共の自由が死に絶えてしまう》か、自分たちが選んだ国家権力に対して《抵抗する精神を保持する》かのどちらかしかない。国民に残されている唯一の真の権力は、《非常用に蓄えられている革命の力》なのだ」(Arendt, 2011, p. 305)。

(66) 例えば、Mirowski (2015), MacLean (2017), Slobodian (2018) を参照。ブキャナンは、急進右派の億万長者たちと密接に連携して、あらゆる形の「共同謀議による秘密主義」による民主的な動きに対して反革命を図ろうとした。ブキャナンは、一九七〇年のミュンヘンでのモン・ペレラン協会の会合で、民主政治は「寄生虫の存在を許す」傾向があると述べ、これは「単純な解決策」で防ぐことができる。それは、一貫して「寄生虫が入り込む余地を封鎖する」こと、資本主義を民主政治から守ることが必要である、と説いた。ブキャナンについては以下も参照。
www.theguardian.com/commentisfree/2017/jul/19/despot-disguise-democrasy-james-mcgll-buchanan-totalitarian-capitalism

(67) しかし、実際には、大企業こそ、新自由主義的な助成金国家によって「自由市場」から制度的に保護されているのである。したがって、大企業は「自由市場」の支配下にあるのではなく、「リアルに存在する自由な市場」そのものなのである。賃金労働者と経済的に「余剰な」者だけが、「自由市場」を通じて新自由主義的な抑圧的国家の規律に従わされている。

(68) 新自由主義のプロジェクトを推進するためには、なかでも「自由市場」と国民国家の意味についての重大な誤解が必要なのだ。実は、新自由主義のプロジェクトとは、自己規制する市場を作ることでも、国家間の国境を廃止することでも、国民国家の力を弱めることでもなかったのだ。むしろ、国民国家を再編することによって、グローバルな企業・金融資本主義に適した制度的枠組みの条件を作り出すことであり、それは弾力化、規制緩和といったキーワードのもとで、グローバル資本主義をあらゆる形の民主政治の側からの脅威から守ることだったのである。これについて例えば、Slobodian（2018）などを参照。

（69）「新自由主義」の存在を繰り返し否定しているのは、まさにその代表者たちである。しかし、新自由主義プロジェクトの制度的体現者である国際通貨基金（ＩＭＦ）でさえ、「新自由主義のアジェンダ」としての規制緩和と民営化を公式に認めており、不平等が極度に拡大したために、自らの掲げる目標を達成できなかったと述べている。「不平等がもたらす経済的ダメージは、政策立案者が再配分に対して今以上にオープンであるべきであることを証拠づけている」（Ostry, Loungani und Furceri, 2016）。

（70）「[……]エリートが主導し指示する世論形成の戦略[……]は明快だ。新自由主義の思想家たちは、より広い範囲の知識人、ジャーナリスト、専門家、政治家、政策立案者をターゲットにする必要があった。これは、シンクタンクを運営し新自由主義に賛同する企業資金提供者や、新自由主義的イデオロギーを持つ企業家たちによって作られた間大西洋ネットワーク《トランスアトランティック・ネットワーク》や、ジャーナリストや政治家による新自由主義思想の大衆化を通じて行われた」（Jones, 1996, p. 4）。

（71）Friedrich Hayek（1944/2014, p. 139

（72）これについては例えばHirsch（2005）を参照。

（73）これについては例えばKotz（2015）を参照。

（74）金融資本主義の新たなグローバルな形は、世界的に平等な資本価値化の条件を保証するはずのものだが、サスキア・サッセンが指摘するように、それがもたらした新たな富の蓄積は、原始的なものをより極端にしたものになった。「今日の高度資本主義とより伝統的な市場資本主義との関係は、その原型において、ますます原始的な蓄積の一つだと言える。複雑さと技術進歩は、粗野な単純さを生み出す原因となる」（Sassen, 2014, p. 214; 2015）。Gerstenberger（2017、p. 435ff.）は、彼女が「限界を超えた搾取」と呼ぶものを、豊富な実証資料に基づいて考察している。

（75）ヨアヒム・ヒルシュは次のように結論付けている。「遅くとも一九八九年以降、社会変革を目的とした二〇世紀の二つの大きなプロジェクト、すなわち共産主義革命と、国家の改革政策を通じて資本主義を徐々に『文明化』するか、あるいは克服しようとする社会民主政治の試みは、明らかに失敗した」Hirsch（2012, p. 234）。資本主義の変革が孕むユートピア思想について、アンドレ・ゴルツはすでに次のように述べている。「資本主義の発展がもたらす影響に対してのみ」闘い、「個人の消費と余暇、すなわち非労働の領域における要求に限定される」社会的闘争は、「資本主義の論理の中にとどまり、結局それ自体が資本主義体制を強化することに貢献する」（Gorz（1968, p. 18f.)。とはいえ、資本主義が何を意味し、どのように組織化され、抑制されるかは、最終的には政治的な決断による。戦後の一時的な階級的妥協を可能にした状況は歴史的に例外的なことであり、したがってそれを再現するのは不可能だが、それでも、現在の経済の枠組みの条件のもとでも一定の限度内で、政治体制を意識的に変えることにより、鎖を解かれた金融資本主義の出現を促進するために意図的になされた決定を元に戻し、軌道修正することは原理的には可能であろう。しかし、経済も含め、しっかりとした民主的体制がなければ、そのような選択肢は非現実的な希望にとどまらざるを得ない。

（76）これについては、Sklair（2001), Carroll and Carson（2006), Carroll and Sapinski（2010), Van Der Pijl, Kees（2014), Heemskerk and Takes（2016）を参照。

新自由主義の勝利に伴う大規模なイデオロギーの均質化は、エリート間の競争と機能エリートの分化によるエリート支配について、「エリートによる民主政治」の理念が民主政治の指導理念と原則的に両立することを宣言しようとする、お気に入りの正当化努力のための根拠を無効にしている。グローバル経済エリートたちのネットワークについての分析によると、「グローバル企業エリート」においては、企業役員間の人事的相互交換関係（「インター・ロッキング・ディレクトレート」）を通じて、世界一五〇余の有力な大企業や持株会社などに影響力を行使する人物の輪は実際は非常に小さく、数百人の個人が「国境を超えたエリート階級の編成に最も直接的な構造的貢献をしている」ことがわかる（Carroll and Carson, 2006, p. 60ff.)。

グローバルな政治経済の実際の中枢をなす人物たちの輪は、新自由主義革命が進むなかで劇的に縮小した（デジタル化によって再び大規模に強化される権力の集中）。同時に、高度にネットワーク化されたこれらの集団は、権力の中枢の代表として事実上公衆の目に触れることはなく、いかなる種類の民主的説明責任からも逃れられているのだ。シンクタンクの巨大なネットワークによって調整されたイデオロギーの均質化と、厳格な権威主義による内部組織は、関連する政治的決定と計画に関する全ての問題について圧倒的な影響力を持っている。「役員間の人事的相互交換のネットワークなどの組織は、政策立案ネットワーク、諸々の会議、フォーラムなどと連携して、コンセンサスと同調を構築し、変革の方向性を示す」（Heemskerk and Takes, 2016, p. 93)。

このような展開は、民主的な組織の侵蝕と相まって、社会を作るための基本的な事柄を民主的な手続きによって変えていく可能性をほとんどゼロに近づけている。

（77）いわゆるグローバリゼーションという言葉はしばしば多くの深刻な誤解と結びついている。「グローバル化」および「国際化」は、もともとは肯定的な言葉であったが、今では根本的に違ったものを表しているからだ。このことは、様々な文献でも指摘されている。エレン・マイクシンズ・ウッドが明らかにしたように、「戦後の経済秩序の一般的な目的は基本的に変わらないが、世界経済の具体的なルールは、初期の『グローバル化』の段階を含めて——あるいは特にこの時期に、米国資本のニーズの変化に応じて変容してきた。［……］現実に存在するグローバリゼーションはこのように、帝国の資本にとっては、無防備な従属経済圏の開放を意味し、一方、帝国の経済は従属経済圏に開放されることから可能な限り保護されているのである。グローバリゼーションは、自由貿易とはなんの関係もない。それどころかそれは、帝国の資本の利益のために貿易条件を注意深くコントロールすることを意味するのだ」Wood（2016, p. 153）。グローバリゼーションあるいは「社会的脱国家化」については、例えば、Zürn（1998）も参照。

（78）このような富の移転とその結果生じる社会的不平等は、現在、巨大なものになっており、政治的介入ではほとんど制御できないそれ自身の勢いをもっている。スタンフォード大学の歴史学者、ウォルター・シャイデル（Walter Scheidel, 2017）は、不平等を大幅に削減する可能性のある要因について、数千年の歴史を包括する詳細な調査研究によって検討した。シャイデルによると、歴史的に不平等を大きく減らすことができた要因は四つしかない。大量動員による戦争、革命、疫病（中世末期のペストなど）、そして文明の崩壊（ローマ帝国やマヤ文明など）。彼は、現在の不平等の規模は非常に大きく、改革によるだけでは大幅に削減することはできないと結論づけている。平和的な格差是正は問題外であり（「平和的な改革は、今後増大する課題に対して不平等であることが証明されるだろう」（p. 457）、歴史的に確認できる四つの要因は、大規模な不平等よりもさらに悪い結果を伴うであろうから、不平等がさらに悪化することが予想される。このような予測は、資本の収益性を確保するためにこれまで成功してきた方法がますます限界に達しており、したがって、権威主義的・抑圧的な手段と組み合わせて搾取を強化することに絞られそうだという事実によっても裏付けられている。

（79）Ingeborg Maus（2011, p. 185）は、「現代の政治システムにおける厳格な機能的三権分立の事実上の崩壊は、参加型民主政治の可能性の条件も破壊してしまった」と述べている。これに伴って、「そもそも法治国家と民主政治が存在するとして、それはどの程度に存在するのか、という問いが生じる。残念ながら、二〇世紀以降に開発された法解釈の方法と、不確定な法概念の法律自体への形を変えた組み込み、つまり法律の内容の決定を法律の適用状況に移行させるプロセスを考えると、この質問には否定的に答えざるを得ない」（p. 194）。

（80）例えばGill（2000）, Gill and Cutier（2014）を参照。

（81）現在の専門家・コンサルタント文化は、ロビー活動を不可視化し、もはや解消できない形であらゆるレベルの立法や行政の法解釈と融合させた、腐敗の制度化にほかならない。また古典的な腐敗も、強力な経済部門、例えば製薬業界、エネルギー産業、保険・金融業界、アグリビジネス、自動車産業、軍事・安全保障技術などが、専門家やコンサルタントを装って行政機関のあらゆるレベルに深く入り込み、人事や組織の面で彼らと融合することによって、ほとんど見えなくなっている。ディ・ツァイト紙によれば、国防省が「より効率的」にするために「ドイツ連邦共和国の歴史上、おそらく最大のコンサルタント契約」を結んだというが、これはよい参考例だ。

www.zeit.de/politik/deutschland/2016-07/ursula-von-der-leyen-consultant-ruestung-spending

ここで忘れてはならないのは、国防省の機能は基本的に、国民が戦争を嫌うという民主政治の危険性から戦争経済の利益を守ることにもあるということだ。制度的腐敗のメカニズムは、省庁だけでなく、さまざまな連邦官庁（環境保護、特許庁、核廃棄物処理安全、放射線保護など）や連邦機関（医薬品・医療品、リスク評価など）の下部組織にも構築されている。このような融合による根深い腐敗は、様々な仕組みによって構造的に制度化され、もはや腐敗として正義の裁きを受けることはない。制度化された腐敗の一般的な問題については、Lessig（2013）、Philip and David-Barrett（2015）を参照。

（82）ピーター・メア（Mair（2006, 2013））は、メディアが演出する劇場型民主政治に堕した「西洋民主政治の空洞化」のプロセスを「空虚が支配する」政治と名付けている。なぜなら、政治的空間が中身のない空虚な空間だからである。「エリートは、選挙マーケットの不確実性に対する防御として、制度の中に引きこもる傾向がある。政党に対する国家の補助金が、政党が自らのメンバーや支援者から十分な財源を調達できない不安定さを補ったように、制度的・手続き的役割の保証は、ますます離反しランダム化する選挙民に対処する際のエリートの脆弱性を補うことができる」（Mair, 2013, p. ff.）。メアは彼の分析の冒頭で次のように述べている。「政党制民主政治の時代は過ぎ去った。政党自体は残っているものの、一般社会から切り離され、あまりにも意味のない形の競争に精力を注ぐようになり、もはや現在の形の民主政治を維持する能力はないように思われる」。

(83) Kantz and Mair (1995, 2009)

(84)「[……] システムの中で反対する余地がますます制限されていることは、そのシステムがヨーロッパであれ、アメリカ国内であれ、あるいは同時にその両方であれ、[……] 私たちの政治が今やポピュリズムの肥沃な温床となっている理由の一つでもある」(Mair, 2013)。

(85) 例えばWallerstein (2012, p. 19ff.) を参照。

(86) インゲボルグ・マウスはこれに関して次のように述べている。「今日の議会選挙は、立法府の構成が依然として今後の諸々の法律の成立を目指しはしても、その法律自体を執行する機関がない限りは意味のないものだ。この状況では、代議制民主政治と直接民主政治の違いさえも無くなってしまう。個々の法律に対する草の根民主政治的な投票でも、国家機関の自己プログラミングというものがある以上、「受動的市民」からなる画一的な国民しか存在しないという状況を変えることはできない」(Maus, 2011, p. 260)。マウスは、意味を失った議会選挙を、嘆かわしい浸蝕であり、究極的には民主政治の否定とみなしている。一方「新自由主義による民主政治」の代表者たちからは、それはまさに民主政治の効率的運用という幸運だとして歓迎されている。ヴォルフガング・ショイブレは、「選挙結果によってEU加盟国の経済プログラムを変えることは許されない!」と、殊更に公然と表明している。www.theguardian.com/world/2016/ apr/05/yanis-varoufakis-why-we-mustsave-the-eu

(87) 特に個人レベルでは、政治的に好ましからぬ批判を公言した者に、ある種のレッテルを貼り付けて公表するやり方は成功することが多い。このようなパーソナライゼーションの手法には、物事の本質についての議論や論争をほとんど避けることができるという利点もある。とりわけ、今日の社会秩序や権力秩序の根本的な部分に批判の刃を向ける人たちに対しては、公共の議論空間の「常識」の領域でのレッテル貼りは、一貫していて、かつ聞こえのいい方法で適当なレッテルが貼り付けられねばならない。もちろん、彼らには「反体制派」というレッテルが貼られる資格は与えられない。というのも、「どの体制よりも優れた」我々の「資本主義的民主政治」においては、「反体制派」は存在するはずがないからなのだ。米国とその同盟国が「体制転換」を起こそうとしている国々においてのみ、体制批判者には「反体制派」というレッテルが貼られる資格があるのだ。わが国ではせいぜい、「非合理的」で、

「無責任」で、「論争好き」な知識人しか存在し得ないのである。

(88) 公然と人種差別をしたり人間性を奪うような発言は例外である。そのような場合、明確な形で、かつ国民にとって理解できるような方法で制限措置が取られる（人種差別や人間性を奪うような発言を既存の政党の政治家が行なった場合、その多くが「寛容」に取り扱われることがあることは確かだが）。そのような寛容さは、人間の解放（エマンシペーション）を目指す左翼政党にはない。党の中央から、党の方針に対する根本的な批判であり党の安定性を脅かす発言だとみなされるからだ。ずっと以前から左翼政党では、そのような立場からの発言は、公の議論の場から一貫して排除し消滅させようとする試みがなされてきた。

(89) 広範な文献の中から、いくつかの顕著な例を挙げるにとどめる。Benda（1927/2013), Basaglia（1980), Bourdieu（1996), Said（1997), Chomsky（2008)

(90) Brecht（1967, p. 611)

(91) 例えばSchreyer（2018, p. 16 ff.）を参照。

(92) ここではもちろん、一方では「陰謀論者」、他方では「反ユダヤ主義者」といった言葉の重要な違いに注意しなければならない。「陰謀論者」といった誹謗中傷を目的とした言葉は、その機能をほぼ使い果たしている。それどころか、このような言葉はある人物の客観的描写という機能から離れており、まともな知的裏付けを失っている。その機能はしたがってほとんど純粋にイデオロギー的なものである。他方、「反ユダヤ主義者」という呼び方は、概念としては独立した、しかし時には経験的に相関のある二つの機能を持つことがある。一つには、反ユダヤ主義者、すなわち特定の人種を差別しているとして、ある人物を断罪する機能である。反ユダヤ主義のルサンチマン《怨念》は、あらゆる国民層及び政治的スペクトルに潜在しているので、これは反ユダヤ主義思想に関する研究対象となる深刻で重大な問題である。一方、「反ユダヤ主義者」という言葉は、その最も深刻な文明の破壊（ナチスによるユダヤ人虐殺）に言及していることから、まさに、特定の人物への中傷目的には特に適している。なぜなら、この言葉は、たとえ反ユダヤ的な思想やルサンチマンを抱いていなくても、非常に効率的に、いわば議論の余地なく、政治論争の場で意見の合わない批判者に汚名を着せ、排除するために使うことができるからだ（Zuckermann, 2010を参考）。この排除と排斥の機能ゆえに、政治上の論争において無闇に乱用されることになる。

(93) 力関係の現状維持を正当化するためによく使われる論法は、現在の力関係に対するあれやこれやの代替案は「ユートピア的」であり、現代社会の複雑さを考えれば、リアリティ・テスト《現実への適用実験》には耐えられないと指摘することである。それに対して、エリート民主体制は今や定着し、比較的安定しているという理由で、これがあたかも現代社会の「複雑さ」に適しており、その意味でリアリティ・テストに合格していると言わんばかりだ。一方、たとえばインゲボルク・マウスによる急進的民主政治の構想のような、社会組織に関する解放を目指す代替案は、その実現可能性を証明できず、「社会というものの複雑さを大幅に見損ない」、したがって、彼女の著書『Justiz als gesellschaftliches Über-Ich（社会的超自我としての司法）』のFAZ紙での書評（2018年6月12日付）で、刑事弁護士で法哲学者のミヒャエル・パウリクが書いたように、彼女の提案する考えは「悪い意味でのユートピア」であるとされてしまう。議会によって選出されたとはいえ、父権的で専門家階級的な「司法エリート」という組織形態をとる現在の憲法上の司法権は、その有用性が証明されており、司法が民主的な法に厳密に従うという解決策よりも好ましいとされる。立法府における国民主権は、多くの点で疑わしいものである。なぜなら、国民は、「実際の政治的な行動においては、常に、比較的小さいにもかかわらず、メディアで不当に大きな発言権を持つグループによって代表され、かつこのグループは常に扇動に簡単に乗ってしまうような考え方や生き方をしている人々」だからである。これは、民主政治は結局のところ暴徒による支配に等しいという、歴史上その都度支配層をなしてきたエリートたちのお馴染みの主張である。ここに、このような論法の極めて反動的な性格が露わになっている。このような反動的な議論のやり方は、既存の力関係が存続してきたことをもって、社会的現実の複雑さに対して適切であることを証明しているという暗黙の前提に基づくものである。それ以外は全て悪いユートピアだ、というわけだ。なぜなら、代わりとなる解放を目指す組織形態が存在しないことは、その構想自体に何らかの欠陥があり、隙間だらけであり、したがって、複雑さに適合しないことを証明しているからである。現在の社会的状況は多くの面で欠陥があり、嘆かわしいかもしれないが、それでも可能な限り最良の選択肢である。なぜなら、代替案はその実行可能性が証明されてこそ価値があるものだからだ。これは、ヴォルテールの風刺小説『カンディード』に登場するパングロス博士が、「物事は、あるがままのもの以外にあり得ない」と口癖のようにいっていたことを彷彿とさせる。これによって、文明の発展を促してきたすべての解放を目指す指導的思想は、議論の余地なく空想の世界に追いやられ、合理的であると宣言された議論の場から排除されることになる。

大部分の「司法エリート」たちが、与えられた権力の場にいかに嬉々として溶け込み、民主的に制定された法をいかに嫌悪するかは、戦後においても、多くの事例を見れば、経験的によく示されていることである。国家社会主義時代と戦後については、Ingo Müller（1989）が豊富な資料を提供しており、イデオロギー的に伝えられた「司法エリート」のイメージと彼ら自身によって示された自己イメージの両方が、事実と符号し得ないことを明確に示している。上記パウリクの議論はしたがって、「すでに経験的な観点で［……］大胆に短縮する勇気」、と特徴づけられている。

(94) ドイツ連邦共和国の建国以来、極右勢力の組織的な容認と「寛容」の一方で、極左勢力の非合法化と犯罪化という非対称性は、行政のあらゆるレベル（特に最初の数十年は一部司法にも）に浸透している。この点に関する示唆に富んだ研究事例として、Foschepoth（2017）がある。「右に対しても左に対しても等しく堅牢な国家」としてのドイツ連邦共和国の建国神話については、特に八三頁以降を参照のこと。一九七二年のいわゆる急進派に関する布告は、公務員に根本的な反政府意識を持たせないようにするためのものだったが、その制定と実践において、おもに左翼的な意識に向けられたものであった。この布告と付随した一九七〇年代の懲罰的・抑圧的なやり方で、公然たる反体制派の迫害が行われたが、連邦行政裁判所と連邦憲法裁判所は、それが民主政治に反するものであるにもかかわらず、基本的に合憲であると判断した。この判断が修正されるためには、欧州人権裁判所による欧州レベルでの判断を待たねばならなかった。

(95) これらの絡み合いの論理に基づく中傷戦略は、表面的に見ればテーマが似通っていることに正当性を見出しているように見える。左翼が掲げた中核的な問題の中には、より広い大衆の共感が得られるものが多数あるが、それらは新右翼によって逆のニュアンス、全く異なる意味で大衆の心に響くように取り上げられた。具体的には、代議制民主政治批判、帝国主義批判、メディア批判、ＥＵにおける民主政治の欠如批判、資本主義批判、そして文化一般への批判などである。これについて、および一般的な新右翼の思想世界とブルジョア階級の嗜好パターンについては、Wagner（2017）を参照されたい。

(96) 同時に、「右翼ポピュリズム」という言葉は、既存のファシスト的・全体主義的な態度を無害なものと見せかけ、現実の脅威とは見えないようにしようとする人々にとって便利なものである。

(97) しかし、ＥＵの民主政治の欠陥に対する左派の批判は、ナイーブなものである。なぜなら、欧州連合（ＥＵ）の現在の形が歴史的にはまさに民主政治を防ぐ目的で作られていることを、彼らが見抜いていないからだ。通貨同盟や欧州連合の前身組織でさえすでに、特定の問題や決定を国民国家の民主的プロセスから排除するように設計されていた［……］（Streeck 2016）。

スラヴォイ・ジジェクは、現在のＥＵ政治について次のように述べている。「現在のＥＵ政治は、ヨーロッパを新しいグローバル資本主義に適合させるための必死の試みでしかない。いつもの左派リベラルによる批判――『民主政治の欠如』を除けば、ＥＵは基本的には問題はない――は、旧共産主義国を基本的には支持し民主政治の欠如についてだけ文句を言う批判者と同じ種類のナイーブさを露呈している。現在のＥＵ政治においても旧共産主義国においても、『民主政治が欠如している』ことは、政治体制全体にとって不可欠な要素なのだ」（Žižek, 2018, p. 363）。

ヴォルフガング・シュトレークは、欧州通貨統合について、「今日の資本主義はもはや民主的に統治することはできず、一定程度の機能を担保するためには、民主的な介入を許さないように設計する必要があることを認めた制度である」と見ている。（Streeck, 2016）Maus（2005）も参照。

（98） 歴史を振り返ってみれば、社会秩序の根本的な側面をターゲットにしたために生前は「まともでない」と言われていた批評家が、死後には、政治的悪用から身を守る術がないので、「まともな」批評家に「変身」させられて、左翼批評家の中で「まともな」者と「まともでない」者の線引きのために利用されることがある。ただ、そのためには彼らの知的遺産を「まともでない」要素を取り除いて理解させる必要がある。その代表的な例がマーティン・ルーサー・キング牧師であり、暗殺されるまでの最後の数年間に、彼の政治的考えは急進化し、資本主義による暴力を人種差別の暴力の根本と見做した。一九六七年に彼はアメリカを「今日の世界における最大の暴力供給装置」と呼んだ。（Harding, 2008）参照。一九六八年の『希望の証言』では、人種差別主義、資本主義、軍国主義の三つを密接に関係するものと見做し、「［……］黒人革命は、黒人の権利を求める闘い以上のものである。人種差別、貧困、軍国主義、物質主義など、相互に関連するすべての欠陥と向き合うことをアメリカに迫っている。それは私たちの社会の構造全体に深く根ざしている悪を暴き出している。そしてそれは、表面的な欠陥ではなく構造的な欠陥に対して反抗するものであり、社会の根本的な再構築こそが、我々が直視すべき問題だということを示しているのだ」（Washington, 1991. p. 315）。

（99） 「左翼とは、政治的、経済的、社会的により大きな平等の方向への社会変化を提唱することを意味し、右翼とは、伝統的な多かれ少なかれ階層的な社会秩序を支持し、平等への変化に反対することを意味する」（Lipset,

Lazarsfeld, Barton and Linz（1954）。

（100）これについては特に Israel（2011, 2017）を参照。

（101）これは、David Held（2006）の自律性と自己決定についての最小限度の規定の核心だ。「すべての個人は、他者の権利を侵害しない限り、自らの生活の条件に関するあらゆる決定の過程において自由かつ平等であるべきである。この自主権《オートノミー》の原則は、権力の正当性を制限するための原則であり、それは民主的な合意形成のための基盤を築くために是非とも考慮すべきことである」（p. 282）。啓蒙主義の急進的民主政治の原則から導き出された、人民主権としての民主的自己決定の極めて具体的な規定については、インゲボルク・マウスによって厳密かつ首尾一貫して論述されている。

（102）啓蒙主義運動において得られた社会組織の指導的理念のこのような定義以外にも、啓蒙主義は、偏見の批判や権威に対処するための豊かな思考のための方法論を提供した。自分や他人の偏見は、思考方法のどのような技法によって同定され得るのか？　このような偏見批判の手法には、単純な対称的観察の他に、特に歴史的、心理的な方法がある。「啓蒙とは、伝統的な権威、とりわけ伝統的な宗教思想、教義、制度、そして政治的支配の正当性を批判的に問い、より一般的には伝統と価値を問い、そして最終的に成熟した段階では、自らの主張、自らの行為、そしてそれとともに自らの正当性を問う、という思考の展開である」（Schmidt, 1989, p. 3）。まさにこの最後の重要な側面が、啓蒙主義の中心的な問題意識を誤解した批判ではしばしば無視されてきたのである。

（103）Erik Olin Wright（2010, p. 6）は、次のように述べている。「私たちは今、こうしたラディカルなヴィジョンが真剣に受け止められるどころか、しばしば嘲笑される世界に生きている。ポストモダニズムによる「グランド・ナラティブ《大きな物語》」の拒絶と並んで、政治スペクトルの左側にいる多くの人々によってさえ、グランド・デザインがイデオロギー的に拒絶される。このことは、真剣な平等主義的な解放の価値を放棄することを、必ずしも意味するものではないが、そうした価値を実質的なものとして実現する人間の能力に対するシニシズム《冷笑的態度》を反映している。このシニシズムは、ひいては進歩的な政治勢力全般を弱体化させるものである。

（104）例えば Mattick（1935）, Schütrumpf（2006）を参照。

（105）Pannekoek（1008, p. 297 ff.）を参照。

（106）Balibar and Wallerstein（1992）は、「ブルジョワ・イデオロギーの普遍主義（ひいてはそのヒューマニズム）が、特に人種主義や性差別の形をとるヒエラルキーと排除のシステムとは相対立するものではないこと」を示した（p. 14）。

（107）二つだけ例を挙げると、「普遍主義の原則」は、一八世紀のブルジョワジーが普遍主義を宣言して貴族の特殊主義に挑戦したとき、それは貴族や教会の封建的な主張に対する闘争のイデオロギー的手段として利用したものだった。すでにこの頃には、ブルジョワジーは、自分たちの特定の利益を普遍的な人権であると偽装していた。これについては、Wood（2015, p. 212～）参照。前世紀半ば以降、アメリカの帝国としての利益は、しばしば「普遍的人権」のための闘争という口実のもとに追求されてきた。Peck（2010）を参照。また、米国に拠点を置く人権団体（アムネスティ・インターナショナルやヒューマン・ライツ・ウォッチなど）は、米国の利害が絡むケース（特にイスラエル、ウクライナ、リビア、シリア、サウジアラビア、イエメンなど）において、選択的に普遍的人権の原則を主張する傾向が見られ、個別的な正当化プロパガンダに利用されている。

（108）Wallerstein（2007, p. 8）

（109）Wallerstein（2007, p. 40）

（110）ヴァラーシュタイン（Wallerstein（2007, p. 43））は、このヨーロッパ・アメリカの例外主義を次のように説明している。「古代のギリシャ・ローマ世界（そして一部の人々にとっては旧約聖書の世界も）に根を下ろしたヨーロッパの『文明』だけが、『近代《モデルネ》』を［……］生み出すことができた。そして、近代は定義上、真の普遍的価値、普遍主義《ユニバーサリズム》の体現であるとされていたので、それは道徳的善であると同時に、歴史的必然でもあった。非ヨーロッパ世界の高度文明圏では何らかの文明が存在したはずだが、それは近代及び真の普遍主義に向かう一般的な方向とは相容れないものだった。本来の性質からして進歩的であると主張されるヨーロッパ文明とは異なり、他の文明はなんらかの形でその発展の軌跡を止めざるを得なくなり、それゆえ、外国（つまりヨーロッパ）の勢力の侵入なしに、自らの努力で近代の姿に変貌することができなかった」。

（111）歴史はまた、西側資本主義的民主政治の国々において、根本的な解放の成果は、長く困難な社会闘争の中で、権力者から奪い取った物であったことを示している（これについては、たとえばGerstenberger（2017）が、資本主義が社会に定着していったところはどこでも、強力な社会闘争を通じてのみ達成できたことを、豊富な歴史的証拠に基づいて明らかにしている）。権力と暴力が社会的関係としては根本的に非対称なものであることを考えると、現代の社会運動もまた、権力を行使する者との対話によって、いわば根本的な変化を達成できるというナイーブな幻想に陥らない限り、この状況の真の変革につなげることができる。資本主義的財産秩序と社会秩序の対立は、対話という幻想によって解消されることはない。権力の中枢から見れば、怒りと変革のエネルギーを中和し、社会運動を分断し、そうして権力関係の安定性を高めるために「合意の上の協力」を申し出ることは、効果的な民主政治体制の管理の一部なのである。Wagner（2013）、Wilk and Sahler（2014）も参照のこと。

(112) 啓蒙主義、急進的啓蒙主義、反啓蒙主義の関係は極めて複雑である。啓蒙主義との関係で二面性を持つ自由主義《リベラリズム》がその好例である。自由主義は、その発生時から、その「自由」の概念は極めて特殊主義的であり反普遍的である。なぜなら、それは、明示的に、あるいは今日では少なくとも暗黙裡に、特定の社会的、文化的あるいは人種的グループに限定されているからだ。啓蒙主義、急進啓蒙主義、反啓蒙主義の複雑な関係については、Schneiders（1974), Schmidt（1989), Biom（2013）を参照。

(113) Fabian Scheidler（2015）は、資本主義的世界システムの出現を簡潔かつ歴史的に広く俯瞰した視点から描写する中で、資本主義に内在する破壊的な力について明確に述べている。Heide Gerstenberger（1990/2017）は、その古典的研究『主体なき暴力』において、資本主義の先占条件とブルジョワ国家暴力の出現との関係について、深い歴史的分析を行っている。いわゆるグローバリゼーションの中で、暴力的な資本主義による搾取の境界が解消されていく過程については、Gerstenberger（2017）が詳述している。

(114) Gabor Steingart, *Handelsblatt, 20. January 2018*

(115) Streeck（2016）

(116) Streeck（2015, p. 116）

(117) 革命的な公共圏の形成が革命プロセスの構造的な前提条件の一つであったフランス革命は、公共の議論空間を、根本的に開放的なものとして勝ち取ることによって得られる結果がどのようなものであるかを示す有益な歴史上の事例である。Gerstenberger（1989）は、革命的な出来事が「物質的な矛盾の激化からではなく、革命的な公共圏の出現から生じたことを示している。これは革命の構造的前提条件であるばかりでなく、その運動の形態でもあった。新しい秩序を決定するための闘いは、公共圏の支配をめぐる闘いという形をとった。［……］公共の場は、小さなものから大きなものまで、一般化された場も、部分的な公共の場も、利害関係を構成する社会的な場である。なぜなら、利害は生活の物質的条件に対する多かれ少なかれ機械的な反射ではなく、自分自身の生活状況の認識と評価から生じるものだからだ」（p. 134）。革命的な人衆の猛攻によって、所有者階級の政治的言論に対する覇権が崩れたのである。Israel（2017, p. 41ff.）も参照。

第七章

幻想としての中道、カルテル政党、連邦議会選挙

選挙で清き一票を投じたあと、私たちは、お疲れ様と言いながらお互いの肩を叩き合う。互いの共通の利益を守るために可能な限り最善の代表を選ぼうと、政治的中道の立場から投票したと満足げに自画自賛するのだ。しかしその前に、現実をもう少し詳しく見てみるべきだ。ところが、残念ながらこれは思ったほど容易《たやす》くはない。政府、与党、メディアが、社会の現実を曇らせ、見えにくくするために、あらゆる手段を講じているからだ。

そして現実はこうだ。これまで国や社会の方針を決めてきた者たちが、経済と社会の問題や危機を引き起こした張本人なのに、今度はそれを解決するために救世主として任せてもらいたいと名乗り出るのだ。彼らが引き起こした問題と危機とは、福祉国家の破壊、低賃金層の大幅な拡大、賃金労働の不安定化、富裕層や企業への巨額の税制優遇、国家の金融市場への委譲、インフラの老朽化、病院、老人ホーム、幼稚園、学校などの公共機関に対する財政的圧迫、行政による議会の統制と無力化、監視・治安国家の拡大などである。

こうした政治的路線変更によって引き起こされた社会問題は、繰り返し言われるように、「グローバル化した自由市場」の「自然法則」と呼ばれるものによってではなく、新自由主義の間大西洋《トランスアトランティック》パワーエリートたちの利害とコンセンサスによって、すなわちドイツではカルテル政党のCDU（キリスト教民主同盟）、SPD（社会民主党）、FDP（自由民主党）、GRÜNE（緑の党）の具体的決定によって意図的にもたらされたものである。

これらの伝統的な政党は、一九七〇年代以降、すなわち新自由主義革命の始まりとともに、新自由主義的目標を採用した分だけ社会的な固定観念が薄れ、根本的に変質した。そのため、彼らは自己保身のために、ますます国家権力機構に溶け込んでいった。伝統的な有権者との絆が薄れれば薄れるほど、党の幹部同士の関係も緊密なものとなっていった。その結果、大政党は選挙に負けても、国家の資源やポストを選挙の結果とは無関係に分配することができるようになり、選挙での敗北の意味が薄れるというメリットにあずかることができた。

党の執行部が党員層から離れていくにともない、草の根の党員たちに選挙応援団の役割が任されることになる。このような政党の変質に関して、優れた実証的研究がある。著名な政党研究家ピーター・メアは、この新しく出現したタイプの大政党に対して「カルテル政党」という言葉を作ったが、これはこの問題を一言で言い表したものである。

カルテル政党の特徴は、政治的決定において、もはや市民の利益にコミットするのではなく、政党にとって大切な権力集団の利害、すなわち企業や富裕層の経済的利益や間大西洋エリートたちの地政学的利益にコミットするということだ。すでに「市場の必然性」という決まり文句にしてからが、所有者階級の要求をもっともらしく表現したものにすぎない。これはひどく抽象的なものに思えるかもしれない。しかし、このような事例に関する各政党の議会での具体的な投票行動を見れば、このことを証明することはそれほど困難ではない。NATO《北大西洋条約機構》の東方拡大に関する政治的決定、国際法に反する戦争――コソボからリビア、シリアに至るまで――を政治の手段として推進すること、サウジアラビアへの武器輸出、EUの軍事化などについても同様である。これらはすべて記録として残されていることだ。したがって真に差し迫った政治的問題は、「中道」と言われるカルテル政党のどれが政権を担うかではなく、あらゆる面で私たちの文明の根幹が組織的かつ意図的に破壊されているにもかかわらず、なぜ大多数の有権者が、過去数十年間こうした展開を主導してきた政党をあいも変わらず選び続けているのか、ということである。

その原因は、複雑多岐なものである。政府、カルテル政党、メディアによる組織的な情報操作、国民の間に社会的恐怖を組織的に作り出すこと、そして忘れてはならないのが「政治的中道」のイデオロギーだが、これはしかし新自由主義的コンセンサスの旗印と隠れ蓑にすぎないのだ。このイデオロギーは、新自由主義による「上からの革命」の枢要な部分として、民主政治を侮蔑する点においても、また連帯による共同体のあらゆる考え方を侮蔑する意味でも、過激な思想なのだ。

「中道」とは本来はポジティブな意味合いを持つ表現で、調和や安定といった感覚を連想させるものだ。しかし、ここで宣言している「中道」とは、歴史的な――ただでさえもうほとんど空疎な――政治的中央という概念とは何の共通点もないものである。それは、加害者が救世主を装う、幻としての中道であり、それは今のところ明らかに相当程度に成功している。

さて、新自由主義革命の勝利は、当初から「改革」、「柔軟性」、「自由貿易」、「安定性」といった、なじみ深く肯定的なニュアンスを持った表現に新しい意味を与え、この革命が社会にもたらす結果が、グローバル化した自由市場の必然的な成果であると思わせるように、人々の思考を妨害《ブロック》し、毒することによって得られたものなのだ。しかし、「グローバリゼーション」や「自由市場」は偽装のための言葉に過ぎないことは明らかだ。これらは、現実とは無関係のイデオロギー上の幻想であり、むしろ現実を覆い隠すためのものなのだ。だが、新自由主義による共同体の破壊がもたらした惨憺たる結果に、多くの国民が気づき始めており、大きな不安につながってきている。それゆえ、新自由主義プログラムを成功させるには、国民の憤りや空気の変化が起こることを効果的に防ぐための努力が一層求められるのだ。

英国のブレア政権(一九九七〜二〇〇七)とドイツのシュレーダー政権(一九九八〜二〇〇五)は、民主政治体制と福祉国家の実質を弱め破壊する新自由主義のアジェンダが、政治的「中道」を装って推し進められた典型例だ。ちなみに、これはマスメディアの大規模なプロパガンダによる協力なしには到底実現しなかった。二〇一五年、ジャーナリストのヘリベルト・プラントルは、「アジェンダ二〇一〇」に関して、ズュートドイチェ・ツァイトゥング紙に、このことをはっきりと書いている。「このアジェンダは、大規模な宣伝活動の結果でもあった。ドイツ連邦共和国において、このようなことはかつてなかった」。このような形の政治的急進主義が「中道」の旗の下で、過去において進められ、そして現在も進行しており、さらにこれが「グローバル化した市場の自然な必然」であり、したがって「代替案なし」と宣言された今、この新しい幻の政治的中道のコンセンサスに対する根本的な反対は、もちろんもはやあり得ない。なぜなら、結局のところ、新自由主義のコンセンサスによれば、政治的決定とは、グローバル化した市場の「やむを得ない事情」に最適に適応するために、最も「合理的」で「効率的」な問題解決法を開発し、それを「不都合な真実」として国民に伝えることにほかならないからである。

民主政治はこのようなアジェンダに逆行するものであり、したがって「市場の破壊」の一形態とみなされる。そのような「市場の混乱と破壊」を避けるために、幻想としての中道から基本的に逸脱するものは全て「非合理的」あるいは「過激派」のレッテルを貼られるようになった。プロパガンダに特に効果的に使われている、ポピュリズムという概念は、歴史的に見れば本来ポジティブなものだ。しかし、この言葉に新たに大衆迎合主義というネガティブな意味を持たせることによって、現在、幻想の中道である新自由主義カルテル政党は自分たちの政治に対して根本的な異論を唱えるものは誰であれ、全て萎縮させることに成功している。

しかし、すべての政党は、選挙で票を獲得することを日和見的に狙い、そのためにポピュリスト的なレトリックを用いる。つまり、選挙では選挙民の感情に訴え、許しがたいほどの単純化した常套句を利用する。このようなポピュリスト的な要素は、現在の資本主義的な「エリート民主政治」の標準モデルとも言え、ここでは市民は政治という市場の消費者の役割を担う。「中道」、「代替案なし」、「ポピュリズム」といったプロパガンダの概念は、このように互いに密接に結びつき、新自由主義プログラムの安定のために重要な役割を担っているのである。ポピュリズムにはもちろん、外国人敵視や文化的人種差別のルサンチマンを政治的手段によって明示的にあるいは間接的に表現する度合いに応じて、さまざまな種類の違いがある。「怠け者のギリシャ人」に対するキャンペーンや、いわゆる「テロとの戦い」におけるアラブ人に対する表現、ＥＵのアフリカに対する経済政策など、文化的な人種差別的ルサンチマンを思い浮かべてみればよい。あるいは、歴史家のイマニュエル・ウォーラーステインが「労働の民族化」と呼ぶ、不平等な構造が正当化されるような類のものである。このように、文化的な人種差別というものは、カルテル政党が私たちに示唆するよりもずっと深く私たちの社会に根ざしている。残念ながら、こうしたルサンチマンに対する国民の感受性は、一九九〇年代初頭の「亡命者の洪水」に対するヴォルフガング・ショイブレをはじめとするＣＤＵ／ＣＳＵの政治家の中傷キャンペーンに見られるように、すでに政党政治的に歪められてしまっているのだ。この中傷キャンペーンと、ショイブレ氏の発言とその後の暴力行為との関連性が、一貫して国民の記憶からほとんど消されてきたことは驚くべきことである。

　したがって、表立った、あるいは間接的な文化的人種差別のルサンチマンに対するカルテル政党の態度は、彼らが「代替案なし」という主張を再び強調する目的で我々に示唆する態度に比べて、はるかに不明確なものだ。「中道」の新自由主義カルテル政党が、あらゆる点で代替案がないことを説こうとすればするほど、「ポピュリズム」という呼び方はプロパガンダのための概念になっていくのだ。しかもそれは経済的に、極右勢力に対する防御のためでもある。だから、極右勢力に対する恐怖心を煽る必要がある。現状が悪化することへの恐怖心、右派政党に対する恐怖心がそれである。これらの恐怖心は、新自由主義的なコンセンサスに対するいかなる根本的な批判も、信用できないものにし無力化するために利用される。ＡｆＤ（ドイツのための選択肢）という政党は、新自由主義のコンセンサスを共有しており、そのため、カルテル政党は当然の如く左翼党を自らの主な政敵とみなす。なぜなら、左翼の立場こそは、まさに社会の諸問題の根源を問題にし、国民生活の社会的及び経済的基盤の破壊以外に代替案なしとする新自由主義の路線に対する政治的代替案を模索するからである。特に、左派の立場は新自由主義のプログラムの根底にある人間像を、全く非人間的で倒錯したものと見なしている。

　このような理由から、新自由主義カルテル政党は、自分たちを批判するあらゆる形の左翼的組織集団の信用を失墜させ、破壊する必要がある。ポピュリズムという言葉は、この目的のために利用できる格好の闘争概念であることは明らかだ。新自由主義的な「中道」に対する根本的な批判は全てポピュリズム的であると宣言し、そうすることで、左翼の立場と右翼のポピュリストの立場、コービン（英国労働党党首）とルペン（仏国民戦線党首）やトランプ米大統領を、さらには排他的、文化的人種主義および民族主義的立場を有する共同体の思想や連帯組織なども、全て一括りにしてしまうのだ。狙いは、何よりも左翼の立場を貶めることだ。ポピュリズムという闘争概念は、表向きは右翼に対して向けられているようだが、実際は新自由主義的コンセンサスに対する左翼からの代替案を標的にしている。

　その結果として、冒頭で述べた選挙とその意義に立ち戻ることになる。選挙は、大部分が一種の政治的エンターテインメントであり、観戦スポーツである。ちなみに歴史的には、エリート民主政治の確立とともに、まさにそのように考えられてきたのである。そうやって、政治的権利を奪われた市民の政治的日常の緊張を緩め、大事な問題について自ら何かを決定できるかのような錯覚を与えるのだ。というのも、「市場適合型民主政治」においては、重要な政治的決定は市民による優先順位に従って行われるわけではないからである。それどころか、大多数の国民の優先項目は政治的決定には全く影響を及ぼさず、選挙による決定はそれゆえ政治的に取るに足らないものであることが、実証研究によって明らかにされている。したがって、EU全域で、新自由主義的なプログラムに対してもはや民主的な投票では何も決定されることがないのは驚くべきことではない。だから、多かれ少なかれ現状に安住し、これまでのところ新自由主義的破壊による被害の代価を負担するのは自分たちではなく、主に社会的・地理的に離れた他者だと安心している人々は、気楽な気分で次の選挙を待ち望んでいることであろう。しかし、選挙の結果がどうであれ、選挙だけでは十分ではないと思っている人たちが、この状況に対して大いに危惧を感じているのは、故なきことではない。

第八章

人種差別《レイシズム》、資本主義、そして《強欲支配人間たち《ヘレンメンシェン》》の価値共同体

——マルコ・ユングヘーネルとの対話

マルコ・ユングヘーネル*（MJ）

偏見――差別――非人間化。この因果の連鎖は、全ての人間に普遍的な差別が存在することが資本主義社会の基礎となっていることを意味するのでしょうか？　もしそうだとしたら、人間のどのような性質がこのような普遍的な人間の尊厳の否定につながるのでしょうか？

ライナー・マウスフェルト（RM）

今日の人種差別研究によって理解されている広義の人種差別は、決して人類に普遍的な現象ではありません。したがって、それは「過度の移民」に対する自然な反応ではなく、社会的不平等を正当化するために必要と考えられた範囲内で起こってきたのです。特にイマニュエル・ウォーラステインが指摘しているように、人種差別の発生は、資本主義的な組織のあり方と密接に関係しています。したがって、外国人に対する恐怖心や外国人敵視といった現象は、おそらく私たちの心の一般的な特質の表出であり、その意味では普遍的なものですが、人種差別は、このような現象とは根本的に異なったものなのです。イマニュエル・ウォーラステインによる歴史的分析が示しているように、人種差別は異質であることや疎遠であることへの反応ではなく、むしろ「異質性」をまず主張し、そうすることで「異質性」を醸成するものです。ですから、例えば反イスラム人種差別主義は、「西洋の価値共同体」が自らの政治的アイデンティティと支配のために利用する目的から、イスラム教徒は自分たちとは本質的に異質なものなのだ、という主張を掲げたものなのです。

したがって、非人間化の組織的な形態としての人種差別は、単に人間一般の傾向が現れたものだとかあるいは個人の偏見によるものだと理解されるべきでは決してないのです。人種差別

MJ

は、特定の歴史的、経済的諸条件のもとに初めて発生し広がっていったのです。

もちろん、私たちの心が生み出すものは全てそうですが、人種差別もその根拠は私たちの心のある一定の特性と傾向にあるに違いありません。人間の心には、肌の色、宗教、出身、性別、性的傾向など、ほとんどあらゆる特徴について、自分と違う者を「自分と同類」という社会的カテゴリーから排除しようとする、独特の柔軟性が備わっています。しかし、そうした排除の感情がどのような点に関して起こるのか、またどのような形をとるのかは、文化的な要因に大きく左右されます。とりあえず言えることは、私たちが自分たちの特性と権利だと思っているものを、別の人種の人たちが持ち合わせているはずがないと思うことは、社会的領域においては私たちの心の一種の弱点になっているということです。そしてこの感情が政治的誘導に簡単に利用されてしまうのです。このような私たちの心の傾向をパワーエリートが自らの利益のために戦略的に利用する「上からの人種差別」は、「下からの人種差別」という現象とは区別されなければなりません。

普遍的な価値としての人間の尊厳、ひいてはすべての人間の価値の同等性という考えに対して心理的抵抗を持つのは、人間としての尊厳を自分自身にとっては当然だと考えるのに、自分とは異質の者に対しては全面的に認めようとしない心の傾向に根を発しています。そのため、人間の尊厳と平等という考え方が、一七八九年の「人間と市民の権利宣言」と一九四八年の「世界人権宣言」によって道徳的な指導規範として成文化されるまでには、長い過程と苦痛に満ちた集団的経験が必要であったのです。

線引きと排除によって共同体を作る、ということはつまり、国民国家・民族国家は必然的に排他主義に基づくということですか？　これに対して、どのようなモデルを設定すれば、野蛮を防ぐことができるのでしょうか？

RM　資本主義的経済秩序がある限り、野蛮なことは防ぎようがありません。国民の大部分が心理的・物質的に困窮するという形での内政の分野もそうですし、また新帝国主義、新植民地主義、戦争という形での外交政策の野蛮も、どちらも防ぐことはできません。資本主義が生き残るには戦争が必要なのです。ジャン・ツィーグラーが指摘しているように[2]、南の人々にとっては、第三次世界大戦はとっくに始まっているのです。

人種差別の出現の形は、ヨーロッパにおける国民国家の発展や帝国主義的植民地主義と歴史的に非常に複雑に絡み合っていますが、やはり国民国家の理念との関係は否定できません。というのも、結局のところ国民国家というものは、不変の民族的、文化的、そして言語的同質性という考え方、いやむしろフィクションの上に成り立っているものだからです[3]。この意味で、国民国家がその本質からして、排他性に基づいているのは当然のことです。しかし、このような排他性自体は、必ずしも人種差別的な排斥を意味するものではありません。

とはいえ、民族的・文化的共同体としての国民、領土、そして国家が一致するものだという考え方は、自然でも必然でもなく、一定の歴史的曲折を経て生じたものであることを常に明確にしておかなければなりません[4]。啓蒙主義運動の結果、民主化の推進にはとりあえず国民国家が最適な基盤になるという考えが生まれたのです。このような考えの根底には、国民国家のみがその民族的同質性ゆえに民主政治のための自然な基盤になり得るという思いがありました。しかしその後、民主政治には均質な民族としての国民が不可欠であるという考え方では不十分だと明らかになりました。さらに、一九世紀にすでに、国民国家を資本主義の維持に必要なグローバル化と調和させようとする試みが始まり、国民国家という理念を根底から覆す帝国主義という形態につながっていったのです。同様に、最近では、多国籍企業が国民国家の規制システムから意図的かつ計画的に切り離されることによって、国民国家は変容しています。こうしたことから、伝統的な国民国家は、真に民主的な社会を発展させるための有効なモデルや模範とは見なされなくなったのです。

社会の組織形態としてどのようなモデルが人間の本性に合っていて、同時に野蛮を防ぐのに適しているかという問題は、現代文明の最大かつ切迫した問題と関係しています。この問題に対する解決策について明確な考えを持つにはまだ遠いとしても、少なくとも歴史的経験をもとにして重要な区分を行うことは可能です。すなわち、社会組織の形態が権威主義的であればあるほど、それは非人道的な状況や野蛮につながる傾向があるということです。これは、民主的な社会における組織の形態、たとえば極端に権威主義的に組織されている大企業などにも当てはまることです。これとは逆に、全ての人間が原則的に平等であるという認識、すなわち普遍的ヒューマニズムに基づく社会は、人間にふさわしい社会造りに最も適したものです。これこそが、長い血の経験を経て得られた啓蒙主義思想の洞察です。この洞察はこれまで、政治的に実現することはおろか、必要最低限、真剣に考えられることさえほとんどなかったのですが、野蛮への回帰から私たちを守るために、最も期待できる指針を提供し続けています。

普遍的ヒューマニズムという基本的な考え方は、一見単純なようでいて、大きな影響を与えるものです。それは、誰もが自分自身の社会生活に関わる全ての決定に公平に参加することを意味し、したがって、そのためには、根本的に民主的な社会組織が必要なのです。さらに、あらゆる権力構造は、その存在の妥当性を証明し、公共に対して自己を正当化しなければならず、それができなければ、その存在は違法であり、排除されるべきものだということを意味しているのです。さらにこの考え方に従えば、他人の行動を評価する道徳的基準を自分の行動にも適用することを意味し、そうすることで道徳的ダブルスタンダードは許されなくなります。普遍的なヒューマニズムという考え方はとりわけ、自分自身の生物学的、社会的、文化的、宗教的、あるいは国民としての集団的優位性を掲げるあらゆる考え方を退け、従って人種主義、民族主義、そしてあらゆる形態の例外主義を排除するものなのです。

MJ フランツ・ファノンは、著書『地に呪われたる者』の中で、次のように書いています。「資本主義国では、搾取されるものと権力者の間を行ったり来たりしながら、民心を混乱させる一群の説教師や道徳教師がいる」。メディア化された我々の世界とその中での権力・財産関係にとって、この言葉は何を語るものでしょうか?

RM 権力や財産関係を不可視化することは、もちろん「市場に適した民主政治」においてはこれまで以上に重要です。そのための中心的な手段は、所有階級――一八世紀には「消費」階級と呼ばれていた――に属さないすべての人々の感情と認知に混乱を起こすことです。実際の権力構造を隠すために、権力エリートは、支配階級の利益を社会一般の利益に見せたり、政治的無気力を生み出すような解釈の枠組みや操作のテクニックを提供し、喜んで手助けしてくれる大勢の知識人を利用するのです。政治に関する認知的混乱を引き起こすためのメカニズムは、私たちの社会のあらゆる教育機関、特に学校と大学の中に構造的に深く織り込まれています。その結果、このような教育を最も長く経験した人たちが一番深く教え込まれ、その教え込まれたことを、もはやそのように認識することさえなく、ほとんど疑問の余地がないものとして当然視しているのです。ジャーナリズムの分野では、この影響は現在、民主政治とそれに関連する目標、たとえば社会正義や平和の保持にとって破滅的な規模に達しています。

MJ　AfDからPEGIDA《ペギーダ》（旧東独ドレスデンに発した、メルケル政権の移民政策への反対運動）、アイデンティティ運動までの新しい右翼運動は結局のところ、この世は文化を正確に分割できるようにできていて、これらの文化の順位付けが自動的に確立される、という思い込みがあるということを公然と目に見える形で証明したのでしょうか？

RM　これらの運動の根底にある文化主義的人種主義、あるいは「人種なき人種主義」[5]は、「民族多元主義《エスノプルラリズム》」という概念で場当たり的に偽装されているだけで、大部分が均質な「民族体」という考えに基づいています。人種的なアイデンティティではなく、「文化的アイデンティティ」や「国民的アイデンティティ」といった、生物学的な人種概念と同じくらい虚構の概念が登場してきたのです。文化的人種主義は、文化的差異は解消できないこと、異文化間の境界を曖昧にすることは有害であることを主張し、そこには、文化的ヒエラルキーは不変であるという考えが常につきまとっています。

MJ　で、どうなのでしょう？　未来のモデルはどこにあるのでしょう？　あるいはそんなものはない？

RM

西洋文明は、「西洋の価値共同体」と自賛するように、今日その頂点に達した感があります。それは暴力の道を歩んできました。十字軍から植民地主義、そして「文明化の使命《ミッション・シビリサトリス》」から現在の「人道的帝国主義」まで、西洋文明諸国はおそらく人類史上最大の血の痕跡を残してきたのです。同時に、最も洗練された形のダブルスタンダードと偽善を行ってきました。それによって、私たちの最悪の残虐行為でさえ、人類共通の利益と文明の進歩のための善意と利他的努力の表現に過ぎないということになります。この暴力の道に対する歴史的な責任を自覚してこそ、人類の未来について語ることができるのです。ですから、もし私たちが、ますます私たち自身の生活基盤を破壊しているこれまで通りの暴力の道を歩みたくないと思うならば、私たちは啓蒙主義の指導的理念を受け継ぎ実行すべきなのです。それは、「民主的」と呼ぶにふさわしい社会組織を作り出していくための見通しを示してくれるものです。これは画一的で静的なモデルではなく、むしろ連続的で状況依存性の高い、生きた形の民主化のプロセスであり、それは——国民や国家の均質性という伝統的な概念とは結びつかないもので——下から作られるものです。政治学で「参加型民主政治」や「熟議型民主政治」といった、民主化の形態を模索する動きは、世界の至る所で見ることができます。このような動きは、民主政治の理念がますます空疎になることに歯止めをかけ、新たな輝きをもたらすことにつながります。それによって、より人間らしい社会の実現に希望を与えるものなのです。

＊マルコ・ユングヘーネル　社団法人「ツーリズムと開発のための調査研究サークル」主催

原注

（1）例えばWallerstein（1992）を参照。

（2）Ziegler（2017, p. 18）

（3）この特徴は、歴史上に現れた特定の国民国家にのみ適用されるものであり、全ての国家に必然的な特徴とは見なせない。フランス革命の民主政治の概念における「人民」「国民」は、実質的なアイデンティティに基づくものではなく、純粋に憲法上の概念である。「人民の主権」と「民主政治」の基本的な前提は、「世界国家」より下位の組織レベルでのみ可能であり（これについては、本書一九四頁を参照）、そのような世界国家の樹立は、民主政治の指導理念の放棄という代償を伴ってのみ達成できるのである。特にこれについては以下を参照。Maus（2002）, Maus（2015）, Zürn（1998）, Streeck（2013）。

（4）Wallerstein（1992, p. 273）も、次のように主張している。「私たち全員が所属し、そこから『価値』を導き出し、『忠誠心』を表明し、社会的アイデンティティを決定する共同体は、すべて歴史的構築物である。そして、最も重要なことは、恒常的に作り直される構築物であるということだ。それは決して、堅固でないとか永続性がないとか、過渡的な現象にすぎない、ということではない。しかし、それらは決して元々の共同体ではなく、そしてそれゆえ、何世紀にもおよぶその構造と発展過程を歴史的に記述することは、必然的に一種の現在のイデオロギーとなるのだ」。

（5）「イデオロギー的には、現代の人種主義は『人種なき人種主義』の文脈に属し、［中略］少なくとも一見したところ、もはや特定の集団や民族の他に対する優位性を主張するのではなく、境界を曖昧にしておくことの有害性や、生活様式や伝統が互いに相容れないことを強調するにとどまる人種主義である」。Balibar（1992, p. 28）

第九章　民主政治と白色拷問

——拷問の不可視化——心理学の貢献

「拷問に屈した者は、もはやこの世に安住することはできない」(ジャン・アメリ)

今から七〇年前の一九四八年一二月一〇日、当時の国連加盟国の政府代表が一堂に会し、人間がなし得ることへの恐怖が冷めやらぬ中、世界の誰もが賛同する価値を明文化することに合意した。それが「世界人権宣言」である。

互いに不倶戴天の対立を続ける多数の世界観にもかかわらず、平等、正義、法の支配という広範な規範を全会一致で採択したことは、振り返ってみると、人類文明の発展過程における特別な歴史的幸運であったように思える。一九四八年、第二次世界大戦とホロコーストは三年前に終わっていたが、この宣言は法律上のユートピアを言葉にしたものに過ぎなかった。

国連人権憲章とも呼ばれるこの宣言が採択されたこの年、理想と現実の不一致はこれ以上ないほどに鮮明であった。マハトマ・ガンディーが暗殺され、多くの知識人が「民族浄化」と呼んだパレスチナの占領[1]と南アフリカのアパルトヘイト国家の建設が始まった。その根っこには、他の多くの事例と同様に、ヨーロッパ植民地主義の帝国主義的世界観とそれに付随する人種差別的人間観[2]がある。普遍的人権という考え方は、その性質上、あらゆる人種差別的思想とは絶対に相容れないものだ。私たち——「西洋」とも呼ばれる——と同類の民族や文化に対して当然視する人間的尊厳や人権を、「西洋」よりも劣った民族や文化に対しては否定してもよいという思想だからである。したがって、拷問も、「人間を拷問が許されるものと、許されないものに分ける」(アムネスティ・インターナショナル)というカテゴリー化がなければ考えられるものではない。

七〇年後の今日、宣言で謳われた主張と現実との間には、恐ろしく大きな隔たりがある。第二次世界大戦後、拷問は絶対に許されないという、それ以前には考えられなかったような合意がなされたが、同時に、アムネスティ・インターナショナルが一九七三年に早くも「拷問に関する報告書」で指摘したように、拷問の実施は当時、流行の域に達していたのである。長い間ニッチな存在であった拷問が、「突然、独自の生命を育み、社会の癌となった」[3]。二〇〇七年、アムネスティ・インターナショナルは、西側民主体制国家を含む八一カ国以上に、組織的拷問の事例が存在すると発表した。

かくのごとく、希求するものと現実の隔たりは大きい。アムネスティ・インターナショナル、ヒューマン・ライツ・ウォッチ、人権擁護局などの国際人権団体が、継続的かつ詳細に記録している。なぜ、私たちの社会においてさえ、毎日、深刻な形で、私たちの文化の根底をなす諸価値が侵害されているという事実に、ほとんど注意が払われないのだろうか？　我々は、このような希求と現実のギャップに対して、目をそらすこと、つまり否定し抑圧することで対処しがちである。だからこそ、まず現実に目を向け、我々の規範や価値観と絶対に食い違う政治的な出来事や成り行きに目を向けることが一層重要になる。

「拷問が国際的に注目されるようになったのは一九八四年以降だという事実は、意外に思えるかもしれない。この時、国連は拷問の惨劇に法的終止符を打つという歴史的な条約に合意した。一五五カ国が拷問禁止条約に署名した。三十年以上経った現在、結果は厳しいものだ。アムネスティは条約の加盟国を含む一四〇以上の国々から、拷問や酷い虐待に関する報告を集めている。拷問に対する人権の保護はしばしば紙の上だけのことで、欧米の民主政治国家でさえ、グアンタナモなどでの行為によって拷問のタブーを揺るがした」。

私たちがいかに簡単に目をそらしてしまうかを、グアンタナモにおけるいわゆる白色拷問の方法の開発と実施に心理学者が関与しているという事例で説明したい。実際に、これは心理学者が直接的には見えない拷問の技術の開発に大きく関わっていた時期のことだ。この事実が世間の注目を集めることになったのは、二〇〇七年、約一五万人の会員を擁する世界最大の心理学専門家団体である米国心理学会(APA)が、「代替的尋問技術」の開発と尋問者の訓練への心理学者の協力は、「わが国、他国、そして罪のない民間人への被害を避けるための貴重かつ倫理的に正当な貢献である」と発表したときである。

この「白色拷問」の技術開発に関する事例研究は、一見、心理学者というある特定の職業集団にのみ関係しているように見える。また、日常的に起こっている他の人権侵害の深刻さに比べて、取るに足らない出来事として扱われる。とはいえ、これによって、人権を法的に保証するプロセスと科学者の政治的責任について理解する上で、重要な政治的プロセスと心理学的メカニズムが明らかになる。

過去数十年、拷問をいわば目に見えないものにしようとする試みがかなりなされてきた。その際に開発された技術は、「クリーンな拷問」、「無血拷問」、「白色拷問」、あるいは「心理的拷問」と呼ばれている。このような技術開発の努力は、民主的法治国家の発展と、それに伴うより大規模な公的コントロールと密接に結びついている。政治学者のダリウス・レジャリは、特に民主政治と「白色拷問」の関係について研究してきたが、彼はある包括的な調査研究の中で、「歴史的に、白色拷問と民主政治は両立してきた」と述べている。このような技術の開発によって拷問の様相は変化した。「痕跡を残さないための多大な努力がなされている」(アムネスティ・インターナショナル)。

したがって、ほとんど目に見えない拷問技術の開発に心理学者が関与しているという事実は、心理学者たちのみでなく、民主的法治国家の市民である私たち全てに関わることなのだ。というのも、問題なのは、個々の事例を超えて、私たちの社会で根本的な法的規範が侵害されていることに私たちはどう対処すべきか、そしてその責任をどこまで共有すべきか、ということだからである。私たちは、社会的な自己認識の核となる規範や価値を手放したくない。しかし同時に、それが侵害されていることを完全に否定することができないのも事実だ。このような事例が報道によって知られるようになれば、なおさらのことである。このような状況に置かれると、人はそれによって引き起こされる心理的緊張に対処するためにダブルスタンダードを設ける。そこで以下において、私たちの価値と規範を考えるときに設けるダブルスタンダードの本質とメカニズムについても触れていくことにする。拷問というテーマについて、その背景や詳細に入る前に、より根本的なところから論じようと思う。

「白色拷問」とは、適用や即効性の証明・立証が困難な拷問方法でありながら、拷問を受けた人の精神や身体までも攻撃し、時には永久にダメージを与えたり破壊したりするような拷問を指す言葉である。同義語として「きれいな拷問」という婉曲表現が使われる。白色拷問は、目に見える痕跡を残す物理的な暴力(殴打、強い電気ショック、四肢の切断など)を用いず、おもに被害者の精神に影響を与える手段を用いる。拷問を受けた人の身体に対する暴力との境界は、時に曖昧になる。

拷問を行う人間の能力とは？

自然は人間に「可能性の器官」を与えた。すなわち、人間に進化した時点で適応の上で必要または有用であったものをはるかに超える可能性を持つ脳を授けたのである。ホモ・サピエンスは、ある道具を携えて進化の歴史に登場してきた。その道具の可能性を探り使えるものにするには、とてつもなく長い助走期間を経なければならなかったのだが、のちに文化という梃子の効果によって速度が早まった。ほんの一例を挙げれば、数学や抽象的な自然科学を追求する生物的に備わった能力を体系的に利用する（例えば、抽象的な幾何学や自然法則を定量的に把握することを始める）までに、一〇万年近くもかかっているのだ。ホモ・サピエンスの生物学的にユニークな可能性の中では、他のことがより早く開花した。約一万四千年前のいわゆる新石器革命の頃に、ホモ・サピエンスは、自然というものは、ありのままのものであり、狩猟採集するものとしての自分をそれに適合させるものと考えただけでなく、敵対者のように従わせ、自分の意図に従って道具のように形作ることができるものであることを知ったのである。彼は同時に、自分の同類である人間も道具と見なし、自分の思うままに従わせることができることを知った。これは自然界では独特の能力であり、戦争、奴隷制、拷問に発展する土台となるものだ。拷問の能力は、笑うことや、芸術や言語と同じく、まさに人間という種族に特有なものとみなすことができる。

文化の発展とは、人間が自分の脳の可能性を探究し続けることだが、その発程過程においてホモ・サピエンスは、自分の破壊的潜在能力が、動物のように内部メカニズムによっていわば自己制限されるのではなく、自然に備わった制御メカニズムの可能性をはるかに超えているという事実によって何よりも特徴づけられることを、非常にゆっくりと、非常に苦しい経験に基づいて、次第に認識しなければならなかった。三十年戦争、ホロコースト、二つの世界大戦といった文明の破局を経験したのちに、どんなことでもやりかねない自らの所業に驚愕することを繰り返してきた。それゆえに、自らの可能性を合理的にコントロールするための工夫を凝らしながら、人間同士の関係性を法によって安定化させる方途を模索した。この合理的な自己決定の過程で、人類は、すべての人間の原則的平等、すなわち普遍的人権の思想と、人間はそれ自体が目的であり、したがって他人の目的のための単なる手段として利用されてはならないという考えに到達し、それを規範とするに至った。

自らがそのようなものであること、すなわちこの主張が普遍的なものであることを人間が理解し得たのは、唯一理性によってである。しかし、その中心にあるものは感情であり、より正確に言えば、他者の目を通して経験をする能力、すなわち共感《エンパシー》する能力である。

このように共感する能力があるにもかかわらず、普遍的な倫理原則にコミットする準備ができるまでに、これほど長く苦しい道を歩まなければならなかったのは、私たちが自分のアイデンティティを決めるその決め方と関係がある。日常生活において、私たちが自らのアイデンティティとして確認するものが、「人間」という生物学的なカテゴリーであるとは言い難い。むしろ、他者との違いや差別化によって、それぞれが「自分と同じもの」として受け入れることのできるものを峻別している。私たちが「同類」とみなす人々のグループに対しては、他者の目を通して経験をすることは難しくなく、それゆえ、彼らの人間としての尊厳に対する基本原則を認めることができる。しかし、自分をイスラム教徒ともユダヤ教徒とも、黒人とも女性とも同性愛者とも思わない人が、なぜそれらの異質な他者を自分と同類だと認めることができるだろうか？　このような人にとって、人間の普遍的な尊厳という考えは、受け入れ難いものと感じられるに違いない。そして実際、昔も今もそうなのだということは歴史が繰り返し証明している。

人間には、ある特有の柔軟性が備わっていて、それは、肌の色、宗教、出身、性別、性的嗜好、その他ありとあらゆる特徴を理由に、他人を「自分と同類」の者と「同類ではない」者に分けて、後者を「自分と同類」というカテゴリーから排除するというものだ。そして、「自分と同類」と思う者には人間としての尊厳を認めるが、反対に、排除した者には認めない。(4)

このような柔軟性のおかげで、「自分とは同類ではない」とみなす相手が苦しんでいても、なんら感情的に影響されることがない。拷問される者が「少しは人間らしく扱ってくれ！」と懇願するのに対して、「アラブ人に人間らしい扱いは要らない！」という拷問官の答えは、この「自分と同類ではない」者に対する無関心をよく表している。(5)

新石器革命とは、人類の歴史上初めて、創造的（生産的）な経済（農業、牧畜）、備蓄、そして定住化が出現したことを意味する。それに伴って、純然たる狩猟採集生活の終焉と新石器時代の幕開けとなった。多くの科学者の見解では、新石器革命は人類史上最も重要な激変の一つであるという。出典　ウィキペディア

国際法における拷問の絶対的禁止

このような人間の脳の構造の進化における特殊性や、文化の発展における脳の「可能性の範囲」の探求といった人類学的な背景を考えると、人間が、その歴史の中で経験してきたことを通じてのみ、人間の尊厳が普遍的であるという認識に達することができたことを、多少は理解できるかもしれない。とりわけ、第二次世界大戦とホロコーストの経験が、「自分と同類」の者に当てはまる規範の適用範囲から「同類でない者」としての他者を排除する可能性に対して法の保護バーを強化することにつながったのである。拷問の禁止は特に重要視された。一九四八年の世界人権宣言では、第五条で「何人も、拷問又は残虐な、非人道的なもしくは屈辱的な取扱いもしくは刑罰を受けることはない」。と定めている。同様に、一九五三年発効の欧州人権条約、一九七六年発効の市民的及び政治的権利に関する国際規約、そして一九八四年署名(一九八七年発効)の拷問及び他の残虐な、非人道的なまたは品位を傷つける取扱いまたは刑罰に関する国連合意は、拷問行為およびその威嚇を禁止している。また何人も、拷問の危険にさらされる可能性のある地域に移送されてはならない、と定めている。

「拷問」とは、「人に対して肉体的・精神的に激しい苦痛を故意に与えるあらゆる行為」を意味する。このような定義は、曖昧かつ不完全であり、従って法的現実や法哲学という点で極めて不十分であることは間違いない。しかし、これは法の発展の過程において珍しくないことである。同じことは、例えば、奴隷制、大量虐殺、その他の人道に対する犯罪についても当てはまる。しかしこの定義は、極端な形の残虐かつ卑劣な行為に焦点を当てることによって、歴史的経験に照らして、世界が後戻りしてはならないと、合意形成可能な最低限の線引きをする最初の試みである。このように、拷問の禁止に例外を認めないという考えは、法哲学的な考察というよりも、歴史的な経験からくるものだ。この拷問の絶対的な禁止は、一九八四年の国連合意で誤解の余地なく謳われている。「戦争または戦争の脅威、国内不安、その他の公的緊急事態など、いかなる性質の例外的状況も、拷問を正当化する理由として持ち出してはならない」。拷問の絶対的な禁止は、普遍的な人権保護および国際人道法、すべての国際・国内法体系に不可欠な核心的要素である。

このように、拷問は、相対的にではなく「絶対的に」護るべき法益に対する攻撃なのである。拷問の禁止は、国家の生存を脅かすような緊急事態であっても、いかなる例外も認められないものであり、国家の安全保障上の必要性などの、他の法益と同等に位置づけられることはあり得ない。つまり、国家の緊急事態における権限や安全保障の無制限な追求に、絶対的な憲法上の制限が設けられていることは明らかである。あらゆる国家権力は、全体主義体制への誘惑を常に抱えている。だから、このような絶対的な制限を、権力が、押しつけと考えるのは故なきことではない。国家の手の届かないところに国家の行動を縛る基準が存在することになるからだ。

したがって、最近、拷問禁止の絶対的地位を不当とし、一種の法哲学的逸脱として非難することによって、この拷問禁止の絶対的地位と密接に関連する国家権力の主張に対する制限を免れようとする法律家が増えていることは驚くに当たらない。たとえばハーバード大学のアラン・ダーショウィッツ法学教授は、「拷問を公然と非難するのは独りよがりな自己満足」と批判する。[7] 彼によれば、拷問は今や広く行われ、しかも安全保障上の脅威が極めて大きい状況では避けられないため、その実施は法的に規正されなければならない。国家の安全保障などとの相対的バランスを考慮することを禁止するのは非現実的であり、世間知らずだ。国家は安全保障上の問題において、結果としてそれによって人命が救われるのであれば、人権を後回しにすることを許容される可能性を持たなければならない。このような見解は、道徳的な問題と法的な問題を対立させることができるような極限状況、いわゆる時限爆弾のシナリオを設定することによって、より説得力を増すだろう。[8]

この種のシナリオを設定すれば、想定される危険を回避するためのやむを得ない措置なのだ、と市民の道徳上の「常識」に訴えることで、正当性が疑われる拷問の行使も正当化されるだろう、というわけだ。

ダーショウィッツらは、厳格な基準の下でのみ適用されるべきだという条件で、司法が管理する拷問の導入を提案している。[9] もちろん、この基準は、常に拷問を行使する側、つまり権力にとって都合の良い基準なのだが。[10] 架空の極端な事例から一般的な法規範を導き出そうとする予防的拷問の法律上の規正という考え方は、法学的にはばかばかしいほど難解なものであり、しかも、それに対応する「拷問法」は、その適用が許されるかどうかはそれぞれの状況の帰結からしか導かれないものだが、ドイツの法学者にはこれを支持するものが多くいる。

予防的拷問と人間の尊厳

ハイデルベルクの法学者ヴィンフリート・ブルッガーは、「第三帝国の経験に根ざしていると思われる」国家の拷問の権利という考えに対する「極めて強い抵抗」が、「拷問などの問題に長く暗い影を落とし続け、その結果について区別することなく悪いものと決めつけているのは、遺憾なことだ」と述べている。

これについて、二〇〇三年三月十日付のズュートドイチェ・ツァイトゥング紙でヘリベルト・プラントルは、「これではまるで、ナチスが拷問以外のまともな尋問の方法を否定したかのように聞こえる。ナチスの行為の恥ずべき結果の一つは、彼らのおかげで、ドイツでは拷問について公平な議論ができないことだ」とコメントした。マインツの法学者フォルカー・エルプは、拷問の絶対的禁止を「全体主義の精神」であり、国家の安全保障政策の自己否定であるとさえ考えている。

このような立場を法学的に正当化するための突破口として、人間の尊厳が全ての個別の法律の上にあるという「時代遅れ」で法学的に「問題のある」考え方に「最終的に」別れを告げるべきだという動きがある。もし、このような新たなアプローチを採るとすれば、法解釈学の訓練を受けた法学者は、人間の尊厳の侵害と国家の安全保障上の利益とを天秤にかけるための概念的枠組みを作ることにさほど困難を感じないであろう。国家機関の行動能力に十分な柔軟性を持たせるための新たな方策としては次のようなことが考えられる。すなわち、例えば人間の尊厳というとき、他の法律と天秤にかけることのできない「中核的領域」と「周辺的領域」を分けて考えるということだ。その上で、たとえば、「尊厳の中核」に対する侵害は、全体主義体制における迫害、大量虐殺、集団的追放といった極端な状況下でのみ当てはまるものと考えて、中核領域を非常に狭く定義すれば、われわれの民主主義社会では、概念的には周辺領域に対する侵害のみが存在し、したがって、他の法律との均衡を図ることが可能になる、という具合である。そこで、拷問禁止の絶対性が、「尊厳の中核領域」の侵害につながる事態にのみ当てはまると仮定するならば、人間の尊厳についての基準体系のこのような改訂に基づき、拷問禁止の絶対性は、ドイツ憲法の下ではいかなる妥当性も主張できなくなるのである。民主的法治国家における拷問は、こうして「あらゆる事情を考慮した上で」許されるだけでなく、ある状況下では——予防的国家における「予防的拷問」として——国家機関の必要な手段とさえなるのだ。

拷問の絶対的禁止がもたらした法哲学上の「間違った展開」のこうした「修正」は、ドイツでも憲法を巡る政治的言説を決定づけつつあるようだ。時限爆弾のような架空の極限状況を喧伝することで、国民の合意形成が得られると想定されている。この種の道徳上のリトマス試験を使えば、「責任ある」知識人と「人権イデオローグ」を区別するのは簡単だ。過去のおぞましい経験から、人間の尊厳と他の法律を天秤にかけることを拒み、拷問禁止の絶対性を主張する人々は、自らの厳格な倫理性に「無責任に」固執することによって、他の法律との「責任ある」勘案を検討することを回避しようとする道徳原理主義者として誹謗されかねなくなる。

拷問禁止の絶対的地位の廃止を目指した議論は、数多くの論文や著作のなかに見られる。そのような事態になれば、国家の拷問する権利という考えに対する「極めて強い抵抗」を口にすることすらできなくなるだろう。むしろ、現在の私たちは、——国内の治安の問題については「考えることにタブーや禁止があってはならない」といったかつてのショイブレ内務大臣に倣って——ついに再び、拷問の適用に対して「より柔軟な関わり方」を見出す方向にあるのだ。(11)

拷問の婉曲語法

こうした拷問禁止の絶対的地位を不当とする試みに加え、言葉の定義によってそれを弱体化させようとする試みもある。拷問と類似した尋問の方法を擁護する人たちは、まさに民主的法治国家における拷問禁止の絶対的地位によって、本来の拷問と残虐で卑劣な扱いの間の意味上の亀裂をすり抜けて、自らの尋問の実践方法を、「未だ拷問にあらず」というカテゴリーに分類できるよう、概念化しようとする。

例えば、米国司法省は、拷問と見なされるには、その行為が極端な種類のものでなければならないとしている。拷問における肉体的苦痛は、非常に深刻な肉体的傷害や、例えば臓器不全の苦痛と同程度のものでなければならない。それほど極端とは言えない苦痛を与えることは、厳密に言えば、拷問では全くなく、非人道的かつ卑劣な行為でしかなく、したがって、拷問に対する法的制裁は免れるというわけだ。しかし、二〇〇二年に国連で採択された拷問禁止条約選択議定書は、そのような範疇の区別がないことを明言している。[12] にもかかわらず、この範疇の区別と、拷問を残虐かつ非人道的な扱いの極端な形態と定義することは、拷問禁止の絶対的地位を意味的に弱めるためにしばしば利用される手法だ。アムネスティ・インターナショナルが述べているように、「『拷問』という言葉は、人道の考えに反して忌むべきイメージを与えるため、拷問者はそれを別の名前で呼ぶ傾向が強い」。拷問という言葉には、「テロリズム[13]」や「戦争犯罪」あるいは「人道に対する罪」といった言葉と同じような極めてネガティブなニュアンスがある。これらの言葉は、暗黙裏に非対称に使われている。つまり、それらは、他者の犯罪を表すのに使われる一方で、自分自身が行った同様の行為に対しては、より無害な言葉が使われるのである。[14]

拷問も同じで、拷問をするのは自分ではなく、常に他人がやることだ。私たちは「特別な手段」を取るだけであり、しかも、それ自体正当な動機によって正当化されている。「正当防衛」、「民主的価値の普及」、「国家の安全保障上の利益」などと同じだ。[15] このように、拷問の正当化は常に同じパターンに従っている。文明的で真っ当な人々の崇高な価値は、邪悪な目的のために見境のない野蛮な手段を用いる者たちに脅かされている。だから、このような手段（拷問）によってのみ、これを阻止し、自らの価値を守ることができるというのだ。[16]

婉曲表現によって拷問の適用が国民の目から隠されている西洋民主体制国家の例を四つだけ挙げてみ

よう。フランス、イギリス、イスラエル、そしてアメリカだ。
フランスは、アルジェリア戦争での集団拷問を正当化するために、さまざまな婉曲表現を使った。例えば、ＦＬＮ（アルジェリア民族解放戦線）による「テロ」との戦いにおいて「死活に関わる重要な情報」を得るために必要な「特殊な尋問技術」という言い方がそれだ。最大の拷問センターの一つである「アメジアン農場」だけでも、拷問被害者の数は一〇万人以上と言われている。[17]

北アイルランド紛争で、イギリスはその尋問技術を「深層への尋問」と呼んだ。「五つのテクニック」の異名を持つこの尋問技術では男たちに、光を通さないフードが頭からかぶせられ、両手を頭上で壁につけて立たされた状態（いわゆるストレスポジション）を最長一六時間継続させられ、エアハンマーのような騒音が浴びせかけられた。[18]さらに彼らは七〇時間眠ることを許されなかった。[19]

一九七八年、欧州人権裁判所は、「アイルランド紛争」において用いられた尋問の個別の技術は拷問には当たらないが、それらが組み合わせて使用された場合は拷問と見なされる可能性があるという見解に達した。「五つのテクニック」の事例は、この時点ですでに、国家機関がモジュール化された尋問技術を組み合わせることによって、拷問禁止の絶対性を弱められる可能性を示唆していたものだった。[20]

これらのモジュールに分けられた尋問技術は、単独では拷問とは言えないが、適当に組み合わせて使用することによって、囚人の意思を破壊することができるようなものでなければならない。また、このような拷問技術のモジュール化によって、民主的法治国家においても、拷問が拷問として国民にはほとんど見えなくされているため、権力側は支配の道具としての拷問の利点を完全に放棄する必要がなくなる。そして、有効なモジュールとは何か、どのようなモジュールの組み合わせが最適なのかを決める上で、心理学は「興味深い」ことを教えてくれる。

イスラエルは、その尋問技術を「穏健な肉体的圧力」とか「非暴力的な心理的圧力」と呼んでいる。[21]

イスラエルの尋問反対公共委員会（ＰＣＡＴＩ）の推計によれば、一九八七年から一九九四年の間だけでも、数百人の子供たちを含む二万三千人以上のパレスチナ人が拷問を受けたとされている。今日も続けられている拷問技術には、囚人の隣の房にいる親族に対して見せかけの拷問や、実際に虐待を行うことが含まれている。[22]

一九九九年にイスラエルの最高裁は、これらの方法とその他の方法を拷問と認め、その日常的な使用を禁止したが、「例外的状況」、特に「安全保障上の必要性」の理由による使用は許されると明言した。[23]「例外的状況」での拷問を合法化したこのイスラエル最高裁による判例は、イスラエル国家も一九九一年に批准した国連の拷問禁止条約とおよびそこに含まれる拷問禁止の絶対性と矛盾するものだ。アラン・ダーショウィッツによる拷問禁止の絶対的地位に反対するキャンペーンは、イスラエル最高裁の法的見解と密接な関係がある。[24]二〇〇四年六月一八日付フランクフルター・アルゲマイネ・ツァイトゥング（ＦＡＺ）紙が指摘するように、彼の目的は、国際法をイスラエルの判例と一致させて、遡及適用可能にすることである。

このような深刻で大規模な人権侵害が、西側民主体制国家において、国民の憤りを特に喚起することもなく、制度的に支持されていることは、特にグアンタナモに対する比較的広範な国民の否定的な受け止め方と比較すると、驚くべきことである。[25]

その理由を分析してみれば、なるほどと思える仕組みがあることがわかる。ここでも、例のダブルスタンダードのメカニズムが機能しているのだ。

二〇〇二年以降、米国は「強力な尋問技術」、あるいは「革新的で創造的な尋問方法」といった表現を用いている。公表された二〇〇二年の悪名高いバイビー・ゴンザレス覚書[26]は、拷問を婉曲表現で覆い隠すための努力の成果だが、それは屁理屈としては最高のものだが、道徳としては最低のものである。[27]

グアンタナモでの尋問技術は、ズュートドイチェ・ツァイトゥング紙（二千五年七月十四日）が米国防総省の内部報告書をもとに報じたように「創造的」であり、また「攻撃的」なものであった。しかし、報告書によると、いずれも拷問とは言えず、拷問や虐待を危惧する噂は根拠のないものだという。創造的方法とやらの中には、イスラム教徒の囚人が女性兵士の前で裸にされたり、女性の下着をつけさせられて犬のような芸をさせられたりするものもあったという。下着は、経血を示唆するかのように赤いインクで塗られていた。

英国の「五つのテクニック」と同様、尋問方法は、それぞれが残虐非道な扱いに分類される何種類かのモジュールからなるが、厳密な意味での拷問とはまだ世間に認識されないような形で設計されている。二〇〇七年八月一九日付のフランクフルター・アルゲマイネ・ゾンタークツァイトゥング（FAZ）紙は、調査報告書に記載されているモジュール式の尋問の構成要素を次のように説明している。「それは、けたたましく大きな音楽、犬の吠え声、メトロボライトなど、五感に対する大規模な全体攻撃から始まる。さらに、グアンタナモでの実施要領によれば、固定されたままの姿勢を四時間も強いられる。次の段階では、囚人は心理的な屈辱を受ける。裸で尋問され、女性用の下着でポーズを取らされ、女性の看守に侮辱され、自慰行為を強要されるのである。同様に好んで用いられる方法は、固い信仰を持った者が、聖典が冒涜されるのを見させられることだ」。これらの手法は、FAZ紙によれば、「米軍とCIAに奉仕する心理学者が、テロの容疑者を軟化させるために二〇〇二年以来開発してきた高度な精神的拷問プログラムの一部」なのだ。グアンタナモの行動・組織マニュアル（行動管理計画）によれば、これらの手法は何よりも、「新規収容者の見当識障害と混乱を強化し、利用する」ことに役立つものだ。(28)

「白色拷問」技術開発への心理学の貢献

白色拷問の実施技術のアウトラインは心理学者によって開発されたものだ。ここで、民主政治社会における拷問を一般市民からできるだけ見えないようにするために、心理学が果たした重要な貢献について考えてみたい。個々の方法を別々に見れば拷問とは必ずしも言えないが、その組み合わせ[29]によっては、少なくとも身体的拷問と同じぐらい残酷な効果を発揮するような技術について、心理学はどのような知見を提供したのだろうか？

心理学が提供する最も重要なテクニックの一つが、感覚の遮断である。一九五〇年代の感覚遮断の研究に大きく貢献したのは、当時最も重要な心理学者の一人であったドナルド・O・ヘッブである[30]。ヘッブは、防音ヘッドホンと目隠し、そして触覚を遮断する衣服を二、三日着用するだけで、「被験者のアイデンティティが溶解し始めた」と報告している[31]。このようにしてヘッブは、四八時間以内に被験者を精神病のような状態にすることができたのだ。この状態に陥った被験者は、最初は幻覚を体験し、その後、心理的および、しばしば身体的な衰弱に至った[32]。

ヘッブの研究は、人間の心理的な抵抗力と意思を破壊する方法を理解するための重要な例だが、それは、数多くの研究の一つにすぎない[33]。

一九五〇年代初頭、冷戦下のアメリカでは、大衆心理の操作と個人の意識操作の方法について研究するために、ＣＩＡとペンタゴン《国防総省》から数百万ドルの資金が提供された。心理学はこのいわゆるMKUltraプログラム[34]で中心的役割を果たした。このプログラムの詳細が上院の調査によって初めて明らかになっ

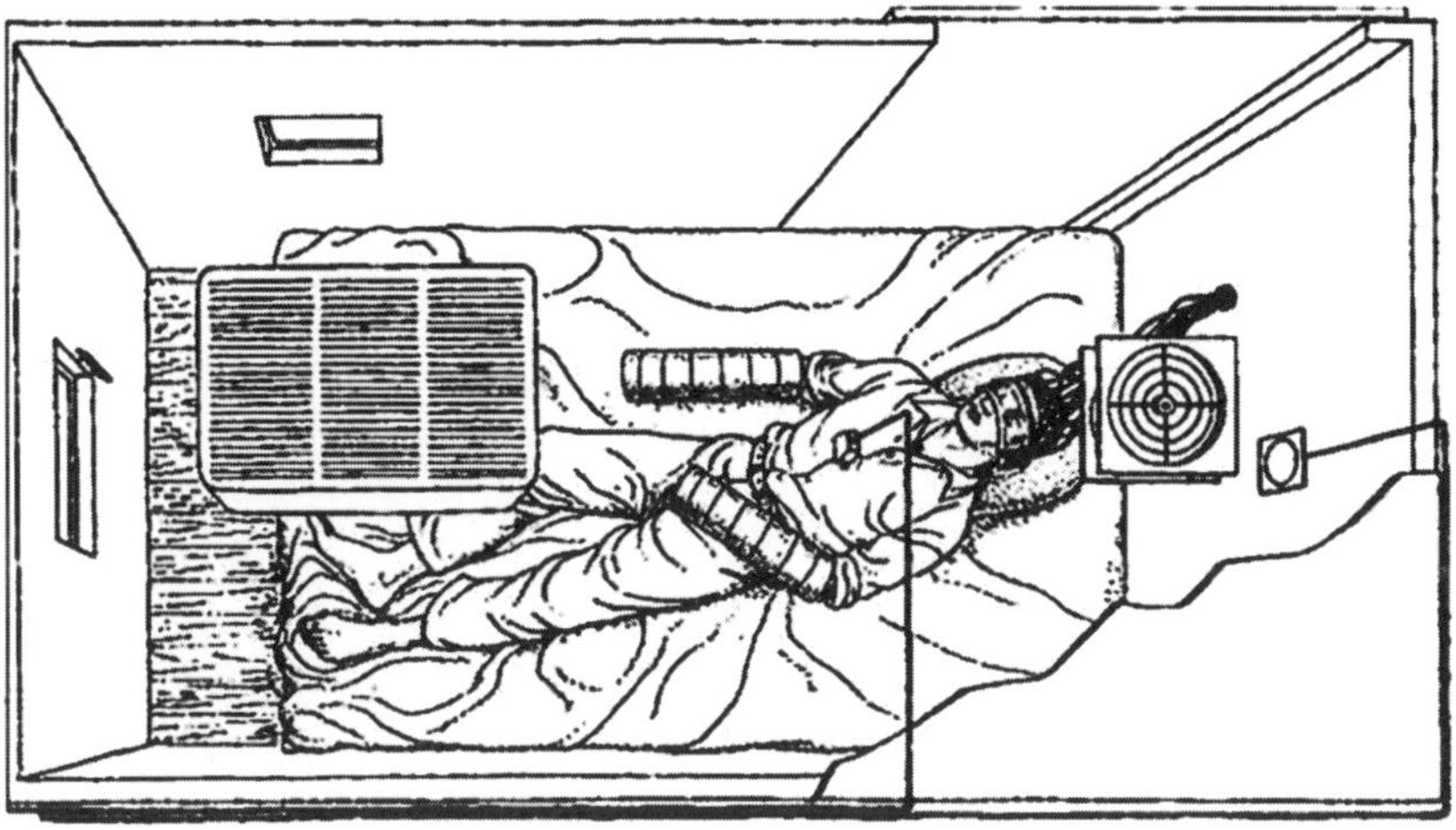

ヘッブの助手が公開した実験風景の図(31)

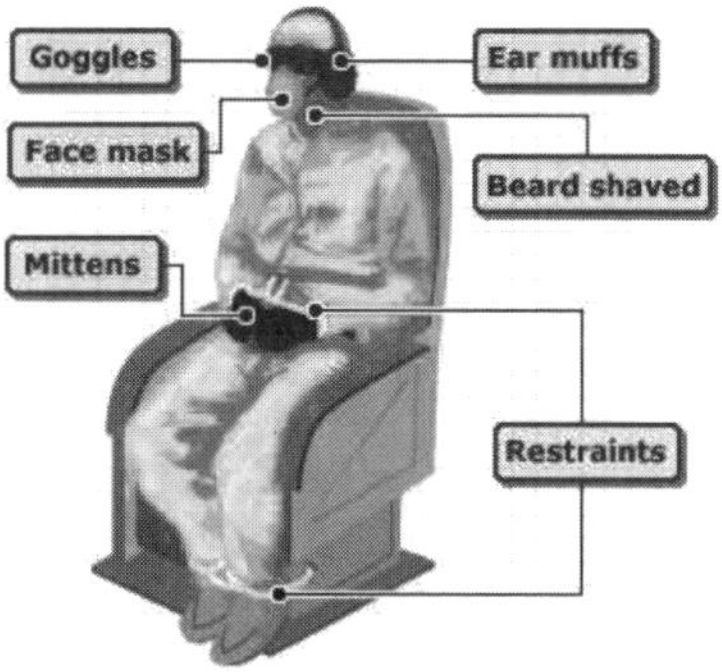

心理学的研究が「国家安全保障」のための
心理的拷問の技術に応用されている

た一九七七年には早くも、有名な心理学者の関与が『アメリカ心理学会誌』の記事によって公表された。その後、MKUltraプロブラムの極秘計画についてさらなる調査が進められ、このプロジェクトに心理学者たちがいかに広範に関わっていたかが示された。直接・間接に関わった心理学者は以下の通り。アダルバート・エイムズ、ジョン・キャロル、ハンス・J・アイゼンク、ドナルド・ヘッブ、カート・ルイン、マーガレット・ミード、マーティン・オーン、チャールズ・オズグッド、カール・ロジャース、ダニエル・シャッハター、ムザファー・シェリフ。

MKUltraプロブラムの枠組みでも、依然として、薬物や、かなり特殊な手段を用いて、具体的な目的のために人の意識を操作する方法が模索されていた。しかし、心理学の研究によって、もっと簡単な手段でこの操作が可能であることがわかった。アルバート・ビーダーマンは、一九五〇年代の関連する心理学研究をまとめた「改良型尋問技術」の開発に関する一九五九年の論文で、「隔離は、囚人の脳の機能に対して、殴打、飢餓、睡眠剥奪と同じ効果がある」ため、心理的拷問は「囚人を破壊するのには理想的な方法」だと述べている。[35] 人の意識を遮断するには、すべての社会的接触を奪い、方向感覚を狂わせ、生体リズムを乱し、強いストレスを与えれば十分である。そのために必要な、見当識障害、睡眠遮断、感覚遮断、屈辱を強いるテクニックなどのごく初歩的な方法を、適当に組み合わせることで、急速に幼児期へと退行させ、意欲を破壊することができるのだ。

一九六三年刊行のＣＩＡの尋問マニュアルであるクバーク《KUBARK》（ＫＵＢＡＲＫとは、ＣＩＡ本部の暗号名で、尋問の実践のために長年行ってきた集中的な心理学的研究の成果をまとめたもの）[36]では、ビーダーマンの研究成果が基本的な尋問方法として推奨された。

クバーク・マニュアル[37]は、人の意思を打ち砕く最良の方法は何か、感情的・情動的な脆弱性を利用してこの目標を達成することができるかどうかを、綿密に、個人の人格構造と幼児期の母親との絆の経験に注目し、心理学の最高の研究成果を尽くして説明している[38]。今日に至るまで、このクバーク・マニュアルは、文字通り、尋問技術の基準になっている[39]。同マニュアルの冒頭には、「尋問技術については、過去一〇年間の心理学研究を考慮せずに、真剣に取り扱うことはもはや不可能だ」と書かれている[40]。そして、「革新的な尋問テクニック」の訓練を受ける人たちに、これらの心理的テクニックは簡単に習得できると励ましている。「肉体的な方法を使わずに、心理的な操作だけで人の意思を打ち砕くことは、考えられているより容易である」。

クバークに載っているこうしたテクニックのなかには、時計を進めたり戻したりして、時間を常時操作することで「被尋問者を、大人ならできる自分の反応のコントロールができなくなるまで、深く自分自身の中に追い込まれて身動きができない状態に追いやる」ための方法のほか、睡眠剥奪、頭と顔を覆う、大きな音楽を聴かせて、性的・文化的屈辱を与える方法などが含まれている[41]。取り調べを受けている者が見当識を失うと、第二段階として不自然な体勢で何時間も立たせるなどすることによって、被尋問者は自傷行為に移行する。この段階では、被尋問者に「自分の痛みは自分の責任であり、そこから解放されるには自分自身が努力するしかない」と思わせることが重要なのだという[42]。

尋問の実施には、被尋問者の経験の世界を完全に予測不可能で混沌としたものにすることが特に重要である[43]。尋問の目的は、尋問された者が幼児期の発達段階に戻る退行現象を惹き起こすことである。「感覚刺激の遮断は、被尋問者が精神的に外界との接触を断たれ、完全に自分しかいないという状態に追い込まれる。同時に、取り調べの際に感覚的な刺激を適正に与えることで、通常退行状態にある者は取調官を父親のような存在として認識するようになる。他の技法と巧みに組み合わせると、感覚遮断はすぐにその人のアイデンティティを溶解させ、意思を破壊するにいたる」[44]。つまり、「尋問される側の成人としての防衛機構が崩壊し、幼児のような発達段階にまで退行する」。
「最適な」尋問技術を開発するための心理学研究の取り組みは、二〇〇一年以降、クバーク・マニュアルを基に、再び強化されることになった。個々の尋問テクニックは、目に見える結果が国民を必要以上に警戒させるようなものでない限り、最適とみなされる。さらに、利用可能な個別技術を巧みに組み合わせて、非常に強い性格の人間でも「全身を震わせながら死の餌食になるように」(ジャン・アメリ)させなければならない。利用可能な心理学の研究成果と心理学の高い実験技術能力が、ここに応用関連研究の広い分野を切り開いたのである。

こうして、さまざまなテクニックの最適な組み合わせが相当程度に「洗練」され、特に性的・文化的陵辱の分野では、さまざまな「創造的な」新展開が可能になった。グアンタナモの実施記録に出てくる専門用語を使うと、これらの「創造的方法」は、「プライドとエゴの低下」、「恐怖心の増加」、「無益な行為」、「女性による空間の侵入」といった言葉で表現される。これらは、組織的屈辱と拷問を行う倒錯した行為の婉曲表現であり、適切に翻訳することは到底不可能だ。

モハメド・アル・カフタニ囚人の綿密な尋問記録から、その背景にあるものを窺い知ることができる。[45]「プライドとエゴの低下」モジュールでは、「自分への強制排尿、裸の強制、性的屈辱、宗教的屈辱、裸で鎖に繋がれる、犬のように吠えることを強いられる」といった「革新的尋問テクニック」が見られる。[46] この囚人は五〇日間、わずかな睡眠時間しかとれず、医師の手厚いサポートが必要なほどであった。[47] 内部調査報告書によれば、人格破壊があまりに激しく、囚人はさらなる尋問や訴追に「役立たず」となってしまったため、この処置はやや過剰であった、と指摘されている。[48]

拷問と米国心理学会（ＡＰＡ）

グアンタナモで用いられた尋問技術を設計したのは心理学者であったが、特にアメリカ心理学会（ＡＰＡ）の元会長も関係している心理コンサルティング会社、ミッチェル、ジェッセン&アソシエイツが関与している。[49] この会社は尋問のスペシャリストの訓練を専門としており、おそらく、囚人を移送するブラックサイトの尋問プログラムを設計して、特別な尋問行為を可能にしたのであろう。つまり、国民の拒否反応をほとんど恐れる必要がないキューバのような国で拷問を行えるようにしたのだ。[50] ミッチェルとジェッセンは、二〇〇二年五月にペンタゴンとＣＩＡが主催したシンポジウムに参加し、その後アルカイダ指導者のアブ・ズバイダの逮捕を機に「革新的尋問技術」を使っている。このシンポジウムのメインイベントは、有名な心理学者マーティン・セリグマンによる三時間の講演で、彼は囚人に「学習性無力感」を「作り出す可能性」とその効果について話した。[51] ミッチェルとジェッセンが開発したアブ・ズバイダの尋問方法のコンセプトは、これを基にしている。ジェームズ・ミッチェルは、学習性無力感の状態を作り出すことを「革新的な尋問方法」の中心的なツールだと宣言している。[52]

しかし、心理学者が関わったのはこうした特殊な尋問技術の開発だけではなかった。彼らは尋問そのものにも指導者として関与した。例えば、モハメド・アル・カフタニの尋問は、記録から分かるように、ＡＰＡのメンバーであるジョン・リーソが、通常一日二〇時間にわたって監督していた。[53]

世界中で実施されている「革新的な尋問方法」のシステムの開発に、心理学者が深く関わっていることが次第に知られるようになった。ＡＰＡは、そのような関与が心理学者の倫理的職業原則に適合するかどうかについて説明するよう、世間から圧力を受けるようになった。予想通り、ＡＰＡはあらゆる拷問に強く反対すると表明した。しかし同時に、心理学者には個人への危害を防止する倫理的義務だけでなく、国家への危害を防止する義務もあることを忘れてはならず、両者が対立する場合、これらを天秤にかけて判断しなければならないことを強調した。これは聞き覚えのある主張だ。当時は、医師も、個人の健康に奉仕する義務と「国家」の健康に奉仕する義務とによって板挟みになっていたからだ。[54]そして、国家の安全に関して、心理学はなにがしかの知見や技術を提供し、それによって国家の安全保障に関わる情報を手に入れることができたのである。[55]

心理学者の中には、このような倫理観を共有することを拒否する者もいた。彼らは、当時のＡＰＡ会長から、「学者を装った日和見主義のコメンテーター」と中傷されたが、自らの懸念を世間に伝えることはできたのだ。そこで、ＡＰＡ理事会としては、これらの尋問に関わるための倫理基準を策定するワーキンググループを立ち上げざるを得なくなった。

この作業部会の構成は、長い間秘密にされてきた。しかし、メンバーの一人である社会心理学者のジャン・マリア・アリゴは、ＡＰＡが支援する活動が、確立された人権規範に対するあからさまな違反であると考え、ＡＰＡが課す守秘義務に違反して、作業部会の作業と勧告がペンタゴンとＡＰＡ事務局によって操作・決定されてきた経緯を、人権組織に詳細に報告するに及んだ。[57]

この作業部会の決定権を有するメンバー九人のうち五人は、軍事心理学者であり、「革新的な尋問テクニック」の実績ある専門家だ。中には、イラク、アフガニスタン、グアンタナモで尋問の計画や監督に責任ある立場で関わっていた者もいる。[58]例えば、グアンタナモの行動科学協議会チーム（ＢＳＣＴ）の代表も、この作業部会の一員であった。ＡＰＡ会長のクーチャーは、作業部会メンバーの選定の理由として、「彼らは特別な専門知識によってワーキンググループに貢献してくれる」と述べている。

二〇〇七年七月のAPAの年次総会で、尋問における拷問テクニックの使用と、それに対する心理学者のいかなる関与にも反対する決議が、圧倒的多数の賛成によって採択された。しかしこの決議は、拷問の定義において、ブッシュ政権が使った文言をそのまま踏襲し、グアンタナモで行われている、いわゆる「革新的尋問技術」がこれに該当しないよう、極めて狭い意味で拷問を定義した（当時すでにグアンタナモで拷問が深刻かつ組織的に行われていることは十分に立証されていたにもかかわらず）[61]。ここでもまた、APAをさらなる明確な態度表明に追い込んだのは、世論の圧力、いやむしろ世論に対抗する圧力であった[62]。

一五万人のAPA会員のうち、APAの立場に積極的に反対し、人権侵害への心理学者の関与の実態を明らかにすることに貢献したのは、ほんのわずかのメンバーに過ぎなかった。二〇〇八年初頭、APAは、強化尋問への心理学者の関与に関する倫理ガイドラインを明確にすることを余儀なくされたが、それでも、いわゆるブラックサイトでの尋問への心理学者の関与は職業倫理基準違反とは見なされなかった。拷問に類似した尋問への心理学者の関与について、より多くの詳細な事実が知られるようになり、世論の圧力が高まった。APAは（米国で予想される政権交代に合わせて）二〇〇八年一〇月二日の書簡で方針転換を宣言し、心理学者が囚人に対する人権侵害に関与することを認めないという立場を「重大な変更」として発表した[63]。半世紀以上にわたって心理学は、ペンタゴンとCIAに、イデオロギーの敵とみなされるものすべてに対する一種の秘密兵器として仕えてきた、と歴史家のアルフレッド・マッコイは総括している[64]。

心理的拷問と科学者の責任の問題

ＡＰＡのこのような態度は、個別のケースを越えた、より一般的な疑問を投げかけている。本章の最後にこれらの疑問のうちの二つを取り上げることにする。第一に、「心理的拷問」を拷問と認識し肉体的拷問と同じくおぞましいものと感じることの難しさである。心理的拷問[65]は少なくとも肉体的拷問と同じく、その結果[65]は深刻であり、傷は永続的に残るものだ[66]。しかしそれは、拷問を受ける者の心理を直接に破壊することはなく、またそれによって少なくとも、無傷の自我が、痛みの中であっても拷問者から独立したものとして距離を置き、拷問者の力が完全には及ばないわずかな領域を維持する可能性を残している。このことが重要なポイントである。個人の自己統一性《インテグリティ》を司る心理的な構造が半ば無傷のままである限り、拷問を受けた者は少なくとも部分的には、受けたトラウマを克服できる可能性がある。しかしながら、個人のアイデンティティの中核を直接攻撃する心理的拷問の場合、その人は体の一部分だけでなく、人間として破壊されてしまうのだ。

身体的拷問でも心理的拷問でも、その影響は誰かが他人に与える身体的または心理的苦痛の具体的な深刻さのレベルだけで測ることはできない。むしろ、拷問の影響範囲を測るための鍵は、拷問がもたらす人間関係がどのようなものなのかという点にある[67]。拷問という状況の中で、拷問を受ける者は、完全に法的権利を奪われた対象物となる。これは無制限の権力行使、つまり全体主義的状況の極限である[68]。自分自身をコントロールする権利の完全な喪失、自分に対して神のような支配権を持つ他者に無限に身を委ねること。これが拷問というものの決定的な特徴である[69]。拷問によって人間は国家の完全な道具と化し、被拷問者の個人としての尊厳と自律性は損なわれる。このような状況が法的に許されるということだけでも、法の支配の基盤が損なわれかねない。(70) したがって、拷問の禁止の絶対的地位の是非を問うことは、民主的法治国家を犠牲にすることにつながる。

国際社会は、拷問の禁止を絶対的なものとすることで、近年の歴史的経験を背景に、同時に、個人の尊厳を犠牲にするあらゆる横暴、全体主義による救済や安全の約束などに絶対的な法的障壁を設けることになったのである。

第二の問題は、より一般的な問題として、科学者や知識人の道徳的・政治的責任についてである。拷問を絶対的に禁止する歴史的、道徳的動機がこれほど明確で説得力があり、拷問と法の支配が相互に相容れないものであることが同様に明らかであるにもかかわらず、上記のような拷問を正当化しようとする者たちには、個人的なレベルで、そのための強い動機づけがあるはずである。このような動機づけは、個々の知識人の自己認識と彼らと国家との関係に見出すことができる。(71) というのも、歴史を通じて独裁国家であれ民主国家であれ、権力の行使に正当性を与え、正当化のための道徳的枠組みの概念をそれぞれの権力者の行動に適合させるために、大いに努力を払ってきたのはまさにこうした人間たちであったし、今もそうだからである。特に、政治的プロセスが国民によって一定程度コントロールされる民主的法治国家においては、国家権力の行使の仕方に民主的な正当性が与えられない場合は、適切なイデオロギー的解釈の枠組みを通じて、国民の目には可能な限りそれが見えないようにする必要がある。そのために、権力を行使する者は、ある政策が国家の利益に叶うことだという論拠を揃えて協力してくれる知識人や専門家の声に頼ろうとする。(72) バイビー・ゴンザレス覚書とAPAの議論は、歴史的に見れば、権力者に対する道徳的柔軟さの恥ずべき伝統の中では、特に際立ったものとは言えない。

このような行いは、国際的に確立された法規範に従えば、戦争犯罪とみなすことができる。[73] したがって、「革新的な尋問技術」の制度設計、構想、準備、実施に関与した心理学者に対する法的評価に関しても、他の歴史的・政治的状況において確立された国際的な法の原則がどの程度参照されるべきかという問題が生じる。[74] しかし、もし私たちが「自らの」責任範囲について、これらの原則が当てはまることを認めず、自分たちが追求する目的の道徳的優位性を装ったり、国家の安全保障上の必要性によって規範の違反や犯罪を正当化しようとするなら、そのような道徳的ダブルスタンダードを作り出すことで私たちは、他者の行為をこれらの法的原則に従って評価するための道徳的権利を失うことになるのだ。この問題は、科学者の責任だけでなく、私たち全員の問題でもあるのだ。なぜなら、法の支配する民主政治国家においては、社会で起こる人権侵害に対して、各個人がどの程度の責任を負うべきかという問題から逃れることはできないからだ。

「世界人権宣言」によって、道徳的価値だけでなく、法的主張も定式化され、人権は根本的な法的規範として定着したのである。しかし、私たちは、強者の法がこれらの法規範を勝手に無効にすることを繰り返し許しているため、これらの法規範を真摯に受け止めるにはまだほど遠い状態であると言える。これらの法規範が日常的かつ深刻な形で世界中で侵害されているという事実は、その妥当性や正当性を疑問視する論拠にはなりえず、またなってはならない。すべての法規範がそうであるように、これらの法規範も日々の対立と議論の中で守られ、強化され、さらに発展していかなければならない。そしてそれは、ＡＰＡの事例が示すように、私たち一人ひとりの継続的なコミットメントに基づいてのみ可能なことなのだ。七〇年前に宣言された国際法の根本的な規範を法的な現実に変えるチャンスは、私たちがよそ見をせず、強者の利益に対してこれらの規範を断固として守る覚悟がある場合にのみ存在する。人間が、破壊的な潜在能力によって何を成し得るかという歴史経験を何度も繰り返したくないのであれば、歴史を経て苦労の末ようやく手にした根本的な規範が侵害されたなら、それを指摘し、あらゆる具体的事例において、規範の趣旨と現実とが乖離していることに注意を向けさせる以外に方法はない。したがって決断は私たちに委ねられている。

APA作業部会[59]には以下のメンバーが所属――ラリー・ジェームス大佐二〇〇三年グアンタナモの諜報グループの主任心理学者、二〇〇四年アブグレイブの尋問班の行動科学グループ長。モーガン・バンクス大佐陸軍の極秘プログラムであるサバイバル、回避、抵抗、脱出（SERE）[66]の創設者の一人であり主任心理学者。二〇〇一～二年に、深刻な虐待が報告されたアフガニスタンのバグラム飛行場で「戦闘活動を支援」し、グアンタナモの尋問に関して「全般にわたるコンサルタンティング」をしていたこともある。ブライス・リーファー大佐＝SEREプログラム（「敵の尋問、拷問、搾取技術に集中的に動員される人員」の監督）の心理学者。二〇〇二年にアフガニスタンで尋問者に講義し、「様々な尋問技術について相談を受けていた」。

原注――

（1）Pape（2007), Chomsky（2002）参照。

（2）経済的な手段を使い果たした後の究極の手段としてのみ軍事的手段を用いる、ということを建前とする植民地主義の考え方は抽象的であり、そのために認識することが困難ではあるが、この思考パターンは、現在に至るまで西側民主政治国家の政治的手法の特徴である。植民地主義の考え方においては、人権の理念は、西側陣営のグローバルな政治戦略と組織的暴力の道具として使われている。つまり、人権を根拠に戦争を仕掛けるか、それとも、一九八一年にアメリカの国連大使ジーン・カークパトリックが世界人権宣言に対する米国の態度を「サンタクロースへの手紙」と要約したように、政治的に無用の長物とみなすかは、時と場合によって変化するのであり、まさにダブルスタンダードを使い分けるパターンだ。

(3) アムネスティ・インターナショナル(1973、p. 27およびp. 7)。アムネスティ・インターナショナル(1973、p. 29)によれば、拷問の使用が「一五年前よりも広まり、かつ激しくなっている」のは、西側民主政治国家が「近代的」拷問技術を第三世界の友好国政府に組織的かつ広範に伝達したからである(Chomsky and Herman, 1979も参照のこと)。

(4) このような人間の能力の最も顕著な表れが、欧州の植民地主義であり、それに伴う、特定のカテゴリーやタイプの文化の優劣を前提とした「文明開化の使命」(Maran, 1996)というものである。したがって、マランが指摘するように、拷問は「文明的使命」とも密接に結びついているのだ。

(5) Maran(1966, p. 44)

(6) Nowak & McArthur(2008)参照。

(7) McCoy(2005, p. 173)

(8) 時限爆弾に関する包括的な批判的分析については、Brecher(2007)およびGinbar(2008)を参照。

(9) イスラエルには、「安全保障上の必要性がある場合にのみ拷問が認められる、という拷問法があり、これは、『民主政治体制の国家において存在する唯一の拷問法』である」(Gross, 2004)。この法律を批判的に分析したAnat Biletzki(2001、p. 11)は、これは、「三〇年以上にわたって我々の占領下にある国家の国民全員を歩く時限爆弾とみなす」ことを暗黙の前提としたものだと述べている。したがって、「安全保障上の必要性」という制限は事実上拷問の適用を制限するものではない。「非人道的な扱いに介入し歯止めをかけるように裁判所が請願を受け、逆に国家、つまり治安部隊側からは拷問の継続を要求されたほとんどすべての裁判で、裁判所は、人権擁護のために毅然とした判断を下すことを避けてきた。理由は事例によって異なるが、主に請願が不当であるとし、残虐行為の継続を必要なものとして認める、というものだ。（同、p. 8〜）イスラエルの拷問反対公共委員会（PCATI）は二〇〇三年四月の報告書で、全面的に実施されている「拷問システム」について次のように結論づけている。「司法長官は、すべての拷問の実施事例について、全面的に、そして例外なく、「必要性の擁護」を承認する」。PCATI（2007）を参照。

（10）アムネスティ・インターナショナル（1973, p. 22）では、例外的状況に対応するための、表向きは厳しく規制された措置として拷問を正当化する試みは、プロパガンダに過ぎないことを改めて明確に示した。「歴史が示す通り、拷問は「一度だけ」で終わることはない。必ずもう一度になり、慣行になり、ついには制度として定着する。爆弾を例にとれば、その使用が一度でも許されるとすぐに、爆弾を仕掛けるかもしれない者、爆弾を仕掛けることを考えるかもしれない者、爆弾を仕掛けることを考えるような人物を弁護する者に、拷問を使うことが論理的な帰結になる［……］」。

（11）メルケル首相とその前任者も、人権保護のレトリックとは裏腹に、いつものダブルスタンダードを駆使していることは見てとれる。特に連邦情報局や連邦軍が拷問の体制と密接な協力関係にあることからも、それは明らかだ。ウズベキスタンとの関係においては特に顕著だ。ウズベキスタンはヒューマンライツ・ウォッチ（二〇〇七年一一月六日）によれば「拷問が刑事司法制度に定着している」国であるにもかかわらず、ドイツはこのような独裁的拷問政権と友好関係にあり、ここに空軍基地を維持している。ドイツ連邦情報局（BND）はウズベキスタン政府と密接な関係を保ち、クレイグ・マレー元駐ウズベキスタン英国大使によれば、拷問から得た情報を利用している（ズュートドイチェ・ツァイトゥング紙、二〇〇六年四月二一日付）。クレイグ・マレーがガーディアン紙（二〇〇五年八月三日付）に書いたように、「西側諸国の閣僚の中で、最も頻繁にウズベキスタンに滞在し、最も無批判にその政権を賞賛しているのは、トレンディなドイツの外相、ヨシュカ・フィッシャー」である。ドイツ連邦刑事庁（BKA）もまた、各国の拷問体制と「非常に現実的に」協働している。「二国間の関係における装備や訓練の支援という形で、二〇〇〇年から二〇〇六年の間に合計五七カ国がBKA／BMIの支援を受けた。複数の人権団体の調査結果によると、そのうち三五カ国が組織的拷問で、七カ国が組織的虐待で告発されている。この調査結果によると、それらの国家の多くが拷問や虐待を続けているにもかかわらず、BKA／BMIは支援をやめることも変えることもなく、これらの国家は何年にもわたって警察の援助を受け続けている」Schenk（2008、p. 228）。

（12）Nowak and McArthur（2006, 2008）参照。

（13）アメリカ政府の文書によると、「テロリズム」とは脅迫したり、強制したり、恐怖を与えることで「政治的、宗教的、イデオロギー的な目標を達成するために、暴力を計画的に使用したり、暴力の脅威を与えること」とされる。この定義は、日常的な理解によく合致しており、ある種の行為や活動を評価するための最初の作業基盤となり得るものだ。このような定義の妥当性を認めるならば、アメリカやイスラエルの軍事行動の大部分も「テロ」と分類することができる（Cf. Stohl, 1988; Herman and O'Sullivan, 1991; Chomsky, 2000）。Atran（2003）も指摘しているように、「実際、米国議会が定義する『テロ』と米軍のマニュアルで認められている『対反乱活動』の間には原則的な区別はないようだ」。しかし、一般市民を狙った暴力をどう評価するかという場合に、世論形成層とメディアにおいて、我々が敵と見なす者が行う暴力のみをテロと呼ぶ、という偏ったやり方が浸透しているのは、プロパガンダの歴史的な大成功のおかげと考えざるを得ない。

（14）戦後史の具体例としては、例えばChomsky and Herman（1979）がある。

（15）Byers（2005, p. 65~）参照。

（16）「これだけは間違えるな。拷問を行うすべての体制は、救済、素晴らしい目標、楽園の約束の名の下に拷問を行っているのだ。それを共産主義と呼んでも、自由市場と呼んでも、自由世界と呼んでも、国益と呼んでも、ファシズムと呼んでも、指導者と呼んでも、文明と呼んでも、神への奉仕と呼んでも、情報の必要性と呼んでも、どう呼んでもいい。楽園の代償、ある種の楽園の約束は、［……］必ずどこかで、いつか、少なくとも一人の人にとっては地獄となるのだ」Ariel Dorfman（2004）。あらゆるイデオロギーは、その名の下に、個人の権利を侵害することを正当化する理由を示す傾向があるため、人権に関する国際的な合意は、基本的人権の保護をイデオロギーとは無関係に保障できる文明的な手段なのである。

（17）例えば、Maran（1996）, Branche（2004）, Rejali（2007）, Lazreg（2008）を参照。

（18）McGiffoim（2974）, Rejali（2007, p. 373）を参照。「頭巾をかぶせ、絶え間ない騒音を聴かせることは、男たちを互いに隔離するためではなく、精神的な混乱と見当識を失わせるための意図的な方法として考案されたものである」英国医師会（1986）。

（19）Shallice（1972）によれば、このテクニックの開発にも心理学者の決定的な関与があった。

（20）「クリーンな拷問技術の体系的なクラスタリング」については、Rejali（2007, p. 568）も参照。

（21）Biletzky（2001, p. 8）が述べているように、「イスラエルでは、拷問は「肉体に対する適度な圧力」という婉曲表現で表される。市民権組織B'Tselem（2000）は次のように報告している。イスラエルの情報機関GSSは、「一九七一年に英国が使用したものと同等の方法、すなわち睡眠の剥奪、肉体的苦痛、感覚的隔離の技術を使用した。しかし、GSSはそれらをかなり長い期間使用したので、結果として生じる苦痛と苦しみは相当大きかった。さらに、GSSは直接的な暴力を行使した［……］したがって、［……］実際には、GSSの方法は一九七一年に英国が使用した方法よりもかなり過酷なものだった［……］」。B'Tselemの推定では、勾留されたパレスチナ人の八五%は、今でも拷問を受けている。Phillips（1995, p. 67）, Cook（2003）, B'Tselem（2007）, United against Torture（2007）も参照のこと。使用されている方法がいかに「穏健」であるかは、それに関連する死亡者数にも表れている（ADDAMEER, 2003, p. 43）。

（22）Public Committee against Torture in Israel（PCATI）（2008）

（23）一九八七年以降、イスラエルでの拷問は事実上合法化された。［……］パレスチナ人、レバノン人、その他の非イスラエル国民は拷問の「許容される」犠牲者と見なされ、その方法も「許容できる」ものと見なされた。Amnesty International（2004, 2008）も参照。このような法的理解は、人権についてのある特定の文脈の中で解釈されるべきものだ。「シオニズムにおける人間の尊厳という概念は、普遍的なものではない。それはユダヤ人の名誉という概念と同一である。例えばパレスチナ人などの非ユダヤ人の尊厳は、この概念の範疇には入らず、したがってシオニズムの考えには反映されないのだ」（Tiedemann, 2007, p. 101）。Kamir（2002, p. 253）も参照。

（24）「イスラエルは、二〇〇七年に二二億八千万ドルの軍事援助と二億八千万ドルの財政援助を受け、依然として米国の最大の援助先である。この金額は今後一〇年間、それぞれ三〇億ドルに増加される予定である。その大きな影響力にもかかわらず、米国はイスラエルに対して人権状況の改善を条件づけていない」Human Rights Watch（2008, p. 491）。

（25）これは、植民地主義の長い伝統と「文明化の使命」（Maran, 1996）から引き出される人種差別的な前提をあからさまにしたものだ。欧米によるグローバルな力の行使においてこのような前提が隠されていることを最も明確にしたのはSchoultz（1998）である。この前提は、ラテンアメリカの事例に関連して、「ラテンアメリカ人は人間の中でも劣った人種の部類に属する、という浸透した信念」として現れる、と著者は述べている。アラブ人に関しては、これが、いわゆるテロとの戦いの根底にある暗黙の、ほとんど確実な前提である（Kateb, 2006, p. 65を参照）。こうした人種差別的前提がなければ、「アラブ人に人道などいらない！」という言葉がグアンタナモ、バグラム、アブグレイブで、象徴的に言われることもなかったであろう。この前提は、二〇〇二年一二月一一日付で、グアンタナモに収監されているアルカイダのメンバー、モハメド・アル・カフタニの尋問調書に、「彼には自分が人間以下であることを思い知らせた」という言葉で明示的に顕れている。「拷問が行われるためには、被尋問者が「人間以下」だと拷問者に映らなければならないのだ」。Maran（1996, p. 313）

（26）Greenberg and Dratel（2005）, Paust（2007）, Mayer（2008, p. 151~）, Sands（2008, p. 73~）を参照。

（27）Diane Beaver „Memo 18: Legal Review of Aggressive Interrogation Techniques（11 October 2002）」も参照。（Green-berg and Dratel, 2005, pp. 226-235）には、法的に認められるとされる尋問テクニックとして、次のようなものが挙げられている。

「勾留者に、自身および家族に死や深刻な苦痛が迫っていることを確信させるためのシナリオを使うこと」、「濡れタオルと水滴を使って窒息の誤認を誘発すること」、つまりいわゆる「水責め」などである。

（28）wikileaks.org./wiki/Guantanamo_document_confirms_psychological_torture

（29）Mayer（2008, p. 275）は、元米国政府高官で、尋問プログラムの詳細にアクセスできる人物の言葉として以下のような引用を行っている。「重要なのは、組み合わせて行われることだった」。さらに、「プログラムの圧倒的な力を本当に理解している部外者はほとんどいない」。

（30）McCoy（2005, p. 41~）, McCoy（2007）, Koch（2008, p. 140~）参照。

（31）Heron（1957）

（32）ヘッブの実験は、当初カナダ国防省の資金で秘密裏に行われたが、その目的は、非常に単調な職業活動が個人のパフォーマンスに及ぼす影響の研究であるとされていたため、実際の意図はうやむやにされた（Heron, 1957 参照）。

（33）例えばBenjamin（2007 a, b）参照。

（34）McCoy（2005, p. 36~）, Greenfield（1977）

（35）ビーダーマン（1959, 1960）。また、グアンタナモでは、尋問官の訓練にビーダーマンの著作が使われた（「ビーダーマンの原理を徹底的に学ぶクラス」）（New York Times, 2.7.2008）。ビーダーマン・コンセプトを表にしたものは、Koch（2008, p. 194~）にある。

（36）クバークによると、ビーダーマンの著書は、「尋問と密接に関連するテーマについて、多くの学者や専門家の知見や見解が盛り込まれているという利点がある。引用の頻度の多さが示すように、この本は最も参考にされた著作の一つである。これを読んで利益を得られないクバークの尋問者はほとんどいないだろう」。CIA（1963, XI, 3）

（37）CIA（1963), McCoy（2005, p. 49~), Koch（2008, p. 156~）も参照。

（38）このマニュアルが心理学者によって書かれたことを示唆する証拠が多くある。（Gray and Zielinski, 2006）参照。

（39）主に南米の「尋問官」の訓練に使われた「人的資源搾取訓練マニュアル」（CIA, 1983; McCoy, 2005, p. 66~）も、クバークをベースにしている。「あらゆる高圧的な技術の目的は、抵抗しようとする意思に対して、それに優る外部の力を作用させることによって、被験者の心理的退行を誘発することである。退行とは基本的に自律性の喪失であり、以前の行動レベルに逆戻りすることである。退行すると、学習した人格特性が時系列に逆行するように失われていく。彼は、最高の創造的活動を行う能力、複雑な状況に対処する能力、ストレスの多い対人関係や繰り返されるフラストレーションに対処する能力を失い始める」（CIA, 1983）。

（40）新しいレポートでは、クバークマニュアルに基づいた新しい教育テクニックの開発について、総務省の専門家が推奨している。「クバークマニュアルを注意深く調べると、次世代の情報教育のための戦術、技術、手順の開発に直ちに応用できる可能性を秘めた、あるいは、関連する専門家がさらに研究する意義があることを保証する、潜在的に価値のあるコンセプトが豊富に得られる」。（Kleinman, 2006, p. 137）

（41）「見当識障害によって、抵抗する力が減退する。対象者は何日も一人にされることもある。独房で五分ほどの睡眠が許されることもあるだろう。その後、抵抗力が弱まっている状態で再び尋問が行われると、まるで八時間も経過したかのように感じるようになる。原則は、情報源である被尋問者の時間的前後関係の感覚を混乱させるように、尋問のセッションを計画的に行うことである」。（CIA, 1963, VII, C, 5）

（42）「自分にとって既知のこれまでの世界から切り離された拷問対象者は、見知らぬ新たな環境の中で、幾らかでもその世界を再現しようとする。時間を記録し、なじみのある過去に生き、古い忠誠の概念にしがみつき、他の人々と以前に結んだような対人関係を一人または複数の尋問官と築き、既知の世界に戻る橋をかけようとするかもしれない。彼のそのような試みを阻止することは、彼をますますもはや成人らしく自分の反応を制御できなくなるまでに、自分自身の中に追い込むことになる」。（CIA, 1963, VIII, C）

（43）クバークは、「不思議の国のアリス・テクニック」と呼ばれる、精神異常に類似した経験を引き起こす技術を挙げている。このような寓意による巧妙な仄めかしは、このハンドブックが持つ、最もサディスティックで倒錯的な側面を改めて顕《あらわ》にするものだ。「不思議の国のアリス・テクニックのような混乱させるテクニックの目的は、被尋問者の期待や条件づけられた反応を混乱させることである。被尋問者は、少なくとも自分にとっては意味のある世界、つまり連続性と論理性のある世界、予測可能な世界に慣れている。被尋問者は、自分のアイデンティティと抵抗力を強化するために、この世界にしがみつく。混乱させる技術は、慣れ親しんだものを消し去るだけではなく、奇妙なものに置き換えるように設計されている。［……］このプロセスが必要に応じて毎日続くと、被尋問者は混乱した状況を理解しようとし始めるが、精神的に耐えられなくなる。［……］いずれ、彼は重要な自白をしたり、秘密を漏らす可能性が出てくる」（CIA, 1963, VIII, C, 9）。

（44）「刺激の遮断は、外界との接触を遮断することによって、拷問対象者の心を自分の中に押し込め、退行を誘発する。同時に、尋問の際に、計算しながら刺激を与えることによって、退行した対象者は取調官を父親として見るようになる。その結果、対象者は通常、以前よりも従順になる」（CIA, 1963, IX, E, 4）。

（45）www.time.com/time/2006/log/log.pdf

　アル・カフタニについては、Mayer（2008, p. 190~）を参照。二〇〇七年に軍事委員会担当大臣から「軍事委員会の招集権者」に任命されたスーザン・クロフォードは、あるインタビュー（The Washington Post, 二〇〇九年一月一四日付）で次のように語っている。「我々はカフタニを拷問しました。［……］彼の扱いは、拷問の法的定義に合致しています。拷問というと、個人に対して行われる恐ろしい物理的な行為を思い浮かべますよね。これはそんな特別な行為ではなく、彼に医学的な影響を与えるようなことが組み合わされただけなのです［……］」。

（46）これらの技術についても、国家による組織的拷問のほとんどにおいて、以下のことが明らかになった――情報を入手するため、という正当化のレトリックの陰で、拷問は特定の（主に民族的な）集団を懲らしめ、屈辱を与え、尊厳を傷つけることを目的としており（例えばRejali, 2007, Lazreg, 2008を参照）、彼らの社会的、文化的アイデンティティの破壊を試みているのである。民主政治体制の法治国家においては、「強化された尋問方法」を正当化するために、安全保障に関連する情報を得るという目的が、唯一の理由として公共の議論の場に提示される。しかし、これでは、実際には拷問が情報を得る目的を果たすことはほとんどなく、拷問は常に、国家権力による支配の道具として、支配秩序を危うくする者に対する統制・規律のために使われたという事実が見えなくなってしまう。

（47）国民による政治的コントロールがある程度存在するすべての政治体制において、拷問の実施には関連する専門家集団の参加が条件づけられている。これに関しては、例えばADDAMEER（2003, p. 68）を参照。「イスラエルの刑務所内の医療専門家は、囚人を助けるためにいるのではなく、むしろ拷問を実行する側の一部となっているようだ」。

（48）Sands（2008, p. 121~), Mayer（2008, p. 203）参照。さらにBob Woodward, Detainee Tortured, Says U.S. Official, The Washinton Post, 14.1. 2009 も参照。www. washintonpost.com/wp-dyn/content/article/2009/01/13/AR2009011303372.html

（49）Eban（2007), Soldz（2008）および www.spokesmanreview.com/tools| story_pf.asp?ID=204358

（50）しかし、CIAの依頼による拷問がドイツでも行われた可能性が指摘されている。アラビア語を話す三人の男性がテロの容疑者として、マンハイムにある米国のコールマン兵舎に数カ月間拘束されていた、という目撃証言がある。「囚人は、アメリカ兵士がCIA職員だと思ったという専門家によって、性器に電気ショックを与えられるなどの拷問を受けた。囚人たちは何日も金属製のベッドに縛られ、そこで排泄もしなければならなかった。男性の囚人たちやベッドは、必要に応じて、消火ホースで洗浄された」。（シュピーゲル誌、二〇〇九年一月二四日）

（51）Mayer（2008, p. 164), Valtin（2008)、さらにシュピーゲル誌（二〇〇八年九月一一日付）も参照。

（52）[……] 尋問の条件によっては、時に、情報源である被尋問者の退行につながることもある。尋問者は、情報源の身体のすべて——排泄、食事、睡眠といった原始的な欲求、さらには体の姿勢まで——を完全にコントロールすることができる。また、尋問者は、拘束者の前もって決められた行動に報酬を与えたり、罰したりすることができる。このため、被尋問者は、自分自身をコントロールできないと感じてしまう。この極端な自己コントロールの喪失は、さまざまな方法で処理されるが、その一つが、加害者である尋問者に依存し、彼と自己を同一視する、子供のような状態への退行だ。[……] このような場合、自分の行動を完全にコントロールできなくなるよりも、自発的に従った方が脅威が少なく、恥ずべきことではないと感じられるのであろう。

(53) Olsen, Solz, and Davis（2008）も参照。

(54) Lifton（1988）, Amnesty International French Medical Commission（1989）, Ebbinghaus and Dorner（2001）。まさにニュルンベルク医師裁判で勝ち取った原則の一つで、いかなる形の集団的倫理指針も、治療専門職個人の倫理的コミットメントを停止させたり、軽視したりはできないというものである。

(55)「心理学者は、暴力を防止し、我が国の安全を守るために利用できる情報を引き出すことに重要な貢献をしている」APA声明、二〇〇七年。

(56) APA会長ジェラルド・クーチャー、APA心理学モニター、二〇〇六年二月。

(57) Arrigo（2007）

(58) www.webster.edu/peacepsychology/tfpens.html Soldz（2006）も参照。

(59) APA会長への公開質問状（二〇〇七年六月六日）を参照。psychoanalystsopposewar.org/blog/wp-content/uploads/2007/06| openlettertosharonbrehmfinalnp.pdf

(60) SEREプログラムと、「革新的な尋問方法」の開発の基礎としてミッチェル、ジェッセン&アソシエイツなどが行ったこのプログラムの「リバースエンジニアリング」については、Eban（2007）, Benjamin（2007b）, Soldz（2007）, Mayer（2008, p. 157ff.）を参照。

(61) この証拠は、最近発表された赤十字の報告書（Danner, 2009）によっても裏付けられている。赤十字の代表者は、二〇〇六年一二月にグアンタナモを訪問し、一四人の被拘束者にインタビューを行い、機密報告書を書いた。この報告書では、使用された「革新的な尋問方法」が章ごとに詳細に記述されている。

1.2 継続的な独居房での勾留
1.3 その他の方法による不当な扱い
1.3.1 水による窒息死
1.3.2 長時間のストレススタンディング
1.3.3 首輪を使用した殴打刑
1.3.4 殴る蹴るなどの行為
1.3.5 箱の中への閉じ込め

1.3.6　長時間の裸体撮影
1.3.7　睡眠不足と大音量での音楽使用
1.3.8　低温／冷水にさらす
1.3.9　手錠や足かせの長時間の使用
1.3.10　脅し
1.3.11　強制的なシェービング
　　　　固形食の提供の制限

報告書は、「彼らがＣＩＡプログラムに拘束されている間に受けた不当な扱いは、単独であれ複合的であれ、拷問に当たる」と結論づけている。したがって、これらの方法を拷問と判断することに解釈の余地はない。ＡＰＡの心理学者は、グアンタナモにおけるこれらの「革新的な拷問方法」の開発と実施に直接関与していた以上、ＡＰＡはこれらの手順の詳細について知らなかったと、後から自己正当化することはできないだろう。

（62）Olsen, Soldz and Davis（2008）, Arrigo and Long（2008）を参照。
（63）ＡＰＡ会長アラン・Ｅ・カズディンによるブッシュ大統領へのメッセージ。「私は、被勾留者の人権が侵害されるような違法な環境において心理学者の役割を制限する、私たちの協会の方針に大きな変化があったことを、あなたとあなたの政権にお知らせするために以下のように報告いたします［……］」
（64）「冷戦から対テロ戦争まで半世紀以上にわたって、心理学はイデオロギーの敵との戦争で秘密兵器として米国諜報機関に貢献してきた」McCoy（2007）。このような親密な関係は現在も続いている。例えば、著名な表情心理学者であるポール・エクマンは、ＣＩＡ、ＦＢＩ、イスラエルのシークレットサービスに勤務し、空港でテロリストを顔の表情で認識するためのビデオカメラのプログラミングに取り組んできた（New York Times, 8. 9.）特に、いわゆる認知神経科学は、ＣＩＡや国防省の関心を集めている。米国学術会議の報告書 Emerging Cognitive Neuroscience and Related Technologies（2008）では、「認知神経科学の潜在的な情報および軍事的応用」（p. 100~）が詳細に扱われている。米国陸軍研究局および国防高等研究計画局（ＤＡＲＰＡ）は、「テロとの戦い」の一環として、認知神経科学の分野の第一線の研究者が参加する大規模な研究プロジェクトに資金を提供している。これらのプロジェクトは、特にｆＭＲＩ技術を「読心術」や「脳の指紋採取」に利用する方法を探るために計画された。

認知神経科学者は、ｆＭＲＩ技術によってテロリストの思考が検出できれば、拷問は無用なものになるという論拠の元に、とりわけこの目的に奉仕している（Marks, 2007）。

（65）Patsalides（1999）は、治療的観点から、トラウマの前兆となる典型的な心理学的事象について述べている。『主語の私（I）』と『目的語の私（me）』の間のギャップが深まるにつれて、乖離と疎外が増加する。拷問によって純粋な客体の立場に追いやられた主体は、内面性、親密性、プライバシーの感覚を失っている。時間は今現在のものだけが経験され、相対的な感覚を可能にする視点は閉ざされる。思考や夢は心を攻撃し、身体を侵食する。あたかも、通常は思考を含み、思考と思考されているものとの間に呼吸する空間を与え、内と外、過去と現在、私とあなたとの間を隔てる保護膜が失われてしまったかのようである」。一九六〇年代初頭、一六八日間にわたり孤立状態にあった南アフリカの弁護士アルビー・サックスは、その心理的な影響について、犠牲者の視点から次のように述べている。「奇妙な症状があり、それらを総合すると、精神崩壊の初期段階であることがわかる。ベッドに横たわると、しばしば自分の魂が体から分離していくような感じがする。［……］私の手足、体幹、頭はマットレスの上に萎びた野菜の塊となって横たわり、私の魂は天井に向かって静かに浮かび、そこで合体して自己を具現化し、隅に留まって私の体を見下ろす形になる。通常、その形はフクロウの形であり、冷静に、忍耐強く、感情なく私を見つめている。それは私自身のフクロウであり、私自身の私であり、私自身を見つめる私である。さらに私は、そのプロセス全体を、自分を見つめる私を見つめるもう一人の自分がいるかのように意識している。私は自分自身に対して歪められた鏡であり、単一でありながら無限の多重性を持つ内部反射である」。Sachs（1966）

（66）例えば、Bettelheim（1980）, Somnier, Vesti, Kastrup und Genefke（1992）, Doerr-Zegers, Hartmann, Lira und Weistein（1992）, Basoglu, Livanou und Crnobaric（2007）, Campbell（2007）などを参照。

（67）Sussman（2005, 2006）参照。

（68）「というのも、これほどまでに人間を体ごと、しくしく泣きながら死の餌食にすることを許された者は、神か、少なくとも半神ではないか？」Jean Améry（1966, p. 67）

（69）「拷問禁止の核心は、健康被害でもなく、身体的被害でもなく、人間の尊厳に対する攻撃だということなのだ。被尋問者を物として扱ってはならない。［……］拷問とは、力によって人の自律性を奪い、単なる肉体として扱うことである」刑法教授、元連邦憲法裁判副所長 Winfried Hassemer（2003）。

（70）「市民刑法に拷問を導入することの最も卑劣な点は、それが犠牲者を破滅させることではなく、その使用の可能性を知ること自体が、法の支配の健全性に対する一般の信頼を台無しにするおそれがあることである」Pawlik（2003）。

（71）例えば、Benda（1927/1978）, Chomsky（1969）を参照。

（72）Chomsky and Herman（1979, p. 93）は、関連する事実資料の広範な分析という文脈で、次のように指摘している。「国家の暴力に対する謝罪は、どんな形であれ存在しない。現在の知識人の書いたものにはそのようなものは見当たらない」。

（73）Faust（2005, 2007）参照。Faust（2005）は、関係する弁護士の責任について言及している。「ナチス時代以来、これほど多くの弁護士が、戦争中に拘束された者の処遇と尋問に関する国際犯罪に明確に関与してきたことはない」。

（74）純粋に法律の領域を超えても、同じ問題が発生する。Gray and Zielinsky（2006, p. 132）が正しく問いかけているように、私たちはそれらの学問に対して、どのような評価基準を用いればいいのだろうか。「誰が拷問に参加したのか？　誰の名前、階級、勤務先が公表されているのか、職務経歴書や会員名簿から拷問に参加した経歴がわかっているのは誰か？　彼らは国際シンポジウムに受け入れられるのか？　彼らの論文は出版されるのか？　大学のポストやフェローシップ、その他の仕事を与えられるのか？」。すべての歴史的経験に照らして、その答えは明確であり、それは憂慮すべきものである。

付録

「コロナ危機」と新自由主義

——「健康」は口実に過ぎない。支配エリートたちはコロナ危機を大衆操作と支配拡大のために利用している

（DWN（ドイツ経済ニュース）記者モーリッツ・エンダースのインタビューに答えて）

エンダース（ME）　政府のコロナ対策をどのように評価なさっていますか？

ライナー・マウスフェルト（RM）　コロナに関するデータはまだあまりにも不完全であり、COVID―19による健康被害と、実施された措置による深刻な社会的影響を本格的に比較検討する段階ではありません。このような措置が取られた経緯は混沌としていて、進め方が非常に不透明で権威主義的としか言いようがありません。法令は、三権分立を迂回して行われ、民主的な公的議論を全く行わず、その結果、民主的なコントロールと説明責任を一切排除したものでした。とはいえ、国家がそもそも国民の健康を守ることに主眼を置いていないことに気付けば、これはそれほど驚くべきことではありません。

ME　え？　何ですって？

RM　国家というものは、道徳的な行為者ではなく、非常に複雑な資本主義的利害関係や社会的な関係性を体現した機関です。したがって、国家の最大の関心事は、これらの関係を安定させることです。もちろん、国民の健康についても重要な役割を果たすこともないわけではありません。それが投票行動を左右し、経済を安定させるために役立つ場合には、特にそうです。まさにパンデミック対策は、国民の健康の保護を目的にしたものではなく、むしろ国家の内政上の安全保障の問題なのです。ちなみに、その間多国籍企業の超国家的自主ルールに国際貿易法が導入されたことで、投資保護協定で保護されている企業の利益期待が保護措置によって損なわれた場合、パンデミックが発生しても国家は国民をどこまで保護できるのかという問題が生じています。もし、健康が本当に重要な問題であれば、医療制度の経済化の結果や、Hartz IV（失業手当てに関する新たな法律）の健康への影響、不安定な雇用状況などをもっと議論していたはずです。病院内の耐性菌についても、農業における除草剤や集約的畜産工場での抗生物質の使用の問題についても、多剤耐性菌が原因で毎年何千人もの死亡被害が出ることについても。また、軍事行動によって引き起こされる環境汚染についても。そして何よりも、アメリカがロシアを攻撃した場合、ドイツ国民が核の犠牲になることを十分に承知した上で、ドイツ国内での核兵器の保管だけでなく、実際の使用もできるようにしようとしたドイツ政府の方針についても、何も議論されてこなかったのです。つまり、国にとってコロナ対策の最優先課題が、国民の健康を守ることだと考える理由はほとんどありません。結局、権力者にとって最も重要なことは、これまでと同じように権力の安定性を確保することです。このような状況下では、実際の、あるいは想定される危険性をマスメディアを通じて宣伝することによって組織的に恐怖心を煽ることは、本当の問題や目標を覆い隠すのに非常に有効です。

ME　それはどのようなものでしょう?

RM　まずはっきりさせておきたいのは、コロナの危機は複合的な危機だということです。多様な危機が交錯し、相互に関連しているということです。どれも以前から予測されていたものばかりです。

第一の危機は、パンデミックという形の自然現象です。

第二の危機は、金融資本主義の構造的な危機です。金融資本主義は、すでに深刻な危機に瀕していましたが、コロナ危機を利用して、自らが招いた危機に伴うコストを再び社会に負担させようとしています。

そして第三の危機は、非常に長い期間にわたってくすぶっていた資本主義的民主政治——概念としてすでに矛盾したものですが——の危機です。この危機は、数十年も前から押し進められている権威主義的な監視・治安国家への変貌を通して、今やより鮮明になってきています。コロナウイルスは、現在の経済・社会秩序の根本的な問題を、触媒のように明るみに出したに過ぎないのです。

それだけにより重要なのは、ウイルスの疫学的な危険性を示す指標や表やグラフに無意味に固執するなど、二次的な側面に焦点を当てて、物事の本質をより深く理解することを自ら妨げないように注意することです。あるいは、特定の個人を攻撃の目標にすることで権力構造の実体を理解できなくなってしまいます。あるいはまた、マスクの強制的着用や集会の自由の制限の問題など、現時点で個人が直に体験している基本的な自由の制限といった問題に固執することも同様です。これは、より深刻な根本的な政治の問題を回避して、陽動的な問題にエネルギーを消耗してしまうという大きな危険を伴うからです。

ME

多くの人々は、マスク着用は医学的に無意味であり、一種の服従訓練であると考えています。

また、集会の自由は基本的な権利です。人々の憤りは理解できるのではないでしょうか?

RM　はい、もちろんです。国民の間で高まっている憤りは、基本的に非常に正当なものです。自由に対する具体的な制限と、自分たちを代表していると主張する人たちに対する不信感、つまり、政府、警察、憲法擁護局(情報機関)などの行政組織全体や、政治的・経済的な権力構造の立場から公共の議論の場を支配する主要メディアに対する不信感があるのです。国民の中では、無力感にさいなまれるさまざまな政治的経験が、何十年にもわたって蓄積されているのです。

民主政治の管理手法の歴史を多少なりとも知っている人なら、政治的な無力感や無関心を組織的に醸成することが、資本主義的民主政治の中心的な権力手法であることを常に知っています。資本主義的民主政治は、その始まりから「観戦スポーツ」として考えられており、明らかに大きな成功を収めました。というのも、コリン・クラウチが「ポスト・デモクラシー」というキーワードで詳細に説明しているように、過去数十年の間、政治的な議論はエンターテインメント産業の一部と見なされていたからです。社会の大部分が政治に参加できず、事実上の政治的代表権もなく、政治的発言力もなく、メディアによる意見の表明の機会もない場合、政治的に無意味な存在なのだという具体的な経験は、鬱積した感情を大々的に表現するきっかけとして十分であり、必然的にしばしば不快で醜悪な副作用を伴うことも避けられません。このような鬱積した感情は、基本的には非常に正当なものであり、それがよりよく理解されるような適切な政治的文脈を作り出すことが、特にオルタナティブメディアの課題であると言えます。

ME　メディアとオルタナティブメディアという分け方は、我々にとっては難しいです。しかし、私たちはこの危機の深い原因を理解するために最善を尽くしています。

RM　ええ、そのような区分けはもちろん曖昧です。私が言いたいのは、本来人々の解放という目的を持つはずのメディアの問題です。このようなメディアの任務の一つは、まさに、言葉として概念化できない人々の憤りを、解放への努力の長い伝統の中で得られた概念的枠組みに統合し、安定性と政治的有効性を与えることです。このようにして初めて、社会的な不満の深い原因を理解することができるのです。このような理解は、残念ながら、グローバル化した資本主義における権力の組織化、すなわち、極めて抽象的で、民主的なコントロールやアカウンタビリティ《説明責任》から切り離された方法によって、今日、特に困難になっています。このような権力構造は国家レベルでも権威主義的な顔をますます隠しきれないほどに固定化しています。権威主義的な監視・治安国家への変貌は、市民からの広範な抗議を受けることなく、何十年も続いています。いくつか例を挙げると、二〇〇二年には当時の内務大臣オットー・シリーの悪名高い「オットー・カタログ」、あるいは二〇一七年に認可されたオンライン上での捜索によって市民のプライバシーへの激しい攻撃が行われるようになりました。あるいは、エドワード・スノーデン氏が明らかにした基本的人権の侵害もあります。さらに、数々の警察法がますます権威主義的な内容になっています。脱民主政治が進み、政府やその他の行政機関が自前の法律を用意するようになったことは、コロナ問題においても明らかです。国会はもはや政府をコントロールするものではなく、それ自体が政府の機関、つまり「民主政治の演出機関」となっているため、三権分立は事実上、とっくの昔に廃止されたままです。一方で、国民は政治の変化を誰に求めてよいのか、わからなくなっています。周期的に行われる選挙でも、これを変えることはできません。それどころか、アメリカやドイツでの入念な実証研究によると、国民の大部分、特に政治的発言権がほとんどない低所得者層が、実際に行われる政策上の決定を左右していることがわかっています。しかし、これは政治的意思決定者にとっては制度上の欠点ではなく、まさに効率性を重視する資本主義的民主政治の美点と見なされています。そのため、ウォルフガング・ショイブレは二〇一五年に「エリートによる経済的意思決定が選挙の結果によって変更されることは、あってはならない」と発言しています。これは、二〇一三年にウォール・ストリート・ジャーナルが熱心に唱導していたことですが、欧州では実際にそうなっています。アンゲラ・メルケル首相は二〇一〇年に、「歴史を振り返ると、すべての重大な決定はドイツ人の大多数の意思に反してなされてきた」と述べています。これが、資本主義的民主政治の現状です。政治家たちの政策決定のプロセスは、ますます企業や軍隊の意思決定モデルを採用するようになりました。すべての決定は、一般市民を厳しく排除した小さなサークルで行われますが、政策ごとに、経済的利害関係を担っている企業や関係機関が深く関わっているのです。

要するに問題は、コロナ危機という具体的なこともさることながら、それよりももっと根本的な問題、つまり、そもそも私たちには、権威主義的な政治が法律の形をとってどんどん進められていく流れに抗《あらが》って、まだ残っている民主的な政治構造を守る意思と能力があるのかどうか、ということなのです。

ME　しかし、そのためには、市民が権力の仕組みを見抜いていることが前提です。そして、特定の思想や信条、あるいは説明モデルを、たとえそれが自らの利益や必要性に反するものであっても、受け入れてしまうのはなぜなのか？　そのことについての認識を持つことが求められるのではないでしょうか？

RM　確かに、「自分の頭の中を見る」というのは難しいことですね。私たちは進化の過程で、自分の心の装置が働いている様子を見て、それを内省的に理解するためのメカニズムを備えてきませんでした。ほとんどすべての心の動きは無意識のうちに行われるため、通常は科学的調査という間接的な方法でしか知ることができません。多くの人々は、自分自身が偏見を持った存在だということにはほとんど気がつかず、教化や操作の影響をそれほど受けないと確信しています。それが幻想であることは、特に広告とそれに伴う購買行動に顕著に表れているのですが。政治の世界でも同じことが言えます。私たちは、水を得た魚のように、既存のイデオロギーの中を泳いでいるので、ほとんど気づかないのです。したがって、少なくとも経験的には、社会・政治状況について知的な努力を経ずに直感的に発言する内容は、必然的に既存のイデオロギーの反映に過ぎないと考えるべきです。

ME　では、どうすればいいのでしょうか？

RM　教化や操作に対する精神的な防御力を高めるには、集団的な努力が必要です。ただでさえ日常生活を送るのに、全てのエネルギーを消費しなければならない人にとって、これは無理な話です。だからこそ、みんなで力を合わせないと達成できないのです。これもまた、社会運動の長い歴史の中で得られた知恵をどのように利用するかを知らなければできないことです。この伝統の根から切り離された状態で、社会的政治的世界を自力でもう一度読み解くことができると信じている限り、私たちは現在の支配的権力構造に対して完全に無防備です。

したがって、精神的な防御を強化できるかどうかの決定的な要因は、それぞれの具体的な憤りを概念的な中身のない感情のレベルから反省と熟慮のレベルに引き上げ、それまでに得られた叡智に組み入れて、思想として安定させることができるかどうかです。この作業は、優れたオルタナティブメディアの助けがあって初めて成功します。なぜなら、オルタナティブメディアだけが、解放的な洞察力と経験の連続性の中に政治的行動を再び組み込もうとしており、またそれが可能だと思えるからです。

しかし、オルタナティブメディアが単に人々の憤りの感情を煽ることにとどまり、人々の正当な憤りを政治的文脈や啓蒙と解放の伝統に思想的に統合することを主要な任務としないならば、彼らは単に拡散したまま止まることのない憤りと思考の混乱状態を作り出し、その結果、人々の啓蒙と解放とは逆方向のオルタナティブメディアの影響を受けやすくなってしまうでしょう。このような場合、思想的な中身のない憤りは必然的に政治的に効果のないものになってしまうため、結局、権力者の手中で踊らされることになります。このようにして、アウトレイジ・コンシューマリズム《憤りの消費主義》の出現を促すことになるのです。ものごとを深く考えずに消費できる憤りの原因となる対象に飢えた状態で、恒常的に興奮している人々のことです。社会的関係性の根を絶たれ、考え方が新自由主義によって新自由主義的な自己に変形されてしまった彼らこそは、このアウトレイジ・コンシューマリズムのための格別に栄養豊富な苗床となるのです。アウトレイジ・コンシューマリズムに直結した感情は、社会的孤立を克服するための代償手段として機能し、自分はいまだに社会の中で生きているという感覚を持つことができ、ある種の憤りの溶解現象の中で共同体的感覚を経験することが可能になるのです。

ME つまり、憤りの抗議行動は、社会的圧力を和らげるガス抜きのためのバルブの役割を果たすということですね。ということは、抗議行動は何ら持続的な変化にはつながらないのでしょうか？

RM そうです。まさにそれが、何十年にもわたって体系的に開発されてきたアウトレイジ・マネジメント《憤りの管理》技術の目的なのです。よく知られているように、資本主義は胃袋が大きく、あらゆるものを柔軟に吸収することができ、自らに対する抵抗さえも吸収することができるのです。その際、解放運動の破壊を目的として豊富な技術と戦略を利用するのです。当然のことながら、このような破壊技術の重要なターゲットはオルタナティブメディアです。ですから、このような破壊技術から身を守るには特別な注意を払わなければなりません。彼らの最も効果的な手法のひとつとして、「ディスコース《討議》のぶち壊し」があります。すなわち、ある言説をさまざまな形で混乱させたり、めちゃめちゃにしたりすることで、まともな議論の展開を不可能にしてしまうことです。そして最終的には、持続的な解放のための抵抗運動から、その根拠を取り除いてしまうのです。

ME ディスコースのぶち壊し？

RM

「ディスコースのぶち壊し」は、意見を論証するための真剣な議論や考える努力を放棄させることから生じます。このようにして、論理的な議論に基づいたコミュニケーションは、純粋に感情に基づいたコミュニケーションに取って代わられ、新自由主義の評論家として知られるフィリップ・ミロウスキーが言うように、必然的に精神的な「混乱の霧」の状態に陥ってしまいます。ディスコースのぶち壊しは、およそあらゆる方法で行うことができます。なぜなら、頭の中を混乱させることは、思考を明確にすることよりもはるかに簡単だからです。これは啓蒙主義においてすでに重要なテーマでした。というのも、ディスコースの混乱によって権力構造を合理的に理解することができなくなり、認知的に不可視なものになってしまう、ということは意識されていたのです。

近年、「混乱の霧」を発生させる技術は、従来の教化やプロパガンダの技術よりもはるかに効果的かつ低コストであることが認識されたことにより、再び特別な意味を持つようになりました。ディスコースのぶち壊しは、一貫した逆方向の論法によっても可能です。これにより、前もって自ら設定した結論に至ることを確実にすることができます。そのためには、情報の断片を厳選し、自分の意見が合理的な結論として見えるようにします。議論の工夫のための努力は全く関係ありません。大切なのは、相手にできるだけ内省をさせない形で、早く承認させるための効果を得ることです。このようにして、あらゆる合理的な議論の土台をなくしてしまうのです。

逆論法とは、真面目に議論するのではなく、自分の立場を裏付けるようなものを何でもかんでもネット検索して調べてくることも含みます。これも合理的な議論の土台を奪うものです。なぜなら、自分の立場が有利になるように高度にフィルタリングされた情報が大量に用意されていれば、たとえどのような素晴らしい質的転換があっても、それによって自分の結論がひっくり返されることはないからです。このような形でのディスコースのぶち壊しは、特に注目度が極端にものを言う経済の時代においては、オルタナティブメディアが幅広い共感を得るための魅力的な手段ともなり得ます。しかし、それらは常に人々の非政治化につながり、解放的な運動からその基盤を奪ってしまうのです。このように、ディスコースのぶち壊しは人々の脱政治化を促進し、さらに幼児化にも貢献します。

ME　幼児化？

RM　思考における混乱した霧を醸成することは、成熟した市民という民主政治の指導理念とは正反対です。そして、メディアによって組織的に作られた未熟さは、幼児化にほかなりません。そしてこれは、パワーエリートにとっては確かに望ましいことです。すでにオルダス・ハクスリーは、従来のプロパガンダのやり方は、人間の愚劣な事柄を材料にした陽動への飽くなき欲求を利用してこなかったと指摘していました。しかしこれはその間、根本的に改善されました。ズビグニュー・ブレジンスキーが「ティティテインメント」と名付けたものです。つまり、メディアを通して空虚でバカバカしいことを恒常的に撒き散らして、低劣な俗情に訴えるやり方です。そしてイデオロギーとしては、「パワーエリートは市民の利益のために行動する」というエリート民主政治の基本イデオロギーを伝えることです。これは、ある意味、彼らに親としての役割を与えるもので、それが前述の政治的無力感によってさらに強化されるのです。大衆操作によって幼児化現象を作り出すことは、もちろん政治的成熟の考えとは根本的に矛盾しており、したがって、統治構造の徹底的な社会化という民主政治の指導理念の基盤を奪うものです。

ME　マウスフェルト教授、恐怖と権力の間には関連性があることを、コロナの時代に大声で言うことは許されるのでしょうか？

RM　恐怖と権力の間には、基本的には深い関連性があります。なぜなら、組織的に恐怖を生み出すことは、常に支配の最も重要なテクニックの一つだからです。しかし、啓蒙主義の時代に勝ち取られた民主政治の文明上の理念は、社会における自己決定と内外の紛争の平和的解決の約束だけでなく、社会的な恐怖からの解放の約束も含んでいたのです。その意味で、人々の中に恐怖を計画的に生じさせることと、民主政治の基本理念は、根本的に相容れないものなのです。

しかし、「民主政治」という言葉の意味は、前世紀にすでに計画的にすり替えられて、マックス・ウェーバーやジョセフ・シュンペーターが意図した意味での民主政治は、今日では一種の選挙エリートの寡頭制を意味するようになってしまいました。現在の資本主義的民主政治の標準モデルでは、これは実際には言葉の矛盾ですが、計画的な恐怖の醸成が再び大きな役割を果たしています。なぜならば、圧倒的な世論の操作も計画的な恐怖の醸成もなければ、民主政治の幻想でごまかされていることが国民に明らかになってしまうからです。

これは、すべての重要な政治的決定が、民主的に選ばれたわけでも、民主的に責任を担わされているわけでもない政治・経済グループによって行われているからです。この事実は、さまざまな種類の危機が交錯しているコロナ危機において、公衆にとっては感覚的・具体的な形でしか特に意識されませんでした。

ME ご著書『羊たちの沈黙は、なぜ続くのか?』の中で、「市民が情報を得ていると錯覚させるには、情報の洪水で覆う必要がある」と書かれています。これは、現在のコロナの報道にも当てはまるのでしょうか?

RM 情報を得ているという錯覚を起こさせることは、教化やプロパガンダの効果を高めるための重要な前提条件です。マスメディアは最も効果的な社会の麻酔薬の一つであり、市民に十分な情報を得ているという感覚を与えることは非常に容易であり、その感覚に自己満足しているため、自分が操作されていることに気づかないのです。そしてこのことは、非常に早くから認識されていたことです。これは、商品の広告でも、政治的教化でも同じです。このように、コロナ報道は、メディアは基本的に真実を伝えるためのものではなく、メディアを所有する者の政治的・経済的利益のためのものであるという、よく知られた事実を改めて示しています。しかし、今回のコロナ危機では、医学的事実に関する情報が貧弱だったことと、大手メディアの全く不適切な画一的な報道との乖離が、多くの国民に明らかになりました。

ME 「羊たちの沈黙」という問題ですが、コロナ危機において、マークス・ゾェーダー(バイエルン州首相)やセバスチャン・クルツ(オーストリア首相、二〇二一年一〇月辞任)のような政治家が、市民たちにとって非常に厳しい対策を講じたにもかかわらず、高い支持率を得ていることをどう理解すればいいのでしょう?羊たちには厳しい羊飼いが必要だということでしょうか?

RM　民主体制の国家において、権威主義的な統治形態が多くの人々に容認され、さらには受け入れられるということがなぜ起こり得るのか、特に説明が必要です。ここでは、非常に異なったさまざまな要因が働いています。

第一に、何よりも、すべての経済的な力関係が市場によって決定されることが自然なことである、といういわば市場神学を掲げる新自由主義イデオロギーです。このイデオロギーは、自由市場という新自由主義的なフィクションの表向きの自然法則に従うことを要求するため、極めて権威主義的です。下から上へ、南から北へ、官から民（という名の私人）への再分配という新自由主義的変革が民主的な手続によっては不可能であったため、権威主義への傾向が新自由主義には内在しているのです。

それによって、代議制民主政治に形を変えた民主政治は、コリン・クラウチらが「ポスト民主政治」と呼ぶ、政治支配の形態へと変化することになるのです。ポスト民主政治の時代には、公に行われる政治上の議論は、エンターテインメント産業の一部である見せ物のようなものです。ポスト民主政治の中身は、民主政治の幻想であり、権威主義的でカリスマ性を持ったリーダーのタイプによって決まってきます。ポスト民主政治では、主要な政党は経済的な権力の中枢と密接に絡み合っています。したがって、「成功した」政治家と「失敗した」政治家とが選別され、キャリアの機会が配分されるという職業上のフィルタリングメカニズムは、もっぱら経済上の選別基準によって決定されます。

ただでさえ、私たちの社会の多くのキャリア・メカニズムは、特に「成功」している人たちは、自己中心的で冷酷で、壮大な自己肯定の価値観を持ち、雄弁で、表面的な魅力を持ち、他人を厳しく冷酷に操り、利用する能力を持っている人たちです。政治的なカーストと経済的な領域が密接に絡み合っているため、それに対応したキャリアフィルターは、権威主義的で、反民主政治的な性格のタイプにとっては有利です。彼らはまた、心理学で「暗黒の三要素」と呼ばれる性格的特徴を持っていることが多いです。すなわち、誇大妄想と自己過大評価の感情（すなわちナルシシズム）、目的が手段を正当化するという道徳のない行動（すなわちマキャベリズム）、そして共感性を欠いて他人を手段としか見ない態度（すなわちサイコパス的要素）です。トランプやオバマ、ジョンソンやブレア、ベルルスコーニやマクロン、ゾェーダーやクルツなどの政治家は、ポスト民主政治において「最良の選抜」が何を意味するのかを特に顕著に示しています。

第三に、前世紀初頭から今日に至るまで、資本主義的エリート民主体制における民主政治管理の明確な目標は、市民の間に政治的無関心と未熟さを作り出すことでした。それは、ウォルター・リップマンの言葉を借りれば、「混乱した群れをそのままの状態に置く」ための唯一の方法だからです。それを実現するのが、やはりマスメディアの役目です。

ME　対策の緊急性を理由に、ヨーロッパのほぼ全域で基本的市民権が停止しました。このような「危機管理」は適切だと思われますか？

RM
公正を期すために、まずはっきりさせておかなければならないのは、まだ未知の危険性がある場合、例えば、社会的・経済的な変数に関連して、正確なリスク分布がまだ十分な精度で決定されていない新種のウイルスなどの場合、政治的な予防措置の決定は、市民にとっては常にありがたくないことであり世間の悪評の中では政権にとっては不利であることは決まっているということです。防止策が有効であっても、やりすぎると、「危険を過大評価していた」「実は不要な対策だった」と非難されやすくなります。しかし、予防措置が不十分であることが判明した場合には、意思決定者が断固とした行動を取らず、健康よりも経済を守ることを優先した、などと非難されることになります。これは、古典的な政治的予防策のジレンマです。政治家はもちろんこのことを知っているので、決然とした態度を示しさえすれば、たとえ役にも立たない決定をしても構わないと思っているのです。

このパターンは、コロナ危機にも見られます。まず、危険性が隠蔽され、貴重な時間が無駄になりました。その後、一般の人々が問題を認識するようになると、一種のエリートパニックと混沌とした意思決定行動が起こり、その権威主義的な性格はむやみに専門的な言葉で装われるようになりました。その結果、政治的意思決定者の間で、最も抜本的な対策を講じることでリーダーシップを発揮しようとする入札競争が繰り広げられたのです。いずれも、適切な対応とは関係ないものです。それは、経験的に正当化できる予防措置を講じるために必要な、十分なデータベースを迅速に構築することが、怠慢であろうと意図的であろうと、ともかくできなかったからです。このように、全く不明瞭な事実に基づいて、市民の基本的人権に対する重大な侵害が行われたのです。すでに当時の事実認識をもってしても、これらの措置は妥当なものではありませんでした。今日の認識に従えば、さらに妥当性を欠いていたことははっきりしています。原理的には、基本的人権は法律によって留保することができるとしても、民主政治の中核的な原則、特に三権分立は、ここでは深刻な形で侵害されました。

社会的な危機には行政機関の出番だということはよく知られています。危機は、民主政治のプロセスから独立し、自らの権限を増大させる特別な機会になります。危機的状況では、行政機関はより先鋭なやり方で自前の法律を提示するようになります。このように、大きな危機はすべて、権威主義的な変革への一種の燃料です。これらの変革は、後になって元に戻るのではなく、次々に出される法律の累積によって安定したものになります。これはいわば、常に一方向にしか動かないロック式の刃や拳銃のラチェットのように機能するもので、適切な制度的メカニズムによって、回帰に対する障壁がしっかりと構築されているからです。つまり、民主政治の構造を破壊し、民主政治の主権者の権限を奪うことです。このような資本主義的民主政治の「危機の論理」がわかっていれば、なぜすべての危機が同じ結果をもたらすのかが理解できます。

ME

あなたの著作では、新自由主義社会における個人の経済的な孤立を繰り返し指摘しておられます。しかし、突然の危機によってすべてが好転し、国家はすべての人にとって新しい、思いやりのある慈愛に満ちた母親のような存在になる、あるいはならなければならないと思われるのです。この危機は、本当に新しい、社会的に暖かい、一体感をもたらすのでしょうか？

RM　今回の危機も、これまでの危機と同様に、経済的に強い者が利用することになるでしょう。権力の非対称性が巨大であるため、社会の改善には現実的な希望が持てません。社会的不平等と、下から上へ、南から北への再分配は、この危機によって確実に大きくなり、経済における集中と独占のプロセスは加速し、デジタルテクノロジーによる監視と抑圧のための技術は大きく発展するだろうと思われます。

過去数十年の経緯を考えると、メルケル首相やシュタインマイヤー大統領のように、共同体や連帯に基づく社会福祉制度の弱体化と破壊を意図的に追求してきた政治的意思決定者たちが、今、自分たちの行動の結果として生じるコストを再び国民に転嫁するために、連帯を呼びかけているのは、皮肉な話だと思います。コロナ危機以降、社会情勢は確実に厳しくなっていくでしょう。

ME　民主政治には、個人の意見の形成が非常に重要です。過去数ヶ月の社会における意見交換はどのような結果をもたらしたのでしょうか？　今、恐怖を煽っている人たちは正しいと言えるのでしょうか？

RM　COVID—19に関するウイルス学的・疫学的データにギャップがある限り、正確な社会的リスク評価は、データの蓄積に応じて変化し続けるでしょう。これは、科学的な認識のプロセスにおいて、ごく自然で当たり前のことです。とはいえ、事実関係とは全く関係なく、評価の余地は大きく残されています。ですから、たとえ十分な事実に基づいていたとしても、それが自

なりません。動的に、健康、経済、その他多様な社会的側面を統合して政治的行動を起こすための指針には

そのため、政治的な議論の場が制限されることなく、さまざまな社会的視点が歪められることなく、そして広く知れわたることが不可欠です。この多元性は、科学的権威や専門家による権威主義的な意思決定プロセスに取って代わられるものではありません。なぜなら、政治的であることの本質はまさに合意による解決の欠如にあるからです。そして、民主政治の本質は、このような多元性に、誰もが自由かつ平等にアクセスできる社会的な意見交換を通じて対処することにこそあるのです。しかし、公共の議論の場が制限されたり、強力なアクターに支配されたりすると、民主政治はその基盤を奪われてしまいます。しかし、これはコロナ危機に限らず、いたるところで大規模に起こっていることではあります。

ME

過去一二年の間に、ヨーロッパではすでに三度の深刻な危機を経験しています。二〇〇八年の金融危機、二〇一五年の難民の流入、そして二〇二〇年のコロナ危機です。これらの出来事と、「強い」政治家のリーダーシップを求める声の高まりには関連性があるのでしょうか？

RM

これらの危機はすべて、たとえ社会的に全く異なる分野や現象であったとしても、その深い原因は資本主義的生産形態がはらむ危機的な力学の結果にあります。このような危機的状況は、資本主義の極端な形態である新自由主義によってさらに大きく膨れ上がりました。したがって、このような危機は将来さらに激化し、その結果、権威主義的な構造が、憲法に組み込まれるなど、法的にもより一層正当化されていくことが予想されます。その結果、すでに述べた理

由から、国民の政治的無力感はさらに高まり、強力なリーダーを望む声が高まることでしょう。

ME すでに「テロとの戦い」の中で、個人の権利が制限され、怪しげな監視装置が多くの国で導入されています。コロナに関連して、この点で新たな段階の「忍びよる自由の剥奪」が行われると考えるべきでしょうか？

RM 残された民主的な構造が、監視・治安国家へと変化することは、前世紀の最後の数十年ですでに始まっていました。ただ、この事実は多くの人の目に触れることはありませんでした。また、消費主義の風潮の中で、幅広い層の人々にこれらの制限を受け入れさせることに成功したのも事実です。新自由主義は、あらゆる危機、実際の脅威、あるいはプロパガンダによって煽られた脅威を利用して、最終的には、国民から民主政治というビロードの手袋を奪い去るのです。また、コロナ危機を利用して、歴史的に発展してきた反民主政治のプロジェクトを最終的に完成させ、経済的権力の中心を、民主政治の影響を一切受けないように、完全に封印することを目指しています。

ME フランスのマクロン大統領は、コロナ危機がはじまったとき、「戦争」という言葉を口にしました。他の国の為政者も、このようなレトリックによって「羊たち」をある種の戦闘モードに置くことができたのでしょうか？　私たち、すなわちマスクを着用した兵士たちの抵抗はあるのでしょうか？

「テロ」であれ、「パンデミック」であれ、上から命令された「Xとの戦争」では、打ち倒す相手として宣言されたもの、つまり「テロ」や「パンデミック」が問題なのではありません。権力にとってある種の脅威との戦争として煽られるものはすべて、勝利などしてはだめなのです。なぜなら、それが経済及び政治の権力中枢にとって成功だったと言えるためには、まさに戦争に勝たないことによって、人々の恐怖心を煽り、支配を確保する手段としての戦争状態が続くことだからです。

このように、自分達の権力の安定を脅かすものを除去するためには、より大きな脅威に立ち向かうよう市民に呼びかけることが、ずっと以前から実証済みの処方箋となってきました。その際、この脅威がリアルなものか、それともプロパガンダによって捏造されたものに過ぎないものかは、どうでもいいことなのです。このようにして人々の中につくられた恐怖心は、支配権力の本当の目的である権力の安定化と拡大のために非常に効果的に利用されます。すなわち、民主政治の実質を解体し、権威主義的な構造と仕組みを構築し、それを法的に固定化することによってです。このような支配戦略は、歴史のなかで、特に過去数十年の出来事に見られるように、国民の大部分に容認されているだけでなく、危機的状況においては、現実の、あるいは見せかけの脅威を克服して、自身の転落の恐怖心に対処するために、歓迎されてさえいるのです。

残念ながらその間に、特に社会科学や心理学からの大規模な協力によって、教化の手法は非常に洗練されたものとなり、多様な社会的分裂によって剥き出しの個人がバラバラに存在するだけの社会のあり方を根本的に克服しない限り、政治的に有効な抵抗が展開されることは期待できません。なぜなら、権力の中枢は、シンクタンクや大学の研究機関を通じて、憤りのコントロール、反対意見の抑圧、社会運動の分断、政治的・道徳的無関心の醸成、消費主義による社会の麻薬漬けなどの有効な精神工学技術を開発するために必要な頭脳を自由に手に入れることができるからです。

ME 教授は大学では、知覚・認知研究の講座を担当されていました。長年の経験から、国家が課す「マスクをした生活」をどのように分析されますか？　個人というものはどうなっていくのでしょうか？

RM まず、個人と社会の関係について、重要な基本的ポイントを明らかにしておかなければなりません。個人の自由への要求と共同体の利益との関係について最も重要なことの一つは、個人の自由への権利は、個人が属する共同体の――民主的に決定された――利益と常に関係しているということです。

啓蒙主義の時代から、個人の自然な自由権と社会の一般的な利益を調和させるための組織的な試みがなされてきました。これには非常に複雑なバランス調整のプロセスが必要であり、民主政治の社会では公共の場で行われなければなりません。このような努力の結果、憲法と法令の両方のレベルで法的枠組みが作られます。したがって、社会全体に関わる問題が生じた場合には、個人の自由が一時的に、あるいは原則的に制限されることがあるのは、どの社会でも当然のことです。しかし、真に民主的な社会では、これは下からのコンセンサスによって達成されなければなりません。カントによれば、原則として、何人《なんぴと》も、自ら事前に同意していない法律や、制定プロセスに同意していない法律に従う必要はないのです。

個人と社会のこのような関係性が具体的な歴史的状況の中でどのような形をとるべきかについては、常に民主的なプロセスを経て社会の底辺から新たに議論されなければなりません。この関係性のあり方を権威主義的に専門家絶対主義的に決めることは、現在のコロナ危機のように、いかなる形態の民主政治とも根本的に相容れないものです。

ME コロナ危機における個人と、新自由主義の中で不安定な状況に置かれた個人を比較することはできるでしょうか？　コロナによって社会的・経済的被害を被ったことについて、それを個々人が自分個人の失敗として引き受ける気持ちはあるのでしょうか？

RM 新自由主義は、単なる経済的なイデオロギーではなく、個々の人間を含めた社会のあらゆる領域を根本的に変革・改造することを目指しています。それは、自分自身を「自分株式会社」や「企業家としての自己」と認識し、すべての社会的関係性をもっぱら競争関係ととらえる、新しい人間の創造を目指しているのです。誰もが自分自身の企業家であるため、自由市場で成功するためには、そのために必要な適応をするために、弛まぬ努力をしなければならないということです。これは政治家にも当てはまることで、彼らの判断は「市場の自然法則」に左右されます。このようにして、新自由主義は、政治的意思決定者から民主的な説明責任を免除し、無責任な政治文化を生み出してきました。

つまり新自由主義の市場神学に従うならば、企業家としての自己は、市場に、そして市場に従って政策を決定する政治家に事前の信頼——つまり恐ろしく非合理的でほとんど宗教的ともいえる信頼——を置かなければならないのです。一方、何十年にもわたって行われてきた新自由主義的な洗脳教育は、人々の心に深い痕跡を残しています。これには、外部からの強制を自分自身に課したものと解釈し、社会的困難に陥ったことを自己責任として甘受し、政治による意図的な失敗のコストを、大した抵抗もなく共有するという心理的傾向も含まれます。

ME ご著書のサブタイトルは、「私たちの社会と生活を破壊するエリート民主政治と新自由主義」ですが、最後に、「私たちの社会と生活を破壊するコロナ危機」についてお考えをお聞かせください。

RM 私たちの生活を破壊しているのは、コロナウイルスそのものではありません。それは、現在の経済・社会秩序の非常に根本的な問題を、触媒のように浮かび上がらせるものに過ぎません。すでに過去数十年にわたる新自由主義的変革によって土台から大きく損なわれた私たちの社会をコロナ危機が直撃したのです。コロナ危機は、数十年にわたる新自由主義的な医療政策が残した社会的破壊の無残な姿を容赦なく露呈しています。医療や、幼稚園や、老人ホームなどの社会施設の民営化や商業化が原因です。

コロナ危機は、現在それと交錯し、かつ以前から予想されていた金融資本主義体制の危機と、長い間くすぶっていた資本主義的民主政治の危機に対する理解なくしては、十分に捉えることはできません。だからこそ、視野が狭くならないように気をつけて、自分たちがどんな社会に生きているのか、どんな社会にしたいのかを根本的に問い直し、その上で社会的貢献活動をしていかなければならないのです。なぜなら、真の問題は、自由の大幅な制限、資本主義的な搾取、消費主義による社会と生態系の破壊を、長い間、正常な生活様式として営んできたことそのものにあるからです。「ポスト・コロナの時代」になって、またこのような「正常な状態」に戻りたいと誰しもが思うことでしょう。その気持ちは確かに理解できますが、しかしそうすると、必然的にその後にわたしたちを襲うと予想される危機はますます破壊的なものになり、危機の管理と克服はますます次の世代に押し付けられることになります。

（出典　二〇二〇年6月6日ドイツ経済ニュース）
https://deutsche-wirtschafts-nachrichten.de/504402/Gesundheit-nur-Vorwand-Eliten-instruM Entalisieren-Corona-Krise-fueR Massen-Manipulation-und-M Ehr-Kontrolle?src=rec-newsboxes

参考文献

第一章　羊たちの沈黙は、なぜ続くのか？

Bernays, Edward (1928/2011). *Propaganda: Die Kunst der Public Relations*. orange-press.
（エドワード・バーネイズ『プロパガンダ』、中田安彦訳、成甲書房、二〇一〇）

Carey, Alex (1997). *Taking the Risk Out of Democracy. Corporate Propaganda versus Freedom and Liberty*. University of Illinois Press.

Chomsky, Noam (2003). *Hybris. Die endgültige Sicherung der globalen Vormachtstellung der USA*. Europa-Verlag.

deHaven-Smith, Lance (2014). *Conspiracy Theory in America*. University of Texas Press.

George, Alexander (Hrsg.) (1991). *Western State Terrorism*. Polity Press.（アレクサンダー・ジョージ（編）『西側による国家テロ』、古河久雄、大木昌　訳、勉誠出版、二〇〇三）

Gilens, Martin und Page, Benjamin I. (2014). Testing Theories of American Politics: Elites, Interest Groups, and Average Citizens. *Perspectives on Politics*, 12, 564-581.

Greiner, Bernd (2009). *Krieg ohne Fronten. Die USA in Vietnam*. Hamburger Edition.

Jones, Adam (Hrsg.) (2004). *Genocide, War Crimes & the West*. ZED Books.

Lasswell, Harold D. (1927). *Propaganda Technique in the World War*. Kegan Paul.

Lazarsfeld, Paul F. und Merton, Robert K. (1948). Mass communication, popular taste, and organized social action. In: L. Bryson (Hrsg.), *The Communication of Ideas.* Harper, 95-118.

Maus, Ingeborg (2011). *Über Volkssouveränität - Elemente einer Demokratie-theorie.* Suhrkamp.

Ober, Josiah (2009). *Mass and elite in democratic Athens: Rhetoric, ideology, and the power of the people.* Princeton University Press.

Paech, Norman (2013). Drohnen und Völkerrecht. In: Peter Strutynski (Hrsg.), *Töten per Fernbedienung. Kampfdrohnen im weltweiten Schattenkrieg.* Promedia, 19-33

Paust, Jordan J. (2015). Operationalizing Use of Drones Against Non-State Terrorists Under the International Law of Self-Defense. *Albany Government Law Review,* 8, 166-204.

Peck, James (2010). *Ideal Illusions. How theU.S. Government Co-opted Human Richts.* Metropolitan Books.

Risen, James (2014). *Pay Any Price. Greed, Power, and Endless War.* Houghton Mifflin Harcourt.

Scahill, Jeremy (2013). *Schmutzige Kriege Amerikas geheime Kommandoaktionen.* Kunstmann-Verlag.（ジェレミー『アメリカの卑劣な戦争——無人機と特殊作戦部隊の暗躍、上・下』、横山啓明　訳、柏書房　二〇一四）

Tarkiainen, Tuttu (1966). *Die Athenische Demokratie.* Artemis.

Tirman, John (2011). *The Deaths of Others: The fate of civilians in America's wars.* Oxford University Press.

Turse, Nick (2013). *Kill Anything That Moves: The Real American War in Vietnam.* Picador.（ニック・タース『動くものは全て殺せ。アメリカ兵はベトナムで何をしたか』、布施由紀子　訳、みすず書房、二〇一五）

Valentine, Douglas (1990). *The Phoenix Program America's Use of Terror in Vietnam.* William Morrow & Co.

Vorländer, Hans (2004). Grundzüge der athenischen Demokratie; Prinzipien republikanischen Denkens; Wege zur modernen Demokratie; *Informationen zur Politischen Bildung,* Heft Nr. 284.

Zumbrunnen, John G. (2008). *Silence and Democracy. Athenian Politics in Thucydides' History.* Pennsylvania University Press.

第二章　大衆を恐れる権力エリート

Abts, Koen und Rummens, Stefan (2007). Populism versus Democracy, *Political Studies*, 55, 405-424.

Adler, Hans (Hrsg.) (2007). *Nützt es dem Volke, betrogen zu werden? Est-il utile au Peuple d'etre trompe?* Frommann-Holzboog.

Agnoli, Johannes (1967/2004). *Die Transformation der Demokratie und andere Schriften* Konkret Verlag.

Altvater, Elmar und Brunnengräber, A. (2002). NGOs im Spannungsfeld von Lobbyarbeit und öffentlichem Protest. *Aus Politik und Zeitgeschichte*, 52, 6-14

Arato, Julian (2015). Corporations as Lawmakers. *Harvard International Law Journal*, 56, 229-295.

Arendt, Hannah (1951) *Origins of totalitarism.* New York. - Deutsch (1986). *Elemente und Ursprünge totaler Herrschaft. Antisemitismus, Imperialismus, totale Herrschaft. Piper.* （ハンナ・アーレント『全体主義の起源 1』、大久保和郎　訳、みすず書房、二〇一七、『全体主義の起源 2』、大島通義、大島かおり　訳、みすず書房、二〇一七、『全体主義の起源 3』、大久保和郎、大島かおり　訳、みすず書房、二〇一七）

Arendt, Hannah (1963). Über die Revolution. Piper.（ハンナ・アーレント『革命について』、仲正昌樹　訳、作品者、二〇一六）

Blum, William (2004) *Killing Hope. U.S. Military and C.I.A Interventions since World War II* Common Courage Press.

Bouton, Terry (2007). *Taming Democracy: "The People," the Founders, and the Troubled Ending of the American Revolution.* Oxford University Press.

Carey, Alex (1997). *Taking the Risk out of Democracy.* University of Illinois Press.

Chomsky, Noam (1992). *Deterring Democracy.* Vintage.

Chomsky, Noam (1989). *Necessary Illusions. Thought Control in Democratic Societies.* Pluto Press.

Chomsky, Noam (2017) *Hegemonie oder Untergang Amerikas Streben nach Weltherrschaft.* Nomen.

Coates, Benjamin Allen (2016). *Legalist Empire: International Law and American Foreign Relations in the Early Twentieth Centwy* Oxford University Press.

Dahn, Daniela (2013). *Wir sind der Staat. Warum Volk sein nicht genügt.* Rowohlt.

Domhoff, G. William (1990). *The power elite and the state: How policy is made in America.* Aldine de Gruyter.

Domhoff, G. William (2013). *The myth of liberal ascendancy: Corporate dominance from the Great Depression to the Great Recession.* Paradigm Publishers.

Domhoff, G. William (2014). *Who rules America? The triumph of the corporate rich.* McGraw-Hill. l（ウイリアム・ドムホフ『現代アメリカを支配するもの』、睦井三郎　訳、毎日新聞社、一九七一（エコノミスト　シリーズ））

Durkee, Melissa J. (2017). Astroturf Activism. *Stanford Law Review*, 69, 201-272.

Engels, Jeremy D. (2010) *Enemyship: Democracy and Counter-Revolution in the Early Republic.* Michigan State University Press.

Engels, Jeremy D. (2015). The Trouble with "Public Bodies": On the Anti-Democratic Rhetoric of The Federalist. *Rhetoric & Public Affairs*, 18, 505-538.

Farrant, Andrew und McPhail, Edward (2014). Can a dictator turn a const1tution into a can-opener? F.A. Hayek and the alchemy of transitional dictatorship in Chile.
Review of Political Economy, 26, 331-48.

Finley, Moses (1973). *Antike und modeme Demokratie.* Reclam.（フィンレー・モーゼス『民主主義——古代と現代』、柴田平三郎　訳、刀水書房、一九七一（刀水歴史全書29）

Fones-Wolf, Elizabeth A. (1994). *Selling Free Enterprise. The Business Assault on Labor and Liberalism 1945-1960.* University of Illinois Press.

Fraser, Steve (2015). *The Age of Acquiescence. The Life and Death of American Resistance to Organized Wealth and Power.* Little Brown.

Friedman, Max Paul (2012). *Rethinking Anti-Americanism: The History of an*

Exceptional Concept in American Foreign Relations. Cambridge University Press.

Gerstenberger, Heide (2017). *Markt und Gewalt: Die Funktionsweise des historischen Kapitalismus* Westfälisches Dampfboot.

Gilens, Martin und Page, Benjamin I. (2014) Testing Theories of American Politics: Elites, Interest Groups, and Average Citizens. *Perspectives on Politics,* 12, 564-581.

Gordon, Rebecca (2016). *American Nuremberg: The U.S. Officials Who Should Stand Trial for Post-9/11 War Crimes.* Hot Books

Gorz, André (1968). *Der schwierige Sozialismus.* Europäische Verlagsanstalt.

Grear, Anna und Weston, Burns H. (2015). The Betrayal of Human Rights and the Urgency of Universal Corporate Accountability: Reflections on a Post-Kiobel Lawscape. *Human Rights Law Review,* 15, 21-44.

Haffner, Sebastian (1968). Rezension der „Transformation der Demokratie".

In: Johannes Agnoli (1967/2004). *Die Transformation der Demokratie und andere Schriften,* 213-218. Konkret Verlag.

Hitchens, Christopher (2001). *Die Akte Kissinger.* dva（クリストファー・ヒッチンス『アメリカの陰謀とヘンリー・キッシンジャー』、井上泰浩　訳、集英社、二〇〇二）

Hixson, Walter L. (1998). *Parting the Curtain: Propaganda, Culture, and the Cold War.* Palgrave.

Hofstadter, Richard (1963). *Anti-intellectualism in American Life.* Knopf.（リチャード・ホーフスタッター『アメリカの反知性主義』、田村哲夫　訳、みすず書房、二〇〇三）

Horne, Gerald (2014). *The Counter-Revolution of 1776: Slave Resistance and the Origins of the United States of America.* New York University Press.

Huntington, Samuel P. (1999). The Lonely Superpower *Foreign Affairs,* 78.

Huxley, Aldous (1958). *Brave New World Revisited.* Harper.（オールダス・ハックスレー『素晴らしい新世界ふたたび』、高橋衛右　訳、近代文芸社　二〇〇九

Ignatieff, Michael (2002). *Barbarians at the Gate?, New York Review of Books,* 28. Februar.

Illich, Ivan (1971/2003) *Entschulung der Gesellschaft. Eine Streitschrift.* Beck.（イヴァン・イリッチ『脱学校の社会』、

東洋、小沢周三　訳、東京創元社、１９７７（現代社会科学叢書））
Jaspers, Karl (1967). *Antwort. Zur Kritik meiner Schrift „Wohin treibt die Bundesrepublik?"*. Piper.（カール・ヤスパース、『ドイツの将来』、松波信三郎　訳、タイムライフインターナショナル、一九六九（タイムライフブックス））
Johnson, Chalmers (2004). *The Sorrows of Empire: Militarism, Secrecy, and the End of the Republic.* Henry Holt.（チャルマーズ・ジョンソン『アメリカ帝国の悲劇』、村上和久　訳、文藝春秋、２００４）
Kelsen, Hans (1920). *Vom Wesen und Wert der Demokratie.* Mohr.（ハンス・ケルゼン『民主政治と独裁政治＝デモクラシーの本質と価値』、西島芳二　訳、岩波書店、一九三二）
Kinzer, Stephen (2006). *Overthrow America's Century of Regime Change From Hawaii to Iraq*. Times Books.
Klarman, Michael J. (2016). *The Framers' Coup. The Making of the United States Constitution.* Oxford University Press.
Koskenniemi, Martti (2004). International law and hegemony a reconfiguration. *Cambridge Review of International Affairs,* 17, 197-218
Lasswell, Harold D. (1927). *Propaganda Technique in the World War.* New York.（ハロルド・D・ラスウェル『宣伝技術と欧州大戦』、小松孝彰　訳、高山書院、一九四〇）
Levin, Dov H. (2016). When the Great Power Gets a Vote: The Effects of Great Power Electoral Interventions on Election Results, *International Studies Quaiterly*, 60, 189-202.
Lofgren, Mike (2016). *The Deep State: The Fall of the Constitution and the Rise of a Shadow Government.* Penguin.
Ludwig, Otto (1988). *Der Schulaufsatz: seine Geschichte in Deutschland.* De Gruyter.
Lynd, Robert S. (1949). The Science of Inhuman Relations, *The New Republic,* 121, 22-25.
Maier, Charles S. (2006). *Among Empires. American Ascendancy and its Predecessors.* Harvard University Press.
Manin, Bernard (2007). *Kritik der repräsentativen Demokratie.* Matthes & Seitz.
Markel, Lester (1949). *Public Opinion and Foreign Policy. Council of Foreign Relations.* Harper & Brothers.

Maus, Ingeborg (1991). Sinn und Bedeutung von Volkssouveränität in der modernen Gesellschaft. *Kritische Justiz,* 24, 137-150.

Maus, Ingeborg (2010/2015). Verfassung und Verfassunggebung. Zur Kritik des

Theorems einer „Emergenz“ supranationaler und transnationaler Verfassungen. In: Ingeborg Maus, *Menschenrechte, Demokratie und Frieden. Perspektiven globaler Organisation.* Suhrkamp, 122-191.

Maus, Ingeborg (2011). *Über Volkssouveränität - Elemente einer Demokratietheorie.* Suhrkamp.

McClintock, Michael (1992). *Instruments of Statecraft: U.S. Guerilla Warfare, Counter-Insurgency, Counter-Terrorism.* Pantheon Books.

McCrisken, Trevor B. (2002). Exceptionalism. In: A. De-conde, R. D. Burns und F. Logevall (Hrsg.), *Encyclopedia of American Foreign Policy,* Vol. 2, 2. Aufl. Scribner, 63-80.

McCrisken, Trevor B. (2003). *American Exceptionalism and the Legacy of Vietnam: us Foreign Policy since 1974.* Palgrave Macmillan.

Meadowcroft, John und Ruger, William (2014). Hayek, Friedman, and Buchanan: On Public Life, Chile, and the Relationship between Liberty and Democracy. *Review of Political Economy,* 26, 358-367.

Mearsheimer, John J. (2003). *Why leaders lie.* Oxford University Press.（ジョン・J・ミアシャイマー『なぜリーダーはウソをつくのか——国際政治で使われる五つの「戦略的なウソ」』、奥山真司　訳、中央公論新社、二〇一七（中公文庫、ミ3-1）

Mégret,Frédéric (2002). The Politics of International Criminal Justice, *European Journal of International Law,* 5, 1261-1284.

Michels, Robert (1911). *Zur Soziologie des Parteiwesens in der modernen Demokratie. Untersuchungen über die oligarchischen Tendenzen des Gruppenlebens.* Klinkhardt.

Mises, Ludwig (1927). *Liberalismus.* Fischer.

Mudde, Cas (2004). The Populist Zeitgeist. *Government and Opposition,* 39, 541-563.

Mudde, Cas (2007). *Populist Radical Right Parties in Europe.* Cambridge University Press.

Nedelsky, Jennifer (1990). *The Madison Framework. Private Property and the Limits of American Constitutionalism.* University of Chicago Press.

Nippel, Wilfried (2008). *Antike oder moderne Freiheit? Die Begründung der Demokratie in Athen und in der Neuzeit.* Fischer.

Nugent, Walter (2008). *Habits of Empire: A History of American Expansion.* Knopf.

Parchami, Ali (2009). *Hegemonic Peace and Empire: The Pax Romana, Britannica and Americana.* Routledge.

Pitkin, Hanna Fenichel (2004), Representation and Democracy: Uneasy Alliance. *Scandinavian Political Studies, 27,* 335-342.

Polanyi, Karl (1935). *The Essence of Fascism.* In: John Lewis, Karl Polanyi, Donald K. Kitchin (Hrsg.), *Christianity and the social revolution.* Victor Gollancz.

Rittstiege, Helmut (1975). *Eigentum als Verfassungsproblem.* Wissenschaftliche Buchgesellschaft.

Roberts, Jennifer T. (1994). *Athens on Trial.* Princeton University Press.

Roelofs, Joan (2003). *Foundations and Public Policy: The Mask of Pluralism.* State University of New York Press.

Roy, Arundhati (2003). *Public Power in the Age of Empire.* Seven Stories Press.

Russell, Bertrand (1922). *Free Thought And Official Propaganda.* Watts.

Russell, Bertrand (1953). *The Impact of Science on Society.* Simon & Schuster.（バートランド・ラッセル『科学は社会を震撼した』、堀秀彦　訳、角川書店、一九五六（角川新書）

Saage, Richard (2005). *Demokratietheorien. Historischer Prozess - Theoretische Entwicklung - Soziotechnische Bedingungen: Eine Einführung.* Verlag für Sozialwissenschaften.

Sachs, Jeffrey D. (2011). *The Price of Civilization: Reawakening American Virtue and Prosperity.* Random House.

Saito, Natsu Taylor (2010). *Meeting the Enemy: American Exceptionalism and International Law.* New York University Press.

Saunders, Frances Stonor (2001). *Wer die Zeche zahlt...: Der CIA und die Kultur im Kallen Krieg.* Siedler.

Schabas, William (2012). Unimaginable Atrocities: Justice, Politics, and Rights at the War Crimes Tribunals. Oxford

University Press.

Schmidt, Arno (1958). *Deutsches Elend. 13 Erklärungen zur Lage der Nation.* Zürich: Haffmans.

Schwartz, Lowell H. (2009). *Political Warfare against the Kremlin. US and British Propaganda Po licy at the Beginning of the Cold War.* Palgrave.

Shoup, Laurence (2015). *Wall Street's Think Tank: The Council on Foreign Relations and the Empire of Neoliberal Geopolitics*, 1976-2014. Monthly Review Press.

Simpson, Christopher (1994). *The Science of Coercion. Communication Research & Psychological Warfare 1945-1960.* Oxford University Press.

Steel, Ronald (1967). *Pax Americana.* Viking Press.

Strauss, Leo (1995). *Liberalism Ancient and Modern.* University of Chicago Press. （レオ・シュトラウス『リベラリズム古代と近代』、石崎嘉彦、飯島昇藏　役者代表　ナカニシヤ出版　二〇〇六（叢書フロネーシス））

Tasca, Angelo (1938). *La naissance du fascisme: l'Italie de 1918 à 1922.* Gallimard. -Deutsch (1986): *Glauben, gehorchen, kämpfen: Aufstieg des Faschismus in Italien.* Promedia.

Thiele, Ulrich (2008). *Die politischen Ideen: - Von der Antike bis zur Gegenwart.* Marix-Verlag.

Valentine, Douglas (2017). *The CIA as Organized Crime: How Illegal Operations Corrupt America and the World.* Clarity Press.

Vine, David (2015). *Base Nation: How U.S. Military Bases Abroad Harm America and the World.* Henry Holt.

Weber, Max (1988). *Gesammelte politische Schriften.* Mohr.

William, William A. (1980). *Empire as a Way of Life: An Essay on the Causes and Character of America's Present Predicament, Along With a Few Thoughts About an Alternative.* Oxford University Press. - Deutsch: (1997): *Der Welt Gesetz und Freiheit geben. Amerikas Sendungsglaube und imperiale Politik.* Junius.

Wolin, Sheldon (2004). *Politics and Vision: Continuity and Innovation in Western Political Thought.* Princeton University Press （シェルドン・S・ウォーリン『政治とヴィジョン』、尾形典男、福田歓一　他　訳、福村出版、二〇〇七）

Wood, Ellen Meiksins (2010). *Demokratie contra Kapitalismus.* Neuer ISP Verlag. （エレン・メイクシンス・ウッド『民主

主義対資本主義』、石堂清倫　監訳、論創社　一九九九—二〇一二)

第三章　新自由主義の教化とは?

Brown, Wendy (2015). *Die schleichende Revolution: Wie der Neoliberalismus die Demokratie zerstört.* Suhrkamp Verlag. (ウェンディ・ブラウン『いかにして民主主義は失われていくのか——新自由主義の見えざる攻撃』、中居亜佐子訳、みすず書房、二〇一七)

Harvey, David (2012). *Kleine Geschichte des Neoliberalismus.* Rotpunktverlag.

Mirowski, Philip (2015). *Untote leben länger. Warum der Neoliberalismus nach der Krise noech stärker ist.* Matthes & Seitz.

Wilkinson, Richard und Pickett, Kate (2012). *Gleichheit ist Glück· Warum gerechte Gesellschaften für alle besser sind.* Haffmans & Tolkemitt.

第四章　「土地を所有する者が、その土地を統治すべき」

Carey, Alex (1997). *Taking the Risk out of Democracy.* University of Illinois Press.

Domhoff, G. William (2014). *Who rules America? The triumph of the corporate rich.* McGraw-Hill. ウイリアム・ドムホフ、『現代アメリカを支配するもの』、睦井三郎　訳、毎日新聞社、一九七一（エコノミスト　シリーズ））

Dunn, John (1992). *Democracy, the Unfinished Journey, 508 BC to AD 1993* Oxford University Press.

Ferguson, Thomas, Jorgenson, Paul und Chen, Jie (2017). *Fifty Shades of Green. High Finance, Political Money, and the U.S. Congress.* Roosevelt Institute.

Finley, Moses (1973). *Antike und moderne Demokratie.* Reclam. (フィンレー・モーゼス『民主主義——古代と現代』、柴田平三郎　訳、刀水書房、一九九一（刀水歴史全書29）

Gilens, Martin & Page, Benjamin I. (2014) Testing Theories of American Politics Elites, Interest Groups, and Average Citizens. *Perspectives on Politics,* 12, 564-581.

Glennon, Michael J. (2014). *National Security and Double Government.* Oxford University Press.

Heemskerk, Eelke M und Takes, Frank W. (2016). The corporate elite community structure of global capitalism. *New Political Economy,* 21, 90-118.

Klarman, Michael J. (2016). *The Framers Coup: The Making of the United States Constitution.* Oxford University Press.

Lofgren, Mike (2016) *The Deep State: The Fall of tile Constitution and tile Rise of a Shadow Government.* Viking.

Madison, James (1787). Federalist No. 10. In: Ian Shapiro (Hrsg.) (2009). *The Federalist Papers· Alexander Hamilton, James Madison, John Jay.* Yale University Press.

Maus, Ingeborg (1992). *Zur Aufklärung der Demokratietheorie. Rechts- und demokratietheoretische Überlegungen im Anschluß an Kant.* Suhrkamp. インゲボルク・マウス『啓蒙の民主制理論——カントとのつながりで』、浜田義文、牧野英二　監訳、法政大学出版局、一九九九（叢書ウニベルシタス６４８）

Maus, Ingeborg (2011). *Über Volkssouveränität -Elemente einer Demokratietheorie.* Suhrkamp.

Mills, C. Wright (1956). *The Power Elite.* Oxford University Press.（C・W・ミルズ『パワー・エリート　上・下』、鵜飼信成、綿貫譲治　訳、東京大学出版会、一九五八）

Monaghan, Frank (1935). *John Jay: Defender of Liberty,* Bobbs-Merrill.

Nedelsky, Jennifer (1990). *The Madison Framework. Private Property and the Limits of American Constitutionalism.* University of Chicago Press.

Pearce, Frank (1993). Corporate rationality as corporate crime. *Studies in Political Economy,* 40, 135-162.

Pearce, Frank (2001). "Crime and Capitalist Business Organisations", in: Neal Shover und John Paul Wright (Hrsg.) *Crimes of Privilege: Readings in White Collar Crime,* Oxford University Press, 35-48.

Pitkin, Hanna F. (2004). Representation and Democracy: Uneasy Alliance. *Scandinavian Political Studies,* 27, 335-342.

Priest, Dana und Arkin, William M. (2011). *Top Secret America: The Rise of the New American Security State.* Little, Brown and Company.（デイナ・プリースト、ウィリアム・アーキン『トップシークレット・アメリカ——最高機密に覆われる国家』、玉置悟　訳、草思社、二〇一三）

Roberts, Jennifer T. (1994). *Athens on Trial.* Princeton University Press.

Scott, Peter Dale (2014). *American War Machine: Deep Politics, the CIA Global Drug Connection, and the Road to Afghanistan.* Rowman & Littlefield.

Scott, Peter Dale (2017). *The American Deep State· Big Money, Big Oil, and the Struggle for U.S. Democracy.* Rowman & Littlefield.

Streeck, Wolfgang (2016). Entkoppelt: Kapitalismus und Demokratie im neoliberalen Zeitalter. Vortrag auf der Tagung *Ziemlich beste Feinde. Das spannungsreiche Verhältnis von Demokratie und Kapitalismus,* Schader-Stiftung, Darmstadt.

Tombs, Steve und Whyte, David (2015). *The corporate criminal· Why corporations must be abolished.* Routledge.

Valentine, Douglas (2017). *The CIA as Organized Crime: How Illegal Operations Corrupt America and the World.* Clarity Press.

Vitali, Stefania, Glattfelder, James B. und Battiston, Stefano (2011). The network of global corporate control. *PloS one,* 6.10, e25995.

Wolin, Sheldon S. (2010). *Democracy incorporated: Managed democracy and the specter of inverted totalitarianism.* Princeton University Press.

Wood, Ellen Meiksins (2010). *Demokratie contra Kapitalismus.* N euer ISP Verlag.（エレン・メイクシンス・ウッド『民主主義対資本主義』、石堂清倫　監訳、論創社　一九九九—二〇一二）

第五章　「混乱した群れ」を操る方法

Achen, Christopher C. und Bartels, Larry M. (2016).*Democracy for Realists· Why Elections Do Not Produce Responsive Government.* Princeton University Press.

Agnoli, Johannes (1967/2012). *Die Transformation der Demokratie.* Konkret Verlag.

Arendt, Hannah (2011).*Über die Revolution.* Piper.（ハンア・アレント『革命について』、志水速雄　訳、筑摩書房、一九九

五（ちくま学芸文庫）
Wallerstein, Immanuel und Balibar, Etienne (1992). *Rasse, Klasse, Nation Ambivalente Identitäten.* Argument-Verlag.
Basaglia, Franco (1980). *Befriedungsverbrechen. Über die Dienstbarkeit der Intellektuellen.* Europäische Verlagsanstalt.
Benda, Julien (1927/2013). *Der Verrat der Intellektuellen.* VAT Verlag Andre Thiele.（ジュリアン・バンダ『知識人の裏切り』、宇京頼三　訳、未来社、一九九〇（ポイエーシス叢書）
Blom, Philipp (2013). *Böse Philosophen: Ein Salon in Paris und das vergessene Erbe der Aufklärung.* dtv
Bourdieu, Pierre (1996). *Die Intellektuellen und die Macht.* VSA Verlag.
Brecht, Bertolt (1967). *Gesammelte Werke, Bd. XII,* Suhrkamp.（ベルトルト・ブレヒト『ブレヒト戯曲全集』、岩淵達治訳、未来社、一九九九）
Carey, John (1992). *The Intellectuals and the Masses: Pride and Prejudice Among the Literary Intelligentsia, 1880-1939,* Faber & Faber.
Carroll, William K. und Carson, Colin (2006). Neoliberalism, capitalist class formation and the global network of corporations and policy groups. In: *Dieter Plehwe, Bernhard Walpen und Gisela Neun-höffer (Hrsg.), Neoliberal Hegemony: A Global Critique,* Routledge, 51-69.
Carroll, William K. und Sapinski, J. P. (2010). The Global Corporate Elite and the Transnational Policy-planning Network, 1996-2006: A Structural Analysis, *International Sociology,* 25, 501-38.
Chomsky, Noam (1989). *Necessary illusions. Thought control in democratic societies.* Pluto Press.
Chomsky, Noam (1998). *The Common Good.* Odonian Press
Chomsky, Noam (2002). *Understanding Power: The Indispensible Chomsky.* New York: The New Press.
Chomsky, Noam (2003). *Media Control.* Hamburg: Europa-Verlag.（ノーム・チョムスキー『メディア・コントロール』、鈴木主税　訳、集英社、2003（集英社新書、0190A））
Chomsky, Noam (2008). *Die Verantwortlichkeit der Intellektuellen.* Verlag Antje Kunstmann.（ノーム・チョムスキー『知識人の責任』、吉田武士、水落一郎　訳、太陽社、一九六九（太陽選書））

Herman, Edward & Noam Chomsky (1988). *Manufacturing Consent: The Political Economy of the Mass Media.* Pantheon Books.（エドワード・ハーマン、ノーム・チョムスキー『マニュファクチャリング・コンセント――マスメディアの政治経済学1、2』、中野真紀子　訳、トランスビュー、二〇一七）

Creel, George (1920). *How We Advertised America.* Harper & Brothers.

Dewey, John (1927/2012). The Public and its Problems: *An Essay in Political*

Inquiry. (Edited by Melvin L. Roger). Penn State Press.（ジョン・デューイ『現代政治の基礎――講習とその諸問題』、阿部斉　訳、みすず書房、一九六九）

Dewey, John (1927/1996). *Die Öffentlichkeit und ihre Probleme.* Philo Verlagsgesellschaft. ジョン・デューイ、『現代政治の基礎――講習とその諸問題』、阿部斉　訳、みすず書房、一九六九）

Dewey, John (1934). *Collected Works.* Vol. 9.（ジョン・デューイ、『ジョン・デューイ著作集第9巻』、岸本英夫　訳、春秋社、一九五一）

Dewey, John: *The Later Works 1925-1953.* (Edited by Jo Ann Boydston). Southern Illinois University Press.

Dewey, John (1935). Our un-free press, *Common Sense*, 4, 6-7.

Foschepoth, Josef (2017). *Verfassungswidrig! Das KPD-Verbot im Kalten Bürgerkrieg.* Vandenhoek & Ruprecht.

Formisamo, Ronald (2017). *American Oligarchy· The Permanence of the Political Class.* University of Illinois Press.

Fraser, Nancy (2007). Die Transnationalisierung der Öffentlichkeit. Legitimität und Effektivität der öffentlichen Meinung in einer postwestfälischen Welt. In: Peter Niesen &

Benjamin Herborth (Hrsg.), *Anarchie der kommunikativen Freiheit. Jürgen Habermas und die Theorie der internationalen Politik.* Suhrkamp (S. 224-254)

Fraser, Steve (2015). *The Age of Acquiescence: The Life and Death of American Resistance to Organized Wealth and Power.*

Gerstenberger, Heide (1989). Strukturen jauchzen nicht. Über die Bewegungsform der Französischen Revolution, *Prokla*, 75, 132-157.

Gerstenberger, Heide (1990/2017). *Die subjektlose Gewalt. Theorie der Entstehung bürgerlicher Staatsgewalt.* Westfälisches Dampfboot.

Gerstenberger, Heide (2017). *Markt und Gewalt. Die Funktionsweise des historischen Kapitalismus*. Westfälisches Dampfboot.

Gilens, Martin und Page, Benjamin I. (2017). *Democracy in America? What Has Gone Wrong and what We Can Do about it*. University of Chicago Press.

Gill, Stephen (2000). Theoretische Grundlagen einer neogramscianischen Analyse der europäischen Integration. In: Hans Jürgen Bieling und Jochen Steinhilber (Hrsg.).
Die Konfiguration Europas Westfälisches Dampfboot, 23-50.

Gill, Stephen und Cutler, A. Claire (Hrsg.) (2014). *New Constitutionalism and World Order*.
Cambridge University Press.

Graeber, David (2002). The new anarchists. *New Left Review*, 13.6, 61-73. newleftreview.org/II/13/ david-graeber-the-new-anarchists（デヴィッド・グレーバー『資本主義後の世界のために――新しいアナーキズムの視座』、高祖岩三郎訳・構成、以文社、二〇〇九）

Harding, Vincent (2008). *Martin Luther King, the Inconvenient Hero*. Orbis Books.

Hayek, Friedrich (1944/2014). *Der Weg zur Knechtschaft*. Lau-Verlag.（フリードリヒ・ハイエク『隷属への道』、西山千明訳、春秋社、二〇〇八（ハイエク全集）

Heemskerk, Eelke M. und Takes, Frank M. (2016). The corporate elite community structure of global capitalism. *New Political Economy*, 21, 90-118.

Held, David (2006). *Models of Democracy*. Polity Press（デヴィッド・ヘルド『民主制の諸類型』、中谷義和　訳、お茶の水書房、一九九八）

Hirsch, Joachim (2005). *Materialistische Staatstheorie. Transformationsprozesse des kapitalistischen Staatensystems*. VSA Verlag.

Hirsch, Joachim (2012). Radikaler Reformismus, In: Ulrich Brand, Bettina Losch, Benjamin Opratko und Stefan Thimmel (Hrsg.), *ABC der Alternativen 2.0. Von Alltagskultur bis Zivilgesellschaft*. VSA Verlag.

Israel, Jonathan (2017). *Die Französische Revolution. Ideen machen Politik*. Reclam.

Israel, Jonathan (2011). *A Revolution of the Mind: Radical Enlightenment and the Intellectual Origins of Modern Democracy.* Princeton University Press.（ジョナサン・イスラエル『精神の革命――急進的啓蒙と近代民主主義の知的起源』、森村敏已　訳、みすず書房、二〇一七）

Jones, Daniel S. (1996). *Masters of the Universe: Hayek, Friedman, and the Birth of Neoliberal Politics.* Princeton University Press.

Katz, Richard S. und Mair, Peter (1995). Changing models of party organization and party democracy: the emergence of the cartel party. *Party politics,* 1.1, 5-28.

Katz, Richard S. & Peter Mair (2009). The cartel party thesis: A restatement. *Perspectives on politics,* 7.4, 753-766.

Kotz, David M. (2015). *The Rise and Fall of Neoliberal Capitalism.* Harvard University Press.

Landemore, Hélene (2012) *Democratic Reason: Politics, Collective Intelligence, and the Rule of the Many.* Princeton University Press.

Lasswell, Harold (1927). *Propaganda Technique in the World War.* Kegan Paul. ハロルド・D・ラスウェル『宣伝技術と欧州大戦』、小松孝彰　訳、高山書院、一九四〇）

Lautemann, Wolfgang und Schlenke, Manfred (Hrsg.) (1961). *Geschichte in Quellen.* Band V. Bayerischer Schulbuch-Verlag.

Lessig, Lawrence (2013). "Institutional corruption" defined. *The Journal of Law, Medicine & Ethics,* 41, 553-555.

Lippmann, Walter (1920). *Liberty and the News.* Harcourt, Brace and Howe.

Lippmann, Walter (1922). *Public Opinion.* Harcourt, Brace and Company.（ウォルター・リップマン『世論　上・下』、掛川トミ子　訳、岩波書店、一九八七（岩波文庫）

Lippmann, Walter (1922/2018). *Die öffentliche Meinung.* Westend Verlag. ウォルター・リップマン『世論　上・下』、掛川トミ子　訳、岩波書店、一九八七（岩波文庫）

Lippmann, Walter (1925). *The Phantom Public.* Harcourt, Brace and Howe.（ウォルター・リップマン『幻の公衆』、河崎吉紀　訳、柏書房、二〇〇七）

ジャクソン Lippmann, Walter und Merz, Charles (1920). A Test of the News: Some Criticisms, *New Republic,* 8. September

Lipset, S. M., Lazarsfeld, P. F., Barton, A. H., und Linz, J. (1954) The psychology of voting: An analysis of political behavior

Handbook of Social Psychology, Vol. 2. Addison-Wesley, 1124-1175.

Lupia, Arthur und McCubbins, Mathew D. (1998). *The Democratic Dilemma: Can Citizens Learn What They Need to Know?* Cambridge University Press.

Lupia, Arthur (2016). *Uninformed: Why People Know So Little About Politics and What We Can Do About It.* Oxford University Press.

MacLean, Nancy (2017). *Democracy in Chains: The Deep History of the Radical Right's Stealth Plan for America.* Scribe.

Maier, Hans (1971). Zur Neueren Geschichte des Demokratiebegriffs. In: Klaus von Beyme (Hrsg.), *Theory and Politics/ Theorie und Politik,* Martinus Nijhoff, 127-161.

Mair, Peter (2013). *Ruling the void: The hollowing of Western democracy.* Verso Books.

Mair, Peter (2006). Ruling the void: The hollowing of western democracy. *New Left Review,* 42, 25-51.

Mattick, Paul (1935). Die Gegensätze zwischen Luxemburg und Lenin Räte-korrespondenz, 12,1-23. www.marxists.org/deutsch/archiv/mattick/1935/10/ luxemburglenin.htm

Maus, Ingeborg (1994). *Zur Aufklärung der Demokratietheorie.* Suhrkamp.

Maus, Ingeborg (2002). Vom Nationalstaat zum Globalstaat oder: der Niedergang der Demokratie. In: Lutz-Bachmann, Matthias und James Bohman, James (Hrsg.). *Weltstaat oder Staatenwelt? Für und wider die Idee einer Weltrepublik,* Suhrkamp, 226-259.

Maus, Ingeborg (2005). Die Errichtung Europas auf den Trümmern der Demokratie? Zur Verteidigung der Verfassungsprinzipien des „alten" Europa, *Blätter für deutsche und internationale Politik,* 50, 679-692.

Maus, Ingeborg (2011). *Über Volkssouveränität - Elemente einer Demokratietheorie.* Suhrkamp.

Maus, Ingeborg (2015). Wer den Weltstaat etablieren will, riskiert den Weltkrieg. In: Ingeborg Maus. *Menschenrechte, Demokratie und Frieden. Perspektiven globaler Organisation,* Suhrkamp, 195-209.

Maus, Ingeborg (2018). *Justiz als gesellschaftliches Über-Ich: Zur Position der Rechtsprechung in der Demokratie.* Suhrkamp.

Mills, C. Wright (1959). *Die Konsequenz.* Kindler.

Mirowski, Philip (2015). *Untote leben länger. Warum der Neoliberalismus nach der Krise noch stärker ist.* Matthes & Seitz.

Mullen, Andrew (2010). Twenty years on: *The second-order rediction of the Herman-Chomsky propaganda model. Media, Culture & Society*, 32, 673-690.

Millier, Inga (1987). *Furchtbare Juristen. Die unbewältigte Vergangenheit unserer Justiz.* Kindler.

Ostry, Jonathan D., Loungani, Prakash und Furceri, Davide (2016). Neoliberalism: Oversold? *IMF, Finance and Development*, 53, 2.

Page, Benjamin I. und Shapiro, Robert Y. (1992). *The Rational Public: Fifty Years of Trends in Americans' Policy Preferences.* University of Chicago Press.

Page, Benjamin I. und Shapiro, Robert Y. (1999). The Rational Public and Beyond. In: Stephen L. Elkin und Karol Edward Soltan (Hrsg.), *Citizen Competence and Democratic Institutions* The Pennsylvania State University Press, 93-115.

Pannekoek, Anton (2008). *Arbeiterräte. Texte zur sozialen Revolution.* Germinal.

Paceman, Barry (Hrsg.) (2005). *Chomsky on Anarchism.* AK Press.

Peck, James (2010). *Ideal Illusions. How the U.S. Government Co-opted Human Rights.* Metropolitan Books

Philp, Mark und David-Barrett, Elizabeth (2015). Realism about political corruption. *Annual Review of Political Science*, 18, 387-402.

Rakow, Lana F. (2018). Family Feud: Who's Still Fighting about Dewey and Lippmann?, *Javnost-The Public*, 1-8.

Roelofs, Joan (2018). The Political Economy of the Weapons Industry. Guess Who's Sleeping With Our Insecurity Blanket? *Counterpunch*, 25,3, 1-8. ioanroelofs.files.wordpress. com/2018/07/insecurity-blanket.pdf

Said, Edward W. (1997). *Götter die keine sind. Der Ort des Intellektuellen.* Berlin Verlag.

Sassen, Saskia (2014). *Expulsions: Brutality and Complexity in the Global Economy.* Harvard University Press.

Sassen, Saskia (2015). *Ausgrenzungen: Brutalität und Komplexität in der globalen Wirtschaft.* Fischer.

Schattschneider, Elmer Eric (1960). *The Semisovereign People: A Realist's View of Democracy in America.* Holt, Rinehart and Winston.（エルマー・エリック・シャットシュナイダー『半主権人民』、内山秀夫　訳、而立書房、一九七二）

Scheidel, Walter (2017). *The Great Leveller: Violence and the History of Inequality from the Stone Age to the Twenty-First Centuy*. Princeton University Press.（ウォルター・シャイデル『暴力と不平等の人類史——戦争・革命・崩壊・疫病』、鬼澤忍、塩原通緒　訳、東洋経済新報社、二〇一九）

Scheidler, Fabian (2015). *Das Ende der Megamaschine. Geschichte einer scheiternden Zivilisation*. Promedia.

Schmidt, Jochen (Hrsg.) (1989). *Aufklärung und Gegenaufklärung in der europäischen Literatur, Philosophie und Politik von der Antike bis zur Gegenwart*. Wissenschaftliche Buchgemeinschaft.

Schreyer, Paul (2018). *Die Angst der Eliten. Wer fürchtet die Demokratie?* Westend Verlag.

Schumpeter, Joseph A. (1950/1994). *Capitalism, Socialism, and Democracy*. Routledge.（ヨーゼフ・シュンペーター『資本主義、社会主義、民主主義』、大野一　訳、日経ＢＰ社、二〇一六（NIKKEI BP CLASSICS）

Schütrumpf, Jorn (2006). Rosa Luxemburg, die Bolschewiki und „gewisse Fragen", *Utopie kreativ*, 193, 995-1002.

Shoup, Laurence (2015). *Wall Street's Think Tank: The Council on Foreign Relations and the Empire of Neoliberal Geopolitics*, 1976-2014. Monthly Review Press.

Sklair, Leslie (2001). *The Transnational Capitalist Class*. Wiley-Blackwell Publishing.

Slobodian, Quinn (2018). *Globalists: The End of Empire and the Birth of Neoliberalism*. Harvard University Press.

Sniderman, Paul M. (2017). *The Democratic Faith*. Yale University Press.

Steel, Ronald (1981). *Walter Lippmann and the American Century*. Transaction Publishers.（ロナルド・スティール『現代の目撃者——リップマンとアメリカの世紀　上・下』、浅野輔　訳、ティビーエス・ブリタニカ、一九八二）

Streeck, Wolfgang (2015). Wie wird der Kapitalismus enden? Teil II *Blätter für deutsche und internationale Politik*, 60, 4, 199-120.

Streeck, Wolfgang (2016). Entkoppelt: Kapitalismus und Demokratie im neoliberalen Zeitalter. Vortrag auf der Tagung *Ziemlich beste Feinde. Das spannungsreiche Verhältnis von Demokratie und Kapitalismus*, Schader-Stiftung, Darmstadt.

Struve, Walter (2015). *Elites Against Democracy: Leadership Ideals in Bourgeois Political Thought in Germany, 1890-1933.* Princeton University Press.

Tetlock, Philip (2005). *Expert Political Judgment: How Good is It? How Can We Know?* Princeton University Press.

Thiele, Ulrich (2008). *Die politischen Ideen Von der Antike bis zur Gegenwart.* Marix-Verlag.

Turse, Nick (2008). *The Complex: How the Military Invades Our Everyday Lives.* Metropolitan Books.

Van Der Pijl, Kees (2014). *The Making of an Atlantic Ruling Class.* Verso.

Wacquant, Loyc (2009). *Punishing the Poor: The Neoliberal Government of Social Insecurity.* Duke University Press.

Wagner, Thomas (2013). *Die Mitmachfalle. Bürgerbeteiligung als Herrschaftsinstrument.* PapyRossa Verlag.

Wagner, Thomas (2017). *Die Angstmacher: 1968 und die Neuen Rechten.* Aufbau Verlag.

Wallerstein, Immanuel (1992). Ideologische Spannungsverhältnisse im Kapitalismus. Universalismus vs. Sexismus/ Rassismus. In: Immanuel Wallerstein & Etienne Balibar.

Rasse, Klasse, Nation. Ambivalente Identitäten, Argument-Verlag, 39-48.

Wallerstein, Immanuel (2007). *Die Barbarei der anderen. Europäischer Universalismus.* Wagenbach.

Wallerstein, Immanuel (2012). *Der Siegeszug des Liberalismus (1789-1914). Das moderne Weltsystem IV.* Promedia.

Washington, James M. (Hrsg.) (1991). *Essential Writings and Speeches of Martin Luther King, Jr.* Harper Collins.

Weber, Marianne (1926). *Max Weber. Ein Lebensbild.* Mohr. （マリアンネ・ウェーバー『マックス・ウェーバー』、大久保和郎　訳、みすず書房、一九八七）

Westbrook, Robert B. (1991). *John Dewey and American Democracy.* Cornell University Press.

Wilk, Michael und Sahler, Bernd (Hrsg.) (2014). *Strategische Einbindung Von Mediationen, Schlichtungen, runden Tischen … und wie Protestbewegungen manipuliert werden.* Verlag Edition AV

Wolin, Sheldon (2008). *Democracy Incorporated: Managed Democracy and the Specter of Inverted Totalitarianism.* Princeton University Press.

Wood, Ellen Meiksins (2010). *Demokratie contra Kapitalismus*. Neuer ISP Verlag.（エレン・メイクシンス・ウッド『民主主義体資本主義』、石堂清倫　監訳、論創社、一九九九）

Wood, Ellen Meiksins (2015). *Der Ursprung des Kapitalismus. Eine Spurensuche*. Laika-Verlag.（エレン・メイクシンス・ウッド『資本主義の起源』、平子友長、中村好孝　訳、こぶし書房、こぶしフォーラム3）

Wood, Ellen Meiksins (2016). *Das Imperium des Kapitals*. Laika-Verlag.（エレン・メイクシンス・ウッド『資本の帝国』、中山元　訳、紀伊國屋書店、二〇〇四）

Žižek,Slavoj (2018). *Der Mut der Hoffnungslosigkeit*. Fischer.（スラヴォイ・ジジェク『絶望する勇気――グローバル資本主義・原理主義・ポピュリズム』、中山徹、鈴木英明　訳、青土社、二〇一八）

Zuckermann, Moshe (2010). *„Antisemit!«“ Ein Vorwurf als Herrschaftsinstrument*. Promedia.

Zürn, Michael (1998). *Regieren jenseits des Nationalstaates*. Suhrkamp.

第八章　人種差別、資本主義、そして「強欲支配人間たち」の価値共同体

Balibar, Ėtienne(1992). Gibt es einen »Neo-Rassismus«? In: Immanuel Wallerstein und Etienne Balibar. *Rasse, Klasse, Nation. Ambivalente Identitäten,* Argument-Verlag, 23-38.

Maus, Ingeborg (2002). *Vom Nationalstaat zum Globalstaat oder: der Niedergang der Demokratie*. In: Matthias Lutz-Bachmann und James Bohman (Hrsg.) *Weltstaat oder Staatenwelt? Für und wider die Idee einer Weltrepublik*. Suhrkamp.

Maus, Ingeborg (2015). Wer den Weltstaat etablieren will, riskiert den Weltkrieg. In: Ingeborg Maus. *Menschenrechte, Demokratie und Frieden*. Suhrkamp.

Wallerstein, Immanuel (1992). Ideologische Spannungsverhältnisse im Kapitalismus. Universalismus vs. Sexismus/Rassismus. In: Immanuel Wallerstein und Etienne Balibar. *Rasse, Klasse, Nation. Ambivalente Identitäten,* Argument-Verlag, 39-48.

Ziegler, Jean (2017). *Der schmale Grat der Hoffnung*. Bertelsmann

Zürn, Michael (1998). *Regieren jenseits des Nationalstaates.* Suhrkamp.

第九章　民主政治と白色拷問

ADDAMEER Prisoners Support and Human Rights Association (2003). *Torture of Palestinian Political Prisoners in Israeli Prisons.* www.addameer.org/resources/reports/torture-eng.pdf

Améry, J. (1966). *Jenseits von Schuld und Sühne. Bewältigungsversuche eines Überwältigten.* Szczeny.

Amnesty International (1973). *Report on Torture.* London. - Deutsch (1977): *Bericht über die Folter,* Fischer

Amnesty International (2004). *Human Dignity Denied. Torture and Accountability in the "war on Terror".*AI Index: AMR 51/145/2004

Amnesty International (2008). *Israel and the Occupied Palestinian Territories. Briefing to the Committee against Torture.* AI Index: MDE 15/040/2008

Amnesty International Franch Medical Commision und Marange, Valérie (1989). *Doctors and Torture. Resistance or Collaboration?* Bellew publishing.

Arrigo, J. M. (2007). APA interrogation task force member Dr. Jean Maria Arrigo exposes group's ties to military. *Democracy Now!* 20. August 2007
www.democracynow. org/2007/8/20apa_interrogation_task_force_member_dr

Arrigo, J. M. und Long, J. (2008). APA: denunciation and accommodation of
abusive interrogations: A lesson for world Psychology. *Psicologia: Teoria e Pracitica,* 10, 186-199.

Atran, S. (2003). *Genesis of suicide terrorism, Science,* 299, 1534-1539.

Başoğlu, M., Livanou, M., Crnobaric, C. (2007). Torture vs other cruel, inhuman, and degrading treatment: is the distinction real or apparent? *Archive of General Psychiatry,* 64, 277-285.

Benjamin, M. (2007a) The CIA's favorite form of torture. *Salon.com,* 7. Juni 2007.
www.salon.com/news/feature/2007/06/07/sensory deprivation/print.html

Benjamin, M. (2007b). The CIA's torture teachers. *Salon.com*, 21. Juni 2007. www.salon.com/news/feature/2007/06/21/cia_sere/print.html

Bettelheim, B. (1980). *Erziehung zum Überleben Zur Psychologie der Extremsituation*. DVA

Biderman, A. D. (1959) *A Study for Development of Improved Interrogation Techniques*: Study SR 177-D (U), Secret, final report of Contract AS18 (600) 1797, Bureau of Social Science Research Inc., Washington, D.C. 1959.

Biderman, A. D. (1960). Social psychological needs and "involuntary" behavior as illustrated by compliance in interrogation, *Sociometry*, 23, 120-147.

Biletzki, A. (2001). The Judicial Rhetoric of Morality: Israel's High Court of Justice on the Legality of Torture. www.sss.ias.edu/publications/papers/papernine.pdf

Branche, R. (2004). Tonure and other violations of the law by the French army during the Algerian war. In A. Jones (Hrsg.), *Genocide, War Crimes and the West*, Zed Books 134-145.

Brecher, B. (2007). *Torture and the Ticking Bomb*. Blackwell.

British Medical Association (1986) *The Torture Report: Report of a Working Party of the BMA Investigating the Involvement of Doctors in Torture*. BMA

Brugger, W. (2000). Vom unbedingten Verbot der Falter zum bedingten Recht auf Falter, *Juristenzeitung*, 55, 4, 165-173.

Brugger, W. (2006) Einschränkung des absoluten Folterverbots bei Rettungsfolter? *Aus Politik und Zeitgeschichte*, 36, 9-15.

B'Tselem (2000). *Legislation Allowing for the Use of Physical Force*. Jerusalem.

B'Tselem (2007). *Absolute Prohibition. The Torture and Ill-Treatment of Palestinian Detainees*. Jerusalem.

Byers, M. (2005). *Kriegsrecht*. Parthas.

Campbell, T.A. (2007). Psychological assessment, diagnosis, and treatment of torture survivors: a review. *Clinical Psychological Review*, 27, 628-641.

Chomsky, N. und Herman, E. S. (1979). *The Washington Connection and Third World Fascism, The Political Economy of Human Rights: Volume l*. South End Press.

Chomsky, N. (2002). *Offene Wunde Nahost. Israel, die Palästinenser und die US-Politik.* Europa-Verlag.

Chomsky, N. (2000). Die USA und die Relativität der Menschenrechte. In: N. Chomsky, *Die politische Ökonomie der Menschenrechte.* Trotzdem-Verlag.

Chomsky, N. (2003). *Media Control.* Europa-Verlag.

CIA (1963). KUBARK *Counterintelligence Interrogation.* www.gwu.edu/~nsarchiv/NSAEBB/NSAEBB122/index. htm#kubark

CIA (1983). Human *Resource Exploitation Training Manual.* www.gwu.edu/~nsarchiv/ NSAEBB/NSAEBB122/index. htm#hre

Cook, J. (2003). Facility 1391: Israel's Guantanamo. *Le Monde diplomatique,* November 2003.

Danner, M. (2009). US Torture: Voices from the Black Sites. *The New York Review of Books,* 9. April.

Doerr-Zegers, 0., Hartmann, L., Lira, E. und Weistein, E. (1992). Torture: Psychiatric sequelae and phenomenology. *psychiatry,* 55, 177-184.

Dorfman, A. (2004). Are there times when we have to accept torture? *The Guardian,* 8. Mai 2004.

Eban, K. (2007). Rorschach and awe. *Vanity Fair,* 17. Juli 2007.

Ebbinghaus, A. und Dorner, K. (Hrsg.) (2001). *Vernichten und Heilen. Der Nürnberger Ärzteprozeß und seine Folgen* Aufbau-Verlag.

Erb, V. (2005). Folterverbot und Notwehrrecht, in: P. Nitschke (Hrsg.), *Rettungsfolter im modernen Rechtsstaat. Eine Verortung* Kamp Verlag, 149-167.

Ginbar, Y. (2008). *Why Not Torture Terrorists? Moral, Practical and Legal Aspects of the Ticking Bomb Justification for Torture.* Oxford: Oxford University Press.

Gray, G. und Zielinski, A. (2006). Psychology and us psychologists in torture and war in the Middle East. *Torture,* 16, 128-133.

Greenberg, K. J. und Dratel, J. L. (Hrsg.) (2005). *The Torture Papers: The Road to Abu Ghraib.* Cambridge University Press.

Greenfield, P. (1977). CIA's behaviour caper. APA *Monitor,* Dezember, 10-11.

Gross, M.L. (2004). Regulating torture in a democracy: death indignity in Israel, *Polity,* 36, 367-388.

Hassemer, W. (2003). Das Folterverbot gilt absolut - auch in der Stunde der Not. Interview. *Süddeutsche Zeitung,* 27. Februar 2003.

Herman, E.S. und O'Sullivan, G. (1991). "Terrorism" as ideology and cultural industry. In A. George (Hrsg.), *Western State Terrorism,* Polity, 39-75.

Heron, W. (1957). The pathology of boredom. *Scientific American,* 196, 52-56.

Human Rights Watch (2008). *World Report 2008.* www.hrw.org/en/ reports/2008/01/30/ world-report-2008

Kamir, 0. (2002). Honor and Dignity Cultures: The Case of Kavod (Honor) and Kvod Ha-adam (Dignity) in Israeli Society and Law. In: D. Kretzmer & E. Klein (Hrsg.), *The Concept of Human Dignity in Human Rights Discourse.* Aspen Publishers.

Kateb, G. (2006). *Patriotism and Other Mistakes.* Yale University Press.

Kleinman, S. M. (2006). KUBARK Counterintelligence Interrogation. Review:

Observations of an Interrogator -Lessons Learned and Avenues for Further Research. In: Intelligence Science Board (Hrsg.), *Educing Information. Interrogation. Science and Art. Foundations for the Future* National Defense Intelligence College. Washington Press, 95-140. www.ndic.edu/press/ 3866.htm

Koch, E. R. (2008). *Die CIA-Lüge. Foltern im Namen der Demokratie.* Aufbau-Verlag

Lazreg, M. (2008). *Torture and the Twilight of Empire. From Algiers to Baghdad.* Princeton University Press.

Lifton, R.J. (1988). *Ärzte im Dritten Reich.* Klett-Cotta.

Maran, R. (1996). *Staatsverbrechen, Ideologie und Folter im Algerienkrieg.* Europäische Verlagsanstalt.

Marks, J H. (2007). Interrogational Neuro-imaging in Counterterrorism: A "No-Brainer" or a Human Rights Hazard?, *American Journal of Law and Medicine,* 33, 483-500.

Mayer, J. (2008). *The Dark Side. The Inside Story of How the War on Terror Turned into a War on American Ideals.* New

York: Doubleday

McCoy, A. W. (2005). *Foltern und Foltern lassen. 50 Jahre Folterforschung und -Praxis von CIA und US-Militär.* Zweitausendeins.

McCoy, A.W. (2007). Science in Dachau's shadow: HEBB, Beecher, and the development of CIA psychological torture and modern medical ethics. *Journal of the History of the Behavioral Sciences,* 43, 401-417.

McGuffin, J. (1974). *The Guineapigs.* Penguin.

National Research Council (2008). Emerging Cognitive Neuroscience and Related Technologies. *Committee on Military and Intelligence Methodology for Emergent Neurophysiological and Cognitive/Neural Research in the Next Two Decades* The National Academies Press.

Nowak, M. und McArthur, E. (2006). The distinction between torture and cruel, inhuman or degrading treatment, *Torture, Journal on Rehabilitation of Torture Victims and Prevention on Torture,* 16, 147-151.

Nowak, M. und McArthur, E. (2008). *The United Nations Convention against Torture. A Commentary.* Oxford University Press.

Olsen, B., Soldz, S. und Davis, M. (2008). The ethics of interrogation and the American Psychological Association. A critique of policy and process. *Philosophy, Ethics, and Humanities in Medicine,* 3:3. www.eeh-med.com/ content/3/1/3

Orne, M. T. (1961). The potential uses of hypnosis in interrogation. In: A. D. Biderman und H. Zimmer (Hrsg.), *The Manipulation of Human Behavior.* Wiley.

Pappe, I. (2007). *Die ethnische Säuberung Palästinas Zweitausendeins.*

Patsalides, B. (1999). Ethics of the unspeakable: Torture survivors in analytic treatment. T*he Journal of the Northern California Society for Psychoanalytic Psychology,* 5, 1

Paust, J. J. (2005). Executive plans and authorizations to violate international law concerning treatment and interrogation of detainees, *Columbia Journal of Transnational Law,* 43, 811-863.

Faust, J. J. (2007). Beyond the Law: *The Bush Administration's Unlawful Responses in the "War" on Terror.* Cambridge University Press.

Pawlik, M. (2003). Deutschland, ein Schurkenstaat? *Frankfurter Allgemeine Zeitung,* 1 März 2003.

Phillips, M. (1995). *Torture for Security: The Systematic Torture and Ill-Treatment of Palestinians by Israel.* Al-Haq. www.alhaq.org/etemplate.php?id=268

Physicians for Human Rights (PHR) (2007). Leave No Marks: *Enhanced Interrogation Techniques and the Risk of criminality.* physiciansforhumanrights.org/library/report-2007-08-02.html

Prantl, H. (2003). Gute Folter, böse Folter. Indizien für eine zivilisatorische Regression. *Süddeutsche Zeitung,* 10. März 2003.

Public Committee against Torture in Israel (PCATI) (2003). *Torture and Ill-treatment of Palestinian Detainees during Arrest, Detention and Interrogation,* Jerusalem, August 2003.

Public Committee against Torture in Israel (PCATI) (1999). *Proving Torture: No Longer Necessary in Israel* (Allegra Pacheco), Jerusalem, März 1999.

Public Committee against Torture in Israel (PCATI) (2007). *Ticking Bombs: Testimonies of Torture Victims in Israel,* Jerusalem, Mai 2007.

Public Committee against Torture in Israel (PCATI) (2008). *"Family Matters". Using Family Members to Pressure Detainees Under GSS interrogation.* Jerusalem, April 2008.

Rejali, D. M. (2007). *Torture and Democracy.* Princeton University Press.

Sachs, A. (1966). *The Jail Diary of Albie Sachs* Harvill.

Sands, P. (2008). *Torture Team. Rumsfeld's Memo and the Betrayal of American Values.* Palgrave Macmillan.

Schenk, D. (2008).BKA *-Polizeihilfe für Folterregime.* Dietz.

Schoultz, L. (1998). *Beneath the United States· A History of U.S. Policy toward Latin America.* Harvard University Press.

Shallice, T. (1972). The Ulster depth interrogation techniques and their relation to sensory deprivation research. *Cognition,* 1, 385-405

Soldz, S. (2006). Psychologists, Guantanamo and torture. *Counterpunch,* 1. August 2006. www.countereunch.org/ soldz08012006.html

Soldz, S. (2007). Psychology and coercive interrogations in historical perspective: Aid and comfort for torturers. *Common Dreams. org,* 15. April, 2007. www.commondreams.org/ archive/2007L04/15/527

Soldz, S. (2008). The torture trainers and the American Psychological Association. *Counterpunch,* 24. Juni 2008. www. counterpunch.org/soldz06252008.html

Soldz, S. Olson, B., Reisner, S., Arrigo, J.M. und Welch, B. (2008). Torture and the strategic helpless- ness of the American Psychological Association. *Counterpunch,*22. Juli 2008. www.coumereunch.org/soldz07232008.html

Somnier, F., Vesti, P., Kastrup, M., und Genefke, I. K (1992). Psychosoc1al consequences of torture: Current knowledge and evidence In: M. Başoğlu (Hrsg.), *Torture and Its Consequences: Current Treatment Approaches,* Cambridge University Press, 56-71.

Stohl, M. (1988). States, terrorism and state terrorism. In: R. 0. Slater und M. Stohl (Hrsg.), *Current Perspectives on International Terrorism.* Macmillan.

Sussman, D. (2005). What's wrong with torture? *Philosophy and Public Affairs,* 33, 1-33.

Sussman, D. (2006). Defining Torture. *Case Western Reserve Journal of International Law,* 37, 225-230.

Tiedemann, P. (2007). *Menschenwürde als Rechtsbegriff.* Berliner Wissenschafts-Verlag.

United against Torture (UAT) (2007). *Israel and the Occupied Palestinian Territories. A study on the Implementation of the EU Guidelines on Torture and other Cruel, Inhuman or Degrading Treatment or Punishment.* Jerusalem. www. unitedagainsttorture.org/inuyim 201_88.pdf

Valtin, J. (2008). Physicians, Psychologists & the Problem of "The Dark Side". *The Public Record,*14. Juli 2008.

人名索引

［ア行］

［カ行］

解説

水野和夫（経済学者）

本書を読んで背筋が凍った。「きれいは穢《きたな》い、穢いはきれい（fair is foul and foul is fair）」。『マクベス』に登場する三人の魔女の台詞がふと頭に浮かぶ。今の世の中は、「穢い」ものが大手メディアによるプロパガンダを通じて「きれい」なものに浄化されている、と思うからだ。しかも、多くの人はそれに気づくこともなく、飼い慣らされている。

本書のテーマである「民主政治と自由」は「きれい」だ、と私たちはみな信じ込んでいる。だが、本書によれば必ずしもそうではなく、実は「穢くなっている」ことがわかる。もう少し直截的にいえば、最初から「穢い」ものを「きれい」なものだと信じようとしたのではないかとさえ思える。著者は「すべては視点の問題だ」（p. 16）と言い、エリートの視点からみれば、「代議制民主政治」は選挙を通じて権力を独占するためのものであり、「自由」は経済的自由を意味するという（p. 8）。そうはっきり言われると、これまでなんとなくそうではないかと疑念を抱いていたことが、やっぱりそうだったのだ、という確信に変わる。

権力をもたない大衆は、少数のエリートよりも圧倒的に数が多い。大衆はこの半世紀、新自由主義が世界を席巻していくのと反比例して虐げられてきた。一九九〇年のバブル崩壊後、日本の労働生産性は緩やかではあるが上昇していた。それにもかかわらず一九九〇年代半ば以降、実質賃金は下落し続けている。また、利潤率と利子率はどちらも付加価値からしか生まれないのだから、景気の山と谷を均《なら》せば両者は同じ水準になるのが経済学の教えるところだ。ところが、一九九〇年代末以降、利潤率（ROE）は上昇する一方で、預金の利子は低下し続けた。

羊の群れである労働者と預金者は正当な対価を受けとっていないにもかかわらず、選挙になると、保守政党が掲げる「構造改革」に希望を託し、結局与党が圧勝する。なぜ多数派である羊の群れは、選挙での投票行動で現状を変えようとしないのか？　そして本来受け取るべき賃金や利子を返せと要求し、イエーリングのいう「権利のための闘争」をしようとしないのか？　そんな疑問が湧く。一方、野党が生活苦にあえぐ羊の群れに応えるために具体的で実効性のある政策を提示できないのは、野党の政治家も、そして裁判所までも、代議制民主政治のエリート集団の仲間だからだとすれば、羊の群れには絶望しかない。

なぜ羊の群れは「権利のための闘争」をしないのかとの疑問に対して、著者は次のように答える。「羊飼いは、もちろん群れる羊のためではなく、群れの所有者のために働いているのだ」(p. 68)。羊の群れは大手マスメディアなど巧妙なプロパガンダのせいでそうした構造に気がつかない。「牛飼いは羊の群れには興味がなく、自分の利益だけを考えている」(p. 81)。群れの所有者は見えない存在であり、巨額の資本を所有するビリオネア（純資産一〇億ドル超）だ。資本家とそれに仕える羊飼いがエリート集団を形成している。この構造を覆い隠すのが代議制民主政治であって、ここで著者がいう本来の「民主政治とは権力をもたない人々、つまり国民の大部分が協力しながら、自分たちの関心を公共の場に持ち込むことが可能な組織を形づくりつづけ、その過程を通じて権力を継続的に飼い慣らし、抑制するプロセスだ」(p. 202)。自分たちの関心、すなわち私的利益が公共の利益につながる組織をつくるプロセスが民主政治なのだから、自分たちの利益追求にしか関心がないエリートが牛耳る代議制民主政治とはまったく異質なものである。

代議制民主政治に代わるものはないという前提（正確に表現すれば「思い込み」）には、次のような条件がある。「政治の専門家たちが下した決断や政治システムに民衆を従わせなければならないという条件がついている。（中略）したがって、プロパガンダは民主政治にとって不可欠で、それがなければ民主政治は機能しない」（p. 35）とのハロルド・ラスウェルの考えを著者は紹介している。羊の群れをエリートに都合のよい方向に導くために世論操作を駆使するのは、「世論操作のほうが『暴力や賄賂、あるいはほかの管理手法よりも安上がり』（p. 35）だからだ。

羊飼いは具体的には代議制民主政治のもとで選ばれている政治家、そのブレーンを任ずる官僚やシンクタンク、そして「第四の権力」を標榜する大手メディアである。「この羊飼いの比喩の目的は権力エリートの立場を正当化することにあるとわかる。民衆はこのメタファーを通じて、自分たちは群れだと思い込まされる」（p. 68）。このメタファーのなかに「自らを指導者とみなす者が手に入れる利益が隠蔽される。このメタファーこそが、支配的な概念として民主政治の根底に横たわる『民衆』と『支配エリート』の区別をなす基礎である」（p. 68）。そうであるならば、フランス革命時に高々に謳われた「人間は自由かつ権利において平等に生まれ、平等でありつづける。社会的区別は公共の利益になる場合にのみ認められる」（人権宣言第一条、p. 123）というのは幻想だったことになる。

羊の群れはマスメディアを通じて知らず知らずのうちに「代議制民主政治が民主主義の理念を実体化させる最善の、あるいは少なくとも唯一実現可能な形である」（p. 108）のだと、洗脳されていく。そのためのプロパガンダをメディアは担っている。ポール・ラザースフェルド（現代の経験的社会学の祖）によれば、マスメディアは「最も上質で効果的な社会的麻酔薬」（p. 37）だ。「朝食のときに『南ドイツ新聞』を読み、午後には『シュピーゲル・オンライン』を眺め、夜にはニュース番組『ターゲスシャウ』を観る人々は、十分に情報を得ていると自負するあまり、自分が病気に罹っていることに気づきもしない」(p. 37)。「情報通であるという錯覚」に陥っている日本の教養人もドイツ人と同じだ。朝食時に「日経新聞」で株価を確認し、午後には仕事の合間にPCやスマホで「ヤフーニュース」を眺め、夜には「NC9」や「報道ステーション」を観て、世の中の動きがわかったつもりになっている。

一九世紀においてはマルクスが指摘したごとく宗教が大衆のアヘンであったように、二一世紀にはインターネットが宗教にとって代わった。TVを観なくても情報通であると自任できるのは、インターネットが社会的麻薬(精神鎮痛剤)になっているからだ。政府やマスコミが「IT革命こそが経済成長の切り札である」と喧伝するのも一つのプロパガンダである。米国の経済成長理論の権威であるロバート・ゴードンは「ビル・ゲイツが生み出したものは偉大だが、電気にはおよばない」(朝日新聞二〇一九年六月六日)のであって、ITは一九世紀末の発明王エジソンにはかなわないのである。

実際、米議会予算局が二〇一三年に公表した報告書(Total Factor Productivity Growth in Historical Perspective『歴史的視点における全要素生産性』)はゴードンの主張を裏付けている。イノベーションを表す全要素生産性(TFP)の増加率はIT革命が始まった一九九〇年代には年平均一、〇%を下回っていた。二〇〇〇年代になってようやくTFPは年平均一、五%の増加率となったものの、一八七〇年以降長期に俯瞰してみるとピークだった一九三〇年代の同三、〇%と比べると、半分にとどまっている。それにもかかわらず、二一世紀になってイノベーションによる成長戦略が日本の歴代政権の一丁目一番地の政策として位置づけられ、政府がトリクルダウンで貧しい人も豊かになると主張してきたのは、まさに真実から眼をそらすことにあったようだ。その真実とは著者によれば「新自由主義は『自由市場』など目指していません。本当の目論見は過激な再配分、具体的には下から上への、パブリックからプライベートへの、南から北への再配分にあります」(p. 147) という。新自由主義の言うトリクルダウンは真っ赤な嘘で、富を公平に配分するという発想はそもそも当初からなかったのである。

著者は米政治学者ハンナ・ピトキンの「代議制民主政治は初めから民主政治を妨げる目的をもっていた」(p. 109) との指摘を紹介している。そして、ブートンは「民主政治を富の公平な分配ではなく、富の際限のない蓄積を主奨励する概念に変えることで、建国のエリートたち（そしてそれに続く世代のエリートたち）は、打ち負かすことのできなかった相手を手懐けた」(p. 88、注68) という。「『代議制民主政治』という名称は、民主政治という言葉を含みながらもエリートの支配と財産秩序を守る魔法の呪文だったのである」(p. 109)。

エリートの視点からみれば、二〇世紀の「大きな政府」あるいは福祉社会は「例外状況」であって、彼らにとって自分たちに富を集中させるシステムこそが「常態」だった。「常態」に戻すために持ち出されたのが新自由主義であり、その主義主張をカモフラージュしたのがグローバリゼーションだった。グローバリゼーションというイデオロギーはウォール街やビジネスウィークなど大手メディアが中心となって大プロパガンダを実施し、多くの人に不可逆的な現象だと思い込ませるのに成功した。米ＦＲＢ議長だったグリーンスパンはリーマンショックが起きる前に「ほとんど疑いないのは、（中略）グローバル金融の並外れた変化が世界の経済構造と生活水準を各段に進歩させるのに寄与してきた」（スティーガー『グローバリゼーション』）と発言している。今となってはブラックジョークであるが、当時「市場の神様」の御託宣として崇め奉られたのだった。

ただ、著者はメディアのプロパガンダは今に始まったことでないと指摘する。たとえば、「一九二〇年当時、リップマンは、真実を報道することを任務とする報道機関が、プロパガンダの担い手となってしまっていると嘆いていた」(p. 214)。こうした事態は民主政治の基盤を危うくさせるものだと著者は言い、「これは民主政治の核心に触れるものである。なぜなら、利害に左右されず、信頼できる報道がなければ、代議制民主政治はただの茶番に過ぎないからだ」（p. 214）、とリップマン&メルツの言葉を紹介している。

カール・シュミットが「例外は普遍を解明し、また例外自身をも解明する。普遍を学ばんと欲するものは、まず現実的例外に眼を向けよ。例外は普遍以上に万物を白日のもとに曝し出す」（『政治神学』）と指摘するように、「大きな政府」や「福祉社会」という「例外状況」が資本の本質である暴力性を曝け出したのだった。バブル生成と崩壊を繰り返すことによって中間層を貧困層に陥れて、富が下から上へ分配させるメカニズムとしてあられもなく「ショックドクトリン」（ナオミ・クライン）が持ち出されたのだった。

参加型民主政治と代議制民主政治は根本的に異なる。「一九世紀の半ばまでは民主政治といえば参加型民主政治を指し、愚民支配と揶揄されてきた」（p. 108）が、参加型民主政治は「民衆による政府」だった。「そのような形の民衆支配は、古代から現代にいたるまでずっと、エリートたちが是が非でも避けようとしてきたことなのだ」（p. 108）。なぜなら、エリートたちは「民衆をまったくと言っていいほど信用していなかったため、民衆が立法に口出しするのを極端に嫌い、立法権を立法府、行政府、司法府に分割しようとした。そうすることで多数を占める民衆がエリートの立場や自由、特に財産を脅かすのを防ぐことができるからだ。そこで彼らは新しい代表制（ならびに権力の分立方法）を考案したのである」（p. 108）。

感受性豊かな高校生や大学生が学ぶ歴史の教科ではこうした事実は伏せられている。このようにして、社会の矛盾を是正するための芽が摘まれてしまうのだ。バートランド・ラッセルは教育制度について次のように鋭く批判する。「教育制度は本当の知識を伝えるためではなく、民衆を支配者の意思に従順にするために開発された。（中略）考えるのはエリートだけでいい。ほかは言うことを聞き、羊の群れのように指導者に従う。この教義が民主政治においても、あらゆる国家の教育制度を根本から腐敗させた」(p. 108)。

米国建国の祖の一人であるアレクサンダー・ハミルトンが「代議制民主政治（representative democracy)」と名付けたのは一七七七年だった(p. 109)。その後二世紀経って、「政治権力の本当の中心の不可視化は新自由主義において、さらなる高みに達した」(p. 117)。そしてついには「権力の多くが政府から大企業の手に渡り、権力の中心がどこにあるのか、さらに不透明になった」(p. 118)。イギリスの国際NGOのOxfamは毎年不平等に関する報告書を出しているが、ほとんど日本の大手メディアには取り上げられない。「メディアは人々に社会と政治の状況について適切な実像を伝える、というジャーナリズムの主張は大きな嘘だ。この主張は、過去百年以上にわたり、非常に綿密なケーススタディなどを通じ完全に覆されてきた」(p. 93)。

二〇二二年のOxfam報告書のタイトルは“Inequality kills”(『不平等が人を殺す』)だ。同報告書によれば、コロナ禍で世界のビリオネアトップ一〇人は純資産を一日当たり一三億ドル（一秒当たり一万五千ドル）も増やし、たった一〇人の純資産合計額は世界の下位四〇%に相当する三一億人の純資産の六倍にも達している。その一方で、不平等のせいで毎日二万三千人、四秒に一人が死んでいる。しかし、こうした事実もエリート層に言わせれば、競争に敗れたのも自己責任だということになる。

エリート層の理屈はこうだ。「『上』にいる者は正当な理由があって上にいるのであって、もしそうでなければ、彼は上にいるはずがない。『下』にいる者は正当な理由があって下にいるのであって、もし彼が本当に努力したのならもっと上にいるはずなのに、上にいないということは、その責任はすべて彼自身にある」(p. 189)ということになる。著者はこれが循環論法による成功の定義だと指摘する。いわば、成功した者が事後的に努力したことになり、競争に敗れた者は事後的に努力しなかったということにしようというのが能力主義の本音だ。

こうして「新自由主義イデオロギーは瞬く間に所有者層の経済哲学として確立された」(p. 230)。著者は「新自由主義イデオロギーは自らを『純粋な合理性』だと主張し、効率性と『自由市場』の法則への適用を要求する。そのため、民主的な構造を侵食し、破壊するのにうってつけの思想だ」(p. 230)という。「『市場の力』を選挙で落とすことはできないのだから、人のほうが市場の力に折り合いをつけるしかない。この点こそが、西側諸国における新自由主義のイデオロギー教化のトリック」(p. 192)だという。

著者の慧眼は「新自由主義はもともと、富裕者が国家による規制を通じて市場を守るための社会主義、いわば新自由社会主義」(p. 148)であり、「ヨーロッパの植民地主義に次いで、史上最大の再分配プロジェクトだ」と断定している点にあらわれている。しかも、著者は「新自由主義のなかに全体主義的な要素を見つけるのは簡単だ」(p. 122)と言い、「新自由主義とファシズムには、『一七八九年』、つまり啓蒙時代がもたらした社会的・政治的成果を憎悪するという共通点がある」(p. 122)という。新自由主義が大企業を有力な政治勢力に仕立て上げた結果、大企業は「民主的なコントロールや説明責任を完全に逃れる権利を手に入れた」(p. 118)のだった。著者は「西欧における資本主義的民主政治は、新しい形の全体主義的な支配形態と定義するしかない」(p. 116)という結論に達したという。

フランス革命で大衆が自由を獲得するプロセスをスタートさせたが、二世紀経ってエリートが自由を獲得し、大衆は自由を失った。フリードマンは一九九〇年にこう述べた。「民主的な社会が一度確立されてしまうと、自由経済が破壊される」(p. 23)。民主的な社会とは大衆の富を増やし、「自由は所有の関数」(C・B・マクファーソン)なのだから、大衆の自由を増せば、エリートの自由経済が破壊されるとフリードマンは図らずも本音を吐露した。その後二一世紀の初頭にグローバリゼーションと新自由主義の全盛期が到来し、著者は「新たな統治形態として誕生した権威主義的民主政治が代議制民主政治を装って、コミュニティに関するあらゆる意思決定メカニズムを引く継ぎ、全体主義的なやり方で国家を支配した」(p. 164)と結論づける。

絶対的な神を追放して資本をその座につけたのが近代社会である。その後四世紀経った今、資本が絶対君主となって、「過去数十年で社会は一気に再封建化の道」(p. 118)を辿った、と著者は言う。シェイクスピアの「きれいは穢い」というのは、神を追放すれば、こうなると言いたかったに違いない。コイン(金貨)は回転することによって資本となり、節約を通じて形成される資本は『諸国民の富』(アダム・スミス)を増やし、人間は「共感」を有しているから公共の利益につながるはずだから、みなが「きれい」だと信じた。それが幻想だとわかって「穢い」存在となった。

ケインズは『わが孫たちの可能性』(一九三〇)で、「われわれは、少なくとも百年間、自分自身に対しても、どの人に対しても、公平なものは不正であり、不正なものは公平である(fair is foul and foul is fair)と偽らなければならない。なぜならば、不正なものは有用であり、公平なものは有用でない(foul is useful and fair is not)からである」と言った。本来、富は公平(fair)に分配されるべきだが、現実には不正(foul)に分配されている。だが、大衆の生活水準が向上していけば、多くの人は不正を大目にみてきたのだった。しかし、ゼロ金利の時代になって資本の希少性がなくなれば、不正は不正だと主張し、公平な社会の実現にむけて努力しなければならない。

代議制民主政治も資本主義もその拠って立つ前提が崩壊している。代議制民主政治は「選挙で選ばれた代表者は『何が社会全体にとって利益となるかを見極める知恵と、それを追い求める徳を兼ね備えている』というイデオロギー的な前提によって正当化される」(p. 114)。もしこの前提が二一世紀の今も成り立っていると考えている人がいるならば、よほどのお人好しか無知蒙昧な人である。

経済成長についてはドラッカーが一九三九年に次のように説明している。「経済の成長と拡大は、社会的な目的を達成するための手段としてしか意味がない。社会的な目的の達成を約束するかぎりにおいては望ましいものであるが、その約束が幻想であることが明らかとなれば、手段としての価値は疑わしくなる」(『経済人の終わり』p. 35)。小泉純一郎内閣以来すでに四半世紀にわたって成長戦略が各政権の最優先課題として位置づけられてきたが、一向に成果が表れないし、それ以上に問題なのは、手段であるはずの成長戦略を目標としてきたことにある。その後、歴代の首相は「わが政権」がどういう社会を目指すのかを語らない。

ドラッカーはまた「社会秩序および信条としてのブルジョア資本主義は、経済的な進歩が個人の自由と平等を促進するという信念に基づいている。(中略)ブルジョア資本主義は、自由で平等な社会は、私的な利潤を社会行動の最高の規範とすることによってもたらされると期待する」(pp. 35-36)。これまで資本が利息(利潤も含む概念)の付くお金としての意味で用いられるようになって八世紀が経つが、「個人の自由と平等を促進する」社会からますます遠ざかっている。あたかも羊飼いたちは「経済進歩教」の信者であるかのようだ。

著者は「メディアから義務教育、大学にいたるまで、世論全体に例外なくイデオロギー教化のメカニズムが深く浸透しているため、本来の意味での深部教化は、現状の社会秩序から自律的に滋養を得て、進展しています。私たち全員が、意識的か無意識的かは別にして、教化の担い手となり、毎日その伝播に貢献しているのです」(p. 188)という。この著者の指摘は、二〇二二年七月、安倍晋三元首相が旧統一教会に恨みをもつ山上徹也容疑者に銃殺されたことで、一層真実味を帯びてきた。

この事件は旧統一教会のイデオロギー教化によって信者はマインドコントロールされているのではとの疑念を、世の中に再び知らしめるとともに、アレキサンダー大王の逸話のように、もっと大がかりなマインドコントロールが行われているのではと思わせることになる。アレキサンダー大王の逸話とは、なにごとも大がかりに行えば、例えば大きな船で戦争をして勝者となれば英雄となり、小さな船で海賊行為を行って捕まれば犯罪者となる。その違いは、大小の差ではなく、その行為に正義があるかないかによって区別すべきというのがアウグスティヌスの見解である（『神の国』）。

本書によれば、日本を含めて西側先進諸国の人々は、ウォーラスティンがいう「ヨーロッパ的普遍主義」(p. 246)、すなわち大がかりな仕組みによってマインドコントロールされてきたようだ。プーチンは、ウクライナ侵攻によってそれに反旗を翻したことになる。「ヨーロッパ的普遍主義は、資本主義がさらに資本を蓄積するために、『他者』の文化的価値を切り下げ、人間性を剥奪するのに極めて柔軟で使いやすい道具だからだ。要するに、『ヨーロッパ普遍主義』とは、実際には例外主義なのだ」(p. 246)。ヨーロッパ人は「例外的」に他の人種に比べて優れていると考えるヨーロッパ普遍主義こそが、「きれいは穢い」の真意かもしれない。このことに多くの人が気付いていないことに、私の背筋は凍るのだ。

特別寄稿　ドイツから届いた鏡

アーサー・ビナード（詩人）

ジェームズ・ホイッスラーという画家は、魅力あふれる夜景を十九世紀のロンドンで描いていた。彼の画風のさりげないしなやかさを、「努力が足りず手落ちだ」と当時の美術評論家たちが厳しく批判した。そんなヤボな連中に対してホイッスラーはこう応えた。

「画家が努力したとわかる絵こそ不十分で観るに堪えない。努力と苦労のあとをすべて消し去るために、オレはさらに努力するのだ」

ぼく自身、詩人として作品を発表して、もしそれを読んだ人から「力作ですね」と評されたら、溜め息が出る。「そうか、マズったなぁ、力んで書いていたのがバレちゃったのか……」

この『羊たちの沈黙は、なぜ続くのか？』の日本語版を読み進む途中途中、ぼくはホイッスラーの名台詞を思い浮かべていた。芸術を生み出す画家と、新自由主義のPRの仕掛け人たちと、比較すること自体、前者に失礼かもしれないが、努力と苦労のあとをきれいに消し去ることに長けている点は、ぼくの中でばっちりつながった。しなやかな宣伝キャンペーンを組み立て、少しずつ変化させながら繰り返して、繰り返すたびに仕掛け人たちは、偽りの度合いを高めてきた。芸術とは対極にありながらも、芸術の技術を巧みに生かしている。

新自由主義のカッコよさは、いったいどこからわいてくるのか？　本書ではその出どころがだいぶ炙り出される。学問の臭いがするような、思想の重苦しさが伝わるような苦労と努力の形跡を残さないだけではない。そのうえ巧妙に必然性を醸し出し、まるで自然現象みたいに見せかけるのが新自由主義演出のポイントのひとつだ。なんと言っても「自由」のイメージには、しなやかな軽妙さが似合う。しがらみのない機敏な主張が、いい雰囲気を作り、人びとに社会の土台の破壊が、むしろ「解放」であるかのように感じさせる。

ライナー・マウスフェルトは、これまで「新自由主義」の名の下でおこなわれた悪行を細かく丁寧に分析していく。そしてあるときこう認める。

「新自由主義という考え方は数多くの、それぞれ異なる源から生じてきました。経済的・社会的概念として統一された、『これだ』と言える新自由主義の定義は存在しません」

その結果、真面目に批判している側がまったくバカみたいだ。相手の実態は「なぁんちゃったり主義」に過ぎない。または「いいとこどり適当主義」とでも呼ぶべきか。だから自由自在にごまかせるし、常に有利になる。有利になることを徹底的に求め、ドグマが「未来真理教」、政策は「絵に描いた餅」の連続。きちんと反論すればするほど不器用な、ダサい存在に見える。それにひきかえ、相手の不誠実はカッコよく映る。

たとえば前世紀前半に国家社会主義ドイツ労働者党が作り出した高度なプロパガンダと、比較してみるとどうだろう。あるいは大英帝国のプロパガンダ、ソビエト社会主義共和国連邦とアメリカ合衆国のプロパガンダと比べても、やはり新自由主義のＰＲは決定的に違う。

ナチスドイツがどんなに矛盾に満ちていても、まやかしが幾重にも重なったとしても、一応その当時の「主義」には、「主義」と呼べるだけの思想的根拠があった。英国米国にもソ連にも、どこか骨が備わっていたので、ごまかされても、鋭く批判すれば手ごたえは得られたはずだ。大日本帝国の大本営の数々のキャンペーンもしかり。

ところが、新自由主義は手ごたえがない。バーチャルが主流の現代には、おあつらえ向きの空虚さだし、実体の無さがますますサマになり、いい印象を与える。

日本を拠点に長く生活しているぼくは、この国でどのように「新自由主義」の政策が実施され、経済と教育をどれほど劣化させてきたか、ある程度わかっている。また母国のアメリカの大まかな流れも、有権者のひとりとしてむなしく付き合わされてきた。しかし『羊たちの沈黙は、なぜ続くのか?』はドイツを中心に語られ、欧州連合EUを詳細に解き明かしている。すると、こちらがぜんぜん把握していない「ボローニャ改革」が出てくる。

「ボローニャ改革が学校教育と専門教育にほかに類を見ないほど大きな、そして体系的な影響を及ぼしました。新自由主義による『上からの革命』の結果として、教育制度自体が経済のカテゴリーに組み込まれ、市場に適した『人的資本』を生産することが大学の使命になったのです。それに呼応するように大学生には、『他人から利用される能力』を磨き、労働市場で柔軟に価値を発揮することが求められるようになりました」

日本の文部科学省が進めてきた教育改革、GIGAスクール構想、現代国語の廃止、リモート授業、タブレットの全国普及などなど、すべてリンクして、まるでデジャビュ——の連続として読む。ヨーロッパの罪の数々をたどりつつ、閻魔さまが浄玻璃の鏡に日本のそれらを映し出してくれている感覚だ。いかにグローバルに、ぼくらが同時代に愚弄されているのかも、痛いほど響いてくる。

「新自由主義が効力を発揮するには、人々から独自の関心を奪い、彼らを社会的なつながりから切り離すことが条件になります」

マウスフェルトといっしょに、これからの流れを読もうとすることも本書の面白さだ。新自由主義は実に巨大、ひどく冷酷、とても不誠実である。支配を強めること以外、志も筋も芯も持ち合わせていない。

相手のその器用さと巧妙さに感心しつつも、ぼくは葬り去るためにもっと器用に働こうと、決心を新たに持つことができた。

著者紹介

ライナー・マウスフェルト

一九四九年生まれ。ドイツ、キール大学名誉教授。知覚と認知心理学が専門。政治・社会問題に関する研究を通じて、新自由主義イデオロギー、デモクラシー(民主政治)の権威主義統制国家制への転換、世論形成とショックドクトリンの心理操作の仕組みなどについての著作多数。講演活動にも注力しており、なかでも『世論とデモクラシーはいかに操作されているか?』と『権力エリートは民衆を恐れている』は数十万人の聴衆を集めた。

訳者紹介

長谷川　圭(はせがわ・けい)

高知大学卒業後、ドイツのイエナ大学でドイツ語と英語の文法理論を専攻し、一九九九年に修士号取得。同大学での講師職を経たあと、翻訳家および日本語教師として独立。訳書に『樹木たちの知られざる生活』(早川書房)、『カテゴリーキング　Airbnb、Google、Uberはなぜ世界のトップに立てたのか』(集英社)、『「おいしさ」の錯覚　最新科学でわかった、美味の真実』(角川書店)、『ポール・ゲティの大富豪になる方法』(パンローリング)、『メイク・ザット・チェンジ』(日曜社、共訳)、『ヨーゼフ・ロート、ウクライナ・ロシア紀行』(日曜社)などがある。

鄭　基成(ちょん　きそん)

上智大学言語学専攻博士課程単位取得退学、ルール大学ボーフム学術博士。茨城大学名誉教授。訳書に『メイク・ザット・チェンジ』(日曜社、共訳)、『スターウォーカー』(日曜社)、『コロナパンデミックは、本当か?』(日曜社)、『計画されたコロナパンデミック』(成甲書房、共訳)がある。

羊たちの沈黙は、なぜ続くのか？

——私たちの社会と生活を破壊するエリート民主政治と新自由主義

二〇二二年十一月三〇日　初版第一刷発行
著者——ライナー・マウスフェルト
訳者——長谷川圭、鄭基成

発行者——鄭基成
発行所——日曜社
〒一七〇-〇〇〇三
東京都豊島区駒込一・四二・一　第三米山ビル四階
電話　〇九〇・六〇〇三・七八九一
カバーデザイン——岡本デザイン室
印刷・製本所——モリモト印刷株式会社
ISBN 978-4-9909696-4-6